# Prüfungsbuch Fachinformatik

## Teil 1 der Abschlussprüfung

von

Rüdiger Berg

Thomas Schneider

Selwan Gorel-Brwari

Axel Mannke

Dr. Christian Schwießelmann

Handwerk und Technik – Hamburg

## Bildquellen

Autoren und Verlag danken den genannten Firmen, Institutionen und Personen für die Überlassung von Vorlagen bzw. Abdruckgenehmigungen folgender Abbildungen:

ACBIS GmbH, Karlsruhe: S. 126.1, 2
Alexander Willer/ Fraunhofer FOKUS: S. 198.1
BBS Wolfsburg Herr Stefan Manemann, Wolfsburg: S. 250.1
Bundesamt für Sicherheit in der Informationstechnik, BSI, Bonn: S. 75.1; 210.1, 2; 238.1; 241.1; 256.1; 257.1; 259.1; 263.1; 267.1; 268.1, 2; 271.1, 2; 273.1; 275.1, 2; 276.1
DATACOM Buchverlag GmbH, Dipl.-Ing. Klaus Lipinski, Peterskirchen: S. 201.1
Dataflex Deutschland GmbH, Düsseldorf: S. 158.1; 177.1
DER PROZESSMANAGER GmbH, Stuttgart: S. 44.1
DIHK - Deutscher Industrie- und Handelskammertag e.V., Berlin: S. 42.1
IONOS SE, Montabaur: S. 199.1
Microsoft: S. 160.1; 161.2; 162.1-3; 165.1, 2; 168.1, 2; 169.1; 170.1-3; 171.1-3; 172.1, 2; 173.1; 174.1; 175.1, 2; 176.1, 2
RAL gGmbH, Berlin: S. 100.1
Selore&S-Global, Shenzhen City: S. 98.1
Shutterstock Images LLC, New York, USA: S. 77. 1 Thomas Söllner; 79.1 Ackab Photography; 82.1 Bunwit Unseree; 84.1 Pakpoom Phummee; 86.1 Designua; 87.1 petrroudny43; 90.1 patruflo; 103.2 Thanaphat Kingkaew; 151.1 Lipowski Milan; 154.1 levelupart; 155.1 Natee Photo; 157.1 Adam Wasilewski; 159.1 Worrawoot.s; 191.1 vinap; 279.2 Mark and Anna Photography; 320.1 Jaiz Anuar
stock.adobe.com: S. 72.1 DGTL Graphics sro; 73.1 OneSevenPoint5; 85.1 freehand; 86.2 P Stock ; 102.1 Trueffelpix; 103.1 JGS2584; 153.1 Aleksandr Volkov; 155.2 Michal; 157.2 A.Hetmanenko; 281.1 tunedin

ISBN 978-3-582-01663-8 Best.-Nr.: 1663

Die Normblattangaben werden wiedergegeben mit Erlaubnis des DIN Deutsches Institut für Normung e.V. Maßgebend für das Anwenden der Norm ist deren Fassung mit dem neuesten Ausgabedatum, die bei der Beuth Verlag GmbH, Burggrafenstraße 6, 10787 Berlin, erhältlich ist.

---



Verlag Handwerk und Technik GmbH,
Lademannbogen 135, 22339 Hamburg; Postfach 63 05 00, 22331 Hamburg – 2022
E-Mail: info@handwerk-technik.de – Internet: www.handwerk-technik.de

Satz und Layout: CMS – Cross Media Solutions GmbH, Würzburg
Umschlagmotiv: Shutterstock Images LLC, New York, USA, Omelchenko (1)
Druck: mediaprint solutions GmbH, 33100 Paderborn

# Vorwort

Das Prüfungsbuch „Fachinformatik Teil 1 der Abschlussprüfung" dient der Prüfungsvorbereitung für Teil I der Abschlussprüfung der neuen IT-Berufe:

- Fachinformatiker und Fachinformatikerin sowie
- IT-System-Elektroniker und IT-Systemelektronikerin.

Die fachlichen Inhalte richten sich nach dem Rahmenlehrplan vom 13.12.2019 und der Ausbildungsverordnung vom 28.02.2020.
Das Prüfungsbuch ist in der bewährten Frage-Antwort-Form nach Lernfeldern aufgebaut. In seiner inhaltlichen Gliederung orientiert es sich an der ab Frühjahr 2021 durchzuführenden „gestreckten Abschlussprüfung", deren Teil 1 nach den ersten 18 Monaten der Ausbildung abzulegen ist.
Das Prüfungsergebnis geht entsprechend gewichtet in das Gesamtergebnis der Prüfung mit ein.
Teil 2 der Prüfung findet nach wie vor gegen Ende der Ausbildung statt.

Das Prüfungsbuch gibt in praxisorientierter und dennoch knapper und präziser Form die Stofffülle der neuen IT-Berufe wieder und ist damit im Unterricht sowie bei der Prüfungsvorbereitung ein unverzichtbarer Begleiter. Sowohl bei der Erfassung komplexer Sachverhalte, zur Wiederholung und letztlich zur Prüfungsvorbereitung steht es Ihnen kompetent und umfassend zur Seite.

Hinweise und Verbesserungsvorschläge nehmen Autoren und Verlag jederzeit gerne entgegen.

Autoren und Verlag
im Juni 2022

# Inhaltsverzeichnis

# A Sie informieren sich, auch anhand des Unternehmensleitbildes, über die ökonomischen, ökologischen und sozialen Zielsetzungen des Unternehmens

## A.1 Unterschiede zwischen Betrieb und Unternehmen, Share- und Stakeholder sowie Betriebsgrößen, Kundenbeziehungen, Handels- und Produktionsstufen

**1. Unterscheiden Sie zwischen Betrieb und Unternehmen.**

**Betrieb** beschreibt die organisatorisch-technische Wirtschaftseinheit, die mit der Beschaffung, Erstellung und Vermarktung von Gütern und Dienstleistungen zu tun hat; dabei kann es sich auch um eine Filiale eines IT-Unternehmens, ein einzelnes Rechenzentrum usw. handeln.

**Unternehmen** ist hingegen die rechtliche Wirtschaftseinheit, die eine Rechtsform aufweist, mehrere Betriebsstätten haben kann, über ihre Geschäfte Bücher führt und Steuern zahlt.

**2. Unterscheiden Sie zwischen erwerbswirtschaftlichen, gemeinwirtschaftlichen und genossenschaftlichen Unternehmen.**

**Erwerbswirtschaftliche** Unternehmen agieren auf dem Markt, haben private Eigentümer und müssen Gewinne erzielen, um rentabel zu sein.

**Gemeinwirtschaftliche** Unternehmen nehmen Aufgaben der öffentlichen Daseinsvorsorge wahr, dienen zumeist dem Netzbetrieb (natürliche Monopole), befinden sich im Eigentum von Kommunen, Ländern oder dem Bund und arbeiten nach dem Kostendeckungsprinzip (Gewinn = Umsatzerlös – Kosten = 0).

**Genossenschaftliche** Unternehmen sind Unternehmen zur wirtschaftlichen Selbsthilfe. Hierbei stehen die Interessen der Genossen im Vordergrund, etwa bei der Versorgung mit Wohnraum, günstigen Krediten oder bei der Vermarktung landwirtschaftlicher Produkte.

| | |
|---|---|
| **3. Sind folgende Unternehmen<br>[1] erwerbswirtschaftlich,<br>[2] gemeinwirtschaftlich oder<br>[3] genossenschaftlich<br>ausgerichtet? Ordnen Sie zu.<br>A) Spurda-Bank e. G.<br>B) Stadtwerke Musterstadt<br>C) Distance Learning GmbH<br>D) Museum für antike Künste<br>E) Charlottenburger Wohnungsbau e.G.** | A → 3<br>B → 2<br>C → 1<br>D → 2<br>E → 3 |
| **4. Unterscheiden Sie zwischen Shareholder und Stakeholder.** | **Shareholder** nennt man in der Betriebswirtschaftslehre die Eigentümer eines Unternehmens.<br><br>**Stakeholder** sind alle sonstigen Anspruchsgruppen, die naturgemäß andere Interessen verfolgen als die Eigentümer. |
| **5. Ordnen Sie zu, ob es sich um<br>[1] Shareholder oder<br>[2] Stakeholder der Computerhandel AG<br>handelt:<br>A) Aktionäre<br>B) Mitbewerber<br>C) Kreditbank<br>D) Inhaber als Geschäftsführer<br>E) Kunden<br>F) Lieferanten<br>G) Kommune<br>H) Mitarbeiter mit Beteiligungslohn** | A → 1<br>B → 2<br>C → 1<br>D → 1<br>E → 2<br>F → 2<br>G → 2<br>H → 1 |
| **6. Unterscheiden Sie Unternehmen nach ihrer Größenklasse.** | Kleinstunternehmen: weniger als 10 Mitarbeiter/-innen, weniger als 2 Mio. Euro Jahresumsatz<br><br>Kleinunternehmen: weniger als 50 Mitarbeiter/-innen, weniger als 10 Mio. Euro Jahresumsatz<br><br>Mittelständisches Unternehmen: weniger als 250 Mitarbeiter/-innen, weniger als 50 Mio. Euro Jahresumsatz<br><br>Großunternehmen: mehr als 250 Mitarbeiter/-innen, mehr als 50 Mio. Euro Jahresumsatz |

| | |
|---|---|
| **7. Ordnen Sie zu, ob es sich um<br>[1] ein Kleinstunternehmen,<br>[2] ein Kleinunternehmen,<br>[3] ein mittelständisches Unternehmen,<br>[4] ein Großunternehmen<br>handelt:<br>A) SAB SE mit weltweit rund 100.000 Mitarbeitern<br>B) IT Solutions Meyer e. K. mit 3 Mitarbeiter/-innen<br>C) Berger Serverschrankbau GmbH mit 25 Mio. € Jahresumsatz<br>D) Mr. Bildschirm OHG mit 30 Mitarbeiter/-innen und 8 Mio. Euro Jahresumsatz** | A → 4<br>B → 1<br>C → 3<br>D → 2 |
| **8. Unterscheiden Sie Kundenbeziehungen im E-Commerce nach der Art der Wirtschaftssubjekte.** | A2A = Administration-to-Administration (Staat handelt mit Staat)<br>A2B = Administration-to-Business (Staat handelt mit Unternehmen)<br>A2C = Administration-to-Consumer (Staat handelt mit Privatkunden)<br>B2A = Business-to-Administration (Unternehmen handelt mit Staat)<br>B2B = Business-to-Business (Unternehmen handelt mit Unternehmen)<br>B2C = Business-to-Consumer (Unternehmen handelt mit Privatkunden)<br>C2A = Consumer-to-Administration (Privatkunde handelt mit Staat)<br>C2B = Consumer-to-Business (Privatkunde handelt mit Unternehmen)<br>C2C = Consumer-to-Consumer (Privatkunde handelt mit Privatkunden) |

**9. Um welche Art von Kundenbeziehung handelt es sich?**
**A) Internetkleinanzeigenmarkt**
**B) elektronische Steuererklärung**
**C) IT Solutions GmbH programmiert Abrechnungsapp für Fastfood-Restaurants**
**D) Bestellung im Internetshop**
**E) zentrales Landes-IT-Dienstleistungsunternehmen entwickelt Software für alle Polizeidienststellen**
**F) Hagens Computer- und Handyreparaturwerkstatt e. K.**
**G) Finanzamt verschickt E-Mail an Steuerzahler**
**H) Landesdatenschutzbeauftragter rügt die IT-Solutions GmbH**
**I) IT Solutions GmbH programmiert Software für Kfz-Zulassungsstelle des Landkreises**

| To | Consumer | Business | Administration |
|---|---|---|---|
| Consumer | | | |
| Business | | | |
| Administration | | | |

| To | Consumer | Business | Administration |
|---|---|---|---|
| Consumer | A | F | G |
| Business | D | C | H |
| Administration | B | I | E |

**10. Definieren Sie, was man unter dem primären, dem sekundären und dem tertiären Wirtschaftssektor versteht.**

Der **primäre Sektor** umfasst alle Unternehmen der sogenannten Urproduktion, d. h. der direkten Erzeugung, z. B. der Rohstoffgewinnung.

Unter **sekundärem Sektor** versteht man alle Unternehmen der Veredelung und Weiterverarbeitung der erzeugten Rohstoffe.

Als **tertiärer Sektor** werden alle Handels- und Dienstleistungsunternehmen bezeichnet, die die Fertigwaren des sekundären Sektors an den Endkunden veräußern oder Dienstleistungen für ihn erbringen.

| | |
|---|---|
| **11. Ordnen Sie zu, ob es sich um<br>[1] den primären Wirtschaftssektor,<br>[2] den sekundären Wirtschaftssektor,<br>[3] den tertiären Wirtschaftssektor<br>oder um<br>[4] keinen Wirtschaftssektor<br>handelt:<br>A) Kartoffelzucht e. G.<br>B) Direktbank<br>C) Chipfabrik<br>D) IT-Unternehmen<br>E) Rathaus** | A → 1<br>B → 3<br>C → 2<br>D → 3<br>E → 4 |

## A.2 Betriebliche Produktionsfaktoren, Güterarten und Organisationsmittel

| | |
|---|---|
| **1. a) Welche betrieblichen Produktionsfaktoren gibt es?** | a)  |
| **b) Um welche Produktionsfaktoren handelt es sich jeweils?<br>A) Schrauben<br>B) Qualitätsmanager<br>C) Sicherheitsglas<br>D) Produktionshalle<br>E) Blech<br>F) Akku-Schrauber<br>G) Monteur<br>H) Kabelschiene<br>I) Geschäftsführer<br>J) Personaldisponent** | b)<br>A → Werkstoffe<br>B → Überwachung<br>C → Werkstoffe<br>D → Betriebsmittel<br>E → Werkstoffe<br>F → Betriebsmittel<br>G → ausführende Arbeit<br>H → Werkstoffe<br>I → Leitung<br>J → Organisation |
| **2. Nennen Sie die volkswirtschaftlichen Produktionsfaktoren.** | Boden, Arbeit, Kapital, Wissen |

**3. Welche zwei Faktorkombinationen sind vorrangig nötig, um …**
**a) CDs zu brennen,**
**b) Apps zu programmieren,**
**c) ein Grundstück für ein IT-Unternehmen zu erwerben,**
**d) einen Garten umzugraben?**

a) Kapital und Wissen
b) Arbeit und Wissen
c) Boden und Kapital
d) Boden und Arbeit

**4. a) Welche Güterarten gibt es?**

a)

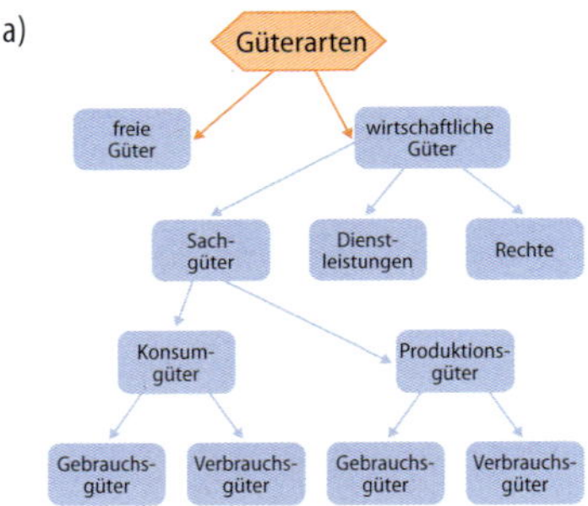


**b) Ordnen Sie nachfolgende Objekte den Güterarten zu:**
**A) Festplatte eines Firmenrechners**
**B) Leasingvertrag für einen Dienstwagen**
**C) Zertifikat über einen Java-Lehrgang**
**D) Wind**
**E) Softwarelizenz für einen Virenscanner**
**F) Installationskabel**
**G) Patrone für einen privaten Tintenstrahldrucker**
**H) privates Mobiltelefon**
**I) programmierte App für Endkunden**
**J) Heizöl für IT-Unternehmen**
**K) Feierabendbier des Systemadministrators**

b) A ⟶ Produktionsgut (Gebrauch)
B ⟶ Recht
C ⟶ Recht
D ⟶ freies Gut
E ⟶ Recht
F ⟶ Produktionsgut (Gebrauch)
G ⟶ Konsumgut (Gebrauch)
H ⟶ Konsumgut (Gebrauch)
I ⟶ Dienstleistung
J ⟶ Produktionsgut (Verbrauch)
K ⟶ Konsumgut (Gebrauch)

**5. Ordnen Sie die Begriffe**
**[1] Bedürfnis,**
**[2] Bedarf,**
**[3] Nachfrage**
**den folgenden Vorgängen zu:**
**A) Ein Azubi plant seinen Umzug.**
**B) Ein Azubi wünscht sich, in der Zukunft näher am Unternehmen zu wohnen.**
**C) Ein Azubi bestellt ein Umzugsunternehmen.**

A ⟶ 2
B ⟶ 1
C ⟶ 3

**6. Ordnen Sie folgende Beispiele den Bedürfnissen der Maslow-Pyramide zu:**
**A) Partnerbörse**
**B) Bundesverdienstkreuz**
**C) Mineralwasser**
**D) Immobilienanzeige**
**E) Freizeitgestaltung**

A) soziale Bedürfnisse
B) Individualbedürfnisse
C) Grundbedürfnisse
D) Sicherheit
E) Selbstverwirklichung

Bedürfnispyramide (nach Maslow)

**7. Ordnen Sie zu, ob es sich um**
**[1] immaterielle (unkörperliche),**
**[2] substituierbare (austauschbare),**
**[3] komplementäre (ergänzende),**
**[4] demeritorische (unerwünschte) oder**
**[5] indifferente (beziehungslose)**
**Güter handelt:**
**A) Bier und Wein**
**B) Zigaretten**
**C) Drucker und Druckerkartuschen**
**D) Knöpfe und Regenschirme**
**E) Markenrechte**

A → 2
B → 4
C → 3
D → 5
E → 1

8. **Ordnen Sie zu, ob es sich bei folgenden Gütern um**
   **[1] Rohstoffe,**
   **[2] Hilfsstoffe,**
   **[3] Betriebsstoffe,**
   **[4] Einbauteile,**
   **[5] Fertigwaren,**
   **[6] Dienstleistungen oder**
   **[7] Rechte**
   **handelt:**
   **A) Softwarelizenz, Patent**
   **B) Serverschrank, konfigurierter PC**
   **C) Kleber, Schrauben**
   **D) installiertes Netzwerk, programmierte App**
   **E) Heizöl, Strom, Brennstoff**
   **F) Kabel, Lüfter, Grafikkarte**
   **G) Bleche**

A → 7
B → 5
C → 2
D → 6
E → 3
F → 4
G → 1

9. **Handelt es sich bei den folgenden Organisationsmitteln um Arbeitsmittel oder um Gestaltungsmittel?**
   **a) Computer**
   **b) Kontenpläne**
   **c) digitale Daten**
   **d) Software**
   **e) Organigramme**
   **f) Büromaterial**
   **g) Peripheriegeräte**
   **h) Inhalte im Informationsmanagementsystem**

| **Beispiel** | **Arbeitsmittel** | **Gestaltungsmittel** |
|---|---|---|
| a) Computer | x | |
| b) Kontenpläne | | x |
| c) digitale Daten | | x |
| d) Software | x | |
| e) Organigramme | | x |
| f) Büromaterial | x | |
| g) Peripheriegeräte | x | |
| h) Inhalte im Informationsmanagementsystem | | x |

10. **a) Welche ökonomischen Prinzipien gibt es?**
    **b) Erklären Sie Minimumprinzip, Maximumprinzip und Optimumprinzip.**

Beim **Minimumprinzip** wird der Mitteleinsatz minimiert und das Ziel bleibt konstant.

Beim **Maximumprinzip** bleibt der Mitteleinsatz konstant und das Ziel soll maximiert werden.

Beim **Optimumprinzip** sind dagegen Mittel und Ziel variabel. Das Wirtschaftssubjekt muss die optimale Mittel-Ziel-Kombination finden.

**11. Ordnen Sie den unten aufgeführten Situationen die ökonomischen Prinzipien zu:**
   **A) Ihr Unternehmen will mit höchstens 30.000 Euro einen neuen Lieferwagen kaufen.**
   **B) Ihr Unternehmen will durch gezieltes Direktmarketing seinen Umsatz steigern.**
   **C) Sie haben als Azubi nur 300 € zur Verfügung und wollen im Urlaub einmal Europa durchqueren.**
   **D) Sie ermitteln als Azubi für die Fertigung von Rechnergehäusen die günstigsten Lieferanten.**
   **E) Ihr Unternehmen will produktiver werden, d. h. den Output mit gleichbleibendem Input erhöhen.**

a) Minimumprinzip, Maximumprinzip, Optimumprinzip
b) A ⟶ Minimumprinzip
   B ⟶ Maximumprinzip
   C ⟶ Minimumprinzip
   D ⟶ Minimumprinzip
   E ⟶ Maximumprinzip

## A.3 Unternehmensziele nach Kriterien hierarchisieren und identifizieren möglicher Zielkonflikte

**1. Unterscheiden Sie Unternehmensziele im Hinblick auf**
**a) ihren Zielinhalt,**
**b) ihre Zielbereiche,**
**c) ihren Zielerreichungsgrad,**
**d) ihren Zielzeitraum,**
**e) ihre Zielhierarchie und**
**f) ihre Zielbeziehungen.**

**a) Zielinhalt: Was soll erreicht werden?**

*(i) Formalziele sind Erfolgsziele*, z. B.: Ertrag, Aufwand, Gewinn, Rentabilität, Produktivität, Wirtschaftlichkeit

*(ii) Sachziele sind konkrete Maßnahmen*, die dazu dienen, die Erfolgsziele zu erreichen, z. B.: bessere Produkte, besserer Service, kürzere Lieferzeiten, Erhöhung des Lagerumschlags, bessere Maschinenauslastung

**b) Zielbereiche: Welche Ziele fördern eine nachhaltige Entwicklung?**

*(i) wirtschaftliche Ziele*, z. B.: Gewinnmaximierung, Kostenminimierung

*(ii) ökologische Ziele*, z. B.: Vermeidung oder Wiederverwertung von Abfallprodukten

*(iii) soziale Ziele*, z. B.: Vereinbarkeit von Familie und Beruf

**c) Zielerreichungsgrad: Wie viel soll erreicht werden?**

*(i) begrenzt*, z. B.: Verbesserung der Arbeitsproduktivität um 4 %

*(ii) unbegrenzt*, z. B.: Gewinnmaximierung

**d) Zielzeitraum: Wann soll das Ziel erreicht werden?**

*(i) kurzfristig* (bis 1 Jahr)

*(ii) mittelfristig* (1–5 Jahre)

*(iii) langfristig* (über 5 Jahre)

**e) Zielhierarchie: Welche Ziele sind übergeordnet, welche untergeordnet?**

*(i) Oberziel*, z. B. das Formalziel Gewinnmaximierung

*(ii) Zwischenziel*, z. B. die Vergrößerung des Marktanteils

*(iii) Unterziel*, z. B. das Sachziel Verbesserung der Produktentwicklung

f) **Zielbeziehungen: Wie wirksam sind die Ziele?**
   (i) *Zielharmonie*
   - neutrale (indifferente) Ziele: kein Zusammenhang zwischen den Zielen
   - komplementäre Ziele: sich gegenseitig ergänzende Ziele, z. B. Gewinnmaximierung und Kostensenkung

   (ii) *Zielkonflikt*
   - Ziele schließen sich gegenseitig aus, z. B. Verkürzung der Arbeitszeit und bessere Maschinenauslastung
   - Ziele konkurrieren miteinander

**2. Nennen Sie ökologische Ziele eines Unternehmens. Welchem Zweck müssen sich diese Ziele in einem erwerbswirtschaftlichen Unternehmen stets unterordnen?**

Nachhaltigkeit, Umweltschutz usw. müssen sich in Privatunternehmen der Gewinnerzielungsabsicht unterordnen. Ökologische Ziele sind daher Nebenziele, die vor allem im Marketing eine Rolle spielen.

**3. Nennen Sie Maßnahmen, die dazu dienen können, die ökologische Bilanz eines Unternehmens zu verbessern.**

- Einführen eines zertifizierten Umweltmanagements
- Erstellung eines Nachhaltigkeitsberichts
- Analysen der gegenwärtigen Umweltbelastung
- Recycling/Mülltrennung
- Touren- und Routenmanagement zur Reduktion des Kraftstoffverbrauchs
- Einsatz erneuerbarer Energien
- Kraft-Wärme-Kopplung
- Strommanagement (Smart grid)

**4. Nennen Sie mögliche Unternehmensziele.**

Wirtschaftlichkeit, Produktivität, Rendite, hoher Umsatz, Nachhaltigkeit, Mitarbeiterzufriedenheit, Kundenzufriedenheit, Produktqualität

| | |
|---|---|
| **5. Ordnen Sie die Unternehmensziele den folgenden Kennzahlen zu:**<br>**A) Wirtschaftlichkeit**<br>**B) Produktivität**<br>**C) Eigenkapitalrendite**<br>**[1] hohe Verkaufsmenge**<br>**[2] hoher Gewinn**<br>**[3] größte Stückzahl pro Stunde**<br>**[4] Gewinnung neuer Investoren**<br>**[5] geringe Ausschussquote**<br>**[6] Automatisierung der Produktionsprozesse** | A → 1; 5<br>B → 3; 6<br>C → 2; 4 |
| **6. Ordnen Sie zu, ob es sich um [1] Sachziele, [2] Formalziele, [3] strategische bzw. [4] operative oder [5] ökonomische bzw. [6] ökologische Ziele handelt:**<br>**A) Programmierung von Anwendungssoftware für einen Kunden innerhalb von drei Monaten**<br>**B) Reduzierung der Energiekosten um 10 Prozent im laufenden Geschäftsjahr**<br>**C) Bearbeitung von 400 Kundenreklamationen innerhalb von 14 Tagen**<br>**D) Verdopplung des Umsatzes innerhalb von drei Jahren**<br>**E) Marktführerschaft in fünf Jahren** | A → 1; 4; 5<br>B → 2; 4; 6<br>C → 1; 4; 5<br>D → 2; 3; 5<br>E → 2; 3; 5 |
| **7. Zeichnen Sie folgende Zielbeziehungen in ein Koordinatensystem mit Ziel 1 als x-Achse und Ziel 2 als y-Achse**<br>**a) konkurrierende Ziele**<br>**b) komplementäre Ziele**<br>**c) neutrale/indifferente Ziele** | 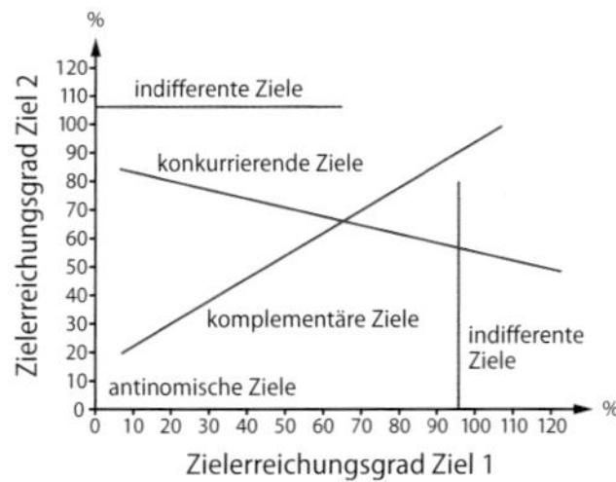 |

8. **Ordnen Sie zu, ob**
   **[1] Zielharmonie,**
   **[2] Zielkonflikt oder**
   **[3] Zielneutralität**
   **vorliegt:**
   **A) Mehr Servicepersonal soll für höhere Kundenzufriedenheit sorgen.**
   **B) Das einzustellende Servicepersonal soll die Personalkosten nicht erhöhen.**
   **C) Die Motivation der Mitarbeiter soll durch Zielvereinbarungen gesteigert werden; die Arbeitsproduktivität soll steigen.**
   **D) Eine neue Werbekampagne soll den Umsatz steigern; wegen Qualitätsproblemen engagiert der Geschäftsführer ein neues Reinigungsunternehmen.**

A → 1
B → 2
C → 1
D → 3

9. **Ordnen Sie folgende Beispiele der unternehmerischen Zielpyramide zu.**
   **A) Leitbild**
   **B) Vision**
   **C) Umsatzsteigerung**
   **D) Bessere Positionierung von Produkt X am Markt**
   **E) Neubesetzung der Marketingabteilung**

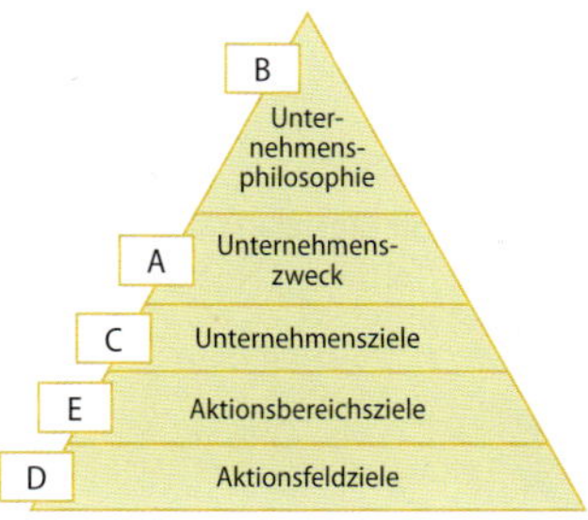

**10. Wie sollten Unternehmensziele formuliert sein, wenn sie SMART sind?**

S: spezifisch
M: messbar
A: aktivierend / akzeptiert / ambitioniert
R: realistisch / relevant
T: terminiert

## A.4 Unternehmensziele anhand betrieblicher Kennzahlen operationalisieren

**1. Mit welchen Kennzahlen kann betriebswirtschaftlicher Erfolg gemessen werden?**

- Gewinn bzw. Umsatz
- Rentabilität
- Produktivität
- Wirtschaftlichkeit
- Liquidität

**2. Definieren Sie Gewinn.**

Gewinn = Umsatz – Kosten – (Steuern)

Für kleinere Unternehmen und Freiberufler wird der Gewinn in einer Einnahme-Überschuss-Rechnung ermittelt. Größere Unternehmen müssen eine Gewinn- und Verlustrechnung im Rahmen ihrer jährlichen Vermögensaufstellung (Bilanz) vorlegen. Ohne Steuerabzug spricht man von Rohgewinn, nach Steuerabzug von Reingewinn.

**3. Definieren Sie Eigenkapitalrentabilität.**

$$\text{Eigenkapitalrentabilität} = \frac{\text{Gewinn}}{\text{Eigenkapital}} \cdot 100$$

Die Eigenkapitalrentabilität setzt den Gewinn ins Verhältnis zum eingesetzten Eigenkapital. Sie sagt im Vergleich etwas darüber aus, ob die eigenen Mittel gewinnbringend angelegt sind oder nicht.

**4. Berechnen Sie die Eigenkapitalrentabilität, wenn mit 30.000 € Eigenkapital innerhalb eines Geschäftsjahres 5.000 € erwirtschaftet wurden.**

$$\text{Eigenkapitalrentabilität} =$$

$$= \frac{\text{Gewinn}}{\text{Eigenkapital}} \cdot 100$$

$$= \frac{5.000\ €}{30.000\ €} \cdot 100 \approx 16{,}67\%$$

**5. Definieren Sie die Gesamtkapitalrentabilität.**

Gesamtkapitalrentabilität =

$$= \frac{(\text{Gewinn} + \text{Fremdkapitalzinsen}) \cdot 100}{\underbrace{\text{Eigen-} + \text{Fremdkapital}}_{\text{Gesamtkapital}}}$$

Die Gesamtkapitalrentabilität setzt zusätzlich zum Eigenkapital auch das Fremdkapital ins Verhältnis zum Gewinn. Neben dem Gewinn müssen auch Fremdkapitalzinsen erwirtschaftet werden, die deshalb im Zähler auftauchen.

**6. Berechnen Sie die Gesamtkapitalrentabilität, wenn ein Unternehmen mit einem Reingewinn von 10.000 € und einem Eigenkapital von 30.000 € einen kurzfristigen Kredit von 20.000 € aufnimmt, für den jährlich 1.000 € Zinsen zu zahlen sind.**

Gesamtkapitalrentabilität =

$$= \frac{(10.000\ € + 1.000\ €) \cdot 100}{30.000\ € + 20.000\ €} =$$

$= 22\ \%$

**7. Definieren Sie Umsatzrendite.**

Die Umsatzrendite setzt Gewinn und Umsatz ins Verhältnis und ermöglicht dem Kaufmann einzuschätzen, wie günstig die Kostenstruktur seines Unternehmens ist.

$$\text{Umsatzrendite} = \frac{\text{Gewinn}}{\text{Umsatz}} \cdot 100$$

**8. Definieren Sie Produktivität.**

Produktivität =

$$= \frac{\text{Ausbringungsmenge}}{\text{Anzahl der eingesetzten Produktionsfaktoren}}$$

Die Produktivität setzt die Ausbringungsmenge zu den eingesetzten Produktionsfaktoren ins Verhältnis. Je nachdem, ob es sich um den Produktionsfaktor Arbeit oder Kapital handelt, spricht man von Arbeits- oder Kapitalproduktivität. Sie ist Maßzahl für rationelle Arbeitsweise, sagt jedoch nichts über die Wirtschaftlichkeit eines Unternehmens aus.

**9. Berechnen Sie die Produktivität eines Unternehmens, das mit 10 Mitarbeitern jährlich 200.000 Mousepads herstellt.**

a) $\text{Produktivität} = \frac{\text{200.000 Mousepads}}{\text{10 Mitarbeiter}} =$

$= \text{20.000 Mousepads pro Mitarbeiter}$

**10. Berechnen Sie, welche Mitarbeiterin der Serverschrankbau GmbH am produktivsten ist.**

| Produktion | | | |
|---|---|---|---|
| **Mitarbeiterin** | **Sauer** | **Scharf** | **Süß** |
| Schränke | 2 | 3 | 4 |
| Stunden | 120 | 200 | 280 |

$\text{Produktivität} = \frac{\text{Output (Ausbringungsmenge)}}{\text{Input (Arbeitseinsatz)}}$

**Sauer:** $\frac{\textbf{2 Schränke}}{\textbf{120 h}} =$

$\approx$ **0,0167 Schränke pro Stunde**

Scharf: $\frac{\text{3 Schränke}}{\text{200 h}} =$

$=$ 0,015 Schränke pro Stunde

Süß: $\frac{\text{4 Schränke}}{\text{280 h}} =$

$\approx$ 0,014 Schränke pro Stunde

Frau Sauer ist also am produktivsten.

**11. Die IT Service GmbH plant die unproduktivsten Filialen zu schließen. Ermitteln Sie aus der Betriebsstatistik, welche Filiale am produktivsten arbeitet:**

| Filiale | Arbeitsstunden | PC-Reparaturen |
|---|---|---|
| 1 | 23.500 | 1.345 |
| 2 | 21.800 | 1.181 |
| 3 | 25.300 | 1.476 |

**a) Berechnen Sie die Arbeitsproduktivität der einzelnen Filialen.**

**b) Berechnen Sie, wie viele Arbeitsstunden eingespart werden könnten, wenn alle Filialen die Arbeitsproduktivität der besten hätten.**

a) $\text{Produktivität} = \frac{\text{Output (Ausbringungsmenge)}}{\text{Input (Arbeitseinsatz)}}$

Filiale 1: $\frac{\text{1.345 PC}}{\text{23.500 h}} \approx \text{0,057 PC/h}$

Filiale 2: $\frac{\text{1.181 PC}}{\text{21.800 h}} \approx \text{0,054 PC/h}$

**Filiale 3:** $\frac{\textbf{1.476 PC}}{\textbf{25.300 h}} \approx \textbf{0,058 PC/h}$

Filiale 3 ist am produktivsten.

b) Filiale 1: $\frac{\text{1.345 PC}}{\text{0,058 PC/h}} \approx \text{23.190 h}$

Filiale 2: $\frac{\text{1.181 PC}}{\text{0,058 PC/h}} \approx \text{20.362 h}$

$\text{23.500 h} + \text{21.800 h} - \text{23.190 h} - \text{20.362 h} =$

$= \text{1.748 h}$

1.748 Stunden könnten eingespart werden.

**12. Definieren Sie Wirtschaftlichkeit.**

b) $\text{Wirtschaftlichkeit} = \frac{\text{Leistungen}}{\text{Kosten}}$

Die Wirtschaftlichkeit bildet das Verhältnis von Ertrag (Einnahmen/Umsatz) zum Aufwand (Ausgaben/Kosten) eines Unternehmens ab. Ein Unternehmen ist nur dann wirtschaftlich, wenn dieser Wert größer 1 ist.

**13. Berechnen Sie die Wirtschaftlichkeit des Unternehmens, das mit 10 Mitarbeitern jährlich 200.000 Mousepads herstellt und diese zum Preis von 2 € pro Stück verkauft, wenn sich die Gesamtkosten auf 300.000 € jährlich belaufen.**

b) $\frac{200.000 \cdot 2\ €}{300.000\ €} = \frac{400.000\ €}{300.000\ €} \approx 1{,}33$

**14. Macht eine Produktivitätssteigerung ein Unternehmen automatisch wirtschaftlicher?**

Nicht zwangsläufig. Nur, wenn die Kosten dadurch sinken bzw. der Umsatz infolgedessen steigt, ist das Unternehmen wirtschaftlicher.

**15. Berechnen Sie, welche Filiale der IT Service GmbH am wirtschaftlichsten arbeitet.**

| Filiale | 1 | 2 | 3 |
|---|---|---|---|
| Erträge in T € | 250 | 110 | 370 |
| Aufwendungen in T € | 230 | 100 | 330 |

$\text{Wirtschaftlichkeit} = \frac{\text{Erträge}}{\text{Aufwendungen}} = \frac{\text{Leistung}}{\text{Kosten}}$

Filiale 1: $\frac{250.000\ €}{230.000\ €} = 1{,}09$

Filiale 2: $\frac{110.000\ €}{100.000\ €} = 1{,}1$

**Filiale 3:** $\mathbf{\frac{370.000\ €}{330.000\ €} = 1{,}12}$

Filiale 3 ist am wirtschaftlichsten.

**16. Definieren Sie Liquidität.**

Liquidität beschreibt, inwiefern ein Unternehmen seine Zahlungsverpflichtungen aus den flüssigen (liquiden) Mitteln in der eigenen Kasse oder auf dem Bankkonto decken kann. Sie wird in drei Liquiditätsgraden gemessen, wobei Kassenbestand und Bankguthaben (1. Grad), zudem Wertpapiere und kurzfristige Forderungen (2. Grad) oder das gesamte Umlaufvermögen (3. Grad) ins Verhältnis zu den kurzfristigen Verbindlichkeiten gesetzt werden.

**17. Gegeben ist ein Auszug aus den Jahresabschlüssen eines IT-Unternehmens.**

| Auszug aus Jahrabschlüssen in T Euro | | |
|---|---|---|
| | **Berichtjahr** | **Vorjahr** |
| Bankbestand | 100.000 | 80.000 |
| Kassenbestand | 5.000 | 6.000 |
| Gesamtkapital | 400.000 | 350.000 |
| Eigenkapital | 100.000 | 75.000 |
| Umsatz | 200.000 | 180.000 |
| Gewinn | 20.000 | 14.000 |

**a) Berechnen Sie die Umsatzsteigerung in Prozent.**
**b) Berechnen Sie die Gewinnsteigerung in Prozent.**
**c) Berechnen Sie die Änderungsrate der Eigenkapitalrendite in Prozent.**
**d) Berechnen Sie die Änderungsrate der Umsatzrendite in Prozent.**
**e) Berechnen Sie die Eigenkapitalquote (EK-Anteil am Gesamtkapital in Prozent) im Vergleich.**
**f) Berechnen Sie die Liquiditätsquote (kurzfristige Liquidität zum Gesamtkapital in Prozent) im Vergleich.**

a) Umsatzsteigerung um 11 %
b) Gewinnsteigerung um 43 %
c) Eigenkapitalrendite Berichtjahr = 20 %
Eigenkapitalrendite Vorjahr = 18,67 %
Steigerung um 7 %
d) Umsatzrendite Berichtjahr = 10 %
Umsatzrendite Vorjahr = 7,78 %
Steigerung um 29 %
e) Eigenkapitalquote Berichtjahr = 25 %
Eigenkapitalquote Vorjahr = 21,42 %
f) Liquiditätsquote Berichtjahr = 1,25 %
Liquiditätsquote Vorjahr = 1,71 %

**18. Wie lassen sich Qualitätsziele in Unternehmen durchsetzen?**

Durch Zertifizierung und Etablierung von Qualitätsstandards nach der DIN EN ISO 9001.

Spezielle Prüforganisationen wie TÜV oder DEKRA führen sogenannte Audits (Inspektionen) durch, um die Geschäftsprozesse und deren Dokumentation zu prüfen.

| | |
|---|---|
| **19. Ordnen Sie zu, welche Standards und Normen im Bereich<br>[1] Qualitätsmanagement,<br>[2] IT-Grundschutz/-Sicherheit,<br>[3] Energiemanagement,<br>[4] Umweltmanagement,<br>[5] Arbeits- und Gesundheitsschutz sowie<br>[6] Datenschutz-Informationsmanagement<br>für die Zertifizierung von IT-Unternehmen besonders zu beachten sind:<br>A) DIN EN ISO 9001:2015<br>B) DIN EN ISO 14001:2015<br>C) DIN ISO 45001<br>D) DIN EN ISO 50001:2018<br>E) ISO/IEC 27001<br>F) ISO/IEC 27701** | A → 1<br>B → 4<br>C → 5<br>D → 3<br>E → 2<br>F → 6 |
| **20. Nennen Sie Strategieansätze des Qualitätsmanagements.** | **Total Quality Management:** Ausweitung des Qualitätsmanagements in alle Unternehmensprozesse<br><br>**Kontinuierlicher Veränderungsprozess:** beispielsweise durch den Qualitätszirkel<br><br>Plan – Do – Check – Act<br><br>**Null-Fehler-Methode:** Nur fehlerfreie Güter erreichen die nächste Produktionsstufe<br><br>**Kaizen:** japanisches Konzept einer ständigen Verbesserung der betrieblichen Abläufe durch Ordnung, Umsicht, Kritik usw.<br><br>**Kanban:** japanische Methode der Produktionssteuerung, bei der Werkstoffe nachbestellt werden, wenn sie verbraucht sind<br><br>**5-Why-Methode:** Warum-Fragenkette zur Aufdeckung des Kausalzusammenhangs hinter einem Mangel oder Defekt |

**21. Ordnen Sie die vier Phasen des kontinuierlichen Verbesserungsprozesses dem Qualitätszirkel zu:**
**A) Plan**
**B) Check**
**C) Do**
**D) Act**

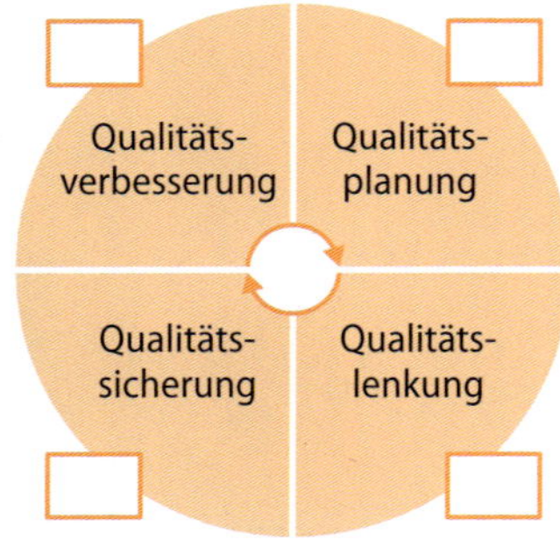


**22. Ordnen Sie die Phasen**
**[1] Qualitätssicherung,**
**[2] Qualitätsmanagement,**
**[3] Qualitätskontrolle und**
**[4] Total Quality Management zu:**

| | | |
|---|---|---|
| bis 1960 | – Endkontrolle bei der Produktion | |
| 1960 – 1980 | – Kontrolle in Fertigung integriert<br>– Regelkreise nach statistischen Methoden<br>– Projektmanagement | |
| 1980 – 1990 | – Einführung von Qualitätsstandards<br>– kontinuierliche Verbesserung für Fertigungsprozesse | |
| ab 1990 | – Einbeziehung aller Mitarbeiter in das Qualitätsmanagement<br>– Kunden- und Prozessorientierung | |

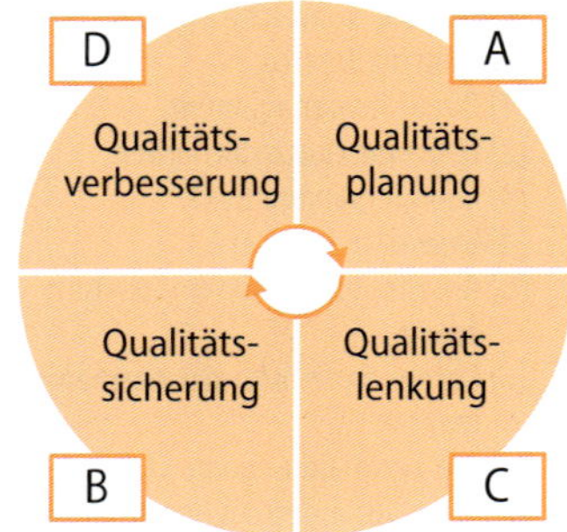


| | | |
|---|---|---|
| bis 1960 | – Endkontrolle bei der Produktion | 3 |
| 1960 – 1980 | – Kontrolle in Fertigung integriert<br>– Regelkreise nach statistischen Methoden<br>– Projektmanagement | 1 |
| 1980 – 1990 | – Einführung von Qualitätsstandards<br>– kontinuierliche Verbesserung für Fertigungsprozesse | 2 |
| ab 1990 | – Einbeziehung aller Mitarbeiter in das Qualitätsmanagement<br>– Kunden- und Prozessorientierung | 4 |

**23. Welche Qualitätsprobleme können bezüglich der Hardware auftreten?**

- technische Fehler (Defekt)
- Planungsfehler (Komponenten, Kapazität)
- Benutzerfehler
- Naturkatastrophen

**24. Durch welche Maßnahmen lassen sich Qualitätsprobleme bezüglich der Hardware beheben?**

- technische Redundanz
- Monitoring mithilfe von Checklisten, Software usw.
- Wartung und Instandhaltung durch spezielle Verträge

**25. Welche Qualitätsprobleme können bezüglich der Datensicherheit auftreten?**

- Viren
- Sabotage (Hacker, unberechtigte Dritte)
- Benutzerfehler
- Naturkatastrophen
- Diebstahl
- technische Fehler
- Feuer

**26. Durch welche Maßnahmen lassen sich Qualitätsprobleme bezüglich der Datensicherheit beheben?**

- technische Maßnahmen (Brandschutz, Einbruchsschutz, Notstrom)
- organisatorische Maßnahmen (Führungszeugnisse der Mitarbeiter, Zugangs- und Zutrittskontrollen, Anwesenheitsprotokolle, Datenschutzbeauftragte einstellen, Katastrophenhandbuch, Ausweichrechenzentren)
- softwareseitige Maßnahmen (Plausibilitätsprüfungen, Kryptographie, Antivirenprogramme)

**27. Welche Qualitätsprobleme können bezüglich der Kundenzufriedenheit auftreten?**

- Reputationsschäden
- Reklamationen
- lange Bearbeitungszeiten
- Systembrüche/Doppelstrukturen
- gering motivierte Mitarbeiter
- Verantwortlichkeiten nicht geregelt

**28. Durch welche Maßnahmen lassen sich Qualitätsprobleme bezüglich der Kundenzufriedenheit beseitigen?**

- regelmäßige Mitarbeiterschulung und/oder -weiterbildung (Gesprächsleitfäden, einheitliches, freundliches Auftreten)
- Evaluationsinstrumente wie Zufriedenheitsumfragen
- Maßnahmen zur Mitarbeitermotivation durch Anreizsysteme, Teambildung und Zusammengehörigkeitsgefühl (corporate identity)
- Maßnahmen zur Restrukturierung von Geschäftsabläufen (wenig Beteiligte, kurze Wege und Fristen, einheitliche Standards)

# B Marktstruktur, Wertschöpfungskette und die eigene Rolle im Betrieb

## B.1 Stellung und Funktion des Unternehmens im Wirtschaftskreislauf

**1. Ordnen Sie die passenden Wirtschaftssubjekte**
**[1] Ausland,**
**[2] Unternehmen,**
**[3] Kapitalsammelstellen,**
**[4] Haushalte,**
**[5] Staat**
**den passenden Buchstaben im erweiterten Wirtschaftskreislauf zu:**

2 → A
3 → B
4 → C
1 → D
5 → E

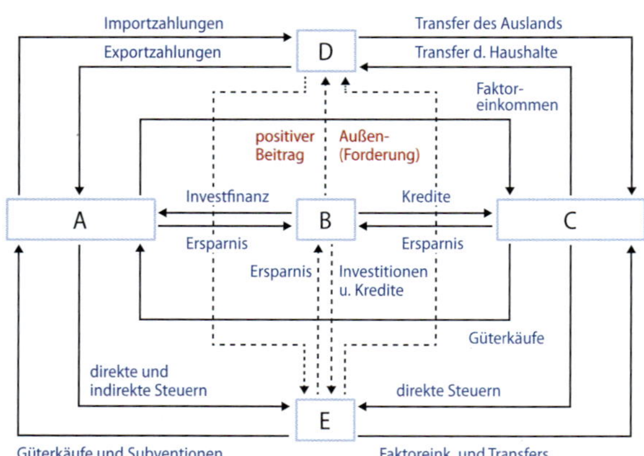

**2. Ordnen Sie folgende Vorgänge den Ziffern im Wirtschaftskreislauf zu:**
**A) Azubi Mike erhält seinen ersten Monatslohn.**
**B) Marianne bucht einen Urlaub im Ausland.**
**C) Michael überweist den Rundfunkbeitrag.**
**D) Olaf bestellt sich einen Neuwagen.**
**E) Die Bundesregierung rettet die Luftflug AG mit Staatsgeldern.**
**F) Die Direktbank Kohle AG finanziert den Neubau von Mikes Elternhaus.**
**G) Mikes Arbeitgeber, das IT-Haus Datenplan, beantragt eine Steuerstundung beim Finanzamt.**
**H) Ein chinesischer Investor kauft das IT-Haus Datenplan.**
**I) Der chinesische Investor löst die Altkredite des überschuldeten Unternehmens bei der Bank ab.**

A → 6
B → 5; 8
C → 2
D → 5
E → 3
F → 9
G → 4
H → 7
I → 7; 11

Wirtschaftskreislauf

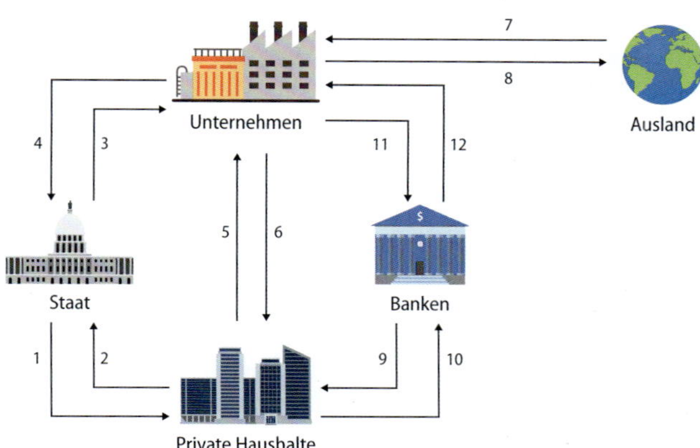

**3. Das Unternehmen als System – ordnen Sie die einzelnen Bestandteile zu:**

A) Lieferanten
B) Produktion
C) Abnehmer
D) Absatz
E) Beschaffung
F) Unternehmensführung
G) Unternehmensumfeld

A → 2
B → 5
C → 3
D → 6
E → 4
F → 1
G → 7

**4. Buchstabieren Sie die Richtungspfeile der folgenden Geld-, Güter- und Informationsflüsse des Schaubilds (S. 25) korrekt durch:**

A) Das Unternehmen liefert einen Serverschrank an einen Kunden.
B) Die Bank überweist die beantragte Kreditsumme.
C) Der Eigentümer entnimmt Geld für private Zwecke.
D) Das Unternehmen zahlt Zinsen für einen Kredit.
E) Die Rechnungen der Lieferanten werden bezahlt.
F) Der Kunde bestellt einen Serverschrank.
G) Das Unternehmen erhält einen Lieferschein.
H) Der Kunde erhält einen Lieferschein des Unternehmens.
I) Der Kunde begleicht die Rechnung des Unternehmens.
J) Die Mitarbeiter erhalten ihre Gehälter vom Bankkonto des Unternehmens.

A → 24
B → 15
C → 12
D → 14
E → 6
F → 22
G → 1
H → 25
I → 20
J → 10
K → 17
L → 3
M → 34
N → 27
O → 29
P → 12
Q → 23
R → 19
S → 38
T → 22
U → 8
V → 41
W → 7
X → 21
Y → 13
Z → 6

**K)** **Der Staat bezuschusst den Neubau der Werkshalle zur Ausweitung der Produktion.**

**L)** **Das Unternehmen beschafft günstiges Blech für den Serverschrankbau.**

**M)** **Der Controller erfasst die Werkstattkosten mit dem Betriebsabrechnungsbogen.**

**N)** **Das Lager meldet steigende Lagerhaltungskosten.**

**O)** **Das Lager gibt die Fertigware zum Verkauf frei.**

**P)** **Die Investoren erkundigen sich bei der Bank über die Gesamtkapitalrentabilität.**

**Q)** **Der Kunde erhält ein Angebot.**

**R)** **Das Finanzamt schickt einen Steuerbescheid.**

**S)** **Das Unternehmen erhält Kontoauszüge.**

**T)** **Ein Kunde reklamiert einen Serverschrank.**

**U)** **Der neue Mitarbeiter händigt der Buchhaltung die Urlaubsbescheinigung des früheren Arbeitgebers aus.**

**V)** **Die Beschaffungsabteilung erhält Bedarfsmeldungen aus der Produktion.**

**W)** **Die Mitarbeiter arbeiten seit dem neuen Geschäftsjahr im Akkord.**

**X)** **Der Controller führt eine ABC-Kundenanalyse durch.**

**Y)** **Der Eigentümer nimmt eine Sondertilgung des Kredits vor.**

**Z)** **Der Lieferant hat zu viel Skonto bei vorzeitiger Bezahlung der Rechnung gewährt.**

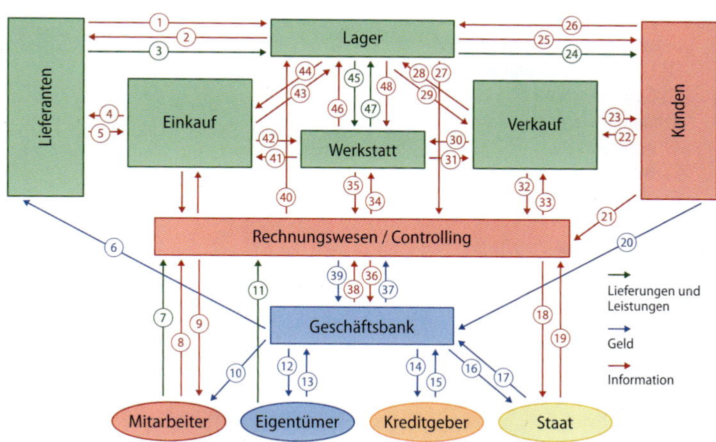


Wertschöpfung

5. **Ordnen Sie zu, welche Farbe**
   **[1] Blau,**
   **[2] Rot,**
   **[3] Schwarz**
   **die**
   **A) Geld-,**
   **B) Güter- und**
   **C) Informationsströme haben:**

A → 2
B → 3
C → 1

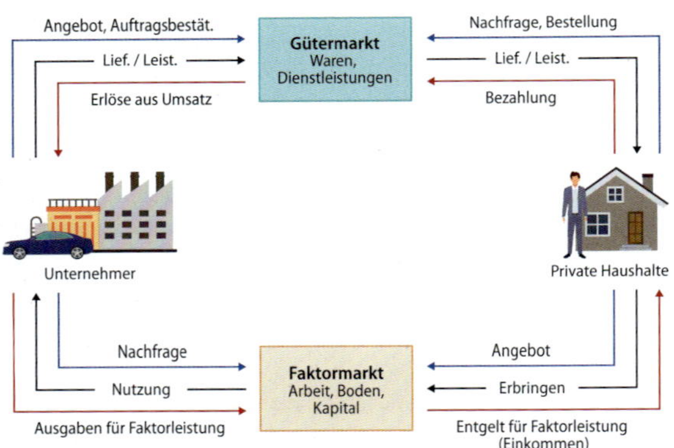


6. **Ordnen Sie zu, welche Güter auf**
   **[1] Faktormärkten und welche auf**
   **[2] Gütermärkten**
   **gehandelt werden:**
   **A) Arbeitskräfte**
   **B) Werkzeuge**
   **C) Mobiltelefone**
   **D) Kredite**
   **E) Grundstücke**

A → 1
B → 2
C → 2
D → 1
E → 1

## B.2 Beschaffungs- und Absatzmärkte der Unternehmen nach Art, Segment, Potenzial, Anteil, Kundenstruktur und Volumen analysieren

**1. Welche Voraussetzungen müssen erfüllt sein, damit man von einem vollkommenen Markt sprechen kann?**

- rationales Verhalten aller Marktteilnehmer
- Homogenität (Gleichartigkeit) aller Güter
- keine persönlichen, räumlichen und zeitlichen Präferenzen
- vollständige Markttransparenz
- unendliche Reaktionsgeschwindigkeit der Marktteilnehmer

**2. Was ist ein Käufermarkt?**

Bei einem Käufermarkt besteht ein Angebotsüberhang. Dadurch befinden sich die Konsumenten bzw. Käufer in einer günstigeren Lage.

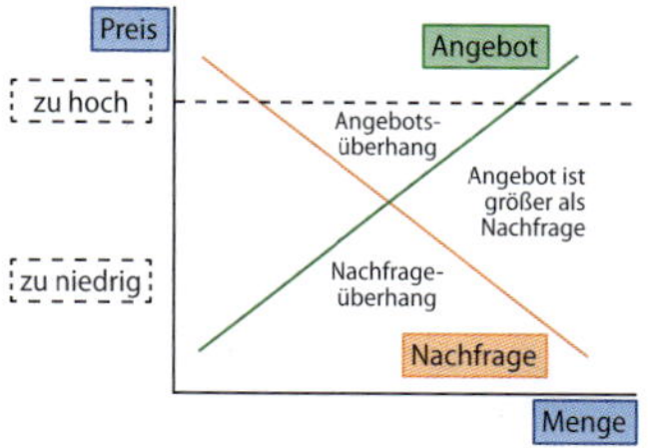


**3. Was ist ein Verkäufermarkt?**

Bei einem Verkäufermarkt besteht ein Nachfrageüberhang. Hier befinden sich die Produzenten bzw. Verkäufer in einer günstigeren Lage.

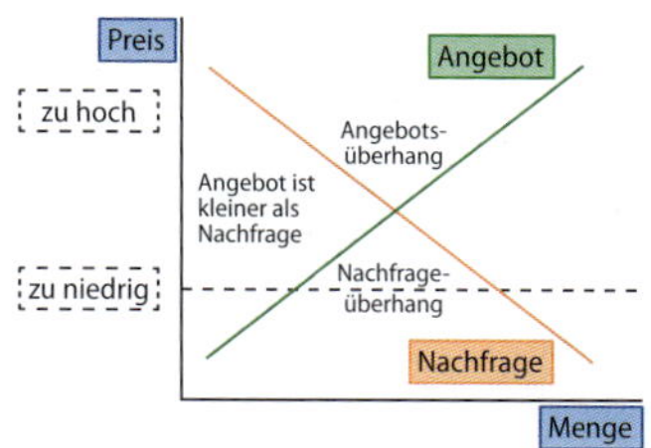

**4. Was ist ein Faktormarkt?**

Auf dem Faktormarkt werden die volkswirtschaftlichen Produktionsfaktoren **Arbeit, Boden und Kapital** gehandelt. Die wichtigsten Faktormärkte sind

- der **Arbeitsmarkt** (Preis ist der Lohn),
- der **Immobilienmarkt** (Preis ist der Mietzins) und
- der **Finanzmarkt** (Preis ist der Kreditzins).

**5. Was ist ein Gütermarkt?**

Auf einem Gütermarkt werden vor allem **Sachgüter** gehandelt. Es gibt

- den **Konsumgütermarkt** (hier werden Ver- und Gebrauchsgüter für Privathaushalte gehandelt) und
- den **Investitionsgütermarkt** (hier beschaffen Unternehmen Produktionsgüter).

**6. Ordnen Sie die Vorgänge den richtigen Begriffen**
**[1] Gütermarkt und**
**[2] Faktormarkt**
**zu:**
**A) Azubi Mike unterschreibt seinen Ausbildungsvertrag.**
**B) Mutter Marianne kauft ein Gebinde H-Milch im Supermarkt.**
**C) Mikes Unternehmen erwirbt Bauland für eine Unternehmenserweiterung.**
**D) Mikes Vater nimmt einen Verbraucherkredit auf, um eine neue Küche anzuschaffen.**

A → 2
B → 1
C → 2
D → 2

**7. Welchen Kriterien genügt der Markt für IT-Dienstleistungen?**

| Marktart | zutreffend | unzutreffend |
|---|---|---|
| offener Markt | | |
| Faktormarkt | | |
| vollkommener Markt | | |
| Verkäufermarkt | | |

| Marktart | zutreffend | unzutreffend |
|---|---|---|
| offener Markt | X | |
| Faktormarkt | | X |
| vollkommener Markt | X | |
| Verkäufermarkt | | X |

**8. Welche Ursachen könnte die Rechts-Verschiebung der Angebotskurve haben?**

- Verringerung der Produktionskosten durch Rationalisierung und technologischen Wandel
- optimistische Zukunftserwartungen des Unternehmens

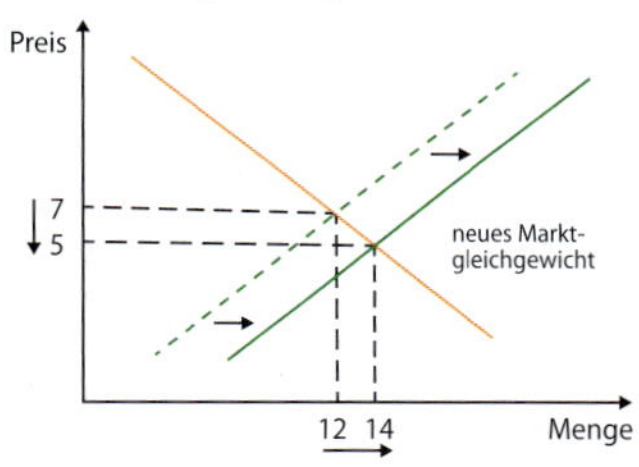


**9. Welche Ursachen könnte die Rechtsverschiebung der Nachfragekurve haben?**

- Einkommenserhöhung
- Steuersenkungen

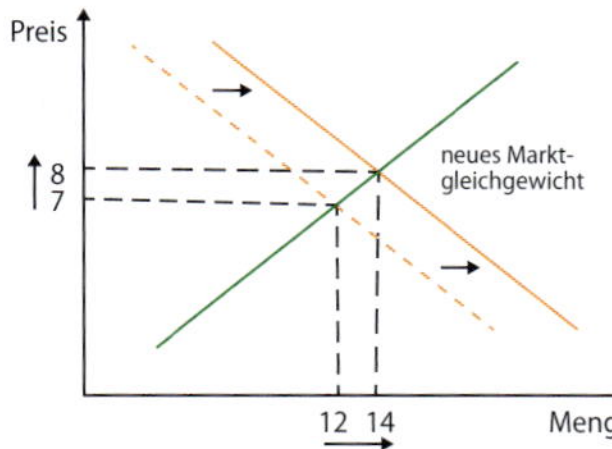


**10. Erklären Sie die Marktsituation mithilfe des nachfolgenden Mengendiagramms bei einem Stückpreis von**

**a) 8 €,**
**b) 6 €,**
**c) 4 €.**

a) Zum Preis von 8 Euro wird mehr produziert als nachgefragt. Der Angebotsüberschuss beträgt rund 250 Stück.

b) Zum Preis von 6 Euro stellt sich das Marktgleichgewicht ein, d. h. Angebot und Nachfrage decken sich, der Umsatz beträgt.

$6\text{ €} \cdot 150\text{ Stück} = 900\text{ €}$

c) Zum Preis von 4 Euro lohnt sich für die Anbieter die Herstellung nicht. Sie produzieren weniger als Konsumenten nachfragen. Der Nachfrageüberschuss beträgt rund 280 Stück.

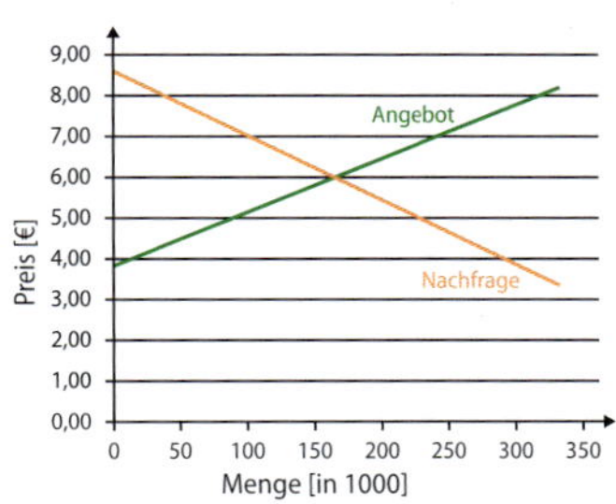

**11. Ein Großhändler weist folgende Nachfrage- und Angebotssituation auf.**

| Preis in € | Angebot in Stück | Nachfrage in Stück |
|---|---|---|
| 100 | 100 | 1000 |
| 110 | 200 | 900 |
| 120 | 300 | 800 |
| 130 | 400 | 700 |
| 140 | 500 | 600 |
| 150 | 600 | 500 |
| 160 | 700 | 400 |
| 170 | 800 | 300 |
| 180 | 900 | 200 |
| 190 | 1000 | 100 |

**a) Zeichnen Sie ein Preis-Mengen-Diagramm und tragen Sie die Daten ein.**

**b) Geben Sie den Gleichgewichtspreis an.**

**c) Ermitteln Sie den Angebotsüberhang bei einem Preis von 190 €.**

a)

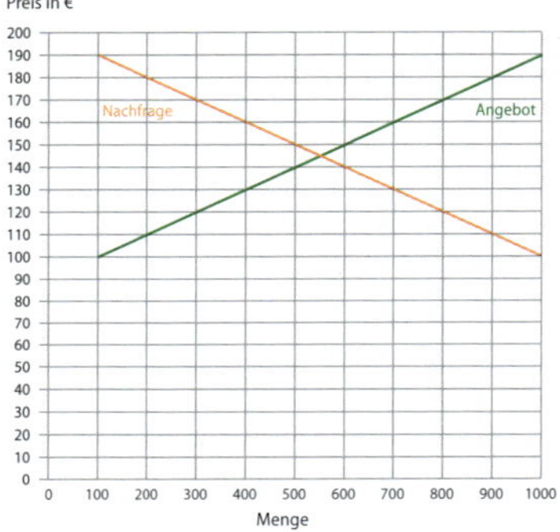


b) 145 €

c) 900 Stück

**12. Ein Onlinehändler erwartet Umsatzsteigerungen im Weihnachtsgeschäft und erweitert die Produktionskapazitäten. Berechnen Sie mithilfe des Diagramms, ob sich seine Erwartungen erfüllen.**

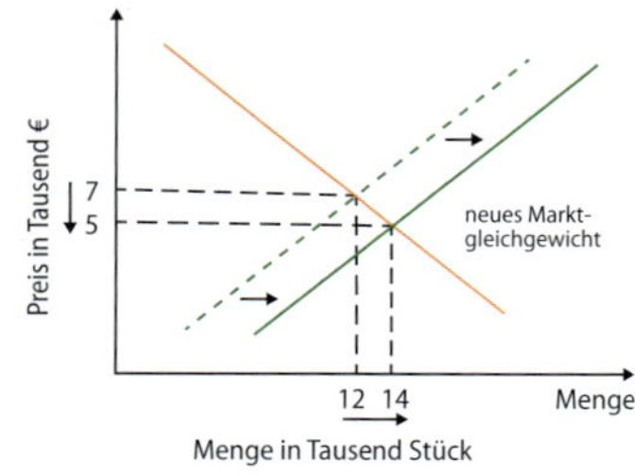


Nein, die Erwartungen erfüllen sich nicht. Der Anbieter hat vor der Produktionserweiterung einen Umsatz von

7.000 € · 12.000 Stück = 84.000 €.

Nach der Rechtsverschiebung der Angebotskurve liegt der Umsatz nur bei

5.000 € · 14.000 Stück = 70.000 €.

**13. Die Regierung hat zur Ankurbelung der Konjunktur die Steuern gesenkt. Dadurch steht den Konsumenten mehr Geld für den Konsum zur Verfügung. Berechnen Sie die Umsatzsteigerung mithilfe des Diagramms.**

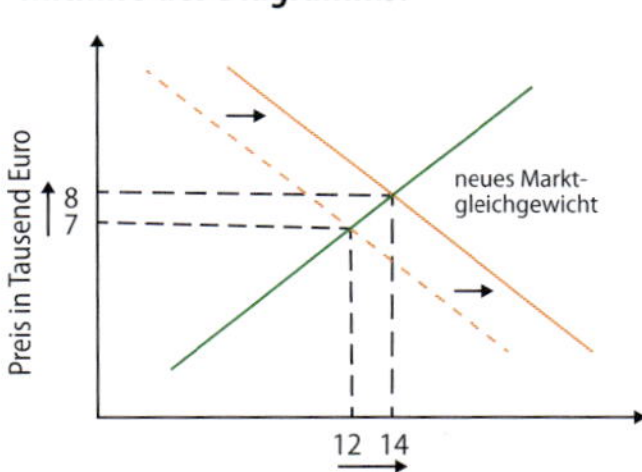


Vor der Steuersenkung:
7.000 € · 12.000 Stück = 84.000 €.

Nach der Steuersenkung:
8.000 € · 14.000 Stück = 112.000 €.

Der Umsatz ist um 33 Prozent gestiegen.

**14. Wie heißen die korrekten Marktformen?**

| Nachfrager / Anbieter | einer | wenige | viele |
|---|---|---|---|
| einer | | | |
| wenige | | | |
| viele | | | |

| Nachfrager / Anbieter | einer | wenige | viele |
|---|---|---|---|
| einer | bilaterales Monopol | beschränktes Angebots-monopol | Angebots-monopol |
| wenige | beschränktes Nachfrage-monopol | bilaterales Oligopol | Angebots-oligopol |
| viele | Nachfrage-monopol (Monopson) | Nachfrage-oligopol | (bilaterales) Polypol |

**15. Erläutern Sie die Begriffe**
**[1] Angebotsoligopol**
**[2] Nachfrageoligopol**
**[3] Angebotsmonopol**
**[4] Nachfragemonopol**
**[5] Polypol**
**[6] Kartell**
**[7] Käufermarkt**
**[8] Verkäufermarkt**

[1] Angebotsoligopol: wenige Anbieter, viele Nachfrager
[2] Nachfrageoligopol: wenige Nachfrager, viele Anbieter
[3] Angebotsmonopol: ein Anbieter, viele Nachfrager
[4] Nachfragemonopol: ein Nachfrager, viele Anbieter
[5] Polypol: viele Nachfrager, viele Anbieter
[6] Kartell: Absprachen von Anbieter in Bezug auf Preise, Konditionen, Rabatte, Gebiete usw.
[7] Käufermarkt: Angebot ist größer als Nachfrage
[8] Verkäufermarkt: Nachfrage ist größer als Angebot

**16. Ordnen Sie die unten aufgeführten Situationen den Begriffen**
**[1] Angebotsoligopol,**
**[2] Nachfrageoligopol,**
**[3] Angebotsmonopol,**
**[4] Nachfragemonopol,**
**[5] Polypol,**
**[6] Kartell,**
**[7] Käufermarkt,**
**[8] Verkäufermarkt**
**zu:**
**A) Der Staat fragt eine Software für den Polizeidienst nach.**
**B) Die städtischen Wasserbetriebe errichten im neuen IT-Haus einen Wasseranschluss.**
**C) Hans B. sucht auf einer Online-Handelsplattform nach einem Auto.**
**D) Die IT Solutions GmbH sucht im Großraum München ein Grundstück für eine Werkserweiterung.**
**E) Die Hersteller von Tintenstrahldruckern vereinbaren, Tintenpatronen nicht unter 20 Euro zu verkaufen.**
**F) Das Bundeskartellamt entdeckt, dass das US-Unternehmen Macrosoft eine marktbeherrschende Stellung auf dem deutschen IT-Markt erobert hat.**
**G) Die Preise für Monitore brechen durch Überproduktion in China stark ein.**
**H) Deutschlandweit bieten nur drei Unternehmen den Bau von Großrechenanlagen an.**
**I) Fünf IT-Unternehmen bewerben sich um die Installation eines Netzwerks in einem Bundesministerium.**

A → 4; 7
B → 3; 8
C → 5; 7
D → 8; 5
E → 6; 8
F → 3; 8
G → 7; 5
H → 1; 8
I → 4; 7

**17. Sechs Unternehmen A, B, C, D, E und F teilen sich den Markt für Glasfaserkabel wie in folgendem Tortendiagramm zu sehen.**
**Welche Ziffern gehören zu den einzelnen Bereichen im Diagramm?**
**[1] Gesamtpotenzial des Marktes für Glasfaser**
**[2] Marktanteil des Unternehmens A**
**[3] Gesamtvolumen des Marktes für Glasfaser**

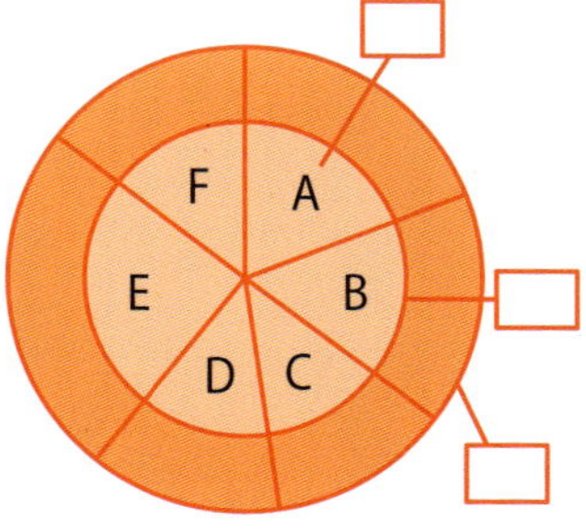


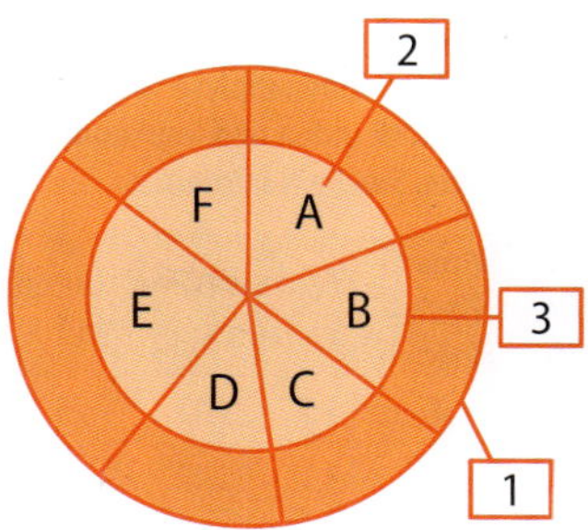


**18. Sie sind Azubi in einem IT-Unternehmen, das EDV-Systeme für Landkreise entwickelt.**
**a) Berechnen Sie das Marktvolumen und das Marktpotenzial für das gesamte Land, wenn Sie bereits 5 von 10 Landkreisen Ihr Produkt für 50.000 € verkauft haben.**
**b) Ein Konkurrent schnappt Ihnen drei Landkreise weg, weil er ein vergleichbares Produkt für 45.000 € anbietet. Berechnen Sie nun Ihren Marktanteil.**

a) Marktpotenzial = 10 · 50.000 € = = 500.000 €

Marktvolumen = 5 · 50.000 € = 250.000 €

b) Marktanteil =

$$= \frac{250.000\text{ €}}{5 \cdot 50.000\text{ €} + 3 \cdot 45.000\text{ €}} \cdot 100$$

$$\approx 0{,}649 \cdot 100 = 69\ \%$$

**19. Unterscheiden Sie nach Kundentypen der ABC-Kundenanalyse sowie nach Bestandskunden und Neukunden. Ordnen Sie die Nummern zu.**

| Kunden-Nr. | Anzahl Bestellungen | Zeitraum des Vorjahres | Umsatz in T € |
|---|---|---|---|
| 1 | 4 | 1.1. – 31.12. | 25 |
| 2 | 20 | 1.1. – 31.12. | 5 |
| 3 | 3 | 1.10. – 31.12. | 20 |
| 4 | 1 | 1.12. – 31.12. | 30 |
| 5 | 6 | 1.10. – 31.12. | 18 |
| 6 | 50 | 1.1. – 31.12. | 35 |
| 7 | 2 | 24.12. – 31.12. | 6 |
| 8 | 66 | 1.1. – 31.12. | 11 |
| 9 | 11 | 1.1. – 31.12. | 66 |
| 10 | 18 | 24.12. – 31.12. | 3 |
| gesamt | 181 | | 219 |

| Kundentyp | Kunden-Nr. |
|---|---|
| A-Kunde (70 Prozent) | 9; 6; 4; 1 |
| B-Kunde (20 Prozent) | 3; 5; 8 |
| C-Kunde (10 Prozent) | 7; 2; 10 |
| Bestandskunde | alle mit Ausnahme von 7 und 10 sowie eventuell 3 und 5 |
| Neukunde | 7; 10 |

## B.3 Aufbau- und Ablauforganisation des Unternehmens herausarbeiten

**1. Was versteht man unter der betrieblichen Organisation?**

Betriebliche Organisation ist die Dauerregelung für den rationellen Einsatz aller betriebswirtschaftlichen Produktionsfaktoren.

**2. Was versteht man unter einer Projektorganisation und warum kommt sie in der IT-Branche häufig zur Anwendung?**

Projektorganisation bedeutet, dass Mitarbeiter für ein Projekt freigestellt werden, wobei keine festen Organisationsstrukturen existieren.
Da die IT-Branche zum Dienstleistungssektor gehört, gibt es wenig Serienproduktion, stattdessen erwarten die Kunden spezifische, auf den Einzelfall abgestimmte Lösungen.

**3. Welche Aufgaben hat der Lenkungsausschuss in einer Projektorganisation?**

Der Lenkungsausschuss
- berichtet dem Projektleiter,
- steuert Phasen des Projekts,
- überwacht Qualität, Zeiteinhaltung und Kosten.

**4. Was ist eine Stabsorganisation und warum nennt man diese Form der Organisation auch Einflussorganisation?**

Stabsorganisation: In der Stabsorganisation wird einer Leitungsstelle (Instanz) eine Leitungshilfsstelle (Stab) zugeordnet. An die Herkunft dieser Organisationsform aus dem Militärwesen erinnert der Generalstab.

Diese Form der Organisation heißt auch Einflussorganisation, weil der Stab fachlichen Einfluss auf die Entscheidung der Instanz ausüben kann.

**5. Welche Aufgaben hat eine Stabsstelle in einem Unternehmen?**

Aufgabe einer Stabsstelle ist die Vorbereitung von Entscheidungen durch Zuarbeit und Beratung von Entscheidungsträgern.

**6. Was ist eine Linienorganisation? Nennen Sie Vor- und Nachteile dieser Organisationsform.**

Linienorganisation: Die Linienorganisation ist gekennzeichnet durch das Prinzip der direkten Unterstellung von Instanz und Ausführungsstelle.

Vorteile:
- Kompetenzen klar abgegrenzt
- geringe Transaktionskosten durch strikte Hierarchie
- Unternehmen ist einfach und übersichtlich gegliedert

Nachteile:
- geringe Mitarbeitermotivation
- Informationsfluss nur von unten nach oben
- Expertise von Spezialisten bleibt ungenutzt

**7. Was ist eine Stab-Linienorganisation? Nennen Sie Vor- und die Nachteile dieser Organisationsform.**

Stab-Linienorganisation: Die Stab-Linienorganisation erweitert das Liniensystem um einen Mitarbeiterstab.

Vorteile:
- Entlastung der Instanzen
- Stäbe verfügen über Fachwissen
- fundierte Entscheidungen

Nachteile:
- Stäbe sind nicht in die Weisungshierarchie eingebunden und können Entscheidungen herbeiführen, die sie nicht verantworten
- Stäbe können zu Sündenböcken gemacht werden
- Reibungsverluste zwischen Stab und Linie

**8. Was ist eine Mehrlinienorganisation? Nennen Sie Vor- und die Nachteile dieser Organisationsform.**

Mehrlinienorganisationen sind dadurch charakterisiert, dass, anders als im Einliniensystem, Mehrfach-Unterstellungsverhältnisse zwischen Instanzen und Ausführungsstellen bestehen.

Vorteile:
- abteilungsübergreifende Lösungen möglich
- kurze Dienst- und Kommunikationswege
- bessere Kontrollmöglichkeiten
- Arbeitsteilung auf den höheren Hierarchieebenen

Nachteile:
- erhöhtes Konfliktpotential durch Kompetenzüberschneidungen
- höhere Transaktionskosten als in Einliniensystemen
- Verantwortlichkeiten verschwimmen

**9. Was ist eine Matrixorganisation? Nennen Sie Vor- und Nachteile dieser Organisationsform.**

Matrixorganisation: Sie kombiniert die betrieblichen Funktionen Beschaffung, Produktion und Absatz mit unterschiedlichen Produktionssparten (Divisionen). Sie stellt insofern eine Mischung aus funktionalem und divisionalem Leitungssystem dar.

Vorteile:

- Abbau von Hierarchien
- Förderung von Teamfähigkeit
- höhere Interaktion der Abteilungen

Nachteile:

- sehr hohe Transaktionskosten
- langsamere Entscheidungsfindung
- Entscheidungen sind oft Kompromisse

**10. Ermitteln Sie die Instanzentiefe, Instanzenbreite und die Leitungsspanne im dargestellten Organigramm.**

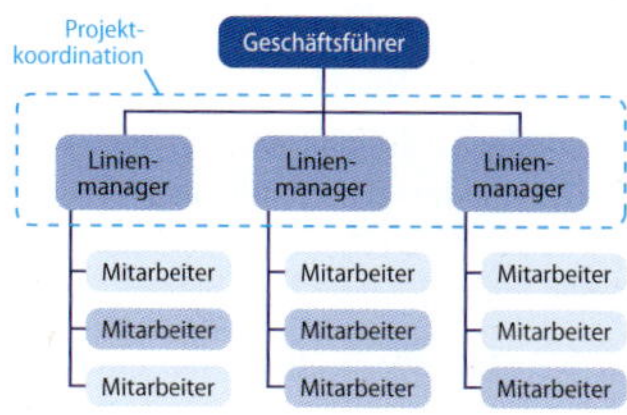


Instanzentiefe: 2
(Geschäftsführung und Linienmanager)

Instanzenbreite: 3
(Anzahl der Abteilungen bzw. Gruppen)

Leitungsspanne des Geschäftsführers: 3
(Anzahl der direkt untergebenen Linienmanager)

Leitungsspanne der Linienmanager: 3
(Anzahl der direkt untergebenen Mitarbeiter)

**11. Ordnen Sie die untenstehenden Aussagen folgenden Organisationsformen zu:**
**[1] Ein-Linienorganisation**
**[2] Stab-Linienorganisation**
**[3] Mehrlinienorganisation**
**[4] Matrixorganisation**
**A) Die Mitarbeiter sind mehreren Instanzen unterstellt.**
**B) Ein Minister oder Vorstandsvorsitzender hat einen persönlichen Referenten zur Seite.**
**C) Ein Unternehmen ist streng hierarchisch aufgebaut.**
**D) Teamarbeit steht im Vordergrund.**

A ⟶ 3
B ⟶ 2
C ⟶ 1
D ⟶ 4

**12. Erläutern Sie, was eine Spartenorganisation (auch divisionale Organisation) ist.**

Große Unternehmen sind nach Sparten oder Divisionen organisiert, wobei die Unternehmensteile eigene Gewinnverantwortung (Profitcenter) und/oder Kostenverantwortung (Costcenter) haben.

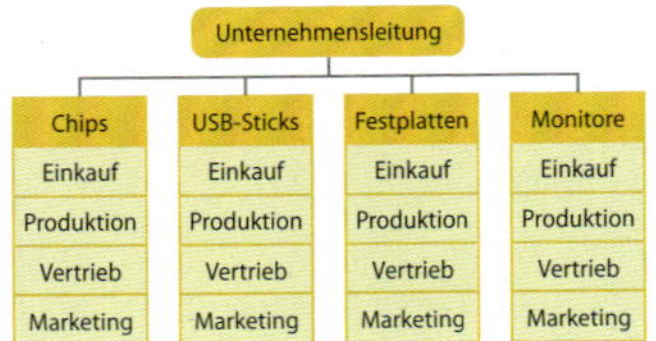


**13. Erklären Sie, was man unter Lean Management versteht.**

Unter Lean Management versteht man eine schlanke Organisationsstruktur mit einer geringen Instanzentiefe, d. h. mit flachen Hierarchien.

**14. Unterscheiden Sie zwischen informaler und formaler Organisation eines Unternehmens.**

Die **informale Organisation** entsteht durch nicht rein dienstliche, ungeplante Mitarbeiterkontakte, z. B. in der Freizeit, beim Betriebssport oder in den Pausenzeiten beim gemeinsamen Frühstück oder Mittagessen.

Die **formale Organisation** eines Unternehmens ist die Aufbau- und Ablauforganisation, die sich aus dem Geschäftsprozess und den dafür eingeplanten Tätigkeiten (Stellenplan) ergibt.

**15. Definieren Sie die Begriffe Jobrotation, Jobenlargement und Jobenrichment.**

Bei der **Jobrotation** findet ein systematischer Aufgabenwechsel statt. (Einarbeitung in viele Bereiche auf gleicher Ebene)

Beim **Jobenlargement** erhält ein Mitarbeiter weitere Aufgaben in seinem bisherigen Anforderungsbereich. (zusätzliche Aufgaben auf gleicher Ebene; horizontale Erweiterung)

Beim **Jobenrichment** erhält der Mitarbeiter zusätzliche Aufgaben, die auf einer höheren Anforderungsstufe stehen. (qualitative Erweiterung)

**16. Konstruieren Sie aus den folgenden Bestandteilen ein Organigramm, das klare Verantwortlichkeiten innerhalb eines Unternehmens erkennen lässt:**

**Chief Executive Officer (CEO)**
**Chief Financial Officer (CFO)**
**Chief Technology Officer (CTO)**
**Finance**
**Operations**
**Development**
**Controlling**

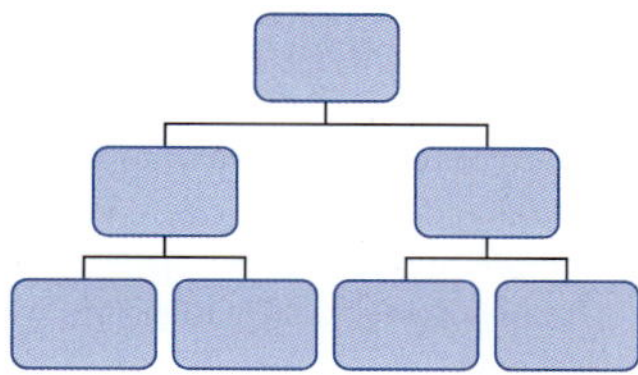

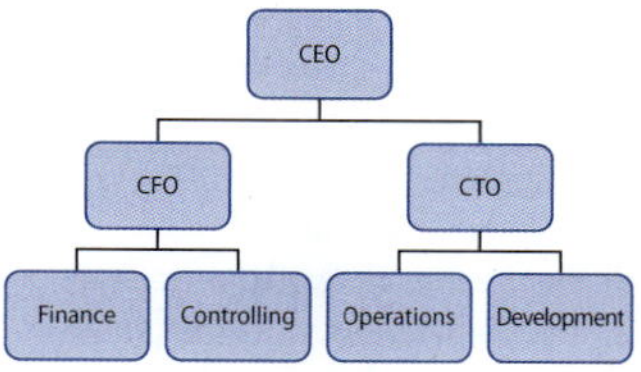


**17. Der Chief Executive Officer (CEO) wünscht sich einen Beauftragten für Qualitätsmanagement.**
**An welcher Stelle im Organigramm aus Aufgabe 16 würde man diese Position hinzufügen?**

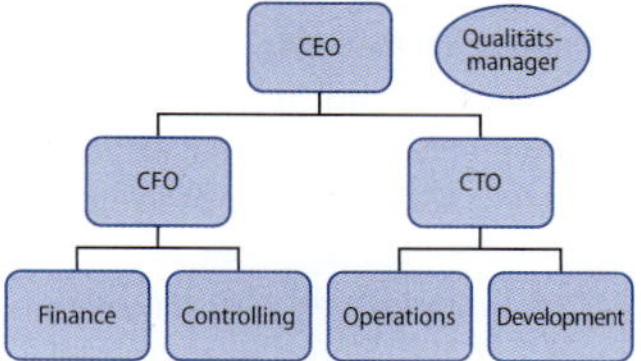

**18. Wie sollte die Stellenbeschreibung zu der Stelle aus Aufgabe 17 lauten?**
**a) Art der Stelle**
**b) Bezeichnung**
**c) Zeichnungsvollmacht?**
**d) Der Stelleninhaber ist unterstellt**
**e) Der Stelleninhaber ist überstellt**
**f) Der Stelleninhaber wird vertreten durch**
**g) Der Stelleninhaber vertritt**
**h) Der Stelleninhaber führt aus bzw. entscheidet über**
**i) Der Stelleninhaber berät seinen Vorgesetzten bei dessen Entscheidungen über**
**j) Anforderungen an den Stelleninhaber**

a) Stabsstelle
b) Qualitätsmanager
c) keine Zeichnungsvollmacht
d) ist dem CEO direkt unterstellt
e) hat keine Weisungsbefugnis
f) kein Vertreter
g) keine Vertretungskompetenz
h) keine Entscheidungskompetenz
i)
- Einführung neuer Qualitätsmanagementsprozesse
- Evaluation des bisherigen Qualitätsmanagements

j)
- langjährige Erfahrung im Bereich von Qualitätskontrolle und Qualitätsmanagement (nachgewiesen durch Zertifikate)
- Erfahrungen im Projektmanagement
- abgeschlossenes Hochschulstudium
- Flexibilität
- kommunikatives Geschick

**19. Sie sind Azubi in einem kleinen IT-Unternehmen, das sich auf den EDV-Versand spezialisiert hat: Erstellen Sie ein Organigramm nach folgenden Vorgaben:**
**A) Das Unternehmen wird von zwei gleichberechtigten Inhabern geführt.**
**B) Das Unternehmen hat drei Geschäftsbereiche für Einkauf, Verkauf, Support.**
**C) Der Einkauf besteht aus den Abteilungen Hardware und Software.**
**D) Der Verkauf besteht aus den Abteilungen Komponenten, Peripheriegeräte, Netzwerke und Marketing.**
**E) Der Support vereint das Rechnungs- und Personalwesen sowie die Finanzen unter seinem Dach.**
**F) Sie als Azubi werden von der Stabsstelle Ausbildung betreut.**

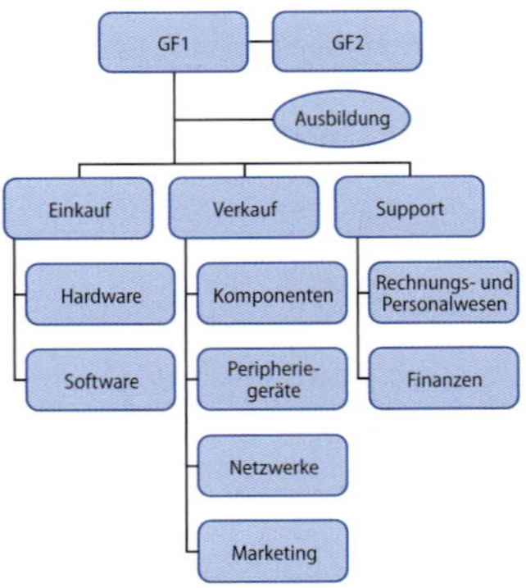


GF1: Geschäftsführer 1
GF2: Geschäftsführer 2

**20. Handelt es sich um autoritäres (a) oder kooperatives (k) Führungsverhalten?**

| Führungsstil/Führungsverhalten | a | k |
|---|---|---|
| Der Chef entscheidet allein. | | |
| Der Chef hört seine Mitarbeiter an und entscheidet dann, wie er will. | | |
| Der Chef diskutiert Probleme in Gremien und entscheidet aufgrund der dort entwickelten Lösungsvorschläge. | | |
| Der Chef lässt die Mitarbeiter über Lösungsvorschläge abstimmen und übernimmt die Mehrheitsmeinung. | | |
| Der Chef lässt sich von einem Stab beraten und folgt dann der Handlungsempfehlung. | | |

| Führungsstil/Führungsverhalten | a | k |
|---|---|---|
| Der Chef entscheidet allein. | X | |
| Der Chef hört seine Mitarbeiter an und entscheidet dann, wie er will. | X | |
| Der Chef diskutiert Probleme in Gremien und entscheidet aufgrund der dort entwickelten Lösungsvorschläge. | | X |
| Der Chef lässt die Mitarbeiter über Lösungsvorschläge abstimmen und übernimmt die Mehrheitsmeinung. | | X |
| Der Chef lässt sich von einem Stab beraten und folgt dann der Handlungsempfehlung. | | X |

**21. Nennen Sie Möglichkeiten beruflicher Fortbildung im IT-Bereich.**

- Fortbildung im Unternehmen durch Weiterbildungsmaßnahmen wie Lehrgänge (Zertifikate)
- Fortbildung durch externe Anbieter wie private Fortbildungsinstitute, Industrie- und Handwerkskammern, andere Unternehmen, Akademien
- Aufnahme eines dualen Studiums, d. h. einer verlängerten, bezahlten Berufsausbildung mit gleichzeitigem Hochschulstudium (in der Regel auf dem Bachelor-Niveau)
- Fortbildung im akademischen Bereich durch Aufnahme eines Fernstudiums bei einer privaten oder öffentlichen Hochschule
- Beurlaubung und Vollzeitstudium in einer Vertiefungsrichtung an einer Hochschule oder Universität zum Bachelor of Engineering (6 Semester), darauf aufbauend Master of Engineering (3 bzw. 4 Semester) und Dr.-Ing. (Promotion)

**22. Ordnen Sie mithilfe nachfolgender Übersicht**
**[1] den IT Business Manager,**
**[2] den Administrator,**
**[3] den Informatikkaufmann,**
**[4] den IT Technical Engineer**
**der passenden Stufe des Deutschen Qualifikationsrahmens zu:**

**A) Berufsvorbereitung**
**B) Einstiegsqualifizierung, Berufsfachschule**
**C) zweijährige Ausbildungsberufe**
**D) dreijährige Ausbildungsberufe**
**E) Zusatzqualifikation**
**F) 1. Aufstiegsfortbildung/Meister/Bachelor**
**G) 2. Aufstiegsfortbildung/Betriebswirt/Master**
**H) Promotion**

1 → F
2 → E
3 → D
4 → G

IT-Weiterbildungsstruktur

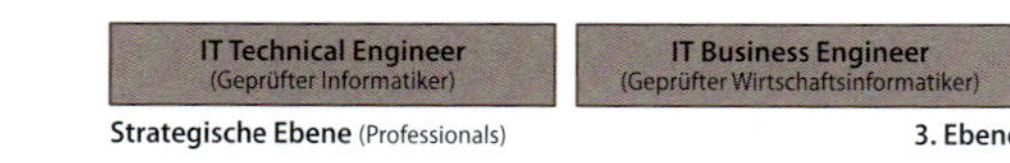


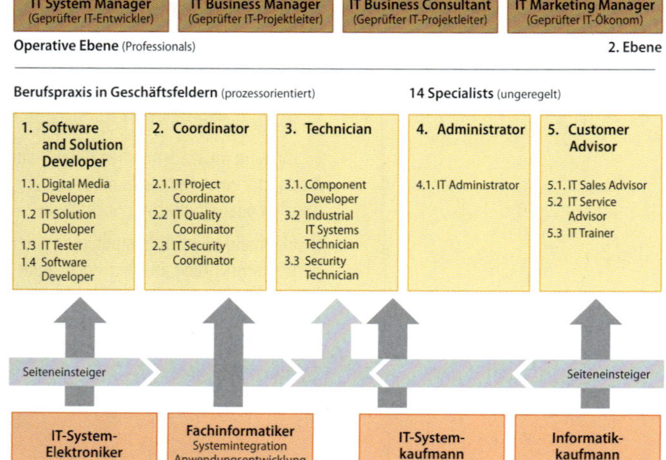

**23. Was versteht man unter einem Geschäftsprozess?**

Ein Geschäftsprozess ist eine Schrittfolge von Tätigkeiten innerhalb eines Unternehmens, die auf ein bestimmtes Ergebnis abzielt.

**24. Welche Merkmale weist ein Geschäftsprozess auf?**

- hat einen eindeutigen Anfang und einen eindeutigen Abschluss
- ist zielgerichtet auf ein Ergebnis
- besteht aus einer Kette betrieblicher Aktivitäten
- wird von Aktionsträgern gesteuert
- integriert Kunden und Lieferanten
- verursacht durch Ressourcenverbrauch Kosten

**25. Was versteht man unter einem Workflow?**

Unter einem Workflow versteht man einen Teil eines Geschäftsprozesses, der im Ablauf strukturiert ist und mithilfe von Informationssystemen gesteuert werden kann, z. B. eine Auftragsabwicklung, Bearbeitung von Kreditvergaben, Reklamationen usw.

**26. Ihr Unternehmen installiert und wartet Netzwerke. Entscheiden Sie, ob nachfolgende Geschäftsvorgänge**
**[1] Kern-,**
**[2] Unterstützungs- oder**
**[3] Führungsprozessen**
**zugeordnet werden können:**

**A) Ihr Unternehmen verlegt Datenleitungen bei Kunden.**
**B) Ihr Chef entscheidet, einen neuen Mitarbeiter für ein Projekt abzustellen.**
**C) Ihr Unternehmen schreibt eine Rechnung für ein fertiggestelltes Projekt.**
**D) Die Marketing-Abteilung Ihres Unternehmens schaltet eine Anzeige für Kundenwerbung.**
**E) Der Controller Ihres Unternehmens findet Fehler in der Abrechnung eines Projekts aus dem letzten Geschäftsjahr.**

A → 1
B → 3
C → 1
D → 2
E → 2

**27. Nennen Sie Möglichkeiten zur Optimierung von Geschäftsprozessen.**

- Aufgabenanalyse
- organisatorische Maßnahmen zur Abgrenzung von Weisungsbefugnissen und Unterstellungsverhältnissen
- Geschäftsverteilungspläne
- präzise Stellenbeschreibungen

**28. Erklären Sie, was man unter einer Prozesslandkarte versteht.**

Eine Prozesslandkarte stellt die Ablauforganisation eines Unternehmens grafisch dar und differenziert die Leistungsprozesse eines Unternehmens in Kern-, Führungs- und Unterstützungsprozesse.

Beispiel:

**Prozesslandkarte**

**29. Welche Auswirkung hat die Digitalisierung auf die Gestaltung von Geschäftsprozessen?**

- Transformation: Alte Geschäftsprozesse werden vom Analogen ins Digitale umgewandelt.
- Disruption: Alte Geschäftsprozesse werden unterbrochen.

**30. Welche Möglichkeiten gibt es, um Geschäftsprozesse darzustellen?**

- Wertschöpfungskettendiagramm (WKD)
- erweiterter Ereignisgesteuerte Prozesskette (eEPK)
- Vorgangskettendiagramm (VKD)

**31. Was ist ein Wertschöpfungskettendiagramm?**

Das Wertschöpfungskettendiagramm visualisiert den Ablauf eines Geschäftsprozesses. Der Prozess wird dabei in einzelne Teilprozesse zergliedert, deren Fertigstellung durch Meilensteine markiert werden kann.

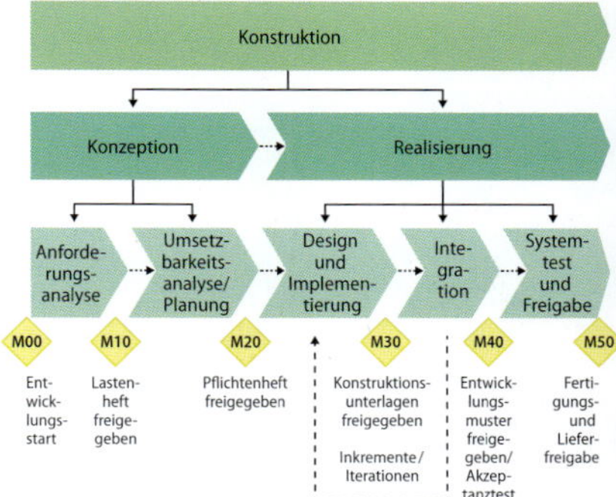


**32. Was ist eine ereignisgesteuerte Prozesskette?**

Mithilfe der ereignisgesteuerten Prozesskette ist es möglich, die Auslöser betrieblicher Geschäftsprozesse zeit- und kausallogisch sichtbar zu machen. Wenn die handlungsauslösenden Ereignisse eingetreten sind, dann ergeben sich für die ausführende Stelle konsekutive und/oder alternative Handlungsmöglichkeiten, die auf diese Weise dargestellt werden können.

**33. Welche einzelnen Elemente der ereignisgesteuerten Prozesskette werden durch**
**[1] Rechtecke mit abgerundeten Ecken,**
**[2] Rechtecke,**
**[3] Ellipsen,**
**[4] Kreise,**
**[5] Sechsecke,**
**[6] Rechtecke mit abgerundeten Ecken, die Sechsecke überlagern, symbolisiert?**

[1] Funktionen, d. h. Tätigkeiten (Verb im Infinitiv)

[2] Informationsobjekte, z. B. Dokumente

[3] Organisationseinheiten der Aufbauorganisation, z. B. Personalwesen

[4] Verknüpfungen wie „und"/„oder"

[5] handlungsauslösende Ereignisse (Verb in der Vergangenheitsform, z. B. Perfekt)

[6] Prozesswegweiser

**34. Wählen Sie die korrekten Symbole für nachfolgende ereignisgesteuerte Prozesskette aus:**

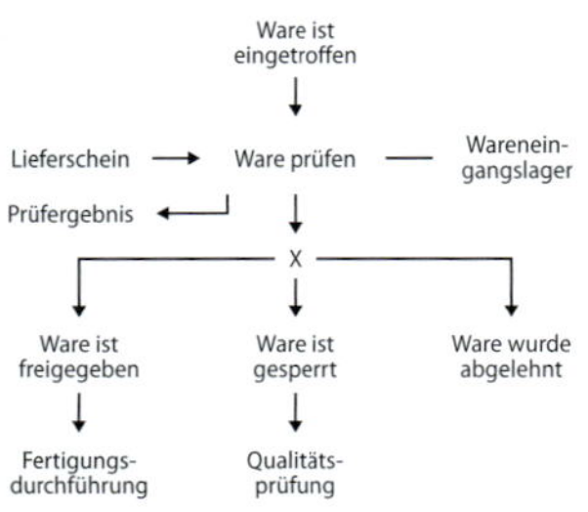


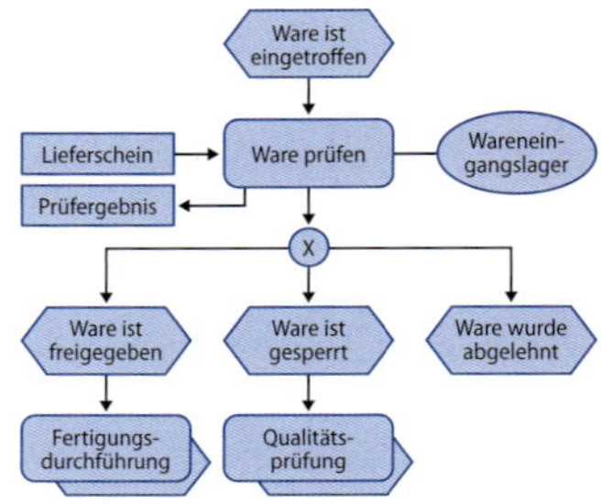


**35. Was ist ein Vorgangskettendiagramm? Welche Vorteile bietet es gegenüber der ereignisgesteuerten Prozesskette?**

Das Vorgangskettendiagramm kombiniert die Notation der ereignisgesteuerten Prozesskette mit der des Datenflussplanes. Die Tabellenform ermöglicht mehr Übersichtlichkeit und garantiert das schnelle Auffinden von Ablauf- und Medienbrüchen. Zudem wird ein Bogen zwischen Ablauf- und Aufbauorganisation geschlagen, weil die Organisationseinheit abgebildet wird, die für die Ausführung der betrieblichen Funktion zuständig ist.

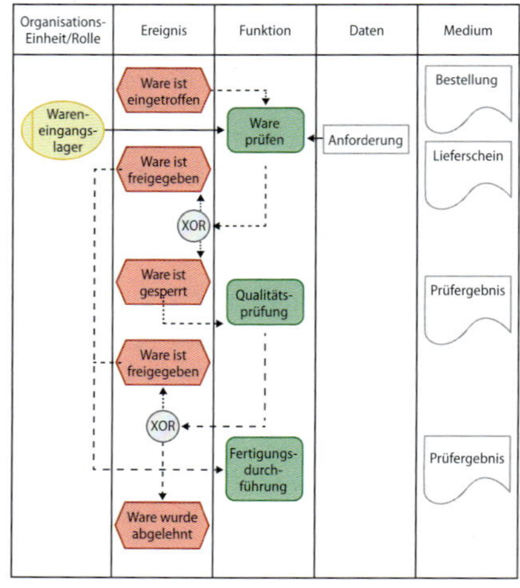

## B.4 Rechtlicher Rahmen des Unternehmens insbesondere im Hinblick auf das Handelsregister, Firma, Vollmachten und Rechtsformwahl

**1. Was versteht man unter der Firma eines Unternehmens?**

Die Firma ist der Name eines Handelsunternehmens, unter dem der Unternehmer sein Gewerbe betreibt, d. h. für Kunden und Geschäftspartner eindeutig erkennbar ist.
Das Firmenrecht ergibt sich aus den §§ 18, 30 des HGB.

**2. Welche Firmenarten sind bei der Unternehmensbezeichnung üblich?**

- Personenfirma, z. B. Otto Müller OHG
- Sachfirma, z. B. IT-Service GmbH
- Mischfirma, z. B. Otto Müller IT-Service GmbH
- Fantasiefirma, z. B. PC Magic GmbH

**3. Welche Grundsätze gelten bei der Wahl der Firma nach dem Handelsgesetzbuch?**

- Firmenöffentlichkeit: Die Firma muss im Handelsregister eingetragen werden.
- Firmenausschließlichkeit: Verwechselungen mit anderen Unternehmen müssen vermieden werden.
- Firmeneinheit und -beständigkeit: Ein Gewerbebetrieb darf nur unter einem Namen handeln. Bei Neueintritt von Gesellschaftern oder Veräußerung kann die Firma beibehalten werden.
- Firmenwahrheit und -klarheit: Niemand darf über Größe, Art des Gewerbes usw. irregeführt oder getäuscht werden.

**4. Hajo Plattler möchte in Potsdam ein Softwareunternehmen als Einzelunternehmer gründen. Welche Firmennamen sind erlaubt (e) oder verboten (v)? Begründen Sie.**
**Plattler & Co. Software GmbH**
**Hajo Plattler e. K.**
**Softwareschmiede Plattler e. K.**

| Firma | e | v | Begründung |
|---|---|---|---|
| Plattler & Co. Software GmbH | | X | Verstoß gegen Firmenklarkeit |
| Hajo Plattler e. K. | X | | Personenfirma |
| Softwareschmiede Plattler e. K. | X | | Mischfirma |

**5. Was ist ein Handelsregister?**

Ein Handelsregister ist ein öffentliches Verzeichnis aller Kaufleute in einem Amtsgerichtsbezirk, das öffentlich eingesehen werden kann und dessen Einträge im Bundesanzeiger und in örtlichen Zeitungen veröffentlicht werden.

**6. Erklären Sie den Unterschied zwischen konstitutiven und deklaratorischen Handelsregistereintragungen.**

- konstitutiv: Durch die Handelsregistereintragung (z. B. bei Form- und Kann-Kaufleuten) tritt eine Rechtswirkung ein.
- deklaratorisch: Die Handelsregistereintragung wirkt bei Ist-Kaufleuten rechtsbezeugend (z. B. bei Kapitalgesellschaften, liegen die Kaufmannseigenschaften von Gesetzes wegen vor).

**7. Welche Funktionen hat das Handelsregister?**

- Publizität
- Beweis
- Publikation
- Kontrolle

**8. Erklären Sie den Begriff Vollmacht und nennen Sie verschiedene Arten von Vollmachten.**

Eine **Vollmacht** ist die Beauftragung einer Person (z. B. eines Mitarbeiters), im Namen und auf Rechnung einer anderen Person oder eines Unternehmens Rechtsgeschäfte durchzuführen und abzuschließen.

Vollmachten lassen sich im Hinblick auf ihren Umfang (Einzel-, Art- und allgemeine Handlungsvollmacht), ihren Gegenstand (Inkasso-, Vorsorgevollmacht), ihre Rechtswirkung auf Dritte (Innen- und Außenvollmacht), ihre Geltungsdauer (prä- und postmortale Vollmacht) unterscheiden.

**9. Ordnen Sie zu, ob**
**[1] Einzelvollmacht,**
**[2] Artvollmacht oder**
**[3] allgemeine Handlungsvollmacht**
**vorliegt:**
**A) Die Filialleiterin darf neues Personal für ihre Filiale einstellen.**
**B) Ein Angestellter ist bevollmächtigt, einen Firmenwagen zu verkaufen.**
**C) Ein Einkäufer darf für das Unternehmen Rohstoffe und Betriebsstoffe einkaufen.**

A $\longrightarrow$ 3
B $\longrightarrow$ 1
C $\longrightarrow$ 2

**10. Prokuristin Piper der IT AG beauftragt Azubi Müller, ein Geschäftsschreiben aufzusetzen. Das Schreiben soll von Prokuristin Piper unterzeichnet werden.**
**a) Wie muss Piper unterschreiben?**
**b) Wie muss die Unterschrift lauten, wenn Azubi Müller im Auftrag von Piper unterzeichnen soll?**

a) IT AG
ppa. Piper

b) IT AG
i. A. Müller

**11. Erklären Sie den Begriff Prokura.**

Prokura ist eine besondere handelsrechtliche Vollmacht, die es einem leitenden Angestellten oder Geschäftsführer erlaubt, grundsätzlich alle gewöhnlichen und außergewöhnlichen Rechtsgeschäfte vorzunehmen. Sie ist in das Handelsregister einzutragen. In der Unterschrift wird dies durch ein vorangestelltes „ppa." (per procura) gekennzeichnet.

**12. Unterscheiden Sie zwischen Einzel-, Filial- und Gesamtprokura.**

Bei der **Einzelprokura** kommen nur einer Einzelperson Vertretungsbefugnisse zu.

Bei der **Filialprokura** beschränkt sich die Vertretungsbefugnis auf eine oder mehrere Niederlassungen eines Unternehmens.

Bei der **Gesamtprokura** ist Vertretungsbefugnis an die Mitzeichnung des Geschäftsinhabers gebunden, sie kann nur gemeinsam ausgeübt werden.

**13. Ordnen Sie zu, ob**
**[1] Einzelprokura,**
**[2] Filialprokura oder**
**[3] Gesamtprokura**
**vorliegt.**
**A) Prokuristin W. darf die Geschäfte nur mit Prokurist X. zusammen ausführen.**
**B) Prokuristin Y. darf die Geschäfte nur in einer Zweigniederlassung ausführen.**
**C) Prokurist Z. darf allein eine neue Maschine bestellen.**

A ⟶ 3

B ⟶ 2

C ⟶ 1

**14. Wann beginnt und wann erlischt eine Prokura?**

Im Innenverhältnis beginnt eine Prokura mit ihrer Erteilung durch die Gesellschafter; im Außenverhältnis mit der Eintragung ins Handelsregister. Sie erlischt durch Widerruf, Tod, Kündigung oder durch Auflösung des Unternehmens.

**15. Unterscheiden Sie zwischen Einzelunternehmen, Personen- und Kapitalgesellschaften.**

**Einzelunternehmen** sind Unternehmen, die nur von einer natürlichen Person als Geschäftsinhaber betrieben werden, auch wenn mehrere Angestellte vorhanden sind. Die typische Rechtsform ist der eingetragene Kaufmann, die eingetragene Kauffrau (e. K.).

In **Personengesellschaften** haben sich mindestens zwei natürliche Personen zu einer gemeinsamen Unternehmung zusammengeschlossen bzw. gesellt (daher der Begriff „Gesellschaft“). Typische Rechtsformen sind die Gesellschaft bürgerlichen Rechts (GbR, auch BGB-Gesellschaft), die Offene Handelsgesellschaft (OHG) und die Kommanditgesellschaft (KG).

**Kapitalgesellschaften** sind juristische Personen, in die natürliche Personen als Gesellschafter durch Kapitaleinlage eintreten und dadurch kapitalintensive Unternehmungen ins Leben rufen können. Die Gesellschafter haften dabei im Unterschied zu den Personengesellschaften nur mit ihrer Einlage, nicht mit ihrem Privatvermögen. Typische Rechtsformen sind die Gesellschaft mit beschränkter Haftung (GmbH) und die Aktiengesellschaft (AG), für deren Gründung ein Mindestkapital von 25.000 € (Stammkapital) bzw. 50.000 € (Grundkapital) gesetzlich vorgeschrieben ist.

**16. Ordnen Sie zu, ob es sich um ein**
**[1] Einzelunternehmen, eine**
**[2] Personengesellschaft, eine**
**[3] Kapitalgesellschaft oder eine**
**[4] Genossenschaft**
**handelt.**
**A) e. K.**
**B) OHG**
**C) GmbH**
**D) e. G.**
**E) KG**
**F) AG**
**G) Stille Gesellschaft**
**H) GbR**

A → 1
B → 2
C → 3
D → 4
E → 2
F → 3
G → 2
H → 2

**17. Nennen Sie Vor- und Nachteile der Einzelunternehmung.**

- **Vorteile:** alleiniger Gewinnanspruch, schnelle Entscheidung, hohe Flexibilität, geringe Transaktionskosten
- **Nachteile:** alleinige Haftung mit Geschäfts- und Privatvermögen, begrenzte Kapitalkraft, eventuelle Probleme bei der Nachfolge

**18. Aus welchen Gründen könnte ein Einzelunternehmer sein Unternehmen in ein Gesellschaftsunternehmen umwandeln?**

- Arbeitsteilung, Spezialisierungsvorteile
- Größen- und Verbundvorteile
- einfachere Kapitalbeschaffung
- persönliche Gründe wie Alter, Erbfall usw.
- steuerrechtliche Vorteile

**19. Was ist eine OHG und wie haften die Gesellschafter in einer OHG?**

Eine Offene Handelsgesellschaft (OHG) ist eine Rechtsform für Personengesellschaften nach dem Handelsgesetzbuch.
Da das Gesellschaftsvermögen in Gemeinschaftseigentum ist (Gesamthandsvermögen), haften sie gesamtschuldnerisch, d. h.

- unbeschränkt (mit Privat- und Gesellschaftsvermögen),
- unmittelbar (Gläubiger können sich direkt an die Gesellschafter oder an die OHG halten) und
- solidarisch (jeder für alle und alles, im Innenverhältnis besteht unter den Gesellschaftern ein Ausgleichsanspruch).

**20. Wie erfolgt die Gewinnverteilung in einer OHG?**

Bei der Gewinnverteilung wird nach § 121 HGB zunächst die Kapitaleinlage eines jeden Gesellschafters mit 4 % verzinst, der Restgewinn – wie auch der Verlust – wird nach Köpfen verteilt, falls nichts anderes vereinbart wurde.

**21. Die IT Solutions OHG hat im vergangenen Geschäftsjahr einen Gewinn von 100.000 € erwirtschaftet. Herr A hat 50.000 € Kapital, Herr B 30.000 € Kapital eingebracht. Zur Deckung ihrer Lebenshaltungskosten haben sie jeweils 35.000 € entnommen. Berechnen Sie die Gewinnverteilung und die Gewinnrücklage nach den Vorschriften des HGB.**

| Gesellschafter | Herr A | Herr B | Summe |
|---|---|---|---|
| Kapitaleinlage in € | 50.000 | 30.000 | 80.000 |
| 4 % auf Kapitaleinlage in € | 2.000 | 1.200 | 3.200 |
| Restgewinn nach Köpfen in € | 48.400 | 48.400 | 96.800 |
| Gewinnverteilung in € | 50.400 | 49.600 | 100.000 |
| Privatentnahme in € | 35.000 | 35.000 | 70.000 |
| Gewinnrücklage in € | 15.400 | 14.600 | 30.000 |

**22. Was ein Kommanditist, was ist ein Komplementär?**

Ein **Komplementär** ist ein Vollhafter. Er haftet in der KG wie in der OHG mit Privat- und Geschäftsvermögen.

Ein **Kommanditist** ist ein Teilhafter. Er hat nur geringe Kontroll- und Informationsrechte und haftet in Höhe seiner Kommanditeinlage. Auf seine Einlage erhält er 4 % Dividende, weitere Gewinnanteile und Verluste werden in angemessenem Verhältnis verteilt.

**23. Ein Komplementär möchte sein Haftungsrisiko minimieren. Welchen Tipp könnten Sie ihm geben?**

Die Gründung einer GmbH & Co. KG, die an seiner Stelle in die KG eintritt. Der frühere Komplementär lässt sich dann als einziger Gesellschafter von der GmbH als Geschäftsführer einstellen und kann auf diese Weise sein Privatvermögen vor den Gläubigern im Insolvenzfall schützen.

**24. Nennen Sie Vor- und Nachteile von Kapitalgesellschaften.**

- **Vorteile:** bessere Möglichkeiten, durch Eintritt von Gesellschaftern oder durch Ausgabe von Anteilsscheinen die Kapitalkraft zu erhöhen; Körperschaftssteuer hat linearen und nicht progressiven Verlauf; die Haftung der Gesellschafter (nicht der Gesellschaft) ist beschränkt; durch höhere Formvorschriften und aufwendige Bilanzregeln höherer Gläubigerschutz; einfacherer Gesellschafterwechsel
- **Nachteile:** schnelle Entscheidungsfindung durch Gesellschafter oft schwierig; mehr Aufwand bei Gründung, Buchführung, Bilanzierung, Mitbestimmung; höhere Transaktionskosten

**25. Ordnen Sie zu, welche der folgenden Aussagen auf die**
**[1] OHG,**
**[2] KG,**
**[3] GmbH oder**
**[4] AG**
**zutrifft:**

**A) Organe dieser Rechtsform sind der Geschäftsführer, die Gesellschafterversammlung und – bei mehr als 500 Mitgliedern – der Aufsichtsrat.**
**B) Das Mindestgrundkapital beträgt 50.000 €.**
**C) Ein Teil der Gesellschafter ist von der Geschäftsführung und ihrer Vertretung ausgeschlossen.**
**D) Die Gesellschafter können die Gesellschaft nach innen und außen einzeln vertreten, bei außergewöhnlichen Geschäften ist aber die Zustimmung aller erforderlich.**

A → 3
B → 4
C → 2
D → 1

**26. Welche Aussagen über die GmbH sind wahr (w), welche falsch (f)?**
**A) Eine GmbH kann von einer Person allein gegründet werden.**
**B) Das Stammkapital beträgt 30.000 €.**
**C) Die GmbH entsteht erst mit dem Eintrag in Handelsregister.**
**D) Die GmbH kann formfrei errichtet werden.**
**E) Die Gesellschafter bestellen den Geschäftsführer.**

| Aussage | w | f |
|---|---|---|
| A) Eine GmbH kann von einer Person allein gegründet werden. | X | |
| B) Das Stammkapital beträgt 30.000 €. | | X |
| C) Die GmbH entsteht erst mit dem Eintrag in Handelsregister. | X | |
| D) Die GmbH kann formfrei errichtet werden. | | X |
| E) Die Gesellschafter bestellen den Geschäftsführer. | X | |

**27. Welche Aussagen über die AG sind wahr (w), welche falsch (f)?**
**A) Die Gründung einer AG ist im HGB geregelt.**
**B) Die Aktionäre haften in Höhe ihrer Aktieneinlage.**
**C) Der Gewinn wird pro Kopf verteilt.**
**D) Der Vorstand wird durch den Aufsichtsrat bestellt.**
**E) Alle Vorstandsmitglieder vertreten die Gesellschaft gemeinschaftlich im Außenverhältnis.**

| Aussage | w | f |
|---|---|---|
| A) Die Gründung einer AG ist im HGB geregelt. | | X |
| B) Die Aktionäre haften in Höhe ihrer Aktieneinlage. | X | |
| C) Der Gewinn wird pro Kopf verteilt. | | X |
| D) Der Vorstand wird durch den Aufsichtsrat bestellt. | X | |
| E) Alle Vorstandsmitglieder vertreten die Gesellschaft gemeinschaftlich im Außenverhältnis. | X | |

**28. Erklären Sie den Unterschied zwischen Nenn- und Kurswert einer Aktie.**

- Der **Nennwert** einer Aktie entspricht dem aufgedruckten Wert, vergleichbar dem Münzgeld. Er ergibt sich durch Division des Grundkapitals durch die Anzahl der auszugebenden Aktien und gibt somit den Anteil der Aktie am Grundkapital an. Der Nennwert muss mindestens 1 Euro betragen.
- Der **Kurswert** ist der Kaufpreis, zu dem die Aktie an der Börse gehandelt wird.

**29. Welche Aufgaben haben die Organe einer Aktiengesellschaft?**

**Vorstand**:
1. Leitung der Gesellschaft
2. gerichtliche und außergerichtliche Vertretung
3. Vorbereitung und Ausführung der Beschlüsse der Hauptversammlung
4. Berichterstattung an den Aufsichtsrat
5. ordentliche Buchführung und Risikomonitoring
6. Einberufung der Hauptversammlung
7. Vorlage von Jahresabschluss und Lagebericht

**Aufsichtsrat**:
1. Bestellung des Vorstands auf fünf Jahre und Abberufung
2. Festsetzung der Vorstandsbezüge
3. Überwachung des Vorstands
4. Festlegung der Frauenquote
5. Vertretung der Gesellschaft gegenüber dem Vorstand

**Hauptversammlung**:
1. Wahl und Abberufung der Aufsichtsratsmitglieder für 4 Geschäftsjahre (entweder 1/2 oder 2/3 je nach Betriebsgröße aus der Belegschaft)
2. Beschluss und Änderung der Satzung
3. Verwendung des Bilanzgewinns
4. Vergütungssystem und Bericht
5. Kapitalbeschaffung bzw. Kapitalherabsetzung
6. Bestellung von Prüfern
7. Auflösung der Gesellschaft
8. Entlastung von Vorstand und Aufsichtsrat
9. Selbsteinberufung (1/20 des Grundkapitals)

**30. Nennen Sie die wichtigsten Rechte der Aktionäre aus ihrer Aktie.**

- Gewinnbeteiligung (Dividende)
- Teilnahme an Hauptversammlung

| | |
|---|---|
| **31. Welche Aufgaben haben die Organe der Genossenschaft?** | **Vorstand**:<br>1. Eintragung ins Genossenschaftsregister<br>2. gemeinschaftliche Vertretung nach innen und außen<br>3. Geschäftsführung<br>4. Führung der Mitgliederliste<br>5. Erstellung der Bilanz bzw. des Jahresabschlusses<br>6. Ersatzhaftung gegen die Genossenschaft<br>**Aufsichtsrat**:<br>1. Überwachung des Vorstandes<br>2. Prüfung der Rechnungslegung<br>3. Vertretung der Genossenschaft gegenüber dem Vorstand<br>4. vorläufige Amtsenthebung von Vorständen<br>**Generalversammlung**:<br>1. Wahl und Abberufung von Aufsichtsrat und Vorstand<br>2. Beschluss und Änderung der Satzung<br>3. Feststellung des Jahresabschlusses<br>4. Kreditbegrenzung<br>5. Auflösung der Genossenschaft |

# C Erstellen und Präsentieren einer multimedialen Darstellung des Unternehmens

## C.1 Planen und Erstellen einer multimedialen Darstellung des Unternehmens im Projektteam

| | |
|---|---|
| **1. Bringen Sie die sechs Phasen der Methode der vollständigen Handlung in die richtige Reihenfolge:**<br>**A) Auswerten**<br>**B) Entscheiden**<br>**C) Kontrollieren**<br>**D) Informationen beschaffen**<br>**E) Realisieren**<br>**F) Planen** | D<br>F<br>B<br>E<br>C<br>A |
| **2. Was ist ein Projektteam?** | Ein Projektteam ist eine zeitlich befristete Arbeitsgruppe mit einem besonderen Arbeitsauftrag, der kooperativ erledigt werden soll. |

**3. Welche Gelingensbedingungen gibt es für ein gutes Team?**

- SMARTE Ziele
- optimale Teamgröße
- passende Teampersönlichkeiten
- akzeptierte Projektleitung
- funktionierende Kommunikation

**4. Welche Probleme können bei der Arbeit im Team auftauchen?**

- soziale „Hängematte"
- Trittbrettfahren
- Egoismus/Profilierungssucht
- Konflikteskalation

**5. Ordnen Sie die Phasen der Teamentwicklung nach Bruce Tuckman zu.**
**A) Höchste Arbeits- und Leistungsphase; Flexibilität; Hilfsbereitschaft**
**B) Konfliktaustragung; Cliquenbildung; Positionierung**
**C) Bildung neuer gemeinsamer Regeln; Übereinkunft über Verhaltensweisen**
**D) Kennenlernen; Einstieg; Findung**

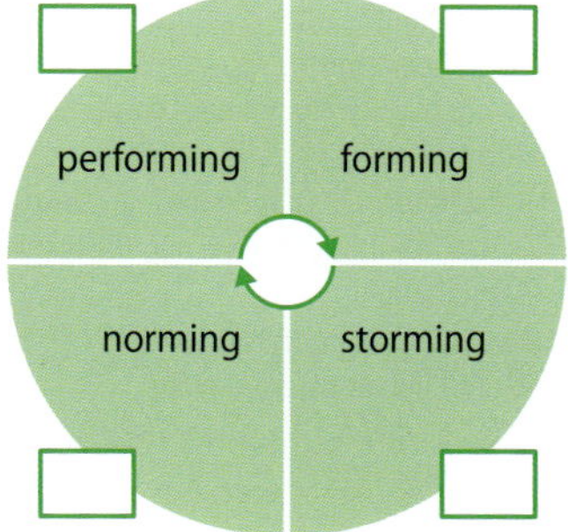


A performing
D forming
C norming
B storming

**6. Welche Rahmenbedingungen sind in der Planungsphase von Präsentationen zu beachten?**

- Ressourcen (Zeit und Kosten)
- Publikum (Interessen, Vorkenntnisse)
- Ort/Raum (Beleuchtung, Bestuhlung, Ausrichtung)
- Medienauswahl (Unterlagen, Handouts, Feedback, digitale oder analoge Präsentationstechnik)

## C.2 Präsentation der Ergebnisse

**1. Welche Aspekte eines IT-Unternehmens sollte eine Präsentation aufgreifen?**

- Unternehmensporträt (Betriebsgröße, Mitarbeiterzahl, Rechtsform, Betriebsart, Kundenbeziehung, Filialen, Produktions- oder Handelsstufe)
- Unternehmensziele (Homepage, Leitbild, Ober- und Unterziele, Zielkonflikte) versus eigene Ziele (Bedürfnispyramide)
- Marktart, -form, -anteil, -volumen des Unternehmens
- Produktportfolio (Welche Güter stellt mein Betrieb her? Welche Umsätze erzielt er mit welchem Produkt?)
- Kennzahlenvergleich (Produktivität, Wirtschaftlichkeit, Eigenkapital-, Umsatz- und Gesamtkapitalrendite)
- Organisationsform (Organigramm einer Abteilung bei Großunternehmen, Gesamt-Organigramm bei Kleinunternehmen)
- Geschäftsprozess (Wertschöpfungskette des Unternehmens oder Fließdiagramm bzw. Ereignisgesteuerte Prozesskette eines Geschäftsvorganges in dem präsentierten Unternehmen)
- Rechtsformwahl (Handelsregister, Vorstand/Geschäftsleitung, Vorteile und Nachteile der Rechtsform)
- Verantwortung und Vollmachten
- Weiterbildungsmöglichkeiten
- Einschätzung der Situation/Verbesserungsvorschläge

**2. Die Azubis der IT-Solutions GmbH sollen zum Tag der offenen Tür das Unternehmen präsentieren. Welche Präsentationsregeln sind richtig (r), welche falsch (f)?**

**a) Admiration, Interest, Desire, Action bilden zusammen das „AIDA"-Prinzip.**

**b) KISS steht für „Keep it short and simple".**

**c) Die 10-20-30-Regel besagt, dass die Schrift nicht kleiner als 10 pt sein, die Folienzahl auf 20 und die Redezeit auf 30 Minuten beschränkt bleiben sollte.**

**d) Beim Vortrag sollte man stets induktiv vorgehen, also den Einzelfall zur allgemeinen Theorie entwickeln.**

**e) Inhaltlich sollte sich der Vortrag vom Leichten zum Schweren bewegen.**

**f) Auf der Ebene der Vorkenntnisse gilt: vom Bekannten zum Unbekannten.**

**g) Fachvorträge müssen nicht unbedingt allgemeinverständlich sein, denn sie richten sich an ein Fachpublikum.**

| Regel | w | f |
|---|---|---|
| a) Admiration, Interest, Desire, Action bilden zusammen das „AIDA-Prinzip". | | X |
| b) KISS steht für „Keep it short and simple". | X | |
| c) Die 10-20-30-Regel besagt, dass die Schrift nicht kleiner als 10 pt sein, die Folienzahl auf 20 und die Redezeit auf 30 Minuten beschränkt bleiben sollte. | | X |
| d) Beim Vortrag sollte man stets induktiv vorgehen, also den Einzelfall zur allgemeinen Theorie entwickeln. | | X |
| e) Inhaltlich sollte sich der Vortrag vom Leichten zum Schweren bewegen. | X | |
| f) Auf der Ebene der Vorkenntnisse gilt: vom Bekannten zum Unbekannten. | X | |
| g) Fachvorträge müssen nicht unbedingt allgemeinverständlich sein, denn sie richten sich an ein Fachpublikum. | | X |

**3. Ordnen Sie die Sinneswahrnehmungen und Handlungen**

**A) Sehen**

**B) Sehen und Hören**

**C) Sehen, Hören und Erklären**

**D) Hören**

**E) Sehen, Hören, Sprechen und Handeln**

**der passenden Gedächtnisleistung zu:**

**[1] 20 Prozent**

**[2] 30 Prozent**

**[3] 50 Prozent**

**[4] 70 Prozent**

**[5] 90 Prozent**

A → 2
B → 3
C → 4
D → 1
E → 5

4. **Tragen Sie die Kurve für die durchschnittliche Leistungsbereitschaft im Tagesverlauf in einem Diagramm (ähnlich dem unten zu sehenden) ab und markieren Sie den Zeitpunkt für die Präsentation.**

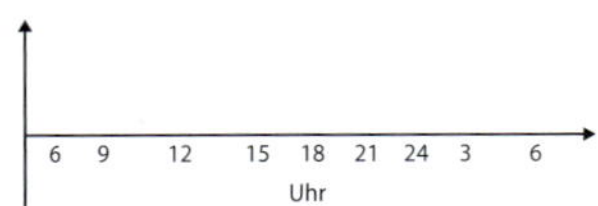


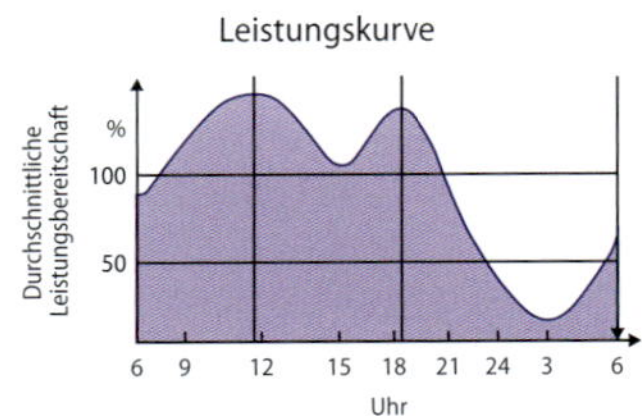


5. **Welche Ratschläge sind nach Kurt Tucholsky für einen guten Redner richtig (r) oder falsch (f)?**
   a) **Hauptsatz, Nebensatz, Nebensatz!**
   b) **Klare Positionen im Kopf, möglichst wenig auf dem Papier!**
   c) **Ein guter Redner gleicht einer Enzyklopädie!**
   d) **Der Ton einer einzelnen Sprechstimme ermüdet, sprich kurz!**
   e) **Strebe danach, möglichst effektvoll zu reden!**

| Aussage | w | f |
|---|---|---|
| a) Hauptsatz, Nebensatz, Nebensatz! | | X |
| b) Klare Positionen im Kopf, möglichst wenig auf dem Papier! | X | |
| c) Ein guter Redner gleicht einer Enzyklopädie! | | X |
| d) Der Ton einer einzelnen Sprechstimme ermüdet, sprich kurz! | X | |
| e) Strebe danach, möglichst effektvoll zu reden! | | X |

# D Qualität des Handlungsprodukts kriteriengeleitet überprüfen und die eigene Rolle und das eigene Handeln im Betrieb reflektieren

## D.1 Qualität der Präsentation anhand von Kriterien interpretieren und Verbesserungsvorschläge entwickeln

1. **Nennen Sie Kriterien, nach denen eine Präsentation zu bewerten ist.**

- Inhalt der Präsentation
- Aufbau der Präsentation
- Interaktion mit dem Auditorium
- Verwendung von Fachsprache
- Körpersprache beim Vortrag
- Visualisierung der Inhalte
- adäquater Medieneinsatz
- angemessene Materialauswahl
- Selbstreflexion des Vortrags

2. **Ordnen Sie zu, ob es sich bei den folgenden Formulierungen um eine**
   **[1] sehr gute,**
   **[2] gute,**
   **[3] befriedigende,**
   **[4] ausreichende,**
   **[5] mangelhafte oder**
   **[6] ungenügende**
   **Bewertung handelt:**
   **A) zweckmäßige Gliederung und logisch richtige Darstellung, zielorientiert**
   **B) im Allgemeinen nicht situationsgerecht oder schlecht zum Inhalt passend, sodass die Verständlichkeit leidet**
   **C) Ausdrucksweise weitgehend passend, meist richtiger Satzbau, flüssiger Stil**
   **D) unsystematisch, unlogisch, zufällige Aneinanderreihung von Fakten, keine Zielorientierung**
   **E) Ausdrucksweise, Satzbau und Stil vorbildlich**
   **F) umständlich, leichte Fehler in der logischen Darstellung, Zielorientierung erkennbar**

   A → 2
   B → 5
   C → 3
   D → 6
   E → 1
   F → 4

## D.2 Die eigene Rolle und das eigene Handeln im Betrieb reflektieren

1. **Handelt es sich um eine**
   **[1] Reflexions- oder eine**
   **[2] Regulationsstrategie?**
   **A) Lernstrategien**
   **B) Stimmungsbarometer**
   **C) roter Faden**
   **D) Fragebogen**
   **E) Lerntagebuch**
   **F) Spinnennetz**
   **G) Feedback**
   **H) Korrekturen**
   **I) Zielvereinbarungen**

   A → 2
   B → 1
   C → 2
   D → 1
   E → 1
   F → 1
   G → 1
   H → 2
   I → 2

**2. Ordnen Sie die folgenden Begriffe in das Johari-Fenster:**
**[1] öffentlicher Bereich,**
**[2] geheimer Bereich,**
**[3] blinder Fleck,**
**[4] unbekannter Bereich.**

| | Mir selbst bewusst | Mir selbst nicht bewusst |
|---|---|---|
| anderen bewusst | A | B |
| anderen unbewusst | C | D |

| | Mir selbst bewusst | Mir selbst nicht bewusst |
|---|---|---|
| anderen bewusst | A → 1 | B → 3 |
| anderen unbewusst | C → 2 | D → 4 |

**3. Am Ende Ihrer Ausbildung bei der IT Solutions GmbH sollen Sie ein kritisches Feedback über Ihre Ausbildungssituation geben. Welche Aussagen sind gut geeignet (g) und welche sind eher ungeeignet (u)?**

**a) Sie haben mir zu wenig Hilfestellung gegeben. Das war Mist.**

**b) Ich hätte mir zu Beginn meiner Ausbildung mehr Unterstützung gewünscht. Für die neuen Azubis sehe ich da noch Optimierungspotenzial.**

**c) Ich schlage vor, für die Azubis einen Kennenlerntag zu veranstalten, um die Teambildung zu forcieren.**

**d) Meine Eltern sagen, sie hätten gehört, dass Ihr Unternehmen noch nie vernünftige Azubis ausgebildet hat.**

**e) Vor allem Kollege Meier hat mir das Leben mit seiner Pedanterie schwer gemacht.**

**f) Im Grunde genommen verstehe ich das Handwerk mittlerweile besser als unserer Geschäftsführer.**

**g) Probleme in der Berufsschule sollten wir mit unseren Ausbildern thematisieren und ggf. eine Nachhilfe organisieren.**

| Aussage | g | u |
|---|---|---|
| a) Sie haben mir zu wenig Hilfestellung gegeben. Das war Mist. | | X |
| b) Ich hätte mir zu Beginn meiner Ausbildung mehr Unterstützung gewünscht. Für die neuen Azubis sehe ich da noch Optimierungspotenzial. | X | |
| c) Ich schlage vor, für die Azubis einen Kennenlerntag zu veranstalten, um die Teambildung zu forcieren. | X | |
| d) Meine Eltern sagen, sie hätten gehört, dass Ihr Unternehmen noch nie vernünftige Azubis ausgebildet hat. | | X |
| e) Vor allem Kollege Meier hat mir das Leben mit seiner Pedanterie schwer gemacht. | | X |
| f) Im Grunde genommen verstehe ich das Handwerk mittlerweile besser als unserer Geschäftsführer. | | X |
| g) Probleme in der Berufsschule sollten wir mit unseren Ausbildern thematisieren und ggf. eine Nachhilfe organisieren. | X | |

**4. Machen Sie konkrete Vorschläge zur Verbesserung der Ausbildung in der IT-Solutions GmbH.**

- Etablierung einer gemeinsamen Lernkultur durch Online-Plattformen, Lernsoftware, Nachhilfeangebote durch ältere Azubis sowie Ausbilder-Sprechstunden
- Azubis erhalten kleine Projekte, die sie in Eigenverantwortung realisieren müssen und an denen sie wachsen können
- Einbeziehung der Azubis in die betriebliche Weiterbildung
- stärkere Überwachung der Ausbildungserfolge durch das Unternehmen
- Begabtenförderung für Hochbegabte durch Kooperation mit Hochschulen bzw. monetäre Leistungsanreize
- spezielle Kennenlernveranstaltungen für Azubis zur Teambildung

# A Sie erfassen Anforderungen an die Ausstattung eines Arbeitsplatzes in einem internen Kundengespräch.

## A.1 Internes Kundengespräch planen, durchführen, auswerten und dokumentieren

**1. Sie planen ein Kundengespräch. Was ist für Ihre Vorbereitung erforderlich und welche Faktoren könnten für den Kunden bei der Ausstattung der PC-Arbeitsplätze wichtig sein?**

- Informationen über den Kunden recherchieren: Wer ist mein Kunde? Welche Probleme hat er? Welche Lösungsansätze könnte er kennen?
- Preise: Wie hoch ist das Budget des Kunden?
- Zukunftssicherheit: Wie lange plant der Kunde, die PC-Arbeitsplätze zu nutzen?
- Lizenzart und -klasse von Software: Welches Nutzungsrecht für die Anwendungen wählt der Kunde?
- Skalierbarkeit: Sollen manchmal auch rechenintensive Ressourcen für eine kurze Zeit verwendet werden?
- Datensicherheit: Welche Rolle spielt die Sicherheit von Daten?

**2. Beim Kundengespräch werden Sie gefragt, was der Unterschied zwischen „Freeware" und „Freier Software" ist. Erklären Sie weitere Software-Lizenzformen, die Sie dem Kunden im Gespräch erklären.**

- **Freeware** ist kostenlos. Es gibt keine Auskunft darüber, ob der Quelltext lesbar ist oder verändert werden darf.
- **Shareware** ist zunächst kostenlos, muss nach einer gewissen Nutzungsdauer allerdings bezahlt werden.
- **Freie Software:** kann von jedem ausgeführt, untersucht, verändert und weiterverbreitet werden (FLOSS). Dabei gibt es zwei Formen: *restriktiv* (unterliegt „Copyleft-Prinzip") sowie *permissiv* (Programmcode kann nach Veränderung als proprietäre Software definiert werden).
- **Open Source Software:** sehr ähnlich zu freier Software. In der Praxis ist die Definition nicht immer eindeutig. So bezeichnet man eine Software als „Open Source" (Quelltext ist lesbar), allerdings ist ihre Weitergabe und Veränderung nicht erlaubt.

- **Proprietäre Software** (unfreie Software): Aus Patent- oder lizenzrechtlichen Gründen (Urheberrecht und EULA) darf nur der Hersteller die Anwendung ändern und weitergeben. Der Lizenznehmer darf die Anwendung nur nutzen. In der Regel entstehen Gebühren für den Erwerb (außer bei Freeware).

**3. Welche beiden Software-Lizenzarten (ohne Cloud-Modelle) empfehlen Sie dem Kunden?**

Eine **Einzelplatzlizenz** berechtigt den Nutzer, die Software auf einer einzelnen Maschine zu verwenden, unabhängig von der Nutzungsdauer, die Einzelplatzlizenz ist wenig flexibel.

Eine Alternative ist eine **Netzwerklizenz** (auch **Floating-Lizenz** genannt), die eine Nutzung der Anwendung durch verschiedene Maschinen und Personen erlaubt. Dabei geht man davon aus, dass nicht alle Mitarbeiter die Software gleichzeitig verwenden. Dadurch erwirbt man nicht für alle Mitarbeiter eine Lizenz, sondern eine maximale, gleichzeitige Nutzung und spart dadurch Lizenzkosten. Ein Lizenz-Manager auf einem Netzwerkserver verwaltet die aktuelle Nutzung der Anwendung pro Benutzer.

**4. Welches flexible Software-Nutzungsmodell bieten Sie den Kunden an? Erläutern Sie auch, wie Sie den Kundenbedarf analysieren und dokumentieren?**

**Nutzungsbasierte Modelle:** Die Gebühren werden exakt nach dem verwendeten Lizenzbedarf abgerechnet. Dabei können die Nutzungsparameter (Lizenzmetrik) unterschiedlich im Vertrag definiert werden, z. B. nach Anzahl der Nutzer, Ressourcen, Transaktionen etc. Wichtig dabei ist, dass die Vereinbarungen vollständig, unmissverständlich und adäquat für den Kunden dokumentiert werden. Ein adäquater Kundenbedarf kann durch eine Software-Auditierung erfolgen.

5. **Welche Plattformen/Betriebssysteme kommen bei der Auswahl für den Kunden in Frage? Argumentieren Sie kurz jeweils zwei positive Aspekte.**

**Windows:** keine Einarbeitung der Mitarbeiter notwendig wegen des Bekanntheitsgrads des Systems; größte Software-Auswahl

**Linux:** Betriebssystem kann ohne Kosten verwendet werden; Open Source und dadurch sicher

**macOS:** hohe Performance, u. a. aufgrund der hohen Abstimmung zwischen Soft- und Hardware; intuitiv

6. **Wovon machen Sie die Hardware-Empfehlung beim Kundengespräch abhängig?**

Anhand der Kundenauswahl, welche Software und Anwendungen verwendet werden sollen, wird der PC mit der Hardware ausgestattet, die sich für den Anwendungszweck eignet. Dabei soll dies eine Empfehlung und kein Aufdrängen sein.

7. **Im Kundengespräch stellt sich die Frage, ob Thick-Clinets oder Thin-Clients im Unternehmen geplant werden sollen. Analysieren Sie, ob Thin-Clients für den Kunden in Frage kommen.**

Auf dem Markt verfügbare **Thin-Clients** sind aktuell leistungsstark und – je nach Ressourcenbedarf – für viele Unternehmen geeignet. Die Vorteile liegen hauptsächlich in der Administration. Die Daten, Software-Lizenzen, Benutzerverwaltung und Zugriffskontrollen werden zentral über einen Server gesteuert. So lässt sich z. B. ein Backup oder die Benutzerverwaltung sehr einfach durchführen.

Ein anderer Vorteil sind die Kosten. Bei der Zentralisierung kann ein Server hardwaretechnisch sehr gut ausgestattet und gekühlt werden. Die Thin-Clients können klein und leise sein und günstig erworben werden. Dies spart Anschaffungs- sowie Energiekosten.

8. **Welches Modell empfehlen Sie, wenn der Kunde die Hardware nur nutzen möchte, ohne sie zu erwerben?**

Eine alternative Nutzung von stets aktueller Hardware kann durch einen Leasingvertrag realisiert werden. Im Vertrag ist dokumentiert, in welchem Zeitraum der Kunde die gelieferte Hardware verwenden kann. Außerdem können Leistungen definiert werden wie Gerätewechsel, Reparatur, Kostenübernahme im Schadensfall oder die Möglichkeit die Hardware nach Vertragsende zu einem bestimmten Kurs zu kaufen.

**9. Analysieren Sie, welche Ansätze sich für die Planung einer mobilen, kostengünstigen und an persönlichen Bedürfnissen orientierten Arbeitsumgebung eignen.**

Neben der von der Firma zur Verfügung gestellten Hardware, kann auch Hardware der Mitarbeiter integriert werden – BYOD (Bring Your Own Device). Dabei müssen sämtliche Überlegungen zu Sicherheit, Komfort, Kosten und Verwaltungsaufwand gegenübergestellt werden.

**10. Welche Aspekte müssen beim Einsatz von mobilen Arbeitsplätzen – auch außerhalb des Firmengeländes – berücksichtigt und im Kundengespräch diskutiert werden?**

Beim Einsatz von Tablets oder Smartphones als Diensttelefone (z. B. im Kundendienst) müssen SIM-Karten bestellt und Mobilfunk-Verträge abgeschlossen werden. Dabei ist ein Tarif-Vergleich durchzuführen, um daraufhin den geeigneten Tarif für den Kunden auszuwählen.

## A.2 Hardware- und Softwareanforderungen eines Arbeitsplatzes

**1. Wie werden die drei Grundmodelle von „as a Service“**

**a) SaaS (Software as a Service),**
**b) IaaS (Infrastructure as a Service) und**
**c) SECaaSS (Security as a Service)**

**umgesetzt und welche Hauptvorteile ergeben sich daraus.**

a) SaaS: Durch die nur noch online zur Verfügung gestellte Software ergibt sich eine hohe Flexibilität und effektive Nutzung. Es ist sichergestellt, dass immer eine aktuelle und angepasste Software bereitgestellt wird, welche örtlich und zeitlich unabhängig über jeden Web-Browser erreichbar ist.

b) IaaS: Die Ressourcen für den Computing- und Storage-Bereich werden durch einen Cloud-Dienst zur Verfügung gestellt. Es wird eine skalierbare und bedarfsgerechte Nutzung der Infrastruktur ermöglicht, auf die sich auch die Kosten beziehen.

c) SECaaS: In Verbindung mit anderen Cloud-Services wird ein Sicherheitsmanagement zur Verfügung gestellt. Dabei wird ein ständig aktualisierter Viren- und Angriffsschutz gewährleistet und das Outsourcing administrativer Aufgaben ermöglicht.

**2. Workplace as a Service (WaaS) unterscheidet zwischen der Bereitstellung von reinen Cloud-Arbeitsplätzen und der Bereitstellung von Komplettausrüstungen.**

**Welche Aufgaben umfasst die Bereitstellung von Komplettausrüstungen für einen Arbeitsplatz?**

Bei der Bereitstellung von Komplettausrüstungen werden dem Kunden die Betriebsumgebung, Verwaltungswerkzeuge und die benötigte Software zur Verfügung gestellt. Die Hardwarekomponenten werden vom Kunden gemietet und nach Ablauf der vereinbarten Mietzeit weitervermarktet. Während der Mietzeit übernimmt der Anbieter sämtliche Wartungsarbeiten und Reparaturen.

**3. Nennen Sie fünf ergonomische Anforderungen an einen Arbeitsplatz.**

- Ausreichend große Arbeitsfläche
- niedriger Lärmpegel
- optimale Schreibtisch- und Sitzhöhe
- gute Ausleuchtung
- optimales Klima

**4. Nennen Sie jeweils drei Anforderungen an gesunde Bildschirmarbeitsplätze bezüglich**
**a) der Beleuchtung,**
**b) des Monitors,**
**c) der Ergonomie.**

a)
- gleichmäßige Beleuchtung
- keine Spiegelungen oder Blendeffekte
- Beleuchtungsstärke angemessen und variierbar

b)
- strahlungsarm (CE-Kennzeichnung)
- drehbar, kippbar und höhenverstellbar
- flimmerfreie Darstellung sowie korrekte Einstellung für Kontrast und Helligkeit

c)
- gute Platzverhältnisse
- individuell einstellbare Drehstühle
- entspannte Körperhaltung z. B. durch angemessene Tischhöhe und Fußstütze möglich

**5. Was ist beim Einsatz von Notebooks an Telearbeitsplätzen zu beachten?**

Notebooks ohne Trennung von Bildschirm und externen Eingabegerät dürfen nur kurzzeitig eingesetzt werden, da der richtige Abstand zum Bildschirm und zum Eingabegerät nicht gleichzeitig hergestellt werden kann. Auch virtuelle Tastaturen sind für größere Eingaben ergonomisch nicht geeignet. Für einen dauerhaften Einsatz sind eine zusätzliche Tastatur und ein zusätzlicher Monitor einzusetzen.

**6. Geben Sie zu den Gestaltungsgrundsätzen ergonomischer Software jeweils ein Beispiel aus dem Bereich der Dialoggestaltung an, zur**
**a) Aufgabenangemessenheit,**
**b) Selbstbeschreibungsfähigkeit,**
**c) Fehlertoleranz.**

Je ein Beispiel:
a) Positionsmarken werden bei Formularen automatisch in der richtigen Reihenfolge in die relevanten Eingabefelder positioniert.
b) Bestätigung durch den Benutzer erforderlich, falls das beabsichtigte Löschen einer Datei nicht rückgängig gemacht werden kann.
c) Wird eine ungültige Benutzereingabe erkannt, wird die Positionsmarke auf den Anfang des entsprechenden Eingabefeldes gesetzt.

**7. Nennen Sie mindestens fünf Systemvoraussetzungen, die für den Einsatz einer bestimmten Software im Vorfeld zu prüfen sind.**

- unterstützende Betriebssysteme
- unterstützte Installationsumgebung
- Anforderungen für Internet und Netzwerk
- Datensicherungssysteme
- Anforderungen an physikalische bzw. virtuelle Serversysteme
- Hardwareanforderungen

**8. Eine Software Requirements Specification (SRS) beschreibt die Anforderungen an die Software in Form ihres Verhaltens nach außen und im Zusammenwirken mit dem Benutzer bzw. anderen Systemen. Welche fünf Aspekte sollte eine SRS beschreiben?**

- Benutzer- und Technikschnittstellen
- Reaktionszeit
- Informationsausgabe auf Basis von Benutzereingaben im Normal- und Fehlerfall
- Hardwareanforderungen
- Gestaltung der Benutzeroberfläche

**9. Welche fünf Punkte sind neben der *Bezeichnung* und der *Hardware-Architektur* bei der Erhebung der IT-Systeme für den IT-Arbeitsplatz in Bezug auf die Schutzbedarfsfeststellung und Modellierung des Informationsverbunds zusätzlich notwendig?**

- Funktion und Typ
- Aufstellungsort
- Benutzer bzw. Administratoren
- Betriebssystem
- Status

**10. Wie lauten die zu bestimmenden Hard- bzw. Software-Eigenschaften?**

| PC Einzelplatz | Drucker | Monitor |
|---|---|---|
| Prozessor – CPU Takt, Anzahl Kerne | Druckge-schwindigkeit | Bilddiagonale |
| … | | |
| | | |
| | | |
| | | |

| PC Einzelplatz | Drucker | Monitor |
|---|---|---|
| Prozessor – CPU Takt, Anzahl Kerne | Druckge-schwindigkeit | Bilddiagonale |
| Arbeitsspeicher | Druck-technologie | Auflösung |
| Festplatte | Papierformate | Seiten-verhältnis |
| Grafik – Auflösung, Speicher | Papiereinzugs-schächte | Technologie |
| Betriebssystem | Druckertreiber | Pixelgröße |

## A.3 Anforderungsdokumentation

**1. Wodurch unterscheiden sich funktionale Anforderungen von nicht-funktionalen Anforderungen an eine Software?**

Funktionale Anforderungen beschreiben die geforderte Funktionalität bzw. den Zweck eines Systems oder Produkts und sind system- bzw. produktspezifisch.

Beispiel: Das Programm soll eine Bilanz des Firmeninventars erstellen.

Nicht funktionale Anforderungen beschreiben die Qualität der Umsetzung von funktionalen Anforderungen.

Beispiel: Das Programm zur Bilanzerstellung verhält sich bei ungültigen Eingaben fehlertolerant.

**2. Ergänzen Sie die folgende Checkliste für Einzelanforderungen an eine Software um weitere fünf Fragen:**

**1. Wurde der Auftraggeber/die Quelle für die einzelnen Anforderungen erfasst?**

**2. Sind die gestellten Anforderungen eindeutig?**

**…**

…

3. Gibt es eine Begründung für die gestellten Anforderungen?
4. Wurden grafische Darstellungen zur Beschreibung der Anforderungen angemessen eingesetzt und sind diese aussagekräftig?
5. Sind die Anforderungen eindeutig identifizierbar?
6. Können Anforderungen aus identischen/ähnlichen Projekten übernommen bzw. modifiziert werden?
7. Enthalten die Anforderungen bereits konkrete technische Informationen zu deren Umsetzung?

**3. Nennen Sie fünf nicht-funktionale Anforderungen an eine Software.**

- IT-Sicherheit
- Kompatibilität
- Verlässlichkeit
- Verfügbarkeit
- Gebrauchstauglichkeit

**4. Der Schutzbedarf der IT-Systeme für den Arbeitsplatz soll festgestellt und dokumentiert werden. Wie gehen Sie dabei vor? Dokumentieren Sie ein Beispiel.**

Der Schutzbedarf eines IT-Systems hängt im Wesentlichen von dem Geschäftsprozess und den damit verbundenen Anwendungen und Informationen ab, für die das IT-System wirksam ist bzw. benötigt wird.

Für jeden der drei Grundwerte *Vertraulichkeit*, *Integrität* und *Verfügbarkeit* wird der Schutzbedarf des IT-Systems einer Kategorie (normaler, hoher oder sehr hoher Schutzbedarf) zugeordnet und dokumentiert.

**Beispiel für eine Dokumentation:**

IT-System: Firewall

Anwendung: Unverschlüsselte Übertragung vertraulicher Informationen an Kunden bzw. Geschäftspartner, wenn diese eine verschlüsselte Kommunikation nicht unterstützen.

Grundwert Vertraulichkeit: hoher Schutzbedarf

**5. Im Anforderungskatalog bzw. Lastenheft sind die Anforderungen so eindeutig wie möglich zu definieren.**

**Wie wird das erreicht?**

Die Anforderungsbeschreibung enthält eine eindeutige Kennung bzw. ein eindeutiges Schlagwort, die eigentliche Anforderung und ggf. eine Erläuterung.

Verben haben dabei eine feste Bedeutung, z. B. „soll" beschreibt eine Empfehlung, die umgesetzt werden muss, „kann" dagegen beschreibt eine wünschenswerte optionale Anforderung, die aber nicht zwingend umgesetzt werden muss.

Anforderungen sind detailliert sowie einzeln und möglichst hersteller- und plattformunabhängig aufzuführen. Es sind außerdem Sachverhalte zu erfassen, die nicht betrachtet werden sollen.

## A.4 Auswahlkriterien für die Hardware- und Softwarekomponenten eines Arbeitsplatzes

**1. Die Auswahlkriterien für Notebooks sind u. a.**
**a) Ausstattung**
**b) Display**
**c) Handhabung**
**Nennen Sie jeweils drei Kenngrößen, die in die Wertung für diese Auswahlkriterien eingehen.**

a)
- Speichergröße der Festplatte
- Speichergröße des Arbeitsspeichers
- Anzahl und Art der Schnittstellen,

b)
- Auflösung
- Helligkeit
- Kontrast

c)
- Verarbeitungsqualität von Gehäuse, Maus und Tastatur
- Gewicht
- Verhältnis der Geräteabmessung zur Displaygröße

**2. a) Welche Schnittstellen sind bei der Auswahl eines PCs/Notebooks zu berücksichtigen?**
**b) Wie heißen die dargestellten Schnittstellen?**

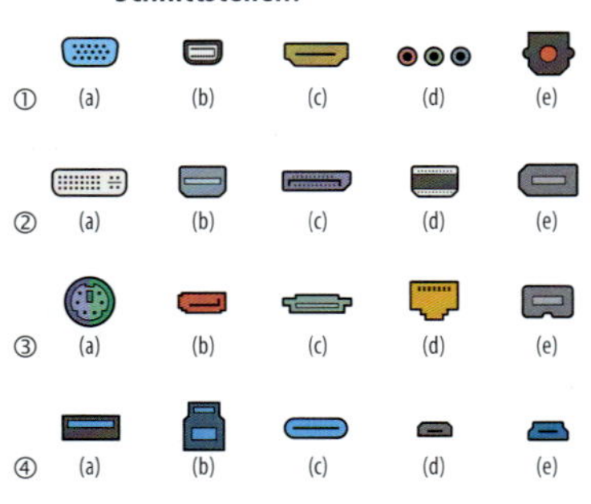


a)
- USB (Unterscheidung zwischen 2.0; 3.1 (Gen 1; Gen 2); Stecker-Typen A, C)
- displayport, HDMI (vga – veraltet)
- RJ45-Steckverbindung
- S-ATA (RS-232 – veraltet), M.2-Schnittstelle
- (Mini)SD-Kartenleser
- Drahtlose Schnittstellen (WLAN, Bluetooth, NFC etc.)

b)
① (a) vga; (b) mini dvi; (c) HDMI; (d) audio; (e) optical audio

② (a) divi; (b) thunderbolt; (c) displayport; (d) mini displayport; (e) FireWire 400

③ (a) ps/2; (b) S-ATA (SATA); (c) eSATA; (d) Ethernet; (e) Fire Wire 800

④ (a) USB Typ A; (b) USB Typ B; (c) USB Typ C; (d) USB Micro; (e) USB Mini

**3. Nennen Sie mindestens vier technische Kriterien, die bei der Auswahl eines PC-Netzteils von Bedeutung sein können.**

- benötigte Leistung für alle Komponenten
- Energieeffizienz nach bestimmter Klassifizierung
- verfügbare Anschlüsse
- Sicherheitsfunktionen (z. B. Überlastschutz)
- Unterstützung des ATX12VO-Standards

**4. Worauf muss bei der Auswahl eines Mainboards geachtet werden? Nennen Sie mindestes vier Kriterien.**

- Kompatibilität des Chipsatzes mit dem Prozessor
- Formfaktoren (Angaben über Größen, Formen und Anschlüsse für ein Bauteil)
- Verfügbarkeit der gewünschten Anzahl an RAM-Slots
- Verfügbarkeit von Hardware-RAID-Controllern
- Unterstützung des ATX12VO-Standards

**5. Welche Leistungskriterien spielen bei der Auswahl eines Prozessors eine Rolle?**

- Taktfrequenz
- Anzahl der Kerne
- Multithreadingfähigkeit
- Cache-Größe
- Virtualisierungstechnik

**6. Welche Sockel für DDR-RAM stehen zur Auswahl?**



- DDR1-DIMM (184 Stifte)
- DDR2-DIMM (240 Stifte)
- DDR3-DIMM (240 Stifte); Kerbe in der Mitte unterschiedlich zu DDR2-DIMM
- DDR4-DIMM (288 Stifte)
- DDR5-DIMM (288 Stifte)

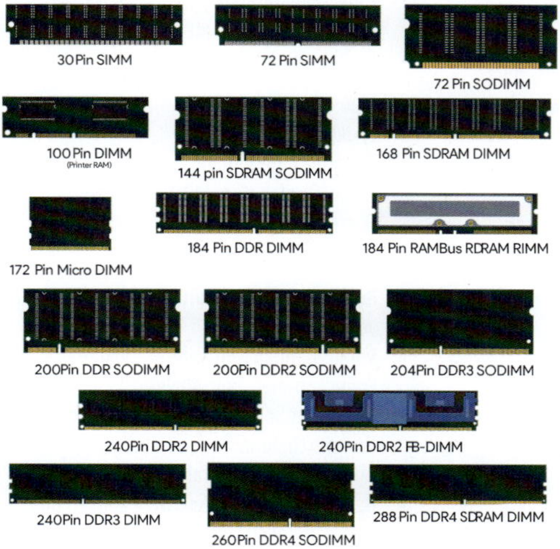

**7. Welche Eigenschaften sind bei der Auswahl von Displays/Monitoren wichtig?**

- optimale Displaygröße
- Preisgrenze
- optimale Reaktionszeit für die Anwendungsbereiche
- Touch-Funktion gewünscht oder nicht
- Farbwiedergabe und Kontrast

| | |
|---|---|
| **8. Worauf legen Sie bei der Auswahl von Projektoren für Konferenzräume Wert?** | • optimale Auflösung<br>• Projektionsabstände/Kurzdistanz-Abstrahlung<br>• integrierter Lautsprecher und WLAN-Adapter gewünscht oder nicht<br>• langlebige Leuchtmittel<br>• gewünschte Anschlüsse<br>• Betriebsgeräusche möglichst minimal |
| **9. Welche Kriterien spielen bei der Auswahl einer Festplatte eine Rolle?** | • Speichergröße, Cachegröße<br>• hohe Schreib-/Lese-Geschwindigkeiten<br>• günstiger Preis pro GB<br>• Langlebigkeit und Backup-Funktion<br>• Sicherheit (z. B. Möglichkeit der Verschlüsselung) |
| **10. Welche Kriterien sind für einen Drucker wichtig?** | • Anschaffungspreis<br>• Laufende Kosten (Papier, Patrone oder Toner, Reparaturen etc.)<br>• Druckqualität, Formate und Farbe<br>• Druckgeschwindigkeit |
| **11. Welche Eingabegeräte können bei der Zusammenstellung eines IT-Systems eine Rolle spielen?** | • Maus (Ergonomie, evtl. mit erweiterten Funktionen)<br>• Tastatur (Ergonomie)<br>• Touch-Display (für Freihand-Notizen)<br>• Sprachsteuerung<br>• Gestensteuerung |
| **12. Beschreiben Sie die Vorgehensweise bei der Auswahl von Software.** | • Recherche, welche Software auf dem Markt verfügbar ist<br>• Vorauswahl an Software-Produkten, die in Frage kommen (mit Analyse)<br>• Testen der Software und Qualitätssicherung (Vorentscheidung)<br>• Auswahl anhand detaillierter Testphasen<br>• Bei der Analyse der Software spielen die Faktoren Preis/Nutzen, Intuitivität, Interaktivität und Performance eine Rolle. |

## A.5 Normen und Vorschriften für den Betrieb und die Sicherheit der Hardwarekomponenten

**1. Beschreiben Sie folgende Punkte zum IT-Grundschutz-Kompendium des Bundesamtes für Sicherheit in der Informationstechnik:**
**a) Ziel des IT-Grundschutzes,**
**b) Methodik zur Zielerreichung,**
**c) Einteilung der Anforderungen.**

a) Es werden wichtige Sicherheitsanforderungen beschrieben, mit deren Hilfe für alle Informationen einer Institution ein angemessener IT-Grundschutz erreicht werden kann und ein höheres Sicherheitslevel erreichbar ist.

b) Organisatorische, personelle infrastrukturelle und technische Sicherheitsanforderungen werden in einem ganzheitlichen Ansatz kombiniert.

c) Die Anforderungen werden nach dem Sicherheitsbedürfnis in Basisanforderungen, Standardanforderungen und Anforderungen für erhöhten Schutzbedarf eingeteilt.

**2. Dargestellt ist ein Schichtenmodell, in dem die Bausteine des IT-Grundschutz-Kompendiums aufgeteilt und untergliedert werden.**

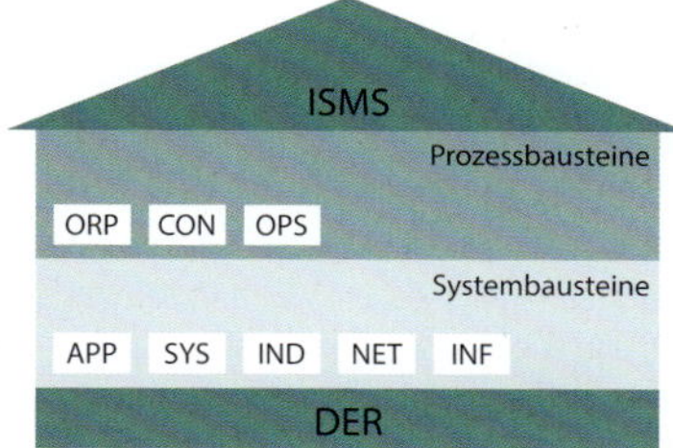


**Beispiel: Schicht IND – Sicherheitsaspekte industrieller IT – u.a. Baustein zur Betriebs- und Steuerungstechnik**

**a) Wodurch unterscheiden sich die Prozessbausteine von den Systembausteinen?**

**b) In welchen Schichten sind die Bausteine „Büroarbeitsplatz", „Mobile Datenträger" und „Auswahl und Einsatz von Standardsoftware" zu finden?**

a) Prozessbausteine werden für alle bzw. ein Großteil der Objekte des Informationsverbundes gleichermaßen angewendet. Systembausteine werden nur bei Einzelobjekten bzw. Objektgruppen angewendet.

b) Die Bausteine „Büroarbeitsplatz" und „Mobile Datenträger" sind Systembausteine. In der Schicht INF(Infrastruktur) befindet sich der Baustein „Büroarbeitsplatz" und in der Schicht SYS (IT-System) ist der Baustein „Mobile Datenträger".
Der Baustein „Auswahl und Einsatz von Standardsoftware" ist ein Prozessbaustein und befindet sich in der Schicht CON (Konzeption und Vorgehensweisen).

**3. Nennen Sie für die im IT-Grundschutz-Kompendium beschriebenen Grundwerte C (Confidentiality), A (Availability) und I (Integrity) jeweils drei elementare Gefährdungen, die bei der Errichtung bzw. Nutzung eines IT-Arbeitsplatzes auftreten können.**

Grundwert C (Confidentiality):
- Fehlfunktionen von Geräten und Systemen
- Schadprogramme
- Abhören

Grundwert A (Availability):
- Ausfall oder Störung von Versorgungsnetzen
- Feuer
- Personalausfall

Grundwert I (Integrity):
- Unbefugtes Eindringen in das IT-System
- Fehlplanung oder fehlende Anpassung
- Fehlerhafte Nutzung oder Administration von Geräten oder Systemen

**4. Nennen Sie zwei Anforderungen, die nach IT-Grundschutz-Kompendium für den Baustein „Auswahl und Einsatz von Standardsoftware“ erfüllt sein müssen und wie diese erreicht werden.**

- Sicherstellen der Integrität von Standardsoftware durch Installation ausschließlich originaler Software vom Originaldatenträger oder einer geprüften, identischen Kopie, die auf Schadsoftware geprüft wurde.
- Entwicklung der Installationsanweisung für Standardsoftware mit Berücksichtigung der vorgegebenen Konfigurationsparameter sowie organisatorischer Rahmenbedingungen.

**5. Beschreiben Sie den im IT-Grundschutz-Kompendium aufgeführten Nachteil lokaler Datenhaltung.**

Lokal gehaltene Daten können bei Hardwaredefekten verloren gehen, was zu Arbeitsausfällen und Wiederbeschaffungskosten führen kann. Ein berechtigter Zugriff anderer auf die Daten ist durch die persönlich geschützten Benutzerverzeichnisse nicht möglich.

**6. Für einen IT-Arbeitsplatz soll die mobile Nutzung des dort eingesetzten Laptops ermöglicht werden.**
**Beschreiben Sie drei Anforderungen, welche nach IT-Grundschutz vorrangig erfüllt werden müssen.**

- Die Benutzer müssen über die Regelungen zur mobilen Nutzung dieser Laptops informiert werden. Dazu zählen Sicherheitsmaßnahmen und die Angabe des berechtigten Personenkreises.
- Ein angemessener Zugriffsschutz muss installiert sein und die Benutzer müssen diesen Zugriffsschutz anwenden.
- Es muss ein geeignetes Datensicherungsverfahren ausgewählt und weitestgehend automatisiert angewendet werden.

**7. Wodurch ist nach der ArbStättV (Arbeitsstättenverordnung) ein Telearbeitsplatz gekennzeichnet?**

Ein Telearbeitsplatz ist ein vom Arbeitgeber fest eingerichteter Bildschirmarbeitsplatz mit Mobiliar und notwendigen Arbeits- und Kommunikationsmitteln im Privatbereich des Beschäftigten. Wöchentliche Arbeitszeit, Dauer des Telearbeitsplatzes und die Bedingungen der Telearbeit sind vertraglich vereinbart.

**8. Welche fünf Eigenschaften muss eine Tastatur nach ArbStättV (Arbeitsstättenverordnung) aufweisen?**

- sie muss vom Bildschirm getrennt sein
- sie muss neigbar sein
- ihre Oberfläche muss reflexionsarm sein
- Tastenform und Anschlag müssen eine ergonomische und den Arbeitsaufgaben angemessene Bedienung ermöglichen
- die Beschriftung der Tasten muss gut lesbar sein und sich deutlich vom Untergrund abheben

**9. Warum muss bei einer Tätigkeit mit Elektronik, z. B. dem Einsetzen von PC-Komponenten am Mainboard, eine ESD-Matte (ESD = electrostatic discharge) verwendet werden?**

Beim Laufen (z. B. über den Teppich, PVC-Böden etc.) laden sich Körper durch Reibung zwischen den Schuhen und den Böden statisch auf. Dabei verteilt sich die Ladung auf den ganzen Körper – auch auf die Finger. Wenn die Fachkraft am Mainboard arbeitet, könnte sich diese Aufladung am Mainboard entladen und die Elektronik schädigen. Um die Aufladung abzuleiten und mögliche Defekte zu vermeiden, werden u. a. ESD-Matten, ESD-Verpackungen, Erdungsarmband und -kabel verwendet.

**10. Warum sind elektrische Stecker von manchen Geräten als Eurostecker (flache Ausführung) und bei anderen Geräten als SchuKo-Stecker (Schutzkontakt) realisiert?**

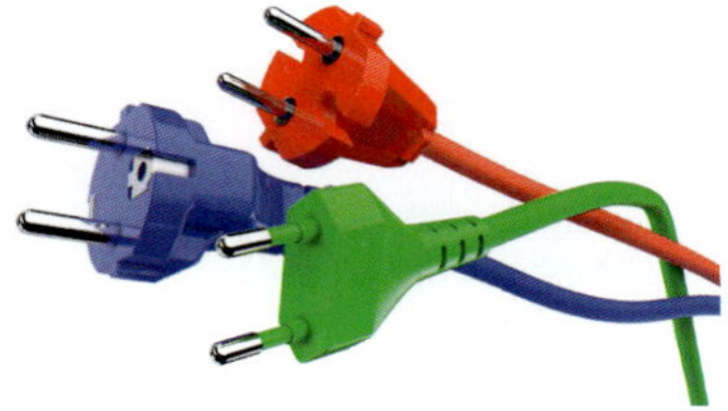

Ein Eurostecker hat zwei Pole (Außen- und Neutralleiter). Diese Stecker sind für Geräte geringer Leistung nach Schutzklasse II vorgesehen (z. B. Smartphone-Ladegeräte), die eine verstärkte Isolierung von spannungsführenden Teilen vorsehen. SchuKo-Stecker hingegen verfügen zusätzlich über einen Pol als Schutzkontakt. Dies ist für Geräte wichtig, die aus einer leitenden Oberfläche bestehen (z. B. PC-Gehäuse). Dieser soll Fehlerströme über den PE-Leiter (Protected Earth) ableiten anstatt über den menschlichen Körper.

**11. Worauf ist beim Verlassen des PC-Arbeitsplatzes zu achten, insbesondere wenn das Arbeitsumfeld belebt ist?**

Damit Unbefugte die Inhalte des Mitarbeiters bzw. der Firma nicht einsehen und bearbeiten können, sollte man beim Verlassen der Arbeitszimmer den PC sperren, den Benutzer abmelden oder den PC herunterfahren.

**12. Warum sollte ein BIOS-Passwort gesetzt werden?**

Ist ein PC oder Notebook unbeaufsichtigt, kann eine unbefugte Person die BIOS-Einstellungen verändern (u. a. Boot-Reihenfolge, Einstellungen der Virtualisierungen und Übertaktung), wenn zuvor kein BIOS-Passwort gesetzt wurde. Darüber hinaus kann der Angreifer auch ein Passwort setzen, sodass die Mitarbeiterin keine weiteren Veränderungen vornehmen kann. Um dies zu vermeiden, setzt eine Administratorin oder Mitarbeiterin ein BIOS-Passwort.

**13. Warum muss ein Speichermedium – insbesondere bei personenbezogenen Daten – verschlüsselt werden?**

Die Verschlüsselung einer Datenpartition ist entscheidend, damit der Zugriff erst bei Eingabe des Kennwortes ermöglicht wird. Auch die Verschlüsselung einer Systempartition ist wichtig, weil sonst bei Ausbau der Festplatte oder Benutzung eines Live-Betriebssystems auf die Daten der Systempartition zugegriffen werden kann, ohne die System-Benutzerkennwörter einzugeben.

## B Sie bereiten eine Auswahlentscheidung vor und führen diese durch

### B.1 Technische Merkmale relevanter Produkte

**1. Die Kenngröße LTE: Geschwindigkeit eines Tablets hat den Wert 4G Cat20 (2048/150 Mbit/s). Erläutern Sie diesen Wert.**

- LTE steht für Long Term Evolution.
- 4G bezeichnet einen Mobilfunkstandard der 4. Generation.
- Cat steht für die Gerätekategorie, die festlegt, wie hoch die Übertragungsrate theoretisch sein kann.
- Bei Cat20 beträgt die Downloadrate 2 Gbit/s; max. Uploadrate 316 Mbit/s.

- 4G Cat20 (2048/150 Mbit/s) bedeutet: Das Gerät unterstützt den Mobilfunkstandard der 4. Generation mit der Gerätekategorie 20 und ermöglicht theoretisch eine Downloadrate von 2048 Mbit/s und eine Uploadrate von 150 Mbit/s.

**2. Der im Bild dargestellte Prozessor Ryzen 9 von AMD hat u. a. folgende Kennwerte:**
**– Takt: 3,80/4,60 GHz,**
**– Technologie: 105 W TDP,**
**– Anzahl der Threads: 24.**

**Was bedeuten die angegebenen Kennwerte?**

**Takt:** 3,80/4,60 GHz – Die angegebene interne Taktfrequenz (Basistaktrate/max. Leistungstaktrate) gibt an, mit welcher Frequenz die CPU intern Instruktionen abarbeitet. Bei 3,80 GHz werden 3,8 Milliarden Takte pro Sekunde ausgeführt. Die Anzahl der ausgeführten Anweisungen pro Takt variiert.

**Technologie:** 105 W TDP – TDP steht für Thermal Design Power und gibt die thermische Verlustleistung der CPU an (105 W). Die sich daraus ergebende Wärme muss vom Kühler abgeführt werden können.

**Anzahl der Threads:** Threads sind Prozesse/Programmabläufe, die ein Prozessor parallel bearbeiten kann (hier 24). Erreicht wird dies durch SMT (Simultaneous Multi Threading), welches das schnelle Umschalten zwischen mehreren Prozessen/Programmabläufen ermöglicht. SMT erfordert zusätzliche Registersätze zur Zwischenspeicherung der Bearbeitungsstände der einzelnen Threads.

**3. Ein LED-Display besitzt die Helligkeit von 300 Nit.
Was versteht man unter der Einheit Nit? Beziehen Sie die Abbildung in die Erklärung ein.**

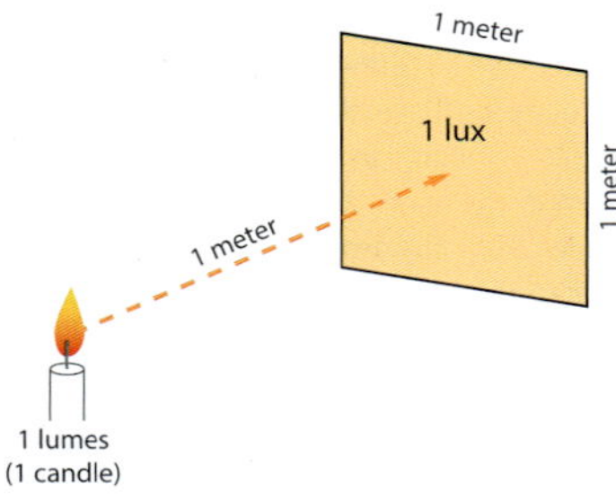


Die fotometrische Einheit der **Leuchtdichte** $L_v$ (luminance) des internationalen Einheitensystems (SI) ist cd/m$^2$.
Die Einheit der Beleuchtungsstärke $E_v$ (illuminance) ist lx (Lux).

Eine Kerze erzeugt im Abstand von 1 m auf einer Fläche von 1 m · 1 m eine Beleuchtungsstärke von 1 lx.

Ein Maß für das emittierte Licht einer Fläche ist die Leuchtdichte. Bei Displays wird zur Helligkeitsbestimmung die Leuchtdichte bei maximaler Helligkeitsleistung und weißer Farbe gemessen. Die Angabe 300 Nit entspricht 300 cd/m$^2$. Die Angabe der Leuchtdichte in Nit ist vor allem in den USA gebräuchlich und ist keine SI-Einheit.

**4. Wofür stehen die Typangaben
– TN,
– IPS und
– VA
bei Panels und für welches Einsatzgebiet sind sie besonders geeignet?**

- TN – Twisted Nematic: Gaming,
- IPS – In Plane Switching: Foto- und Videobearbeitung,
- VA – Vertical Alignment: Videowiedergabe

**5. Welcher Helligkeitswert von Monitoren für Arbeitsplätze im Innenbereich ist für das menschliche Auge optimal?**

Für das menschliche Auge ist ein Wert zwischen 250 cd/m$^2$ und 300 cd/m$^2$ optimal. Höhere Werte führen zu schnellerer Ermüdung der Augen, niedrigere Werte überanstrengen Augen und Sehnerven.

**6. Was versteht man unter Panel?**

Panel bezeichnet die Bauweise und den Anzeigetyp von LCDs (Liquid Crystal Display) und bestimmt damit maßgeblich den Charakter eines Displays hinsichtlich Farb-und Kontrastwiedergabe sowie der Reaktionszeit.

**7. Vergeben Sie für die aufgeführten Paneltechnologien Sterne:**
*** für zufriedenstellend,**
**** für gut,**
***** für ausgezeichnet.**

| Panel | Blick-winkel | Kon-trast | Effi-zienz | Reaktions-zeit |
|---|---|---|---|---|
| TN | | | | |
| IPS | | | | |
| VA | | | | |

| Panel | Blick-winkel | Kon-trast | Effi-zienz | Reaktions-zeit |
|---|---|---|---|---|
| TN | * | ** | *** | *** |
| IPS | *** | ** | * | ** |
| VA | *** | *** | ** | ** |

**8. Was bedeutet die folgende Angabe über einen Monitor? Die native Auflösung beträgt 3.840 : 2.160.**

Die Anzahl der Pixel bei diesem Monitor beträgt horizontal 3.840 und vertikal 2.160. Die Angabe „nativ" besagt, dass dies die tatsächliche Auflösung ist, d. h., die physikalische Pixelzahl des Monitors ist 3.840 · 2.160 = 8.294.400.

**9. Drucker nutzen Bitmap-Schriftarten und Umriss-Schriftarten. Wodurch unterscheiden sich die beiden technologisch unterschiedlichen Schriftarten?**

**Bitmap-Schriftart:** Die Darstellung der Schrift ist nicht skalierbar, d. h. es gibt eine oder mehrere fest zugewiesenen Schriftgrößen. Besitzt ein Drucker die angeforderte Schriftgröße nicht, erfolgt eine verzerrte Darstellung.

**Umriss-Schriftart:** Die Darstellung der Schrift ist skalierbar, weil der Drucker eine mathematische Beschreibung des Schriftbildes erhält. Diese Beschreibung wird in das Druckbild gewandelt. Die Schriftgröße hat keinen Einfluss auf Schärfe oder Auflösung der Darstellung.

**10. Nennen Sie fünf (Unterscheidungs-) Merkmale von Druckern.**

- Auflösung
- Druckgeschwindigkeit
- Druckerspeichergröße
- Ein- oder Mehrfarbdruck
- Druckformate

**11. Die Tinte bei Druckern unterscheidet sich in der Farbstoffzusammensetzung. Vergleichen Sie die beiden Tintenarten**
**– Pigmenttinten und**
**– Dye-Tinten**
**hinsichtlich Lichtbeständigkeit, Schwarzwert, Auflösung des Druckbildes und Anwendung.**

| | Pigmenttinte | Dye-Tinte |
|---|---|---|
| Lichtbeständigkeit | hoch | niedrig |
| Schwarzwert | hoch | niedrig |
| Auflösung | niedrig | hoch |
| Anwendung | Textdruck | Fotodruck |

**12. Was bedeuten die folgenden Angaben auf einem RAM-Speichermodul:**
**a) SO-DIMM DDR3 1333MHz und**
**b) CAS Latency 9?**

a) **SO-DIMM: S**mall **O**utline **D**ual **I**nline **M**emory **M**odule – Speichermodul, das auf einer kleineren Platine verbaut wurde (68mm x 30mm), deren Anschlusskontakte auf der Vorder- und Rückseite unabhängig voneinander sind

**DDR3:** Double Data Rate 3-Speichermodul mit doppelter Transferrate durch die Übertragung des Datenbits bei der auf- und absteigenden Flanke des Taktsignals in der 3. Weiterentwicklung (Achtfach-Speichervorgriff)

**1333 MHz:** durchläuft pro Sekunde 1.333.000.000 Taktzyklen

b) **CAS Latency 9: C**olumn **A**ddress **S**trobe Latency – Verzögerungszeit (hier 9 Taktzyklen) zwischen Adressierung der Spalte im RAM-Baustein und der Bereitstellung der gespeicherten Daten dieser Adresse

**13. Was bedeutet es, wenn das Kontrastverhältnis eines Monitors 1000 : 1 beträgt?**

Das Kontrastverhältnis gibt das Verhältnis der Helligkeit zwischen dem hellsten (1000) und dem dunkelsten Pixel (1) eines Einzelbildes an.

**14. Die Leistungsfähigkeit einer CPU hängt – neben der Anzahl der Kerne und der Taktfrequenz – vom IPC-Wert ab.**
**Was sagt dieser Wert aus?**

IPC steht für **I**nstructions per **C**ycle. Dieser Wert gibt die gemittelte Anzahl von Instruktionen pro Taktzyklus an.

Beispiel: Ein Programm mit 6000 Instruktionen wird vollständig in 24.000 Taktzyklen durchgeführt. Dies entspricht einen IPC-Wert von 4.

**15. Was bedeutet es, wenn ein Prozessor die maximale Speicherbandbreite von 45,8 GB/s besitzt?**

Dieser Prozessor hat auf einem Halbleiterspeicher einen maximalen Lese-/Schreibzugriff von 45,8GB/s (maximale Datenrate).

**16. Im Produktdatenblatt eines Prozessors finden Sie folgende Angaben:**
**– gesamter L2-Cache 2MB;**
**– gesamter L3-Cache 4MB.**
**Was bedeuten diese Angaben?**

**Cache:** temporärer (Zwischen-)Speicherbereich in Form einer chipbasierter Speicherkomponente zum effizienteren Abrufen von Daten aus dem Hauptarbeitsspeicher (RAM)

**L1-Cache (First-Level-Cache):** speichert die am häufigsten benötigen Befehle/Daten zwischen, um den Zugriff zu beschleunigen; Größe 16 – 64 kByte

**L2-Cache (Second-Level-Cache) 2 MB:** Zwischenspeicherung der Daten aus dem Hauptarbeitsspeicher (RAM); der L2-Cache ist größer (hier 2 MB) als der L1-Cache

**L3-Cache (Third-Level-Cache) 4 MB:** ermöglicht einen Datenabgleich zwischen den einzelnen Caches und die Beschleunigung des Datenaustausches zwischen den einzelnen Kernen; der L3-Cache ist der größte Cache (hier 4 MB)

**17. a) Welche Funktion hat der Chipsatz eines Mainboards?**
**b) Worauf muss man beim Kauf daher achten?**

a) Der Chipsatz eines Mainboards ist für die Kommunikation der einzelnen PC-Komponenten zuständig.
b) Es ist darauf zu achten, dass bei entsprechender Wahl eines Prozessors auch die Kompatibilität zum Chipsatz gesichert ist. Sonst kann keine funktionsfähige Kommunikation zwischen der CPU und anderen Komponenten stattfinden.

**18. Unterscheiden Sie die 32-Bit- und 64-Bit-Architektur eines Prozessors.**

Ein **64-Bit-Prozessor** hat eine größere Busbreite (Daten- und Adressbus). Dadurch kann der Arbeitsspeicher besser verwaltet werden.

Bei einem **32-Bit-Prozessor** können maximal 4 GB Arbeitsspeicher angesprochen werden (theoretisch $2^{32}$ Byte, praktisch entspricht das ungefähr 3,7 GB).

**19. Worauf ist bei der Prozessorwahl zu achten, wenn Virtualisierungen auf einer Maschine realisiert werden sollen?**

Der Prozessor muss grundsätzlich Virtualisierungen unterstützen. Dabei werden Ressourcen reserviert, verteilt und parallel für bestimmte Betriebssysteme benutzt. Es gibt verschiedene Virtualisierungstechnologien, z. B. AMD-V, AMD-Vi, VT-x, VT-d oder VT-c.

**20. Beschreiben Sie eine aktuell häufig verwendete Art der Virtualisierung.**

Hardware-Virtualisierung: Für die Umsetzung wird eine Virtualisierungsschicht (Hypervisor) als Verwaltungseinheit benötigt, um die physikalischen Ressourcen zwischen den Systemen zu verteilen. Dabei gibt es zwei Kategorien: Typ 1 und Typ 2.

Bei **Typ 1** werden die Systeme direkt auf der Host-Hardware installiert. Die Ressourcen werden von der Virtualisierungsschicht verwaltet. (Z. B. VMWare, Microsoft Hyper-V oder KVM sind vom Typ 1.)

Bei **Typ 2** (gehosteter Hypervisor) hingegen läuft auf einem vorhandenen Betriebssystem eine Anwendung (Virtual Machine Monitor – VMM), die die Ressourcen zwischen Wirt- und Gastsystem(en) verwaltet. (Z. B. Oracle VirtualBox und VMWare Workstation sind vom Typ 2.)

Alternative Antworten: Betriebssystem-Virtualisierung, Remote-Desktop-Virtualisierungen, Container-Virtualisierungen usw.

**21. Beschreiben Sie, wie eine PCIe- (oder PCI-E-Schnittstelle) aufgebaut ist und welche Faktoren für die Datenrate wichtig sind.**

PCIe = „Peripherel Component Interconnect Express"

Eine PCIe-Schnittstelle kann typischerweise aus einem (PCIe ×1), vier (PCIe ×4) oder 16 (PCIe ×16) Slots bestehen. Die Zahl sagt dabei aus, wie viele PCIe-Lanes im jeweiligen Slot verschachtelt sind. Je mehr Lanes verwendet werden, umso schneller kann eine Datenübertragung erreicht werden. Auch die PCIe-Version spielt hier eine wesentliche Rolle: je höher die Version, umso schneller die Datenübertragung.

**22. Welche Unterschiede gibt es zwischen einer VGA- und einer HDMI-Schnittstelle?**

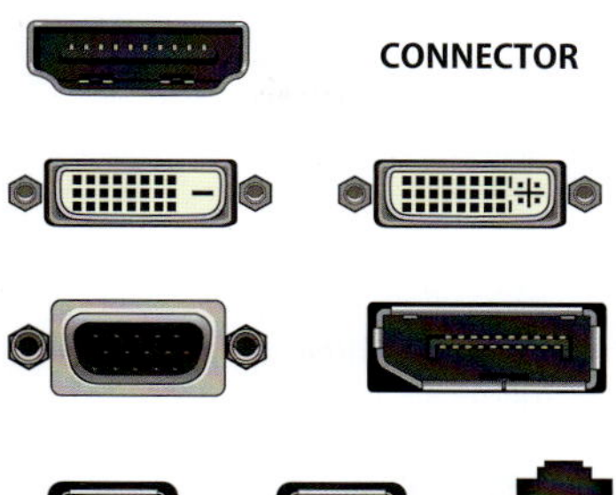


Eine VGA-Schnittstelle ist eine 15-polige Buchse oder ein Stecker mit 15 Pins. VGA überträgt die Signale analog, HDMI hingegen digital. Bei VGA ist eine zusätzliche Leitung für Tonsignale notwendig, zudem werden keine hochauflösenden Bilder übertragen. Grundsätzlich wird die Qualität bei steigender Leitungslänge schlechter.

**23. Vergleichen Sie den HDMI- und den DisplayPort-Standard miteinander.**

Beide Standards übertragen die Signale digital. Die Auflösung hängt von den jeweiligen Versionen ab und ist bei beiden Standards sehr hoch. HDMI ist in der Unterhaltungselektronik und IT weit verbreitet. Bei HDMI fallen für die Hersteller Lizenzgebühren an, beim DisplayPort nicht.

**24. Was ist der Unterschied zwischen einem Konverter und einem Adapter?**

Beim Konverter werden Daten in eine andere Form umgesetzt (verstärkt, umgerechnet und codiert). Diese Umwandlung ist aktiv und benötigt eine Stromversorgung sowie eine Verarbeitungseinheit, die dies ermöglicht. Beim Adapter werden die Pins zweier verschiedener Stecker miteinander 1 : 1 verbunden bzw. verdrahtet – ohne Verarbeitungseinheit und ohne Stromversorgung. Hier wird das Signal von der Quelle bis zum Ziel nicht verändert.

**25. Welche Leistungskriterien sind wichtig bei der Auswahl eines HDMI-Kabels?**

- Version des HDMI-Standards: je nach Version können verschiedene Bildqualitäten (4k, 3D, Deep Color usw.) erreicht werden. So ist beispielsweise eine 4K-Anzeige ab einem Standard von HDMI 2.0 möglich.
- Steckertypen: je nach Geräten gibt es hierbei verschiedene Größen. An Mini-Rechnern wird gewöhnlich Micro-HDMI eingesetzt.
- Qualität der eingesetzten Materialien: Da die Stecker ein- und ausgesteckt werden,

unterliegen diese einer gewissen Belastung. Auch das Biegen des Kabels könnte bei minderwertigen Materialien schneller zu Kabelbrüchen führen.
- Abschirmung: Damit elektromagnetische Störsignale die Signalübertragung nicht beeinflussen, leitet die Abschirmung diese Störungen ab.

**26. Beschreiben Sie die wichtigsten Elemente eines LCD-Monitors (Liquid Crystal Display) und nennen Sie Elemente, die für das Recyceln geeignet sind.**

Wesentliche Elemente eines LCD-Monitors:
- Hintergrundbeleuchtung: sorgt für die Erzeugung einer Lichtquelle
- Flüssigkristalle: je nach angelegter Spannung lassen sie eine bestimmte Menge der Hintergrundbeleuchtung durch
- Farbfilter: sorgen für die Farbdarstellung
- Die Hintergrundbeleuchtung (Back-Panels) sowie wertvolle Materialien und Metalle können recycelt werden.

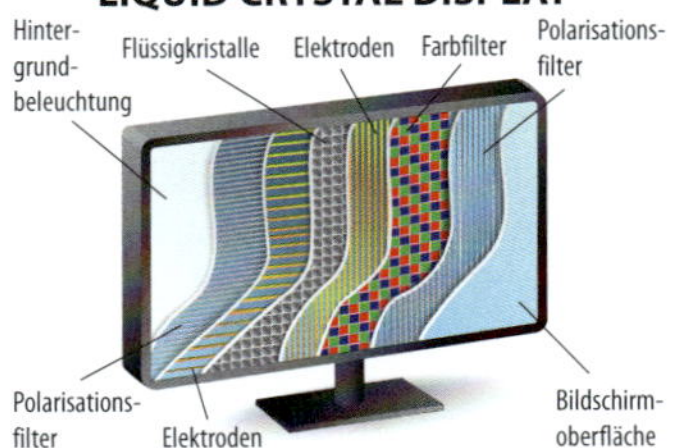


Schematischer Aufbau eines LCD-Monitors

**27. Was ist ein LED-Monitor?**

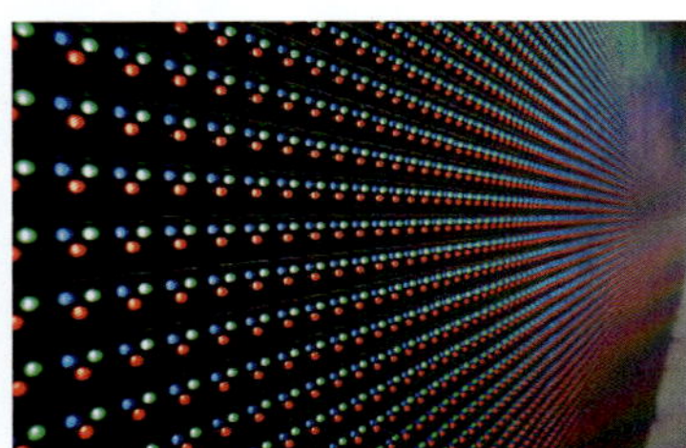

So könnte ein Monitor bezeichnet werden, der eigentlich ein LCD-Monitor ist und eine LED-Hintergrundbeleuchtung hat.

Es kann aber auch sein, dass für die direkte Bilderzeugung nur eine Kombination aus RGB-LEDs verwendet wird.

Der Begriff wird aus strategischen Marketinggründen verwendet.

OLED-Monitore hingegen bestehen aus anderen Materialien, sind selbstleuchtend und können noch dünner als LCD-Monitore gestaltet werden.

**28. Beschreiben Sie die technischen Unterschiede zwischen einem kapazitiven und einem resistiven Touchscreen.**

Ein resistiver Touchscreen besteht aus zwei Schichten. Dabei wird an einer Schicht eine Spannung angelegt. Beim Druck mit dem Finger, Stift o. ä. entsteht ein Kontakt zwischen beiden Schichten und es fließt Strom. Dadurch wird die Position der Druckstelle erkannt.

Beim kapazitiven Touchscreen verursacht der Finger eine Änderung des elektrischen Feldes, das an den Ecken des Bildschirms gemessen wird. Dadurch werden die Positionen der Finger erkannt. Das ist insbesondere für Multitouch-Funktionen sehr wichtig, die bei resistiven Touchscreens fehlen.

**29. Erläutern Sie, welche Farbmodelle bei Monitoren und welche bei Druckern verwendet werden?**

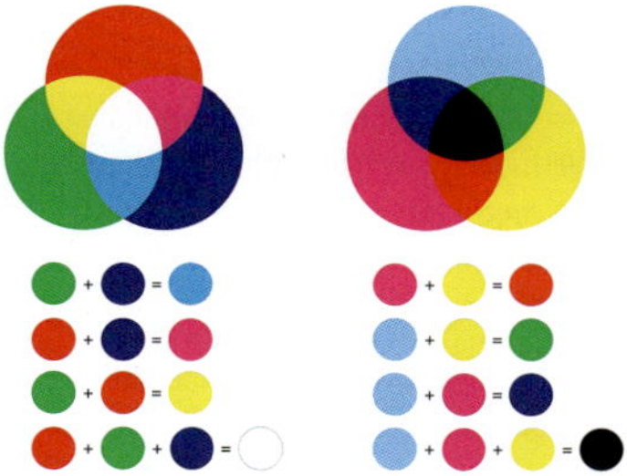

Bei Monitoren wird das RGB-Farbmodell (Rot-Grün-Blau) verwendet. Eine beliebige Farbe lässt sich z. B. bei LED-Monitoren durch die Kombination verschiedener Lichtanteile von RGB-LEDs realisieren.

Beim Drucker wird das CMYK-Modell (Cyan-Magenta-Yellow-Key) verwendet. Dabei steht „Key“ für die Farbe Schwarz, es ist die „Schlüsselfarbe“, an der beim Druck alle anderen Farben ausgerichtet werden.

Durch die Zusammenmischung von Cyan, Magenta und Gelb erreicht man kein reines Schwarz. Für die perfekte Abstimmung zwischen den dargestellten Bildern im Monitor und den Druckergebnissen müssen die Drucker kalibriert werden.

**30. Erläutern Sie die Funktion eines Laserdruckers.**

Beim Laserdrucker werden u. a. Bildtrommel, Laser, Drehspiegel, Abdruck- und Heizwalze verwendet. Die Bildtrommel wird negativ aufgeladen. Soll Schrift auf eine Stelle gedruckt werden, so muss an der jeweiligen Stelle die negative Ladung neutralisiert werden. Dies wird durch Laserstrahlen bewerkstelligt, die mithilfe eines Drehspiegels an die gewünschten Stellen gelenkt werden. Der negativ geladene Toner wird nun an die Bildtrommel gebracht. Nur die neutralisierten Bereiche nehmen den Toner auf, die negativ geladenen

Bereiche stoßen ihn ab. Das Papier wird positiv geladen und zieht bei der Bewegung der Walze die negativen Tonerpartikel an. Damit diese auch im Papier haften bleiben, werden Papier und Tonerpartikel mit Abdruck- und Heizwalze gepresst.

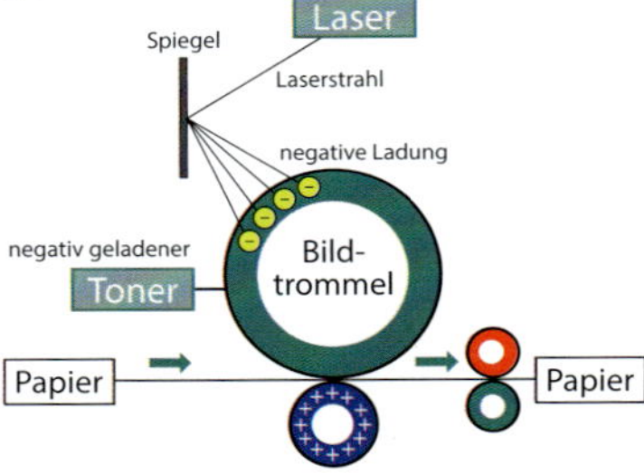


**31. Im Datenblatt eines Headsets steht u. a. „16 Bit". Welche Bedeutung haben diese Angaben?**

16 Bit ist die Bittiefe des Mikrofons.

Es gilt: je höher, desto mehr Werte ($2^{16} = 65.536$) stehen für die Umwandlung zur Verfügung und damit können genauere Werte zugeordnet werden. Je höher die Anzahl an Daten, desto größer ist die benötigte Speichermenge.

**32. Bei der Umwandlung einer wave-Datei in eine mp3-Datei stehen mehrere Auswahlmöglichkeiten zur Verfügung: 20 kHz, 44,1 kHz und 96 kHz. Welche Bedeutung haben diese Angaben?**

Die Angaben beziehen sich auf die Abtastrate. Dabei gilt ähnlich der Aufgabe 31: Je höher die Abtastrate, umso mehr Werte werden pro Zeiteinheit umgewandelt. Ein Zusammenspiel der beiden Angaben zeigt die folgende Abbildung:

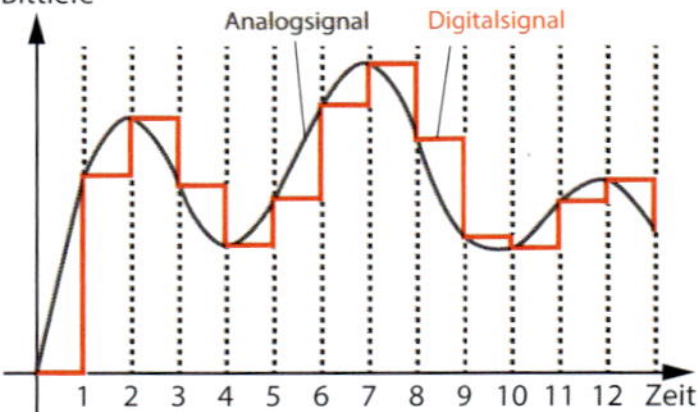


**33. Welche typischen Fehler können bei der Analog-Digital-Wandlung (z. B. VoIP-Telefon, Headset ...) entstehen?**

- Es kann zu Bitrauschen (Quantisierungsrauschen) kommen. Dabei würden die Quantisierungsstufen nicht ausreichen, um einen abgetasteten Wert zuzuordnen.

- Bei Sprachübertragung wird eine nichtlineare Aufteilung der Quantisierungsstufen gewählt, um in einem bestimmten Frequenzbereich größere Auflösung (mehr Quantisierungsstufen) zu erreichen. Auf der anderen Seite wird gröber aufgelöst, z. B. bei höheren Frequenzbereichen.

**34. Wie viele Geräte lassen sich maximal an einem USB-Anschluss betreiben?**

Aufgrund der 7-Bit-Adressierung kann man maximal 127 Geräte an einem USB-Controller betreiben, denn:

$2^7 = 128 - 1$ Adressen (Adresse 0 ist reserviert)

**35. Erläutern Sie den Aufbau einer USB-2.0-Schnittstelle und gehen Sie auf die Übertragungsrate ein.**

USB 2.0 besteht aus vier Adern: zwei Adern für die Datenübertragung, eine für die Spannungsversorgung und eine für die Masse. Da beim Standard „Hi-Speed" nur eine Doppelader für die Datenübertragung vorgesehen ist und eine ältere Codierung verwendet wird, sind Übertragungsraten von maximal 480 MBit/s möglich.

**36. Welche Veränderungen gibt es beim USB-Standard „SuperSpeed+" (USB 3.1 Gen 2) im Vergleich zum „Hi-Speed" (USB 2.0)?**

Beim Standard „SuperSpeed+" gibt es im Vergleich zu einem USB-2.0-Kabel neun statt vier Adern. Die fünf zusätzlichen Adern sind: zwei Doppeladern für die Signalleitung sowie eine Masse-Leitung. Optisch würde man das Kabel anhand folgender Merkmale erkennen: blaue Farbe am Anschluss, größere Kabeldicke sowie unflexibleres Kabel.

Auf dem Mainboard müsste ein Controller für „SuperSpeed+" vorhanden sein. Am Beispiel des Raspi OS sind in der Abbildung mehrere Controller für die jeweiligen Standards dargestellt.

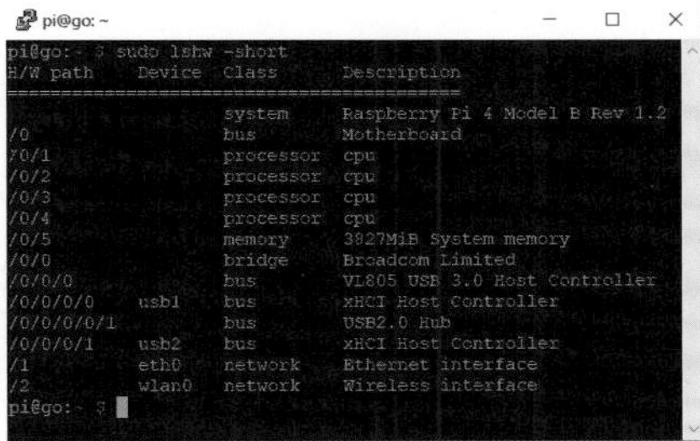


Informationen von USB-Controllern auf einem RaspberryPi

**37. Beschreiben Sie zwei Unterschiede zwischen einer 3,5- und 2,5-Zoll-Festplatte.**

Der Vergleich zwischen 3,5- und 2,5-Zoll-Festplatten bezieht sich auf HDD. Folgende Unterschiede sind vorhanden:

- Größe und Kapazität: Eine 3,5-Zoll-Festplatte ist physikalisch größer und hat eine größere Speicherkapazität.
- Energieversorgung: eine 3,5-Zoll-Festplatte benötigt einen externen Anschluss für die Stromversorgung (12 V).
- Geschwindigkeit: bei gleicher Drehzahl ist eine 3,5-Zoll-Festplatte schneller, weil sie mehr Sektoren pro Spur hat.

**38. Beschreiben Sie die Funktionsweise einer HDD (Hard Disk Drive).**

Eine HDD beinhaltet einen Schreib-Lese-Kopf (Head), mehrere magnetischen Scheiben und Steuerungselektronik. Die Daten liegen auf einer Platte, die mit einer bestimmten Drehzahl rotiert. Über den Schreib-Lese-Kopf werden die Daten gelesen oder geschrieben. Der Abstand beider Elemente ist sehr klein. Deshalb ist darauf zu achten, dass während des Betriebs keine Stoßbewegung, Erschütterungen o. ä. stattfinden, damit Platte und Kopf nicht beschädigt werden.

**39. Beschreiben Sie die Funktionsweise einer SSD (Solid State Drive).**

Bei einer SSD werden die Daten auf einem Flash-Speicher gesichert. Ein Controller sorgt für optimiertes Speichern und Verwalten der Speicherzellen. So sorgt z. B. die Einheit „Wear-Leveling" für eine gleichmäßige Verteilung der Daten auf alle Speicherzellen. Dies ist aufgrund der begrenzten Anzahl an Schreibe-Zyklen bei

Flash-Speichern notwendig. Durch diese Maßnahme verlängert sich die Lebensdauer der Speicherzellen insgesamt. Ebenso können defekte Bereiche entdeckt und vom Speicherprozess ausgeschlossen werden.

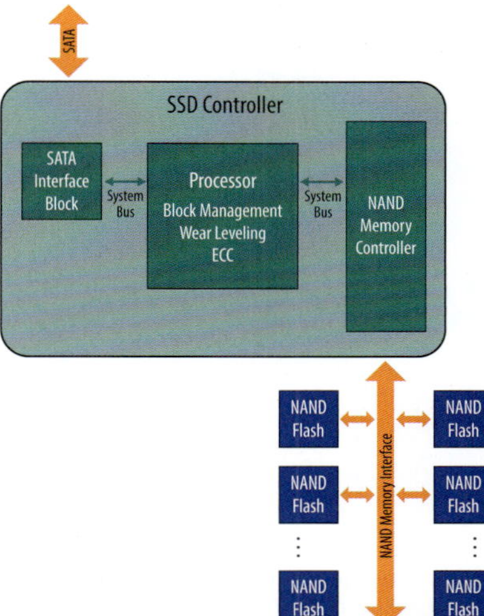


**40. Beschreiben Sie vier Vorteile von SSD gegenüber HDD.**

- höhere Geschwindigkeit: schnellere Datenzugriffe, da kein Schreib-Lese-Kopf eine bestimmte Stelle erreichen muss
- lautlos: da keine rotierenden Teile vorhanden sind
- Unempfindlichkeit gegenüber Stoßbewegungen weil keine beweglichen Teile existieren
- kleiner und leichter

**41. Sie erwerben in einem Online-Shop eine neuwertige SSD mit einer Kapazität von 1 TB zum selben Preis wie eine 1TB HDD derzeit kostet. Beurteilen Sie, ob dies ein Schnäppchen oder Betrug war.**

Zunächst hängt es davon ab, ob der Kauf bei einem seriösen Händler getätigt wurde oder nicht. Eine weitere Überlegung: Da der Preis pro GB bei SSD wesentlich teurer als bei HDD ist, wäre das schon mal ein Alarmzeichen. Die tatsächliche Speichergröße würde man auch nicht erkennen, wenn die Festplatte am PC angeschlossen wird und das Betriebssystem die 1 TB zeigt. Der physikalische Speicher kann wesentlich kleiner sein.
Hintergrund: Wenn der Flash-Speicher physikalisch z. B. 16 GB beträgt, kann durch die Programmierung/Manipulation des Controllers ein anderer Wert festgelegt werden, sodass ein Betriebssystem über diese Angabe getäuscht wird. Beim Speichern von kleineren Inhalten würde dies nicht weiter auffallen (wie so oft bei der Verwendung von USB-Sticks oder SD-Karten). Jedoch würde man bei größeren Dateien feststellen, dass beim Kopiervorgang entweder die Dateien ins Leere kopiert werden oder der Prozess in einer Endlosschleife landet.

**42. Welche Information können Sie aus den Angaben „Class 10" sowie „V60" einer SD-Karte gewinnen?**

„Class 10" ist die Geschwindigkeitsklasse, die ein SD-Karten-Hersteller garantiert. „Class 10" bedeutet, dass die Transfergeschwindigkeit mindestens 10 MB/s beträgt. Bei der Verwendung von Camcordern gibt es auch eine „Video Speed Class". Diese garantiert eine Transfergeschwindigkeit von mindestens 60 MB/s. Dabei muss jeweils die gesamte Übertragungskette diese Geschwindigkeiten unterstützen – also auch die Endgeräte und ihre Controller.

**43. Welche Funktion hat eine CMOS-Batterie im Mainboard?**

Um die benutzerdefinierten BIOS-Einstellungen abspeichern zu können, benötigt man einen Speicher. Dieser wird meist in Form eines CMOS-RAMs bewerkstelligt. Da der Speicher flüchtig ist, benötigt man für die dauerhafte Speicherung eine Batterie. Außerdem wird die Uhrzeit des Systems im ausgeschalteten Zustand weitergeführt, sodass sie beim nächsten Neustart korrekt angezeigt wird. Sollte diese Batterie leer oder entfernt worden sein, werden die Werkeinstellungen wieder geladen.

**44. Warum wird der Error Correction Code (ECC) für Arbeitsspeicher verwendet?**

Wenn Arbeitsspeicher in PCs über mehrere Stunden intensiv verwendet werden, können Fehler entstehen. Dies gilt es insbesondere bei Servern zu vermeiden, da diese zuverlässig funktionieren sollten. Für die Fehlererkennung und -korrektur wird ECC verwendet. Dabei kann z. B. eines von neun DRAMs dafür verwendet werden. Die ECC-Funktion muss sowohl vom Mainboard als auch vom Prozessor unterstützt werden.

**45. Welche typischen PC-Netzteile gibt es?**

klassische Netzteile:

- ATX-Stromkabel bestehend aus 20+4-Pin,
- Stromversorgung für S-ATA und HDD (Molex-Anschluss für ältere Laufwerke),
- PCI-Express-Stromkabel (6+2-Pin),
- Prozessor-Stromkabel (4+4 Pin),
- S-ATA-, Multi-, PCIe-, CPU- und 20+4-Pin ATX-Stromkabel

beim ATX12VO-Standard:

- nur ATX12VO-Connector

## B.2 Auswahlentscheidung (Nutzwertanalyse)

**1. Die Nutzwertanalyse beginnt mit:**

**Schritt 1: Festlegung der Entscheidungsalternativen**

**Beschreiben Sie die fünf anschließenden Schritte der Nutzwertanalyse.**

**Schritt 2:** Definition der Bewertungskriterien

**Schritt 3:** Gewichtung der Bewertungskriterien durch absolute Werte oder durch Prozentsätze

**Schritt 4:** Festlegen des Bewertungsmaßstabes durch Festlegung der Punkteskala

**Schritt 5:** Bewertung der Entscheidungsmöglichkeiten durch Vergabe von Punkten pro Kriterium für jede Alternative

**Schritt 6:** Gewichtete Punktzahl pro Handlungsalternative aufsummieren und Alternative mit höchster Punktzahl als optimale Auswahl erfassen

**2. Nennen Sie drei Stärken und drei Schwächen der Nutzwertanalyse bei Bewertung und Entscheidungsfindung.**

**Stärken:**
- flexibel einsetzbar durch hohe Anpassungsfähigkeit
- transparente Beurteilung der ermittelten Bewertung und Entscheidung
- die Alternativen sind vergleichbar

**Schwächen:**
- Auswahl der Kriterien problematisch
- teilweise nur subjektive Bewertung möglich
- Vergleich von Alternativen bei unterschiedlichen Kriterien nicht möglich

**3. Wie lautet die Formel zur Berechnung des Gesamtnutzens eines Bewertungskriteriums? Verwenden Sie die folgenden Abkürzungen:**

**GN = Gesamtnutzen des Bewertungskriteriums**

**GB = Gewicht des Bewertungskriteriums**

**TNA = Teilnutzen der Handlungsoption A**

**TNB = Teilnutzen der Handlungsoption B**

$GN = (GB \cdot TNA) + (GB \cdot TNB)$

**4. Für den Einsatz im Office-Bereich sollen 24-Zoll-Monitore mit einer Auflösung von 1920 · 1080 Pixel mittels Nutzwertanalyse verglichen werden. Welche fünf Bewertungskriterien sind hierfür relevant?**

- Helligkeit
- Umfang der Anschlüsse
- Energieeffizienzklasse
- Verstellbarkeit von Höhe und Neigung
- Preis

**5. Nennen Sie fünf Kriterien der Lieferantenbewertung.**

- Produktqualität
- Lieferkompetenz
- Preis
- Risiko
- Zuverlässigkeit

**6. Ermitteln Sie über eine Nutzwertanalyse das geeignetste Notebook.**

**Zur Auswahl stehen die Modelle Alpha (α), Beta (β), Gamma (γ) und Delta (δ).**

**Gewichtung der Kriterien:**
**Ausstattung: 25 %**
**Akkulaufzeit: 5 %**
**Display: 20 %**
**Leistung: 15 %**
**Handhabung: 20 %**
**Preiseinschätzung: 15 %**

**Bewertung ungewichtet:**
**Punkteskala von 1 (mangelhaft) bis 5 (sehr gut)**

| | α | β | γ | δ |
|---|---|---|---|---|
| Ausstattung | 3 | 4 | 2 | 1 |
| Akkulaufzeit | 2 | 1 | 2 | 2 |
| Display | 4 | 2 | 3 | 4 |
| Leistung | 3 | 4 | 5 | 3 |
| Handhabung | 5 | 3 | 3 | 5 |
| Preiseinschätzung | 3 | 2 | 2 | 2 |

Bewertung gewichtet =
= Bewertung ungewichtet · Gewichtung

| | α | β | γ | δ |
|---|---|---|---|---|
| Ausstattung | 0,75 | 1,0 | 0,5 | 0,25 |
| Akkulaufzeit | 0,1 | 0,05 | 0,1 | 0,1 |
| Display | 0,8 | 0,4 | 0,6 | 0,8 |
| Leistung | 0,45 | 0,6 | 0,75 | 0,45 |
| Handhabung | 1,0 | 0,6 | 0,6 | 1,0 |
| Preiseinschätzung | 0,45 | 0,3 | 0,3 | 0,3 |
| SUMME | 3,55 | 2,95 | 2,85 | 2,90 |

Das Notebook Alpha hat mit 3,55 die höchste Punktzahl und ist damit bei dieser Gewichtung das geeignetste.

**7. Das Kriterium „Gewicht des Notebooks" soll für eine Nutzwertanalyse skaliert werden:**

**Das Notebook soll möglichst leicht sein.**

**5 Punkte sehr gut,**
**1 Punkt mangelhaft.**

**Wie gehen Sie vor?**

1. Das kleinste (minimale) und das größte (maximale) Gewicht der zur Auswahl stehenden Notebooks erfassen, z. B.:

   $min_{Gewicht} = 1{,}0$ kg

   $max_{Gewicht} = 1{,}8$ kg
2. Differenz von $max_{Gewicht}$ und $min_{Gewicht}$ bilden und durch die (maximale Punktzahl – 1) dividieren, im Beispiel:

   $$\frac{1{,}8\text{ kg} - 1{,}0\text{ kg}}{4} = 0{,}2$$
3. (nächste Seite)

3. Bewertungsmaßstab festlegen:

| Punkte | Grenzwert$_{Gewicht}$ |
|---|---|
| 5 | 1,0 kg |
| 4 | 1,2 kg |
| 3 | 1,4 kg |
| 2 | 1,6 kg |
| 1 | 1,8 kg |

**8. Die Bewertung der Alternativen in einer Nutzwertanalyse können auf einer**
**a) Nominalskala**
**b) Ordinalskala**
**c) Kardinalskala**
**erfolgen.**

**Vergleichen Sie die drei Möglichkeiten.**

Bei der **Nominalskala** kann nur festgestellt werden, ob ein Kriterium zutrifft oder nicht. Innerhalb der Nutzwertanalyse ist die Nominalskala **nur zur Erfassung von K.-o.-Kriterien anwendbar**.
**Beispiel:** USB-Typ-C Anschluss vorhanden oder nicht

Mit der **Ordinalskala** kann nur eine **Rangliste** der Merkmalsausprägungen abgebildet werden. Die Differenz der Bewertung zwischen zwei Rängen wird dabei nicht erfasst.
**Beispiel:** Bewertungskriterium Gewicht eines Notebooks

1. Notebook Alpha 1,1 kg
2. Notebook Beta 1,2 kg
3. Notebook Gamma 2,0 kg

Für die **Nutzwertanalyse** ist eine **Kardinalskala** am besten geeignet. Auf dieser metrischen Skala können Mess- oder Zählergebnisse abgebildet und verglichen werden. Die Differenz der Bewertungen wird mittels Punktevergabe quantitativ erfasst.

**9. Was unterscheidet die Nutzwertanalyse von der Kosten-Nutzen-Analyse?**

Die rein monetäre Bewertung in der Kosten-Nutzen-Analyse wird um individuelle und persönliche Aspekte erweitert.

**10. Nennen Sie Begründungen für die Auswahl einer HDD oder SSD jeweils anhand eines Anwendungsbeispiels.**

- Eine SSD hat zahlreiche Vorteile gegenüber einer HDD (vgl. Aufgabe 40 weiter oben in B1). Der schnellere Datenzugriff ist ein klarer Vorteil, da hier kein Schreib-Lese-Kopf eine bestimmte Stelle erreichen muss, um die Daten zu lesen/schreiben. Für einen schnellen Systemstart oder den schnelleren Betrieb eines Betriebssystems ist also eine SSD zu wählen.
- Andererseits ist eine Sicherung/ein Backup von großen Daten eindeutig eine Stärke von HDD. Denn die HDD verfügt über mehr Speicherkapazität und ist im Vergleich preisgünstiger.

**11. Treffen Sie eine begründete Entscheidung, ob ein Desktop-PC oder ein Notebook für einen Arbeitsplatz ausgesucht werden soll.**

Für längere Bürotätigkeiten in einer festen Umgebung ist aufgrund der positiven ergonomischen Eigenschaften ein Desktop-PC zu bevorzugen. So können Bildschirm und Eingabegeräte flexibel und individuell eingestellt werden.

Beim Notebook hingegen sind Bildschirm und Tastatur nicht voneinander getrennt. Außerdem sind Tastengröße und Handhabung des Touchpads nicht optimal, sodass längeres Arbeiten zu gesundheitlichen Beschwerden wie Schmerzen oder Verspannungen im Rücken- und Nackenbereich führen kann.

Sollte das Arbeitsgerät mobil eingesetzt werden, z. B. Büro, Messlabor, Werkstatt etc., dann ist ein Notebook geeignet. Die Ergonomie spielt in diesem Szenario eine untergeordnete Rolle, da sich die Fachkraft durch wechselnde Arbeitsorte automatisch bewegt und dadurch weniger Körperbeschwerden resultieren. Außerdem kann man zusätzlich eine Tastatur und einen größeren Monitor sowie eine Maus im Büro installieren, sodass die Fachkraft dort auf dem Notebook arbeitet, aber über dieselben Peripheriegeräte verfügt wie bei einem Desktop-PC.

**12. Welchen Nutzen hat eine Docking-Station, wenn man sich für einen Notebook als Arbeitsplatz entscheidet?**

Für Bürotätigkeiten werden inzwischen oft Notebooks eingesetzt. Das Problem der schwächeren Ergonomie wird durch den Einsatz einer Docking-Station gelöst. Auf dem Markt existieren viele kompakte und leistungsstarke Modelle, die auch produkt- und herstellerunabhängig sind. Die Docking-Station wird durch ein USB-C-Kabel mit dem Notebook verbunden und sämtliche Peripherie (zwei Bildschirme in 4k, Maus, Tastatur, Ethernet, Lautsprecher...) über eine Schnittstelle verbunden. Dies erspart zum einen die Zeit, die für das Ein- und Ausstecken benötigt wird, zum anderen würde ein ständiges Ein- und Ausstecken zur Lockerung und Schädigung der Anschlüsse führen.

Ein weiterer Grund ist die Erweiterung von Anschlüssen. So können insbesondere „Ultrabooks", die aufgrund ihrer flachen Bauweise sehr wenige Anschlüsse haben, mit zahlreichen Anschlüssen erweitert werden (z. B. fehlende RJ45-Buchse, VGA-Anschluss, Display-Port etc.).

Weitere nützliche Verwaltungsfunktionen, wie PXE-Boot oder „Wake-on-Lan" rechtfertigen den Kauf und Einsatz solcher Geräte im Unternehmen.

**13. Erläutern Sie den Nutzen von Desktop-Virtualisierungen im Vergleich zu physischen Desktops.**

Die Desktop-Virtualisierung kann entweder lokal auf den jeweiligen Maschinen oder via Remote auf einem Server realisiert werden.

Die Vorteile der Remote-Desktop-Virtualisierung sind:

- **Einsparung von Ressourcen:** Da die Operationen auf einem Server verarbeitet werden, können rechenintensive Hardwarekomponenten zentral angeschafft und benutzt werden. Dadurch können günstigere Endgeräte verwendet werden.
- **Sicherheit:** Da die Daten zentral und individuell auf dem Server gespeichert sind, gibt es bei Verlust oder Diebstahl von Endgeräten keine Probleme bezüglich der Datensicherheit. Außerdem können die

Berechtigungen von ausscheidenden Mitarbeitern zentral gesteuert werden.

- **Verwaltungsaufwand:** Die Bereitstellung der Desktops kann zentral erfolgen, ohne einzelne Endgeräte zu installieren und zu warten. Auch für Mitarbeiterinnen und Mitarbeiter ist ein flexibles Verwenden mehrere Endgeräte mit gleichen persönlichen Einstellungen möglich.

**14. Nennen Sie vier wichtige Schnittstellen, die für ein mobiles Gerät benutzt werden.**

- **WLAN** (Standards beachten – mindestens ac-Standard): für die Kommunikation im Internet
- **Bluetooth** (Standards beachten – Bluetooth 5.2): für die Kommunikation mit Geräten in der Umgebung
- **NFC** (Near Field Communication): u. a. für die Kommunikation mit Chipkarten oder Tags sowie deren Programmierung
- **SIM** (wünschenswert auch mit eSIM): für die Verwendung von LTE- oder 5G-Netzen

**15. Erläutern Sie beispielhaft, in welchen Fällen Laser- bzw. Tintenstrahldrucker angeschafft werden sollten.**

Für das Drucken vieler s/w-Seiten im Büro ist ein Laserdrucker besser geeignet, denn dieser ist einerseits schneller und der Preis pro gedruckter Seite ist günstiger. Der Anschaffungspreis eines Laserdruckers ist hingegen höher.

Im privaten Umfeld eignet sich der Tintenstrahldrucker für farbige Ausdrucke, z. B. auf Fotopapier. Allerdings ist darauf zu achten, dass die Patrone hin und wieder verwendet wird, damit die Tinte an den Druckköpfen nicht trocknet. Die Anschaffungskosten für einen solchen Drucker sind geringer, allerdings sind die Kosten für die Originalpatronen hoch.

## B.3 Energieeffizienz

**1. Nennen Sie fünf Energieeffizienz--Kennzeichnungen**

- Blauer Engel
- Energy Star
- Gütesiegel TCO Certified
- EU Energielabel
- EU-Ecolabel

**2. Beantworten Sie folgende Fragen zum EU-Ecolabel:**

**a) An wen oder was erfolgt die Vergabe?**
**b) Wer ist der Zeicheninhaber?**
**c) Welche zuständigen Stellen gibt es in Deutschland?**
**d) Wer kann das Label beantragen?**

a) Die Vergabe erfolgt an Produkte und Dienstleistungen mit geringerer Umweltauswirkung als vergleichbare.

b) Zeicheninhaber ist die Europäische Kommission.

c) Zuständige Stellen in Deutschland sind das Umweltbundesamt und die RAL gGmbH.

d) Das Label kann von Herstellern und Importeuren sowie von Dienstleistern und Händlern beantragt werden.

**3. Für welche IT-Produkttypen gibt es EU-Kriterien zur möglichen Vergabe des EU-Ecolabels?**

EU-Kriterien für eine umweltorientierte öffentliche Beschaffung (EU GPP) gibt es für die Produkttypen Computer (PCs und Notebooks) und Monitore.

GPP: **G**reen **P**ublic **P**rocurement (Grüne Beschaffung)

**4. Nennen Sie fünf EU-Kriterien für die umweltorientierte öffentliche Beschaffung von IT-Geräten.**

- Energieverbrauch
- Lebensdauer
- Geräuschemissionen
- Wiederverwertbarkeit
- Verwendung von Stoffen bestimmter Gefahrenklassen (krebserzeugend, erbgutverändernd, fortpflanzungsgefährdend)

**5. Berechnen Sie**
**a) die verrichtete elektrische Arbeit in kWh und**
**b) die anfallenden Betriebskosten in € für einen Arbeitsplatz-PC in einem Monat:**

**An Arbeitstagen befindet sich der PC 7 h im Betriebsmodus, 3 h im Standby-Modus, 11 h im Sleep-Modus und ist 3 h ganz ausgeschaltet.**

**An Wochenenden und Feiertagen befindet sich der PC 20 h im Sleep-Modus und ist 4 h ganz ausgeschaltet.**

**Rechnen Sie für einen Monat mit:**
**20 Arbeitstagen**
**11 Wochenend-/Feiertagen**

**Verbrauch im**

- **Betriebsmodus: 52,8 W**
- **Standby-Modus 1,6 W**
- **Sleep-Modus: 2,7 W**

**Energiepreis:**
**0,32 €/kWh**

a) **Elektrische Arbeit:**
W: Elektrische Arbeit,
P: Elektrische Leistung, t: Zeit

$W = P \cdot t$

$W = P_{Betrieb} \cdot t_{Betrieb} + P_{Standby} \cdot t_{Standby} + P_{Sleep} \cdot t_{Sleep}$

$W = 52{,}8\ W \cdot 140\ h + 1{,}6\ W \cdot 60\ h + 2{,}7\ W \cdot 440\ h$

$W = 7392\ Wh + 96\ Wh + 1188\ Wh$

$\underline{W = 8{,}676\ kWh}$

b) **Betriebskosten:**
K Kosten, k Tarifpreis, W Elektrische Arbeit

$K = k \cdot W$

$K = 0{,}32\ €/kWh \cdot 8{,}676\ kWh$

$\underline{K = 2{,}78\ €}$

**6. Was können Sie tun, um den Energieverbrauch von PCs/Laptops zu senken?**

**Nennen Sie fünf Maßnahmen.**

- Beim Kauf auf das Energieeffizienz-Label achten.
- Bei Nichtgebrauch PC/Laptop vom Stromnetz trennen.
- Energiesparfunktionen des PCs/Laptops nutzen.
- Statt eines Neukaufs kann man die Leistung durch gezielten Austausch von Bauelementen erhöhen. Die Herstellung eines PCs mit Monitor verbraucht rund 2800 kWh Energie.
- Bei Neukauf sollte man Komponenten wie Prozessor, Grafikkarte, Bildschirm und Netzteil nicht überdimensionieren.
- SSD-Festplatten statt HDD-Festplatten einsetzen.

**7. Nennen Sie jeweils ein Beispiel für die Umsetzung der im Bild dargestellten Aspekte von Green IT bei der Einrichtung eines IT-Arbeitsplatzes.**

Symbole von links nach rechts:

**Nachhaltigkeit:** Bei der Auswahl der IT-Systeme auch Reused-Produkte auf Eignung prüfen und bei Neuanschaffung auf Reparaturmöglichkeiten achten.

**Recycling:** Mit zertifizierten Entsorgungsfachbetrieben, die sich auf Recycling und Wiederaufbereitung spezialisiert haben, zusammenarbeiten.

**$CO_2$-Emission:** Möglichst lange Nutzung der Hardware durch Investition in Wartung und Diagnose. Module tauschen und nicht komplett neu kaufen, denn bei IT-Geräten entfallen 60 % der $CO_2$-Emission auf Herstellung und Transport und nur 40 % auf die Nutzung.

**Haltbarkeit:** Zertifizierte IT-Produkte (TCO Certified) nutzen.

**Ausdrucke:** Vollständige Umstellung auf digitale Unterlagen mit dafür geeigneter Software.

**Energieverbrauch:** Die Leistungsfähigkeit der IT-Geräte am tatsächlichen Bedarf ausrichten.

**8. Welche Funktion hat eine Wärmeleitpaste für die Energieeffizienz einer CPU?**

Bei der Verbindung eines Kühlkörpers mit einem Prozessor würden viele mikroskopisch kleine Luftlöcher entstehen. Diese führen Wärme ungenügend ab und verschlechtern dadurch die Energieeffizienz eines Prozessors. Deshalb wird eine Wärmeleitpaste verwendet, um diese Bereiche zu füllen und damit die Wärme besser abzuleiten.

**9. Welche Arten der Kühlung gibt es? Gehen Sie auf die Formen ein.**

Eine Kühlung kann aktiv oder passiv sein. Aktiv bedeutet, dass z. B. ein Lüfter oder, bei Wasserkühlung, eine Pumpe verwendet wird. Diese führen die Wärme in die Umgebung ab.

Eine passive Kühlung besteht in der Regel aus einem Kühlkörper mit mehreren Kühlrippen. Kühlrippen deshalb, weil die Fläche dadurch größer ist. Dabei spielt die Größe des Kühlkörpers eine wichtige Rolle: Je größer, desto besser. Dadurch kann die Temperatur besser abgeleitet werden.

**10. Welchen negativen Einfluss haben Taktfrequenzen eines Prozessors, die größer als 4 GHz sind?**

Je höhere die Taktfrequenz eines Prozessors, desto höher der Stromverbrauch bzw. die CPU-Leistungsaufnahme. Dabei wird die verwendete Energie in Wärme umgewandelt (Verlustleistung), die wiederum abgeführt werden muss. Eine Alternative zur den o. g. Kriterien ist die Verwendung eines größeren und schnelleren CPU-Caches sowie ein schnelleres Mainboard.

**11. Welche negativen Aspekte haben Übertaktungsverfahren wie z. B. „Turbo Boost" oder „Turbo Core"?**

Bei Übertaktung entstehen Verlustleistungen, die zu einer schlechteren Energieeffizienz führen. Die Betriebsspannung muss erhöht werden und dies führt zu höheren Stromkosten. Weitere negative Resultate könnten eine kürzere Lebensdauer sein, instabile Systemführung oder – im schlimmsten Fall – die Schädigung der Hardware. Deshalb übernehmen die Hersteller keine Garantie, wenn die Übertaktung in einem Bereich außerhalb der angegebenen technischen Daten bzw. Spezifikationen liegt.

**12. Welche positive Entwicklung ist bei den DDR-SDRAM-Standards in Bezug auf die Energieeffizienz erkennbar?**

Die angegebene Betriebsspannung sinkt bei höheren DDR-Standards, z. B. DDR5 nur noch 1,1 V im Vergleich zu DDR1 mit 2,5 V. Auch die Strukturbreite wird bei steigenden DDR-Standards geringer. Die Angaben variieren natürlich je nach Speichernutzung.

**13. Warum ist bei der Auswahl von Notebooks, Smartphones o. ä. ein neuerer Bluetooth-Standard (BT) vorteilhaft?**

Am Beispiel von Bluetooth 5 (im Vergleich zu den 4er-Versionen) können größere Reichweiten im BLE-Bereich (BT-Low-Energy) erzielt werden. Prinzipiell ist dies auch bei den älteren Standards möglich, allerdings müssen die Sendeleistungen erhöht werden. Die Folge wären größere Akkus, die bei Geräten und Sensoren (klein, günstig und sparsam) unerwünscht sind. Aus diesem Grund liegt bei neueren Bluetooth-Standards die Fokussierung auf einem niedrigen Stromverbrauch bei IoT (Internet-of-Things). Die Datenmengen werden nur in bestimmten Zeitabständen übertragen, in den Zwischenzeiten schaltet sich das Modul ab.

**14. Bei der Auswahl von Netzteilen stehen bei verschiedenen Modellen neben einer „80-Plus"-Angabe auch Begriffe wie „Titanium", „Platinum", „Gold", „Silber" oder „Bronze". Bewerten Sie diese Begriffe.**

Das Thema Energieeffizienz soll eine größere Rolle in der IT spielen. Deshalb gibt es Klassifizierungen, die den Wirkungsgrad eines Netzteils garantieren. Je effizienter ein Netzteil ist, desto wirkungsvoller wandelt es den Strom um und es entstehen nur kleinere Verlustleistungen.

Die Reihenfolge ist Bronze, Silber, Gold, Platinum und Titanium. Dabei gilt: Je höher, desto effizienter wird die Energie umgewandelt:

- Bronze (mindestens 82 %, bis zu 92 %)
- Silber (mindestens 85 %)
- Gold (mindestens 87 %)
- Platinum (mindestens 89 %)
- Titanium (mindestens 90 %, bis zu 94,9 %).

Diese Werte können u. a. mithilfe einer intelligenten Steuerung erreicht werden, die einen Standby-Betrieb erkennt und das Netzteil entsprechend unter 0,1 W betreibt.

Bei der Wahl des Netzteils sollte auch auf eine optimale Kühlung sowie auf die Dimensionierung geachtet werden. Das Netzteil sollte zwischen 70 % und 90 % mit der maximalen Last betrieben werden.

Hinweis: Auch wenn eine „80-Plus"-Angabe fehlt, könnte das Netzteil hohe Wirkungsgrade erreichen.

**15. Welche energietechnischen Vorteile bietet der USB-C-Standard gegenüber dem USB-2.0-Standard?**

Über einen USB-C-Standard können Peripheriegeräte angeschlossen werden, z. B. ein tragbarer Monitor für mobile Arbeitsplätze. Der Monitor verwendet für die Übertragung der Videosignale und Energieversorgung nur ein USB-C-Kabel, der die nötigen Ströme von 3 A liefern kann. Der USB-2.0-Standard liefert maximal 500 mA (kurzzeitige Belastungen der Ports sind möglich, z. B. aufgrund der Anlaufströme von Festplatten). Die Arbeitsumgebung ist in diesem Fall flexibel und benötigt weniger Kabel(-arten).

## B.4 Angebotsvergleich und Lieferantenbestimmung

1. **Bringen Sie zu die Prozessschritte bis zur Auftragsvergabe in die richtige Reihenfolge:**
   **A) Vertragsabschluss**
   **B) Angebote vergleichen und bewerten**
   **C) Angebote einholen**
   **D) Verhandlungsphase**

   C → B → D → A

2. **Ordnen Sie den Prozessschritten**
   **[1] Vertragsabschluss,**
   **[2] Angebote vergleichen und bewerten,**
   **[3] Angebot einholen und**
   **[4] Verhandlungsphase**

   **die jeweiligen Mittel bzw. Maßnahmen zu:**

   **A) Klärung offener und rechtlicher Fragen**
   **B) quantitativer Vergleich von Preisen und Konditionen**
   **C) Lieferantengewinnung über Recherchen, Hersteller, Großhandel und Onlineplattformen**
   **D) Werk-, Dienst- oder Kaufvertrag**
   **E) Erfüllungsmatrix prüfen**
   **F) Zusatzkonditionen vereinbaren**
   **G) ABC-Analyse**
   **H) qualitativer Vergleich nicht quantitativ bewertbarer Kriterien**
   **I) schriftliche Anfrage von Stammlieferanten**
   **J) finales Angebot**
   **K) Soll-Ist-Vergleich**
   **L) E-Procurement**

   1 → D
   2 → B, E, G, H, K
   3 → C, I, L
   4 → A, F, J

**3. Sie sollen eine neue Software für die Beschaffungsabteilung zur Ressourcenplanung ERP (Enterprise-Resource-Planning) bestellen. Ihr Ausbilder hat Ihnen dazu eine Erfüllungsmatrix in EXCEL zur Verfügung gestellt.**

**a) Wie würden Sie diese vervollständigen und welchen Anbieter wählen Sie?**

| **Erfüllungsmatrix** | **M (Muss) K (Kann)** | **Gewicht** | **Anbieter 1** | | **Anbieter 2** | |
|---|---|---|---|---|---|---|
| Liefergegenstand | | | erfüllt | Punkte | erfüllt | Punkte |
| ERP-Lizenzen (Basis, 4 Voll-User, 10 Teil-User) | M | 5 | x | | x | |
| User Manual | M | 3 | x | | x | |
| Erstellung Pflichtenheft anhand eines Demo-Systems | K | 1 | | | x | |
| Go-Live Support vor Ort für eine Woche | M | 5 | x | | x | |
| Installationsdokumentation | M | 2 | x | | x | |
| System unterstützt Datenvolumen und Datenwachstum | M | 4 | x | | x | |
| ERGEBNIS | | | | | | |

Lösung zu a)

| **Erfüllungsmatrix** | **M (Muss) K (Kann)** | **Gewicht** | **Anbieter 1** | | **Anbieter 2** | |
|---|---|---|---|---|---|---|
| Liefergegenstand | | | erfüllt | Punkte | erfüllt | Punkte |
| ERP-Lizenzen (Basis, 4 Voll-User, 10 Teil-User) | M | 5 | x | **5** | x | **5** |
| User Manual | M | 3 | x | **3** | x | **3** |
| Erstellung Pflichtenheft anhand eines Demo-Systems | K | 1 | | **0** | x | **1** |
| Go-Live Support vor Ort für eine Woche | M | 5 | x | **5** | x | **5** |
| Installationsdokumentation | M | 2 | x | **2** | x | **2** |
| System unterstützt Datenvolumen und Datenwachstum | M | 4 | x | **4** | x | **4** |
| ERGEBNIS | | | | **19** | | **20** |

**b) Begründen Sie Ihre Auswahlentscheidung.**

**4. Für die Beschaffung von 10 Computerbildschirmen gibt es die folgenden Vorgaben.**
- **Größe: 19 Zoll**
- **Bildwiederholfrequenz: 60 Hertz**
- **Auflösung: 1280x720 (HD Ready)**
- **Preis: 150 €**

**Im Internet haben Sie zwei Anbieter recherchiert:**
**(1) Mitashi: 19 Zoll, 60 Hertz, 720x576 (SD), 149,99 Euro**
**(2) Mitoshi: 23 Zoll, 120 Hertz, 1920x1080 (Full HD), 199,99 Euro**

**a) Führen Sie mithilfe der folgenden Tabelle einen Soll-Ist-Vergleich durch.**

| Vorgaben | | Anbieter (1) | | Anbieter (2) | |
|---|---|---|---|---|---|
| | Soll | Ist | Abweichung in % | Ist | Abweichung in % |
| Größe | | | | | |
| Frequenz | | | | | |
| Auflösung | | | | | |
| Preis | | | | | |
| Ergebnis | | | | | |

**b) Entscheiden Sie sich für einen Anbieter und begründen Sie Ihre Entscheidung.**

b) Aus der Erfüllungsmatrix ergibt sich, dass beide Anbieter die geforderten Anforderungen erfüllen. Da Anbieter 1 die Wunschanforderung nicht erfüllt, fällt die Entscheidung für Anbieter 2 aus.

| Vorgaben | | Anbieter (1) | | Anbieter (2) | |
|---|---|---|---|---|---|
| | Soll | Ist | Abweichung in % | Ist | Abweichung in % |
| Größe | 19 Zoll | 19 Zoll | 0 % | 23 | + 21 % |
| Frequenz | 60 Hz | 60 Hz | 0 % | 120 Hz | + 100 % |
| Auflösung | 1280x 720 (HD Ready) | 720x 576 (SD) | – 55 % | 1920x 1080 (Full HD) | + 125 % |
| Preis | 150 € | 149,99 € | – 0,01 % | 199,99 € | + 33 % |
| Ergebnis | | | – 55 % | | + 275 % |

b) Der Soll-Ist-Vergleich ermöglicht lediglich eine Abweichungsanalyse. Wenn die Vorgaben als Mindestvorgaben verstanden werden, sollte das Angebot von Anbieter (2) gewählt werden, auch wenn es viel stärker von den Vorgaben abweicht als das Angebot von Anbieter (1).

 

**5. Es stehen drei Notebook-Lieferanten zur Auswahl:**

- **Cool PC: 550 €, Versandkosten 30 €, 8 % Rabatt, 2 % Skonto, zzgl. 19 % USt.**
- **Hot PC: 530 €, Bringservice 20 €, 9 % Rabatt, 3 % Skonto, zzgl. 19 % USt.**
- **Spice PC 540 €, Frachtpauschale 40 €, 7 % Rabatt, zzgl. 19 % USt.**

**Führen Sie mithilfe folgender Tabelle einen quantitativen Angebotsvergleich durch.**

| | Cool PC | | Hot PC | | Spice PC | |
|---|---|---|---|---|---|---|
| Kalkulation | Eingabe in %/€ | Ausgabe in € | Eingabe in %/€ | Ausgabe in € | Eingabe in %/€ | Ausgabe in € |
| Listeneinkaufspreis | 550 | 550 | … | … | | |
| – Lieferantenrabatt | 8 | 44 | | | | |
| = Zieleinkaufspreis | … | | | | | |
| – Lieferantenskonto | | | | | | |
| = Bareinkaufspreis | | | | | | |
| + Bezugskosten | | | | | | |
| = Bezugspreis | | | | | | |

| | Cool PC | | Hot PC | | Spice PC | |
|---|---|---|---|---|---|---|
| Kalkulation | Eingabe in %/€ | Ausgabe in € | Eingabe in %/€ | Ausgabe in € | Eingabe in %/€ | Ausgabe in € |
| Listeneinkaufspreis | 550 | 550 | 530 | 530 | 540 | 540 |
| – Lieferantenrabatt | 8 | 44 | 9 | 47,70 | 7 | 37,8 |
| = Zieleinkaufspreis | | 506 | | 482,30 | | 502,2 |
| – Lieferantenskonto | 2 | 10,12 | 3 | 14,47 | 0 | 0 |
| = Bareinkaufspreis | | 495,88 | | 467,83 | | 502,20 |
| + Bezugskosten | 30 | 30 | 20 | 20 | 40 | 40 |
| = Bezugspreis | | 525,88 | | 487,83 | | 542,20 |

6. **Sie sollen die Notebooks aus Aufgabe 5 nun nach ihrem Nutzwert vergleichen (Nutzwertanalyse/qualitativer Angebotsvergleich).**

   **Der Preis soll mit 30 Prozent, die Qualität mit 40 Prozent, der Service mit 10 Prozent und die bisherige Zusammenarbeit mit 20 Prozent gewichtet werden.**

   **Nach dem Test vergeben Sie folgende Schulnoten:**

   **Cool PC: Preis 2, Qualität 1, Service 3, Zusammenarbeit 4**

   **Hot PC: Preis 1, Qualität 4, Service 2, Zusammenarbeit 2**

   **Spice PC: Preis 3, Qualität 2, Service 1, Zusammenarbeit 1**

   a) **Führen Sie nun mithilfe folgender Tabelle einen qualitativen Angebotsvergleich durch.**

| | Cool PC | | Hot PC | | Spice PC | |
|---|---|---|---|---|---|---|
| Kriterium | Note | Gewichtung | Note | Gewichtung | Note | Gewichtung |
| Preis 30 % | | | | | | |
| Qualität 40 % | | | | | | |
| Service 10 % | | | | | | |
| Zusammenarbeit 20 % | | | | | | |
| SUMME/ Gewichteter Notenschnitt | | | | | | |

   b) **Begründen Sie Ihre Entscheidung.**

a)

| | Cool PC | | Hot PC | | Spice PC | |
|---|---|---|---|---|---|---|
| Kriterium | Note | Gewichtung | Note | Gewichtung | Note | Gewichtung |
| Preis 30 % | 2 | 0,6 | 1 | 0,3 | 3 | 0,9 |
| Qualität 40 % | 1 | 0,4 | 4 | 1,6 | 2 | 0,8 |
| Service 10 % | 3 | 0,3 | 2 | 0,2 | 1 | 0,1 |
| Zusammenarbeit 20 % | 4 | 0,8 | 2 | 0,4 | 1 | 0,2 |
| SUMME/ Gewichteter Notenschnitt | 10 | 2,1 | 9 | 2,5 | 7 | 2,0 |

b) Die Wahl fällt auf das Notebook von Spice PC, das zwar am teuersten ist, aber den Preisnachteil durch hohen Nutzen in der Qualität und überlegenen Nutzen im Service und in der bisherigen Zusammenarbeit kompensiert. Diese subjektive Entscheidung ist der individuellen Nutzenpräferenz des Käufers geschuldet, die sich in den Gewichtungen widerspiegelt.

7. **Erweitern Sie die Nutzwertanalyse um weitere quantitative und qualitative Entscheidungskriterien.**

**quantitative Kriterien:** Rabatt, Skonto, Bezugskosten, Verpackungskosten, Transportkosten

**qualitative Kriterien:** Zufriedenheit, Kulanz, Gewährleistungsbedingungen, Umgang mit Reklamationen

**8. Ist es besser, einen günstigen Desktop-Laserdrucker oder einen teuren Profistanddrucker zu kaufen?**

**a) Berechnen Sie die Druckkosten je Blatt Papier, wenn 20.000 Farb-Ausdrucke gemacht werden sollen.**

**Fastprint (günstiger Desktoplaserdrucker)**

| Verbrauchsmaterial | Erstausstattung | Folgekapazität | Preis in € | Wechsel | Materialkosten in € |
|---|---|---|---|---|---|
| Toner Farbe 1 | 700 | 1.500 | 39,49 | | |
| Toner Farbe 2 | 500 | 1.000 | 39,49 | | |
| Toner Farbe 3 | 500 | 1.000 | 39,49 | | |
| Toner Farbe 4 | 500 | 1.000 | 39,49 | | |
| Fototrommel | 8.000 | 8.000 | 88,84 | | |
| Restbehälter | 4.000 | 4.000 | 9,29 | | |
| Drucker | Desktop-Laserdrucker Fastprint | | 151,00 | | |
| Summe | | | | | |

**Bigprint (teurer Profistandarddrucker)**

| Verbrauchsmaterial | Erstausstattung | Folgekapazität | Preis in € | Wechsel | Materialkosten in € |
|---|---|---|---|---|---|
| Toner Farbe 1 | 0 | 20.000 | 42,04 | | |
| Toner Farbe 2 | 20.000 | 20.000 | 139,53 | | |
| Toner Farbe 3 | 20.000 | 20.000 | 139,53 | | |
| Toner Farbe 4 | 20.000 | 20.000 | 139,53 | | |
| Fototrommel | 40.000 | 20.000 | 59,00 | | |
| Restbehälter | 20.000 | 20.000 | 10,75 | | |
| Drucker | Stand-Laserdrucker Big Print | | 2.343,00 | | |
| Summe | Seitenpreis | | | | |

a)

**Fastprint (günstiger Desktoplaserdrucker)**

| Verbrauchsmaterial | Erstausstattung | Folgekapazität | Preis in € | Wechsel | Materialkosten in € |
|---|---|---|---|---|---|
| Toner Farbe 1 | 700 | 1.500 | 39,49 | 13 | 513,37 |
| Toner Farbe 2 | 500 | 1.000 | 39,49 | 20 | 789,80 |
| Toner Farbe 3 | 500 | 1.000 | 39,49 | 20 | 789,80 |
| Toner Farbe 4 | 500 | 1.000 | 39,49 | 20 | 789,80 |
| Fototrommel | 8.000 | 8.000 | 88,84 | 2 | 177,68 |
| Restbehälter | 4.000 | 4.000 | 9,29 | 4 | 37,16 |
| Drucker | Desktop-Laserdrucker Fastprint | | 151,00 | 0 | 151,00 |
| Summe | Seitenpreis = 3.248,61 Euro / 20.000 Blatt = = 16 Cent pro Blatt | | | | 3.248,61 |

**Bigprint (teurer Profistandarddrucker)**

| Verbrauchsmaterial | Erstausstattung | Folgekapazität | Preis in € | Wechsel | Materialkosten in € |
|---|---|---|---|---|---|
| Toner Farbe 1 | 0 | 20.000 | 42,04 | | 42,04 |
| Toner Farbe 2 | 20.000 | 20.000 | 139,53 | 0 | 0 |
| Toner Farbe 3 | 20.000 | 20.000 | 139,53 | 0 | 0 |
| Toner Farbe 4 | 20.000 | 20.000 | 139,53 | 0 | 0 |
| Fototrommel | 40.000 | 20.000 | 59,00 | 0 | 0 |
| Restbehälter | 20.000 | 20.000 | 10,75 | 0 | 0 |
| Drucker | Stand-Laserdrucker Big Print | | 2.343,00 | 0 | 2.343,00 |
| Summe | Seitenpreis = 2.385,04 Euro / 20.000 Blatt = = 12 Cent pro Blatt | | | | 2.385,04 |

**b) Begründen Sie Ihre Auswahlentscheidung mit eigenen Worten.**

b) Durch die Größeneffekte des Profigeräts fallen die Druckkosten mit steigender Druckseitenanzahl. Die Kaufentscheidung muss daher von der Nutzungsfrequenz abhängig gemacht werden. Bei geringen Druckaufträgen lohnt sich der relativ hohe Anschaffungspreis des Profigeräts nicht. Dann wäre der Desktopdruck zu bevorzugen.

**9. Was ist bei der Auswahl von Lieferanten zu berücksichtigen?**

- Zahl der Lieferanten (einer, mehrere, viele)
- Beschaffungsweg (direkt oder indirekt bzw. Erzeuger oder Händler)
- Herkunft (lokal, regional, national, global)
- Dauer/Intensität der Lieferantenbeziehungen (Stammlieferanten, Neulieferanten)

**10. Wählen Sie einen Lieferanten für neue Computertische anhand der folgenden unfertigen qualitativen Nutzwertanalyse aus. Wie würden Sie die Tabelle vervollständigen? Welcher der beiden Lieferanten kommt infrage?**

| | | Lieferant A | | Lieferant B | |
|---|---|---|---|---|---|
| **Kriterien** | **Gewicht** | **Punkte** | **Wertung** | **Punkte** | **Wertung** |
| Qualität | 30 | 4 | | 5 | |
| Preis | 30 | 5 | | 2 | |
| Termintreue | 15 | 1 | | 3 | |
| Zuverlässigkeit | 15 | 2 | | 3 | |
| Konditionen | 5 | 4 | | 3 | |
| Standort | 5 | 5 | | 4 | |
| **Summe** | | | | | |

| | | Lieferant A | | Lieferant B | |
|---|---|---|---|---|---|
| **Kriterien** | **Gewicht** | **Punkte** | **Wertung** | **Punkte** | **Wertung** |
| Qualität | 30 | 4 | 120 | 5 | 150 |
| Preis | 30 | 5 | 150 | 2 | 60 |
| Termintreue | 15 | 1 | 15 | 3 | 45 |
| Zuverlässigkeit | 15 | 2 | 30 | 3 | 45 |
| Konditionen | 5 | 4 | 20 | 3 | 15 |
| Standort | 5 | 5 | 25 | 4 | 20 |
| **Summe** | | | **360** | | **335** |

Lieferant A entspricht den Kriterien am ehesten. Er soll daher die Computertische liefern.

**11. Erläutern Sie mithilfe dieser Grafik zu einer ABC-Lieferantenanalyse, was A-, B- und C-Lieferanten sind.**

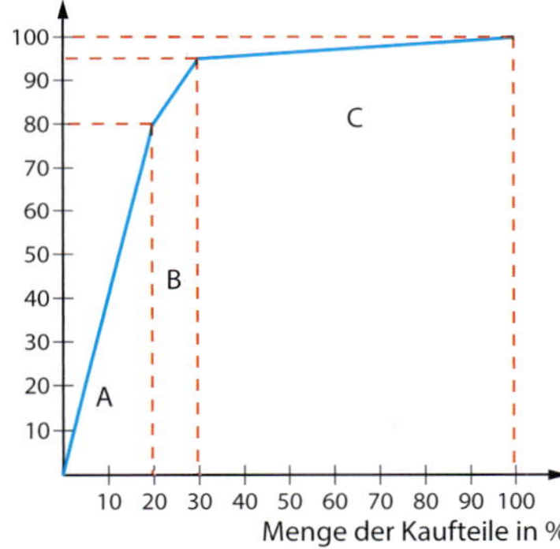


Qualitative Darstellung einer ABC-Analyse

**A-Lieferanten** sind die Lieferanten, die einen hohen Wert-, aber einen geringen Mengenanteil an allen Lieferungen haben, hier 80 % des Lagerwerts, aber nur 20 % der Liefermenge, z. B. Server, PC, Notebooks.

**C-Lieferanten** sind die Lieferanten, die einen hohen Mengen-, aber nur einen geringen Wertanteil an allen Lieferungen haben, hier 70 % der Menge bei nur 5 % des Wertes, z. B. Zubehörteile wie Mousepads etc.

**B-Lieferanten** sind alle Lieferanten, die zwischen den A- und C-Lieferanten stehen, hier 15 % des Wertes bei 10 % der Liefermenge.

**12. Aus der Lagerwirtschaft des IT-Großhandels kommt folgende Darstellung über Verbrauchsschwankungen der einzelnen Artikel.**

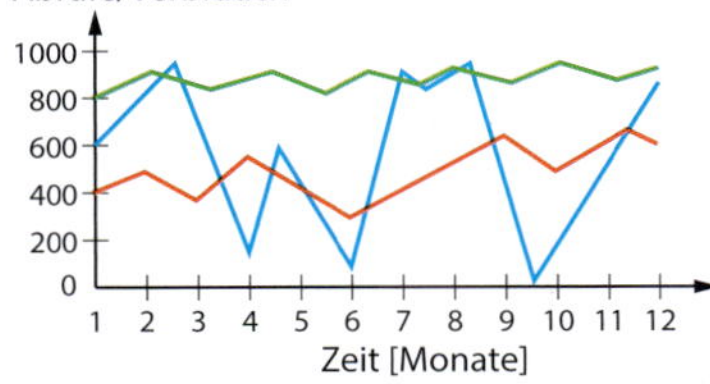


**a) Deuten Sie die Grafik und**

**b) leiten Sie entsprechende Beschaffungsstrategien ab. Ordnen Sie dazu dem [1] roten, dem [2] grünen und dem [3] blauen Artikel folgende Strategien richtig zu:**
**A) Vorratsbeschaffung**
**B) Just-in-time-Lieferung**
**C) verbrauchsgesteuerte Lieferung**

a) Bei der roten Linie handelt es sich um X-Artikel, die relativ geringe Schwankungen im Verbrauch aufweisen und dadurch gut planbar sind.

Bei der grünen Linie handelt es sich um Y-Artikel, die mittlere Schwankungen aufweisen, aber noch relativ gut planbar sind.

Bei der blauen Linie handelt es sich um Z-Artikel, deren Schwankungsbreite absolut unregelmäßig ist und die nur schlecht planbar sind.

b)

[1] (rot) ⟶ B
[2] (grün) ⟶ C
[3] (blau) ⟶ A

**13. Nennen Sie Kriterien zur Bewertung von Lieferanten.**

- Liefertreue, -stabilität, -flexibilität (Termintreue, Zuverlässigkeit, Anpassungsfähigkeit, Qualität)
- Finanzen (Preise, Konditionen, Marktanteil, Bonität)
- Fehlerhäufigkeit (Schwere und Anzahl der Fehler)
- Serviceverhalten (Verhalten bei Reklamationen, Lieferungsverzug, Qualitätsproblemen, Reaktionszeit, Beratungsqualität)

**14. Nennen Sie Bezugsquellen für die Gewinnung von Lieferanten in der IT-Branche.**

- Gewinnung von Neulieferanten auf IT-Messen, in Katalogen, Online-Plattformen (B2B, B2C)
- Analyse der Stammlieferanten durch E-Procurement

# C Sie erstellen auf Basis der ausgewählten Produkte und Lieferanten ein Kundenangebot, schließen den Kaufvertrag ab, organisieren den Beschaffungsprozess und nehmen die bestellten Komponenten in Empfang.

## C.1 Angebotserstellung

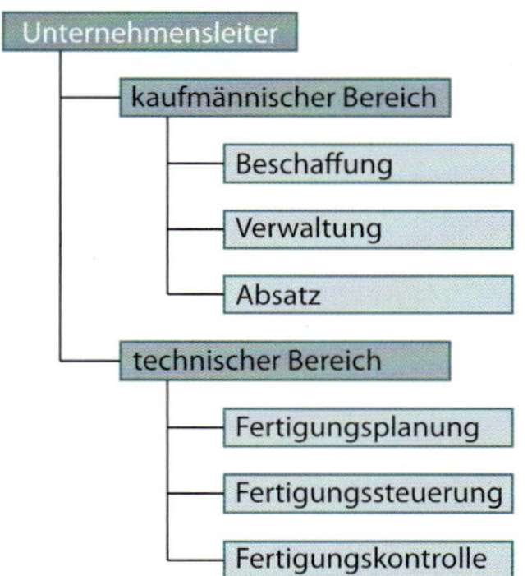


1. **Sie arbeiten in einem IT-Unternehmen mit vorstehender Aufbauorganisation. Ein Kunde hat bei Ihnen die Installation eines IT-Netzwerks in Auftrag gegeben. Erstellen Sie eine sinnvolle Reihenfolge des Geschäftsprozesses und ordnen Sie die Stellen/Instanzen aus dem Organigramm sinnvoll zu.**

   A) Anfrage des Kunden annehmen

   B) Netzwerk konzipieren

   C) Lieferschein erstellen

   D) Zahlungseingang buchen

   E) Auftragsbestätigung geben

   F) Auftrag des Kunden annehmen

   G) Netzwerkbestandteile bei Lieferanten bestellen

   H) Netzwerk beim Kunden installieren

   I) Angebot erstellen

   J) Netzwerk beim Kunden überprüfen

   K) Ausgangsrechnung erstellen

| Buchstabe | Stelle/Instanz |
|---|---|
| A | Absatz |
| I | Absatz |
| F | kaufmännischer Leiter, Unternehmensleiter |
| E | Absatz |
| B | Fertigungsplanung |
| G | Beschaffung |
| C | Beschaffung |
| H | Fertigungssteuerung |
| J | Fertigungskontrolle |
| K | Verwaltung |
| D | Verwaltung |

**2. Vor einer Angebotserstellung müssen die Handlungskosten ermittelt werden.**

**a) Errechnen Sie aus der Einnahme-Überschuss-Rechnung den Gewinn und die Handlungskosten.**

| Einnahme-Überschuss-Rechnung nach § 4 Abs. 3 EStG Elektronik-Haus Schmidt | | |
|---|---|---|
| **Betriebseinnahmen** Umsatzerlöse netto lt. Ausgangsrechnungen Ausgangsrechnung 1–22 | 15.334 € | |
| **Betriebsausgaben** Computer und Zubehör (Wareneinsatz) | 9.857 € | |
| + Raumkosten | 1.479 € | |
| + Werbungskosten | 500 € | |
| + Kraftfahrzeugkosten | 1.222 € | |
| + Porto, Telefon, Büromaterial | 435 € | |
| + Sonstige Betriebsausgaben | 330 € | |
| **Gewinn (Einnahmen-Ausgaben)** | | |

**b) Berechnen Sie aus den Handlungskosten den Handlungskostensatz mithilfe der Formel**

**Handlungskostensatz (HKS) in % =**

$$= \frac{\textbf{Handlungskosten} \cdot \textbf{100}}{\textbf{Wareneinsatz}}$$

**c) Erklären Sie, was der Handlungskostensatz aussagt.**

**d) Kalkulieren Sie mithilfe des Handlungskostensatzes den Verkaufspreis eines Druckers, den Sie für 200 € einkaufen und mit einem Gewinnaufschlag von 10 % verkaufen.**

a)

| Einnahme-Überschuss-Rechnung nach § 4 Abs. 3 EStG Elektronik-Haus Schmidt | | |
|---|---|---|
| **Betriebseinnahmen** Umsatzerlöse netto lt. Ausgangsrechnungen Ausgangsrechnung 1–22 | 15.334 € | 15.334 € |
| **Betriebsausgaben** Computer und Zubehör (Wareneinsatz) | 9.857 € | |
| + Raumkosten | 1.479 € | |
| + Werbungskosten | 500 € | |
| + Kraftfahrzeugkosten | 1.222 € | |
| + Porto, Telefon, Büromaterial | 435 € | |
| + Sonstige Betriebsausgaben | 330 € | 13.823 € |
| **Gewinn (Einnahmen-Ausgaben)** | | 1.511 € |

Handlungskosten sind alle Kosten, die aufgrund von Handelsleistungen entstanden und in den Preis einzukalkulieren sind. Im vorliegenden Fall wäre das die Summe aller Betriebsausgaben abzüglich des Wareneinsatzes = 3.966 €

b) HKS in % $= \frac{3.966\text{ €} \cdot 100}{9.857\text{ €}} = 40{,}24\ \%$

c) Der Handlungskostensatz informiert den Kaufmann, welcher prozentuale Zuschlag auf den Bezugspreis nötig ist, damit alle Kosten gedeckt sind (= Selbstkostenpreis).

d)

| Bezugspreis | 200 € |
|---|---|
| + HKS | 80,48 € |
| = Selbstkosten | 280,48 € |
| + Gewinnaufschlag | 28,05 € |
| = Barpreis | 308,53 € |

**3. Nennen Sie drei Vorschläge, um Kosten eines Unternehmens zu senken.**

- Senkung von Personalkosten durch Restrukturierung der Aufbauorganisation
- Senkung von Personalkosten durch Einführung neuer Produktionsverfahren und -technologien
- Outsourcing von Geschäftsprozessen an kostengünstigere Spezialisten

**4. Bei der Berechnung eines Angebots für eine Netzwerkinstallation wurde mit einem Netto-Stundenverrechnungssatz von 50 € kalkuliert. Dabei wurde folgendes Rechenschema verwendet:**

Stundenlohn im Durchschnitt (netto)
\+ Gemeinkosten
= Selbstkosten
\+ Gewinnzuschlag
= Netto-Stundenverrechnungssatz

**a) Berechnen Sie die Selbstkosten bei einem Gewinnzuschlag von 5 %.**

**b) Erläutern Sie, was der Netto-Stundenverrechnungssatz aussagt.**

**c) Geben Sie mindestens zwei Beispiele für Gemeinkosten an.**

**d) Ermitteln Sie den Rechnungsbetrag für das Angebot, wenn der Listenverkaufspreis für das Fertigungsmaterial 100.000 € beträgt und 600 Arbeitsstunden für die Netzwerkinstallation nötig sind.**

a) 50 €/h – 2,38 €/h = 47,62 €/h
(Netto-Stundenverrechnungssatz – Gewinnzuschlag = Selbstkosten)

b) Der Netto-Stundenverrechnungssatz bildet anteilig alle Betriebskosten ab und preist einen Risiko- bzw. Gewinnzuschlag mit ein.

c) Miete, Strom, Vertrieb, Verwaltung.

d) Rechnungsbetrag =
= Fertigungsmaterial + Fertigungslohn =
= 100.000 € + (600 h · 50 €/h) = 130.000 €

**5. Zur Bestimmung des Stundensatzes müssen im 1. Schritt alle betrieblichen Kosten eines Unternehmens pro Jahr ermittelt werden. Berechnen Sie diese mithilfe nachfolgender Tabelle:**

| Jahreskosten | in € |
|---|---|
| Personalkosten | 40.000 |
| Sozialabgaben (30 %) | |
| Miete- und Mietnebenkosten | 6.000 |
| Büro- und Verwaltungskosten | 2.000 |
| Vertriebskosten | 1.000 |
| Abschreibungen | 2.000 |
| Versicherungen | 500 |
| Fremdleistungen | 20.000 |
| Finanzierungskosten | 20.000 |
| sonstige Ausgaben | 3.000 |
| **Summe** | |

**Berechnen Sie in einem 2. Schritt die fakturierungsfähigen Stunden:**

| Fakturierungsfähige d/h pro Jahr | in d/h |
|---|---|
| Tage im Jahr | |
| – Wochenendtage | |
| – Feiertage | 10 |
| – Urlaubstage | 24 |
| – Ausfalltage durch Krankheit | 3 |
| = Differenz | |
| · Anzahl Arbeitsstunden pro Tag | |
| – Zeitverlust wg. Nichtauslastung (30 %) | |
| **Nettoarbeitsstunden pro MA im Jahr** | |

**Berechnen Sie im 3. Schritt den Bruttostundensatz für einen Mitarbeiter.**

| Stundensatz | in € |
|---|---|
| Jahreskosten | |
| : Nettoarbeitsstunden pro MA im Jahr | |
| = Nettostundensatz | |
| + Gewinnzuschlag von 15 % | |
| = Nettostundensatz inklusive Gewinn | |
| + Skonto von 2 % | |
| = Zielstundensatz netto | |
| + Ust. von 19 % | |
| **Bruttostundensatz** | |

1. Schritt:

| Jahreskosten | in € |
|---|---|
| Personalkosten | 40.000 |
| Sozialabgaben (30 %) | 12.000 |
| Miete- und Mietnebenkosten | 6.000 |
| Büro- und Verwaltungskosten | 2.000 |
| Vertriebskosten | 1.000 |
| Abschreibungen | 2.000 |
| Versicherungen | 500 |
| Fremdleistungen | 20.000 |
| Finanzierungskosten | 20.000 |
| sonstige Ausgaben | 3.000 |
| **Summe** | 106.500 |

2. Schritt:

| Fakturierungsfähige d/h pro Jahr | in d/h |
|---|---|
| Tage im Jahr | 365 |
| – Wochenendtage | 104 |
| – Feiertage | 10 |
| – Urlaubstage | 24 |
| – Ausfalltage durch Krankheit | 3 |
| = Differenz | 224 |
| · Anzahl Arbeitsstunden pro Tag | 1792 |
| – Zeitverlust wg. Nichtauslastung (30 %) | 537,6 |
| **Nettoarbeitsstunden pro MA im Jahr** | 1.254,4 |

3. Schritt:

| Stundensatz | in € |
|---|---|
| Jahreskosten | 106.500 |
| : Nettoarbeitsstunden pro MA im Jahr | 1.254,4 |
| = Nettostundensatz | 84,90 |
| + Gewinnzuschlag von 15 % | 12,73 |
| = Nettostundensatz inklusive Gewinn | 97,64 |
| + Skonto von 2 % | 1,99 |
| = Zielstundensatz netto | 99,63 |
| + Ust. von 19 % | 18,93 |
| **Bruttostundensatz** | 118,56 |

**6. Die Heinrich Heinrichsen AG stellt Serverschränke her. Der Betriebsabrechnungsbogen der AG weist folgende Daten auf:**

| Betriebsabrechnungsbogen der Heinrich Heinrichsen AG | | | | | |
|---|---|---|---|---|---|
| Gemeinkosten-arten | Beträge in € | Hauptkostenstellen/Beträge in € | | | |
| | | Material | Fertigung | Verwaltung | Vertrieb |
| Gehälter | 285.000,00 | 72.000,00 | 93.000,00 | 42.000,00 | 78.000,00 |
| Sozialver. AG-Anteil | 125.000,00 | 31.000,00 | 37.000,00 | 24.000,00 | 33.000,00 |
| Aufw. f. Hilfsstoffe | 403.000,00 | 46.000,00 | 209.000,00 | 0,00 | 148.000,00 |
| Aufw. f. Betriebsst. | 51.000,00 | 0,00 | 34.000,00 | 12.000,00 | 5.000,00 |
| Bürokosten | 37.000,00 | 0,00 | 3.000,00 | 21.000,00 | 13.000,00 |
| kalk. Zinsen | 833.000,00 | 181.000,00 | 543.000,00 | 58.000,00 | 51.000,00 |
| kalk. Unternehmerlohn | 125.000,00 | 0,00 | 36.000,00 | 89.000,00 | 0,00 |
| betr. Steuern | 117.000,00 | 24.000,00 | 46.000,00 | 29.000,00 | 18.000,00 |
| Werbung | 105.000,00 | 0,00 | 22.000,00 | 68.000,00 | 15.000,00 |
| Summe der Gemeinkosten | 2.081.000,00 | 354.000,00 | 1.023.000,00 | 343.000,00 | 361.000,00 |
| | Zuschlags-grundlage | Fert.material = 2.540.000,00 | Fert.löhne = 2.310.000,00 | Herstellk. d. Umsatzes = 6.203.000,00 | |
| | Zuschlagssätze: | 13,94% | 44,29% | 5,53% | 5,82% |
| Mehrbestand: | 24.000,00 | | | | |

**Für ein Rechenzentrum eines Bundeslandes soll das Unternehmen mehrere Serverschränke liefern.**

**a) Kalkulieren Sie mithilfe der Daten und des Kalkulationsschemas den Barverkaufspreis für die Angebotserstellung.**

| Kalkulation | % | Euro |
|---|---|---|
| Fertigungsmaterial | | 20.000 |
| + Materialgemeinkosten | | |
| = Materialkosten | | |
| Fertigungslöhne | | 5.000 |
| + Fertigungsgemeinkosten | | |
| = Fertigungskosten | | |
| = Herstellungskosten (Fertigung+Material) | | |
| + Verwaltungsgemeinkosten | | |
| + Vertriebsgemeinkosten | | |
| = Selbstkosten | | |
| + Gewinn | 10,0 | |
| = Barverkaufspreis (netto, o. USt.) | | |

**b) Bei der Vorkalkulation des Angebots ist man von einem Barverkaufspreis von 35.000 € bei 10 % Gewinnzuschlag ausgegangen. Nehmen Sie dazu Stellung.**

a)

| Kalkulation | % | Euro |
|---|---|---|
| Fertigungsmaterial | | 20.000 |
| + Materialgemeinkosten | 13,94 | 2.788 |
| = Materialkosten | | 22.788 |
| Fertigungslöhne | | 5.000 |
| + Fertigungsgemeinkosten | 44,29 | 2.214,0 |
| = Fertigungskosten | | 7.214,0 |
| = Herstellungskosten (Fertigung+Material) | | 30.002,0 |
| + Verwaltungsgemeinkosten | 5,53 | 1.659,14 |
| + Vertriebsgemeinkosten | 5,82 | 1.746,15 |
| = Selbstkosten | | 33.407,79 |
| + Gewinn | 10,0 | 3.340,78 |
| = Barverkaufspreis (netto, o. USt.) | | 36.748,57 |

b) Die Kosten haben sich in Wirklichkeit anders entwickelt. Ein niedrigerer Barverkaufspreis von 35.000 € würde den Gewinn um 1.748,57 € verringern.

**c) Erklären Sie die Aufgabe des Betriebsabrechnungsbogens.**

**d) Unterscheiden Sie zwischen Einzel- und Gemeinkosten.**

c) Der Betriebsabrechnungsbogen bietet eine tabellarische Übersicht über die Kostenstellen. Er dokumentiert die unterschiedlichen Gemeinkostenarten und dient dazu, diese auf die einzelnen Hauptkostenstellen zu verteilen und Zuschlagssätze für die Kalkulation zu gewinnen.

d) Einzelkosten können einem Kostenträger (z. B. Produkt) direkt zugerechnet werden, z. B. Fertigungslohn. Gemeinkosten lassen sich nicht direkt einem Kostenträger zurechnen, sondern müssen verrechnet werden.

**7. Mit einem Auftrag wurde ein Erlös (Umsatz) von 480.000 € bei Selbstkosten von 450.000 € (davon 200.000 Fixkosten, der Rest variable Kosten) erzielt.**

**a) Berechnen Sie Gewinn und Umsatzrendite.**

**b) Berechnen Sie den Deckungsbeitrag.**

**c) Erläutern Sie, was unter dem Deckungsbeitrag zu verstehen ist.**

a) Gewinn = Erlös (Umsatz) – Kosten =
= 480.000 € – 450.000 € = 30.000 €

$$\text{Umsatzrendite in \%} = \frac{\text{Gewinn} \cdot 100}{\text{Umsatz}} = \frac{30.000\ € \cdot 100}{480.000\ €} = 6{,}25\ \%$$

b) Deckungsbeitrag =
= Umsatz – variable Kosten (Gesamtkosten – Fixkosten) =
= 480.000 € – 250.000 € = 230.000 €

c) Der Deckungsbeitrag ist der Umsatzanteil oder Betrag, der zur Deckung der Fixkosten dient.

**8. Für die Erstellung eines Angebots wird der Gemeinkostenzuschlagssatz (GKZS) aus dem laufenden Geschäftsmonat benötigt. Für den Vormonat liegt dieser vor:**

| | Vormonat | laufender Monat |
|---|---|---|
| Einzelkosten | | |
| Fertigungsmaterial | 53.000 € | 55.000 € |
| Fertigungslöhne | 44.000 € | 42.000 € |
| Gemeinkosten | 37.000 € | 38.000 € |
| Gemeinkostenzuschlag (Grundlage: Fertigungslöhne) | 84,41 % | |

**a) Berechnen Sie den Gemeinkostenzuschlagssatz für den laufenden Monat.**

a) Gemeinkostenzuschlagssatz (GKZS) in % =

$$= \frac{\text{Gemeinkosten}}{\text{Fertigungslohn}} \cdot 100 = \frac{38.000\ €}{42.000\ €} \cdot 100 = 90{,}48\ \%$$

**b) Kalkulieren Sie nun mithilfe des Gemeinkostenzuschlagsatzes den Barverkaufspreis für ein Angebot mit folgenden Daten. Gehen Sie dabei von einem Gewinnzuschlag von 15 % aus.**

| | Stunden/% | Euro |
|---|---|---|
| Fertigungsmaterial | | 1.700 € |
| + Fertigungslöhne (40 €/h) | 33 h | |
| = Einzelkosten | | |
| + Gemeinkosten (auf Löhne) | | |
| = Selbstkosten | | |
| + Gewinn | | |
| = Barverkaufspreis | | |

**c) Nennen Sie drei Maßnahmen, mit denen das Unternehmen den Gewinn erhöhen könnte.**

b)

| | Stunden/% | Euro |
|---|---|---|
| Fertigungsmaterial | | 1.700 |
| + Fertigungslöhne (40 €/h) | 33 h | 1.320 |
| = Einzelkosten | | 3.020 |
| + Gemeinkosten (auf Löhne) | 110,53 % | 1.459 |
| = Selbstkosten | | 4.479 |
| + Gewinn | 15 % | 671,85 |
| = Barverkaufspreis | | 5.150,85 |

c) Lohnsenkungen, günstigerer Materialbezug durch Wechsel von Lieferanten, Senkung der Gemeinkosten durch Änderungen im Vertrieb und in der Verwaltung

**9. Sie sollen eine Auftragskalkulation erstellen.**

**a) Berechnen Sie den Gemeinkostenzuschlagssatz für das 2. Quartal 2021. Die Zuschlagsgrundlage ist der Fertigungslohn.**

| | 1.Quartal 2021 | 2.Quartal 2021 |
|---|---|---|
| Einzelkosten | 35.000 | 38.000 |
| Material | 15.000 | 16.000 |
| Fertigungslohn | 20.000 | 22.000 |
| Gemeinkosten | 24.000 | 26.000 |
| Gemeinkostenzuschlag | 120 % | |

**b) Ermitteln Sie für das 2. Quartal die Selbstkosten.**

a)

| | 1.Quartal 2021 | 2.Quartal 2021 |
|---|---|---|
| Einzelkosten | 35.000 | 38.000 |
| Material | 15.000 | 16.000 |
| Fertigungslohn | 20.000 | 22.000 |
| Gemeinkosten | 24.000 | 26.000 |
| Gemeinkostenzuschlag | 120 % | 118 % |

b)

| | |
|---|---|
| Material | 16.000 |
| + Fertigungslohn | 22.000 |
| = Einzelkosten | 38.000 |
| + Gemeinkostenzuschlag | 44.840 |
| = Selbstkosten | 82.840 |

**c) Nehmen Sie an, das Unternehmen hätte am Ende des 2. Quartals vom Kunden 120.000 € auf sein Konto überwiesen bekommen. Berechnen Sie den Gewinn.**

c)

| | |
|---|---|
| Material | 16.000 |
| + Fertigungslohn | 22.000 |
| = Einzelkosten | 38.000 |
| + Gemeinkostenzuschlag von 118 % | 44.840 |
| = Selbstkosten | 82.840 |
| + Gewinn | 37.160 |
| = Barverkaufspreis (Nettoerlös) | 120.000 |

**d) Erklären Sie den Begriff Selbstkosten.**

d) Alle Kosten, die für die Herstellung eines Gutes oder einer Dienstleistung beim Unternehmen entstehen.

**10. An eine Firma sollen PCs geliefert werden, deren Listenverkaufspreis nicht über 1.000 € liegen darf. Wie teuer darf man die Geräte maximal einkaufen?**

**a) Führen Sie mithilfe folgender Tabelle eine Rückwärtskalkulation durch. Ergänzen Sie dabei die fehlenden Vorzeichen für das Berechnungsschema:**

| Vorzeichen | Handlungsschritt | % | € |
|---|---|---|---|
| | Bezugspreis | | ? |
| | Handlungskosten | 40 | |
| = | Selbstkosten | | |
| | Gewinnzuschlag | 15 | |
| = | Barverkaufspreis | | |
| | Kundenskonto | 1 | |
| | Vertreterprovision | 1 | |
| = | Zielverkaufspreis | | |
| | Kundenrabatt | 10 | |
| = | Listenverkaufspreis (netto) | | |
| | USt. | 19 | |
| = | Listenverkaufspreis (brutto) | | 1000 |

**b) Berechnen Sie den Rohgewinn und die Handelsspanne.**

a)

| Vorzeichen | Handlungsschritt | % | € |
|---|---|---|---|
| | Bezugspreis | | 460,36 |
| + | Handlungskosten | 40 | 184,14 |
| = | Selbstkosten | | 644,50 |
| + | Gewinnzuschlag | 15 | 96,68 |
| = | Barverkaufspreis | | 741,18 |
| + | Kundenskonto | 1 | 7,56 |
| + | Vertreterprovision | 1 | 7,56 |
| = | Zielverkaufspreis | | 756,30 |
| + | Kundenrabatt | 10 | 84,03 |
| = | Listenverkaufspreis (netto) | | 840,33 |
| + | USt. | 19 | 159,67 |
| = | Listenverkaufspreis (brutto) | | 1000 |

b) Rohgewinn =
= Listenverkaufspreis netto – Bezugspreis =
= 379,97 €

Handelsspanne in % =

$$= \frac{\text{Rohgewinn} \cdot 100}{\text{Listenverkaufspreis netto}} = 45{,}2\ \%$$

**11. Der Inhaber des IT-Handelsunternehmens hat festgestellt, dass er die PCs für die Kommunalverwaltung nicht unter 450 € beim Hersteller beziehen kann. Er möchte nun seinen Gewinnzuschlag möglichst reduzieren, um den Auftrag der Kommunalverwaltung dennoch zu erhalten. Sie als Azubi müssen ihm helfen.**

**a) Führen Sie mithilfe der folgenden Tabelle eine Differenzkalkulation durch und ermitteln Sie den Gewinnzuschlag. Tragen Sie dazu die für den Rechenweg nötigen Vorzeichen ein.**

| Vorzeichen | Handlungsschritt | % | € |
|---|---|---|---|
| | Bezugspreis<br>Handlungskosten | <br>40 | 450 |
| = | Selbstkosten<br>Gewinnzuschlag | <br>? | |
| = | Barverkaufspreis<br>Kundenskonto<br>Vertreterprovision | <br>1<br>1 | |
| = | Zielverkaufspreis<br>Kundenrabatt | <br>10 | |
| = | Listenverkaufspreis (netto)<br>USt. | <br>19 | |
| = | Listenverkaufspreis (brutto) | | 1000 |

**b) Erklären Sie, was man unter Kundenskonto und Vertreterprovision versteht.**

a)

| Vorzeichen | Handlungsschritt | % | € |
|---|---|---|---|
| <br>+ | Bezugspreis<br>Handlungskosten | <br>40 | 450<br>180 |
| =<br>+ | Selbstkosten<br>Gewinnzuschlag | <br>17,6 | 630<br>111,19 |
| =<br>+<br>+ | Barverkaufspreis<br>Kundenskonto<br>Vertreterprovision | <br>1<br>1 | 741,19<br>7,56<br>7,56 |
| =<br>+ | Zielverkaufspreis<br>Kundenrabatt | <br>10 | 756,31<br>84,03 |
| =<br>+ | Listenverkaufspreis (netto)<br>USt. | <br>19 | 840,34<br>159,66 |
| = | Listenverkaufspreis (brutto) | | 1000 |

b) **Kundenskonto:** Preisnachlass, den Händler ihren Kunden einräumen, wenn sie innerhalb eines bestimmten Zeitraums bezahlen
**Vertreterprovision:** Prämienlohn, den der Verkäufer oder Handelsvertreter für den Vertragsabschluss erhält

**12. a) Berechnen Sie den Skontobetrag des untenstehenden Angebots und den Zahlungsbetrag, wenn der Kundenskonto in Anspruch genommen wird.**

| | | | | |
|---|---|---|---|---|
| 1,00 | Stück | Lexware buchhalter Das einfache und sichere Buchhaltungsprogramm für alle Freiberufler, Handwerker und Kleinbetriebe | 101,30 EUR | 101,30 EUR |
| Zwischensumme<br>abzgl. 10,00 % Gesamtrabatt | | | | 123,10 EUR<br>– 12,31 EUR |
| Gesamt Netto | | | | 110,79 EUR |
| zzgl. 19,00 % USt. auf | | | 110,79 EUR | 21,05 EUR |
| **Gesamtbetrag in EUR** | | | | **131,84 EUR** |

Zahlbar bis 18.07. 2023 mit 2 % Skonto, innerhalb 30 Tagen ohne Abzug.

**b) Erläutern Sie, warum der Anbieter diesen Skonto einräumt.**

a) Zahlungsbetrag bei Inanspruchnahme von Skonto:

102 % = 131,84 €

$$\frac{131{,}84\ €}{1{,}02} = 129{,}25\ €$$

b) Weil Geld in der Gegenwart mehr Wert hat als in der Zukunft. Der Anbieter hat in seiner Kalkulation durch das Kundenskonto Zinsverluste eingepreist; er möchte durch die Gewährung des Frühzahler-Rabatts beim Kunden eine schnelle Zahlung anreizen.

**13. Vervollständigen Sie die Tabelle, indem Sie die richtigen Kalkulationsformeln für die Bezugspreiskalkulation in die markierten Zellen eintragen. (Beispiel: F25 * G22)**

| | A | B | C |
|---|---|---|---|
| 1 | Kalkulation | Prozentsatz | EUR |
| 2 | Listeneinkaufspreis | | 40.000 |
| 3 | Lieferantenrabatt | 5 | |
| 4 | Zieleinkaufspreis | | |
| 5 | Lieferantenskonto | 3 | |
| 6 | Bareinkaufspreis | | |
| 7 | Bezugskosten | | 200 |
| 8 | Bezugspreis | | |

| | A | B | C |
|---|---|---|---|
| 1 | Kalkulation | Prozentsatz | EUR |
| 2 | Listeneinkaufspreis | | 40.000 |
| 3 | Lieferantenrabatt | 5 | = C2 * B3 |
| 4 | Zieleinkaufspreis | | = C2 – C3 |
| 5 | Lieferantenskonto | 3 | = C4 * B5 |
| 6 | Bareinkaufspreis | | = C4 – C5 |
| 7 | Bezugskosten | | 200 |
| 8 | Bezugspreis | | = C6 + C7 |

**14. Für ein Projekt liegen folgende Daten vor:**

**Angebotspreis = 180.000 €**
**Arbeitsaufwand = 500 Arbeitsstunden**
**Personalkosten = 130 €/h (Selbstkostenverrechnungssatz)**

**Externe Beratung = 30.000 €**
**Hard- und Software = 50.000 €**
**Finanzierungskosten = Kredit 120.000 €, 2 % Zinsen p. a. (360 Tage), Kreditzeitraum 01.12.–23.12.**

**Kalkulatorische Wagniskosten = 3.000 €**

**Führen Sie eine Projektkalkulation durch, die für die Angebotserstellung benötigt wird.**

**a) Prüfen Sie vorab die Wirtschaftlichkeit des Projektes mithilfe der Kalkulationstabelle.**

| Position | Euro |
|---|---|
| Erlös<br>Personalkosten<br>Sondereinzelkosten<br>Hard- und Software<br>Finanzierungskosten<br>kalkulatorische Wagniskosten | |
| Projektergebnis | |

**b) Nennen Sie vier Kosten, die in dem Selbstkostenverrechnungssatz enthalten sind.**

**c) Nennen Sie mindestens drei Risiken, die durch die kalkulatorischen Wagniskosten abgedeckt werden sollen.**

**d) Bewerten Sie die Wirtschaftlichkeit des Projekts, wenn die Gesamtwirtschaftlichkeit Ihres Unternehmens 1,1 beträgt.**

a)

| Position | Euro |
|---|---|
| Erlös | 180.000 |
| – Personalkosten | 65.000 |
| – Sondereinzelkosten | 30.000 |
| – Hard- und Software | 50.000 |
| – Finanzierungskosten | 153,33 |
| – kalkulatorische Wagniskosten | 3.000 |
| Projektergebnis | 31.846,67 |

Wirtschaftlichkeit =

$$= \frac{\text{Leistungen}}{\text{Kosten}} = \frac{180.000\ €}{148.153,33\ €} = 1,215$$

b) Gemeinkosten wie Miete, Verwaltung, Vertrieb, Versicherung, Büromaterial

c) Schäden, Gewährleistung, Lieferverzug, Vertragsstrafen

d) Das Projekt ist deutlich wirtschaftlicher als das Gesamtunternehmen. Es empfiehlt sich daher, das Projekt unter den genannten Umständen voranzutreiben.

**15. a) Sind die Preise in folgendem Angebot brutto oder netto ausgewiesen?**

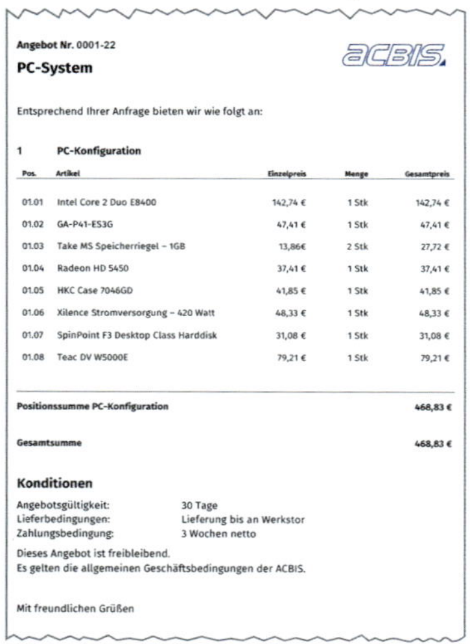

**Angebot Nr.** 0001-22

ACBIS

**PC-System**

Entsprechend Ihrer Anfrage bieten wir wie folgt an:

**1 PC-Konfiguration**

| Pos. | Artikel | Einzelpreis | Menge | Gesamtpreis |
|---|---|---|---|---|
| 01.01 | Intel Core 2 Duo E8400 | 142,74 € | 1 Stk | 142,74 € |
| 01.02 | GA-P41-ES3G | 47,41 € | 1 Stk | 47,41 € |
| 01.03 | Take MS Speicherriegel – 1GB | 13,86€ | 2 Stk | 27,72 € |
| 01.04 | Radeon HD 5450 | 37,41 € | 1 Stk | 37,41 € |
| 01.05 | HKC Case 7046GD | 41,85 € | 1 Stk | 41,85 € |
| 01.06 | Xilence Stromversorgung – 420 Watt | 48,33 € | 1 Stk | 48,33 € |
| 01.07 | SpinPoint F3 Desktop Class Harddisk | 31,08 € | 1 Stk | 31,08 € |
| 01.08 | Teac DV W5000E | 79,21 € | 1 Stk | 79,21 € |

**Positionssumme PC-Konfiguration** **468,83 €**

**Gesamtsumme** **468,83 €**

**Konditionen**

Angebotsgültigkeit: 30 Tage
Lieferbedingungen: Lieferung bis an Werkstor
Zahlungsbedingung: 3 Wochen netto

Dieses Angebot ist freibleibend.
Es gelten die allgemeinen Geschäftsbedingungen der ACBIS.

Mit freundlichen Grüßen

**b) Wie lauten die gesetzlichen Grundlagen der Preisangabe?**

**c) Berechnen Sie den Bruttopreis, wenn Sie innerhalb des Zahlungsziels zahlen.**

**d) Erläutern Sie, was mit dem Satz „Es gelten unsere allgemeinen Geschäftsbedingungen" gemeint ist.**

a) Hier liegt ein Angebot eines Unternehmens für ein Unternehmen (Handelskauf, B2B) vor, das die Preise netto, d. h. ohne Mehrwertsteuer (Umsatzsteuer) ausweist.

Angebote an Privatkunden sehen zwangsläufig die Angabe von Gesamtpreisen vor.

b) Die gesetzliche Norm hierzu findet sich in der Preisangabenverordnung (PAngV), Abs. 1, S. 1: „Wer Verbrauchern gemäß § 13 des Bürgerlichen Gesetzbuchs gewerbs- oder geschäftsmäßig oder wer ihnen regelmäßig in sonstiger Weise Waren oder Leistungen anbietet oder als Anbieter von Waren oder Leistungen gegenüber Verbrauchern unter Angabe von Preisen wirbt, hat die Preise anzugeben, die einschließlich der Umsatzsteuer und sonstiger Preisbestandteile zu zahlen sind (Gesamtpreise)."

Unternehmer sind Steuerschuldner, aber nicht Steuerträger der Umsatzsteuer. Das Umsatzsteuergesetz sieht grundsätzlich die Ausweisung der Mehrwertsteuer vor. Allerdings können nach § 19 Kleinunternehmer (bis 22.000 € im vorangegangenen und 50.000 € im laufenden Geschäftsjahr) auf eine Ausweisung verzichten.

c) Brutto: 486,83 € · 1,19 = 579,33 €

d) Dabei handelt es sich um vorformulierte Bedingungen zur Standardisierung und Konkretisierung von Massenverträgen. Sie dürfen nicht überraschend und unklar sein und müssen dem Geschäftspartner zur Kenntnis gegeben werden. Verstoßen sie gegen geltendes Recht, sind sie unwirksam.

**16. Welche Angaben müssen auf einer Rechnung stehen?**

Eine Rechnung muss nach §14 Abs 4 UStG folgende zehn Angaben enthalten:

1. den Namen und die Anschrift des leistenden Unternehmers sowie des Leistungsempfängers
2. die dem leistenden Unternehmer vom Finanzamt erteilte Steuernummer oder die ihm vom Bundeszentralamt für Steuern erteilte Umsatzsteuer-Identifikationsnummer
3. das Ausstellungsdatum
4. eine fortlaufende Nummer mit einer oder mehreren Zahlenreihen, die zur Identifizierung der Rechnung vom Rechnungsaussteller einmalig vergeben wird (Rechnungsnummer)
5. die Menge und die Art (handelsübliche Bezeichnung) der gelieferten Gegenstände oder den Umfang und die Art der sonstigen Leistung
6. den Zeitpunkt der Lieferung oder sonstigen Leistung; den Zeitpunkt der Vereinnahmung des Entgelts oder eines Teils des Entgelts, sofern der Zeitpunkt der Vereinnahmung feststeht und nicht mit dem Ausstellungsdatum der Rechnung übereinstimmt
7. das nach Steuersätzen und einzelnen Steuerbefreiungen aufgeschlüsselte Entgelt für die Lieferung oder sonstige Leistung sowie jede im Voraus vereinbarte Minderung des Entgelts, sofern sie nicht bereits im Entgelt berücksichtigt ist
8. den anzuwendenden Steuersatz sowie den auf das Entgelt entfallenden Steuerbetrag oder im Fall einer Steuerbefreiung einen Hinweis darauf, dass für die Lieferung oder sonstige Leistung eine Steuerbefreiung gilt
9. sowie ggf. einen Hinweis auf die Aufbewahrungspflicht des Leistungsempfängers

10. in den Fällen der Ausstellung der Rechnung durch den Leistungsempfänger oder durch einen von ihm beauftragten Dritten die Angabe „Gutschrift"

Beispiel:

Ihr Logo

Ihr Firmenname GmbH | Musterweg 1 | 12345 Mutterstadt

**Kunden GmbH & Co. KG**
Herr Max Mustermann
Musterstrasse 1
12345 Musterstadt

**Angebotsdatum** TT.MM.JJJJ
**Gültig bis** TT.MM.JJJJ

**Angebot Nr. 12345**

Wir bedanken uns für Ihre Anfrage. Gerne untertbreiten wir Ihnen hiermit folgendes Angebot:

| Pos. | Bezeichnung | Menge | Einzel (€) | Gesamt (€) |
|---|---|---|---|---|
| 1 | **Fernseher 40 Zoll**<br>Musterartikel | 1 Stück | 1.000,00 | 1.000,00 |
| 2 | **Anfahrt und Aufbau** | Pauschal | 120,00 | 120,00 |
| | | | Summe Netto | € 1.120,00 |
| | | | Umsatzsteuer 19,00 % | € 212,80 |
| | | | **Rechnungsbetrag** | **€ 1.332,80** |

Wir würden uns sehr freuen, wenn unser Angebot Ihre Zustimmung findet.
Sie haben Fragen oder wünschen weitere Informationen? Rufen Sie uns an – wir sind für Sie da.

Mit freundlichen Grüßen

*Mathilda Musterfrau*

Ihr Firmenname GmbH
Musterweg 1
12343 Mutterstadt
Ust IdNr. DE 123456789

Tel.: (+49) 1234/98 76 54
Fax: (+49) 1234/98 76 55
E Mail: mail@musterfirma.com
Web: www.musterfirma.com

Volksbank Musterstadt
IBAN:
DE34233004333401
BIC: GENODE61FR1
Kto. Inh.: Mathias Muster

Powered by
lexoffice

**17. a) Übersetzen Sie die wichtigsten Aussagen aus dem Angebot ins Deutsche.**

**b) Rechnen Sie die Preise in € um Angenommener Wechselkurs: 1 € = 1,6 AU $ (australischer Dollar)**

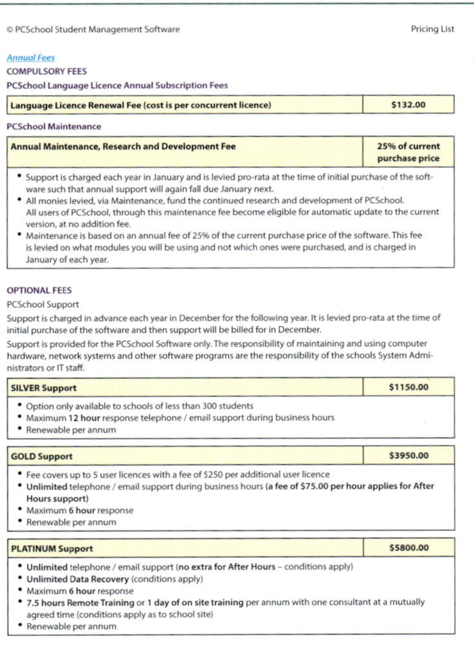

© PCSchool Student Management Software — Pricing List

*Annual Fees*

COMPULSORY FEES

PCSchool Language Licence Annual Subscription Fees

| Language Licence Renewal Fee (cost is per concurrent licence) | $132.00 |
|---|---|

PCSchool Maintenance

| Annual Maintenance, Research and Development Fee | 25% of current purchase price |
|---|---|

- Support is charged each year in January and is levied pro-rata at the time of initial purchase of the software such that annual support will again fall due January next.
- All monies levied, via Maintenance, fund the continued research and development of PCSchool. All users of PCSchool, through this maintenance fee become eligible for automatic update to the current version, at no addition fee.
- Maintenance is based on an annual fee of 25% of the current purchase price of the software. This fee is levied on what modules you will be using and not which ones were purchased, and is charged in January of each year.

OPTIONAL FEES

PCSchool Support

Support is charged in advance each year in December for the following year. It is levied pro-rata at the time of initial purchase of the software and then support will be billed for in December.

Support is provided for the PCSchool Software only. The responsibility of maintaining and using computer hardware, network systems and other software programs are the responsibility of the schools System Administrators or IT staff.

| SILVER Support | $1150.00 |
|---|---|

- Option only available to schools of less than 300 students
- Maximum **12 hour** response telephone / email support during business hours
- Renewable per annum

| GOLD Support | $3950.00 |
|---|---|

- Fee covers up to 5 user licences with a fee of $250 per additional user licence
- **Unlimited** telephone / email support during business hours (**a fee of $75.00 per hour applies for After Hours support)**
- Maximum **6 hour** response
- Renewable per annum

| PLATINUM Support | $5800.00 |
|---|---|

- **Unlimited** telephone / email support (**no extra for After Hours** – conditions apply)
- **Unlimited Data Recovery** (conditions apply)
- Maximum **6 hour** response
- **7.5 hours Remote Training** or **1 day of on site training** per annum with one consultant at a mutually agreed time (conditions apply as to school site)
- Renewable per annum

Page 9

a) Der Auszug aus dem Angebot enthält die jährigen Gebühren für die Schulverwaltungssoftware. Zum einen sind Pflichtgebühren für die Sprachlizenz zu entrichten, zum anderen Instandhaltungsgebühren für Wartung und Weiterentwicklung in Höhe von 25 % des Gesamtkaufpreises. Sie sind im Januar zu zahlen.

Die freiwilligen Gebühren betreffen den Support für den Betrieb der Software. Drei Arten von Support sind zu unterscheiden:

1. Silber für Schulen mit weniger als 300 Schülern, 12stündiger Telefon-Email-Support
2. Gold für fünf Schullizenzen, unbegrenzter Telefon-Email-Support, aber Aufpreis außerhalb der Geschäftszeiten
3. Platin wie Gold, aber zusätzlich kein Aufpreis bei Anrufen außerhalb der Geschäftszeiten, unbegrenzte Datenwiederherstellung und 7,5 Stunden Fernschulung bzw. einen Tag pro Jahr Vor-Ort-Schulung mit einem Experten

b) Sprachlizenz = 132 AU$ =
= 82,5 €
Silver-Support = 1.150 AU$ =
= 718,75 €
Gold-Support = 3.950 AU$ =
= 2.468,75 €
Platin-Support = 5.800 AU$ =
= 3.625 €

**18. Eine Handwerkskammer gibt Unternehmen zur Angebotserstellung unten aufgeführte Ratschläge. Begründen Sie diese:**

**A. Machen Sie sich die einzelnen Schritte zur Angebotserstellung bewusst.**

**B. Standardisieren Sie Ihre Angebote durch Mustervorlagen je nach Typ und Kundengruppe.**

**C. Halten Sie aktiv Kontakt zum Kunden.**

**D. Überschlagen Sie, ob sich die Angebotserstellung überhaupt lohnt.**

**E. Evaluieren Sie den Erfolg Ihrer Angebote.**

A: Eine klare Analyse des Geschäftsprozesses senkt die Transaktionskosten und vermeidet Kompetenzstreitigkeiten oder Leerläufe bei Mitarbeitern.

B: Angebotsvorlagen für unverlangte, bindende oder unbefristete Angebote senken die Erstellungskosten und damit den betrieblichen Aufwand.

C: Kundenkontakt wird als Serviceleistung wahrgenommen, erhöht also den Unique-Selling-Point (Alleinstellungsmerkmal). Aktiver Kontakt senkt Transaktionskosten, indem kommunikative Missverständnisse vermieden werden.

D: Vor jedem Angebot sollte eine Kosten-Nutzen-Abwägung (Wirtschaftlichkeit) stattfinden, da – je nach Ausschreibung oder Anfrage – die Zuschlagswahrscheinlichkeit variiert.

E: Es empfiehlt sich, eine Ex-post-Betrachtung vorzunehmen und zu analysieren, welche Angebote erfolgreich waren und welche nicht, um die Treffergenauigkeit zu optimieren.

**19. Bringen Sie die Phasen der Angebotsbewertung in die richtige Reihenfolge:**

**A) Ermittlung des wirtschaftlichsten Angebots**

**B) Prüfung der Eignung des Bieters**

**C) Preisprüfung**

**D) Formale Prüfung von Angebotsunterlagen**

D – B – C – A

**20. Erklären Sie den Unterschied zwischen einem Angebot und einer Anpreisung.**

**Angebot:** Ein Angebot ist rechtlich verbindlich und besteht aus einem Antrag an eine bestimmte Person, dieser eine Ware oder eine Dienstleistung zu den angegebenen Bedingungen zu verkaufen.
**Anpreisung:** Hierbei handelt es sich lediglich um Werbungsmaßnahmen in Schaufenstern, Flyern, Katalogen, Rundschreiben, Prospekten oder im Internet, die den Kunden motivieren sollen, einen Kaufantrag abzugeben.

**21. Nennen Sie die wichtigsten Bestandteile eines Angebots.**

- Grund der Angebotserstellung
- Mengenangaben
- Preisangaben (Nettopreise ohne Mehrwertsteuer)
- Rabatt (Preisnachlass für größere Mengen, Treue, besondere Anlässe, Boni)
- Verpackungs- und Beförderungskosten (Grundsatz: Warenschulden sind Holschulden ⟶ Versandkosten liegen beim Verkäufer; andere Vereinbarungen möglich, z. B.: ab Werk, unfrei, frei Haus)
- Freizeichnungsklauseln (dienen der Einschränkung der Verbindlichkeit des Angebots), z. B. „solange der Vorrat reicht" (Menge unverbindlich), „freibleibend", „ohne Gewähr" (alles unverbindlich), „Preis freibleibend" (Preis unverbindlich), „Lieferzeit freibleibend" (Lieferzeit unverbindlich)
- Lieferzeit (Fälligkeit sofort), andere Vereinbarungen: Termin- oder Zeitkauf (Lieferfrist), Fixkauf (Lieferzeitpunkt), Kauf auf Abruf (Lieferung im Ermessen des Käufers)
- Zahlungsbedingungen, z. B. durch Bestimmung von Zahlungszielen/-fristen durch Gewährung von Skonto (Nachlass bei vorzeitiger Zahlung) oder Festlegung der Zahlungsweise, z. B. bar oder unbar, Vorkasse, Nachnahme, Rechnung
- (weitere Punkte Seite 132)

- Eigentumsvorbehalt (Verkäufer bleibt Eigentümer, bis die Ware bezahlt ist); bei Weiterverarbeitung oder Weiterveräußerung muss ein erweiterter Eigentumsvorbehalt vereinbart werden, z. B. Verlängerung (Abtretung der Forderungen aus dem Weiterverkauf), Nachschaltung (Verkauf der weiterverarbeiteten Waren wiederum unter Eigentumsvorbehalt) oder als Kontokurrentvorbehalt (alle Forderungen einer Geschäftsbeziehung müssen beglichen sein)
- Erfüllungsort- und Gerichtsstand, das ist in der Regel der Wohn- und Geschäftssitz des Schuldners, hier geht die Gefahr von Beschädigung, Verschlechterung oder Vernichtung der Ware auf den Käufer über
- Allgemeine Geschäftsbedingungen (AGB) = vorformulierte Vertragsabsprachen bei Standard- und Massenverträgen, nach BGB §§ 305ff dürfen AGB-Klauseln Vertragspartner nicht benachteiligen oder überraschen; der Verbraucher muss sie lesen und zur Kenntnis nehmen können; unwirksam sind Bestandteile, die innerhalb von 4 Monaten Preiserhöhungen, Vertragsstrafen vorsehen, den Rücktritt oder Schadensersatz ausschließen, gesetzliche Gewährleistungs- und Haftungsansprüche reduzieren.
- Abschlussformel

**22. Wie lange ist ein Angebot gültig?**

Generell kann die Gültigkeit einer Offerte im Angebotsschreiben selbst festgelegt werden. Geschieht dies nicht, gilt das BGB, das den Anbieter in § 145 an sein Angebot bindet.
Bei Anwesenheit der Vertragspartner, etwa in einem Telefongespräch, kann ein Angebot nach § 146 nur sofort angenommen werden.
Schriftliche Angebote an Abwesende sind gemäß § 147 Abs. 2 bis zu dem Zeitpunkt gültig, der unter regelmäßigen Umständen zu erwarten sei.

## C.2 Kaufvertrag

**1. Der Steuerberater Huber e. K. braucht für sein Kleinunternehmen mit drei Angestellten neue Rechner. Er nimmt deshalb Kontakt zur IT Solutions GmbH auf und bittet um einen Kostenvoranschlag. Die IT Solutions GmbH schickt diesen und bringt Gesamtkosten in Höhe von 5.000 € in Anschlag. Herrn Huber ist dies zu teuer, aber der GmbH-Geschäftsführer Herr Haber behauptet, der Kostenvoranschlag sei ein rechtsverbindliches Angebot und zu vergüten. Erläutern Sie die Rechtslage.**

Nach § 632 Abs. 3 BGB ist ein Kostenvoranschlag „im Zweifel nicht zu vergüten". Im Unterschied zu einem Angebot kann der Unternehmer im Kostenvoranschlag die Preise überschreiten, je nach Rechtsprechung um 10 bis 20 %. Allerdings sind Überschreitungen dem Kunden mitzuteilen und bei schuldhaftem Zuniedrigkalkulieren auch schadenersatzpflichtig.

**2. Wegen ihres 10jährigen Gründungsjubiläums wirbt die IT Solutions GmbH im Netz mit Profi-Rechnern zum Preis von 999,99 € unter der Einschränkung „solange der Vorrat" reicht.**

**a) Kann Herr Huber auf den Verkauf des Rechners zu diesem Preis bestehen?**

**b) Schließlich einigen sich beide Parteien und schließen einen Kaufvertrag über die Beschaffung neuer Rechentechnik ab. Herr Huber weigert sich, nach Erhalt der Ware zu zahlen. Darf er das?**

a) Werbung dient der Anpreisung von Produkten und stellt kein verbindliches Angebot dar. Durch die sogenannten Freizeichnungsklauseln kann der Verkäufer die Bindung an das Angebot lockern.

| Freizeichnungsklausel | verbindlich | unverbindlich |
|---|---|---|
| solange der Vorrat reicht | Preis, Lieferzeit | Menge |
| freibleibend | – | – |
| ohne Gewähr | – | – |
| Preise freibleibend | Lieferzeit, Menge | Preis |
| Lieferzeit freibleibend | Preis, Menge | Lieferzeit |

b) Herr Huber ist verpflichtet, die Rechentechnik der IT Solutions GmbH zu bezahlen. In § 433 Abs. 2 BGB heißt es wörtlich: „Der Käufer ist verpflichtet, dem Verkäufer den vereinbarten Kaufpreis zu zahlen und die gekaufte Sache abzunehmen."

**3. Ein Kunde stellt nach Inbetriebnahme neu gekaufter Rechner fest, dass die Gehäuse nicht richtig verschraubt sind. Welche Gewährleistungsrechte kann er in Anspruch nehmen?**

Nach § 434 wäre die falsche Verschraubung der Gehäuse ein Montagemangel und damit ein Sachmangel. Nach § 437 BGB könnte der Kunde

1. verlangen, dass der Mangel beseitigt wird,
2. nach erfolgloser Reparatur den Vertrag rückabwickeln oder den Kaufpreis herabsetzen und
3. Schadensersatz verlangen.

**4. Zählen Sie mögliche Lieferungsmängel einer Ware bzw. Schlechtleistungen anhand von Beispielen aus der IT-Branche auf.**

- Montagemangel: z. B. falsche Verschraubung des Gehäuses
- Quantitätsmangel: z. B. zu viele/wenige Festplatten geliefert
- Qualitätsmangel: z. B. gelieferte Festplatte rattert
- Gattungsmangel: z. B. statt Festplatte USB-Stick geliefert
- Rechtsmangel: z. B. illegale Hehlerware geliefert
- offener Mangel: z. B. gelieferte Festplatte erkennbar beschädigt
- verdeckter Mangel: z. B. einzelne Sektoren der gelieferten Festplatte sind beschädigt
- arglistig verschwiegener Mangel: z. B. war die Beschädigung dem Verkäufer bekannt, er verkauft aber trotzdem, ohne den Käufer zu informieren

**5. Bezüglich der rechtlichen Stellung der Vertragspartner gibt es drei Kaufvertragsarten.**

**Welche sind das und welche Rechte und Pflichten ergeben sich daraus?**

**1. Vertragsart: Bürgerlicher Kauf**
**Partner:** Bürger und Bürger
**Rechtsgrundlage:** BGB §§ 433ff
**Pflichten:**
- Annahme von Ware und Geld
- keine Sachmängel
- keine Rechtsmängel
- pünktliche Lieferung und Eigentumsübergang

**Rechte:**
- Eigentumsvorbehalt
- Gewährleistungsansprüche
- Nacherfüllung (zwei Ersatz- bzw. Reparaturversuche), dann Wandlung, Minderung, Schadens- und Aufwendungsersatz

**2. Vertragsart: Einseitiger Handelskauf**
**Partner:** Kaufmann und Bürger
**Rechtsgrundlage:** HGB §§ 373ff
**Pflichten:**
- gleiche Pflichten wie bei **1.**, da Handelsrecht subsidiär;
- vorrangig gilt das BGB

**Rechte:**
- beim Fixkauf Rücktritt ohne Fristsetzung bei Nichteinhaltung
- Schadensersatz statt Leistung
- Erfüllungsanspruch bei sofortiger Anzeige
- bei Annahmeverzug: Lagerung, Versteigerung oder freihändiger Verkauf auf Kosten des Käufers
- Verzugszinsen 5 % über Basiszins

**3. Vertragsart: Zweiseitiger Handelskauf**
**Partner:** Kaufmann und Kaufmann
**Rechtsgrundlage:** HGB §§ 373ff
**Pflichten:**
- gleiche Pflichten wie bei **1.**, da Handelsrecht subsidiär;
- vorrangig gilt das BGB

**Rechte:**
- Überprüfungs- und Rügeobliegenheit: Käufer muss Waren sofort bei Erhalt überprüfen und rügen, d. h. den Mangel anzeigen; ansonsten Verlust der Gewährleistungsansprüche
- Verzugszins 8 % über Basiszins

**6. Wie ist im zweiseitigen Handelskauf mit Mängeln umzugehen?**

Entdeckte Mängel müssen sofort gerügt werden, ansonsten gilt die Ware nach § 377 Abs. 2 HGB als genehmigt und der Käufer verliert gem. § 437 seine Gewährleistungsansprüche. Ausnahmen sind versteckte Mängel bzw. arglistige Täuschung durch den Verkäufer.

| | |
|---|---|
| **7. Wie lang hat ein Käufer Gewährleistungsansprüche, wenn es sich um**<br>**a) einen bürgerlichen Kauf bzw.**<br>**b) einen Handelskauf handelt?** | a) Im Falle eines bürgerlichen Kaufs hat der Käufer zwei Jahre lang alle Gewährleistungsrechte; im dritten Jahr kann man nur noch das Rücktrittsrecht ausüben oder eine Minderung verlangen.<br>b) Beim Handelskauf muss die Ware unverzüglich untersucht und Mängel gerügt werden, wobei die Anzeigefrist je nach Verderblichkeit der Ware wenige Stunden bis ein bis zwei Tage beträgt. Es gelten im Übrigen die Verjährungsfristen im BGB. |
| **8. Wann gilt ein Werkvertrag, z. B. im Falle einer Reparatur, als erfüllt?** | Die Erfüllung eines Werkvertrags ist erfolgsabhängig, d. h. der Werkvertrag ist nur dann erfüllt, wenn beispielsweise der Reparaturerfolg eintritt. |
| **9. Ein eingetragener Kaufmann bestellt als Privatmann einen Privatrechner im Online-Handel. Er bestellt den Rechner versehentlich in der falschen Farbe. Der Rechner wird am 1.11.2021 geliefert, am 16.11.2021 möchte er ihn an den Händler zurückschicken und sein Geld zurückhaben. Darf er das?** | Grundsätzlich steht dem Verbraucher bei außerhalb der Geschäftsräume geschlossenen Verträgen und Fernabsatzverträgen nach § 312b BGB ein Widerrufsrecht zu. Das Widerrufsfrist beträgt nach § 355 Abs. 1 BGB zwei Wochen und beginnt zu laufen, wenn der Verkäufer seinen Informationspflichten nachgekommen und insbesondere auf das Widerrufs- und Rückgaberecht aufmerksam gemacht hat. Das Recht kann ohne Angabe von Gründen in Anspruch genommen werden. Der Kunde kann sein Widerrufsrecht nicht in Anspruch nehmen, weil die Zwei-Wochen-Frist verstrichen ist. Er ist in diesem Fall nach § 13 BGB Verbraucher und profitiert vom Verbraucherschutz, weil der Kauf „überwiegend“ nicht seiner gewerblichen Tätigkeit zugeordnet werden kann. |
| **10. Ist es im Rahmen des Widerrufsrechts möglich, eine Software nach der Installation zurückzugeben?**<br>**Erklären Sie die Rechtslage.** | Das Widerrufsrecht besteht nach § 312g Abs. 2, Z. 2 u. a. nicht bei Verträgen zur „Lieferung von Waren, die schnell verderben können oder deren Verfallsdatum schnell überschritten würde“. Es besteht nach Z. 6 auch nicht bei „Computersoftware in einer versiegelten Packung, wenn die Versiegelung nach der Lieferung entfernt wurde“. |

**11. Eine Lieferung, die für die 48. KW zugesagt wurde, erfolgt trotz mehrfacher Nachfragen nicht. Auch eine zugesagte Ersatzlieferung in der 50. KW bleibt aus. Welche Rechte kann der Auftraggeber/Käufer bei Nichterfüllung der Leistung aus dem Kaufvertrag in Anspruch nehmen.**

Bei Lieferverzug muss der Käufer dem Verkäufer gemäß § 281 BGB eine angemessene Nachfrist einräumen, die je nach Artikel 3 bis 7 Tage dauern sollte, wenn es sich nicht um einen Fixkauf handelt. Nach Ablauf dieser Frist kann der Käufer

1. vom Kaufvertrag zurücktreten,
2. Schadensersatz wegen Nichterfüllung bzw. Ersatz des Verzögerungsschadens verlangen.

**12. Ein Kaufvertrag kann auch im Hinblick auf die Warenart und -güte unterschieden werden.**

**a) Ordnen Sie den Kaufvertragsarten**
**[1] Stückkauf,**
**[2] Gattungskauf,**
**[3] Kauf auf Probe,**
**[4] Kauf nach Probe,**
**[5] Kauf zur Probe,**
**[6] Spezifikationskauf,**
**[7] Ramschkauf,**
**[8] Kauf nach Sicht**

**die richtigen Erklärungen zu:**
**A) Bestimmungskauf**
**B) Testkauf**
**C) Kauf en bloc**
**D) Musterkauf**
**E) Kauf vertretbarer Sachen**
**F) Kauf nach Inaugenscheinnahme der Ware**
**G) Kauf unvertretbarer Sachen**
**H) Kauf mit Rückgaberecht nach einem Zeitraum**

**b) Begründen Sie, welche Kaufvertragsart in der IT-Branche die größte Rolle spielt.**

a) $6 \rightarrow A$
$5 \rightarrow B$
$7 \rightarrow C$
$4 \rightarrow D$
$2 \rightarrow E$
$8 \rightarrow F$
$1 \rightarrow G$
$3 \rightarrow H$

b) In der IT-Branche muss zwischen B2B-Unternehmen und B2C-Unternehmen unterschieden werden. Im B2B-Bereich geht es meist um maßgeschneiderte Lösungen, sodass der Spezifikationskauf im Vordergrund steht. Im B2C-Bereich werden auch Standardprodukte verkauft, sodass der Stückkauf eine gewichtige Rolle spielen dürfte.

**13. Was ist bei einem Ratenkauf zu beachten?**

Bei Teilzahlungsgeschäften gelten die BGB-Bestimmungen für die Verbraucherdarlehensverträge. Ratenkaufverträge müssen schriftlich abgefasst sein und folgendes enthalten:

- Barzahlungspreis
- Teilzahlungspreis
- Betrag, Zahl und Fälligkeit der einzelnen Teilleistungen (Raten)
- Effektiver Jahreszins
- Kosten einer Versicherung
- Sicherheiten (z. B. die Vereinbarung eines Eigentumsvorbehalts bis zur vollständigen Kaufpreiszahlung)
- Recht des Widerrufs (14 Tage)

**14. Welche Alternativen zum Teilzahlungsgeschäft (Ratenkauf) gibt es?**

Alternativen zum Teilzahlungskauf sind:

- Kauf gegen Anzahlung
- Barkauf (Finanzierung über einen Verbraucherkredit durch einen Dritten)
- Zielkauf (Zahlung innerhalb einer Zahlungsfrist
- Mietkauf (Leasing)

**15. Ein Kunde bleibt bei einem Teilzahlungsgeschäft zwei aufeinanderfolgende Monatsraten schuldig. Welche Rechte hat das Unternehmen gegen den Zahlungsverzug des Kunden vorzugehen?**

Nach § 508 BGB kann der Gläubiger vom Kaufvertrag zurücktreten und sich alle Aufwendungen aus dem Vertrag vom Schuldner ersetzen lassen. Bei der Rücknahme von Waren ist die Wertminderung zu berücksichtigen. Voraussetzung für den Schadensersatz ist allerdings, dass der Schuldner mit mindestens zwei aufeinander folgenden Teilzahlungen bzw. 5 oder 10 % des Darlehensvertrags ganz oder teilweise in Verzug ist und ihm eine zweiwöchige Säumnisfrist gesetzt wurde.

**16. Ein zahlungssäumiger Kunde reagiert nicht auf Mahnschreiben der des Gläubigers. Welche rechtlichen Mittel hat der Gläubiger, sein Geld dennoch einzutreiben?**

Wenn das außergerichtliche Mahnverfahren nicht greift, muss sich das Unternehmen einen Titel beim Amtsgericht holen. Es kann dann über den Gerichtsvollzieher in das Privatvermögen des säumigen Kunden pfänden und den Titel zwangsvollstrecken.

**17. Ein Kunde kauft eine neue Buchhaltungssoftware für seine Firma. Nachdem er sie auf seinen Firmenrechnern installiert hat, möchte er sie weiterverkaufen. Darf er das?**

Handelt es sich um eine Standardsoftware, die gegen Einmalzahlung auf Dauer überlassen wurde, steht einer Weiterveräußerung nichts im Wege. Als Eigentümer darf er die Software oder eine Kopie oder selbst die online erworbene Lizenz weiterverkaufen, da sich das urheberrechtliche Verbreitungsrecht gemäß § 69c Nr. 3 UrhG beim Softwarekauf erschöpft.

**18. Kann eine Softwarefirma in den Allgemeinen Geschäftsbedingungen die Weitergabe einer erworbenen Software durch den Kunden an Dritte ausschließen?**

Nach herrschender Meinung in der Rechtsprechung ist es nicht möglich, die Nutzung einer Software auf eine bestimmte Systemumgebung festzulegen, weil es den Käufer benachteiligen würde.

**19. Was sollte man als Kunde beim Erwerb einer Standardsoftware beachten?**

Man sollte vor allem auf eine ausführliche Leistungsbeschreibung (Benutzerdokumentation) der Software achten. Sie gibt Auskunft über Funktion und Beschaffenheit und mit ihrer Hilfe lassen sich eventuelle Softwaremangel identifizieren als Voraussetzung für Gewährleistungsansprüche.

In der Regel wird die Software im Objektcode und nicht im Quellcode überlassen. Auch hierüber sind im Kaufvertrag Vereinbarungen zu treffen.

**20. Wie viel Zeit hat ein Kaufmann nach dem Erwerb einer Software, um eventuelle Mängel zu reklamieren?**

Wenn die Software in Kaufmanneigenschaft erworben wurde, unterliegt er nach HGB § 377 der sofortigen Untersuchungs- und Rügepflicht. Die Beweislastumkehr zugunsten des Käufers für die ersten sechs Monate nach Gefahrenübergang gilt lediglich für Verbraucher und nicht im Handelskauf.

**21. Wie viel Zeit hat ein Kaufmann, um eventuelle Mängel zu reklamieren, wenn er eine individualisierte, d. h. speziell auf seinen betrieblichen Zweck abgestimmte Buchhaltungssoftware in Auftrag gegeben hat?**

Wurde der Programmcode gegenüber einem Standardprogramm nur geringfügig verändert, ist von einem Kaufvertrag auszugehen, d. h. er muss sofort rügen. Andernfalls liegt ein Werkvertrag vor. Dies kann unter Umständen eine längere Gewährleistungsfrist bedeuten, wenn die Software nicht als Sache, sondern als immaterielle Werksleistung betrachtet wird.

**22. a) Die IT Solutions GmbH vertreibt eine Standardsoftware, die sie nicht selbst entwickelt hat. Bei wem kann eine Kundin im Falle von Programmierungsfehlern oder Fehlfunktionen Gewährleistungsansprüche geltend machen?**

**b) Wie kann die IT Solutions GmbH die Risiken von Gewährleistungsansprüchen der Software-Kunden minimieren?**

a) Da die IT Solutions GmbH Vertragspartner der Kundin ist, trägt sie auch die Erfolgsverantwortung (Garantenstellung). Die Kundin kann ihre Gewährungsleistungsansprüche gegen die GmbH grundsätzlich geltend machen.

b) Die Gewährleistungsansprüche können vertraglich eingeschränkt werden. Denkbar sind:
- die Reduzierung der Verjährung auf das Minimum von einem Jahr;
- der Verweis an den Hersteller;
- Abtretung der Ansprüche des Lieferanten gegenüber dem Hersteller an den Kunden.

**23. Auf der Internetpräsenz eines Softwarevertriebs lesen Sie Sätze wie:**

- Many of the products available on our onlinestore come with manufacturer warranties. Those warranties are provided directly by the manufacturer of the product.
- We are not responsible for manufacturer warranties other than for our own branded products.
- Manufacturer warranties may cover repair or replacement for product defects and technical support for a certain period of time, but each warranty is different. Some manufacturers for example limit the countries or regions where they provide warranty coverage.

**Übersetzen Sie ins Deutsche.**

- Viele der in unserem Online-Store erhältlichen Produkte werden mit Herstellergarantien geliefert. Diese Garantien werden direkt vom Hersteller des Produkts bereitgestellt.
- Wir sind nicht verantwortlich für andere Herstellergarantien, sondern nur für unsere eigenen Markenprodukte.
- Herstellergarantien können Reparaturen oder Ersatz für Produktfehler und technischen Support für einen bestimmten Zeitraum abdecken, aber jede Garantie ist anders. Einige Hersteller beschränken z. B. die Länder oder Regionen, in denen sie eine Garantie anbieten.

**24. Was muss die IT Solutions GmbH beim Verkauf von Software im Ausland beachten?**

- Beim B2C-Verkauf ist die Umsatzsteuer zu erheben.
- Beim B2B-Verkauf innerhalb der EU wäre ein steuerfreier Verkauf möglich.
- Für verkörperte Produkte, d. h. Software auf einem Datenträger etc., könnten Zölle, insbesondere im Nicht-EU-Ausland anfallen.

## C.3 Beschaffungsprozess

**1. Erläutern Sie die Grafik und ihren Zusammenhang mit dem Beschaffungsprozess in IT-Unternehmen.**

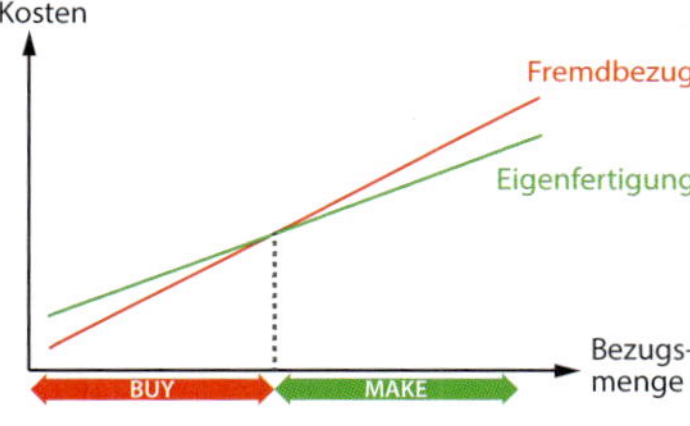


Die Grafik zeigt die unterschiedlichen Kostenverläufe von Fremdbezug und Eigenfertigung in Abhängigkeit von der Bezugsmenge.

Grundsätzlich ist der Fremdbezug bei kleiner Stückzahl günstiger als die Eigenfertigung, die sich meist aufgrund der Stückkostendegression erst bei großen Mengen in Serienproduktion lohnt. Der Schnittpunkt markiert die kritische Menge, ab der sich die Eigenfertigung lohnt.

Die Make-or-Buy-(Machen-oder-Kaufen-) Entscheidung stellt sich zu Beginn jedes Beschaffungsvorgangs. In IT-Unternehmen werden in der Regel die Komponenten fremdbezogen, während die individuelle Kundenlösung die Eigenleistung des Unternehmens ist. Die Make-or-Buy-Analyse setzt die Kenntnis der Kostenfunktion für die Eigenfertigung voraus, während die Kosten für den Fremdbezug ermittelt werden müssen.

**2. 30 Arbeitsplätze sollen mit neuen Rechnern ausgestattet werden. Planen Sie den Beschaffungsvorgang.**

**Bei einer Inhouse-Lösung könnten Sie die Rechner pro Stück für 1.500 € beschaffen, müssten bei einem Stundenverrechnungssatz von 50 €/h allerdings pro Arbeitsplatz einen Installationsaufwand von 4 Stunden kalkulieren.**

**Eine befreundete IT Service GmbH bietet Ihnen eine Komplettlösung von 1.699 € pro Rechner an.**

**a) Vergleichen Sie die Kosten mithilfe dieser Tabelle:**

| | Eigenfertigung | Fremdbezug |
|---|---|---|
| Kosten Rechner | | |
| Kosten Installation | | |
| **Gesamtkosten** | | |

a)

| | Eigenfertigung | Fremdbezug |
|---|---|---|
| Kosten Rechner | 1.500 € · 30 St. = = 45.000 € | 1.699 € · 30 St. = = 50.970 € |
| Kosten Installation | 50 €/h · 4 h · 30 St. = = 6.000 € | |
| **Gesamtkosten** | 51.000 € | 50.970 € |

**b) Welche Gesichtspunkte sind bei der Entscheidung zwischen Eigenfertigung und Fremdbezug neben den Kosten zu berücksichtigen?**

b)
- Eigene Kapazitäten (Maschinen-, Lager- und Personalkapazität)
- Abhängigkeit von Lieferanten

**3. Prüfen Sie mithilfe nachfolgender Tabelle, ob sich für die IT Service GmbH die Eigenentwicklung einer Individualsoftware oder der Fremdbezug lohnt. Gewichten Sie die Kriterien dabei mit den angegebenen Präferenzen. Die Bewertung erfolgt mithilfe von Schulnoten, sodass der beste Durchschnitt am Ende entscheiden soll.**

| Kriterium | Gewichtung in % | Eigenentwicklung | Fremdbezug |
|---|---|---|---|
| Preis | 30 | 5 | 2 |
| Zeit | 20 | 4 | 1 |
| Anpassungsfähigkeit | 10 | 2 | 3 |
| Weiterentwicklung durch Updates | 10 | 3 | 3 |
| Qualität | 10 | 2 | 5 |
| Kapazitätsauslastung | 15 | 2 | 5 |
| Unabhängig | 5 | 1 | 3 |
| **Durchschnittsnote** | 100 % | | |

| Kriterium | Gewichtung in % | Eigenentwicklung | Fremdbezug |
|---|---|---|---|
| Preis | 30 | 5 · 0,3 | 2 · 0,3 |
| Zeit | 20 | 4 · 0,2 | 1 · 0,2 |
| Anpassungsfähigkeit | 10 | 2 · 0,1 | 3 · 0,1 |
| Weiterentwicklung durch Updates | 10 | 3 · 0,1 | 3 · 0,1 |
| Qualität | 10 | 2 · 0,1 | 5 · 0,1 |
| Kapazitätsauslastung | 15 | 2 · 0,15 | 5 · 0,15 |
| Unabhängig | 5 | 1 · 0,1 | 3 · 0,1 |
| **Durchschnittsnote** | 100 % | 3,4 | 2,95 |

Unter den gegebenen Präferenzen der IT Service GmbH ist der Fremdbezug günstiger als die Eigenentwicklung.

**4. Bei der Bedarfsermittlung wird häufig von Primär-, Sekundär- und Tertiärbedarf unterschieden. Erklären Sie die Begriffe anhand von Artikeln eines Computerhändlers.**

- Primärbedarf: verkaufsfähige Erzeugnisse wie Notebooks, Laptops, Desktop-PCs
- Sekundärbedarf: Rohstoffe, Einzelteile, Baugruppen wie Festplatten, Motherboards, CPU
- Tertiärbedarf: Hilfsstoffe, Betriebsstoffe, Verschleißwerkzeuge bzw. -teile wie Verpackungsmaterial, Strom, Paketband

| | |
|---|---|
| **5. Nennen Sie die Vorteile von Insourcing und Outsourcing.** | **Vorteile von Insourcing:**<br>• kein Know-how-Transfer bzw. Brain-Drain an andere Firmen<br>• Spezialisierungsgewinn<br>• Unabhängigkeit gegenüber Lieferanten<br>• Kostenvorteile bei hohem Auslastungsgrad<br>**Vorteile von Outsourcing:**<br>• höhere Bedarfsgerechtigkeit von technischen Lösungen<br>• kein teures Vorhalten von ungenutzten betrieblichen Produktionsfaktoren<br>• Lean Management möglich<br>• Kostenvorteile bei niedrigem Auslastungsgrad |
| **6. Die städtische Krankenhaus gGmbH ist langjähriger Geschäftspartner der IT Service GmbH. Nachdem die IT-Kosten im letzten Jahr deutlich gestiegen sind, hat der Krankenhaus-Geschäftsführer angekündigt, Software nun vermehrt über den Online-Handel zu beschaffen. Nennen Sie mindestens drei Vorteile, die die Beschaffung über die IT Service GmbH gegenüber der Onlinebeschaffung hat.** | • persönliche Beratung<br>• Vertrautheit mit den IT-Systemen<br>• Rabattgewährung denkbar<br>• Just-in-time-Lieferung und -Serviceleistung |

**7. Ein Online-Händler möchte für den Artikel X die optimale Bestellmenge bestimmen.**

**a) Lesen Sie aus nachfolgender Tabelle die optimale Bestellmenge ab.**

| | A | B | C | D | E | F |
|---|---|---|---|---|---|---|
| 1 | Anzahl Bestellungen | Bestell-menge | Bestell-kosten | Lager-bestand | Lager-kosten | Gesamt-kosten |
| 2 | 1 | 100,0 | 48,00 € | 50,00 | 400,00 € | 448,00 € |
| 3 | 2 | 50,0 | 96,00 € | 25,00 | 200,00 € | 296,00 € |
| 4 | 3 | 33,3 | 144,00 € | 16,67 | 133,33 € | 277,33 € |
| 5 | 4 | 25,0 | 192,00 € | 12,50 | 100,00 € | 292,00 € |
| 6 | 5 | 20,0 | 240,00 € | 10,00 | 80,00 € | 320,00 € |
| 7 | 6 | 16,7 | 268,00 € | 8,33 | 66,67 € | 354,67 € |
| 8 | 7 | 14,3 | 335,00 € | 7,14 | 57,14 € | 393,14 € |
| 9 | 8 | 12,5 | 384,00 € | 6,25 | 50,00 € | 434,00 € |
| 10 | 9 | 11,1 | 432,00 € | 5,56 | 44,44 € | 476,44 € |
| 11 | 10 | 10,0 | 480,00 € | 5,00 | 40,00 € | 520,00 € |

**b) Für Artikel Y liegt nur eine Grafik vor. Lesen aus der Grafik die optimale Bestellmenge ab.**

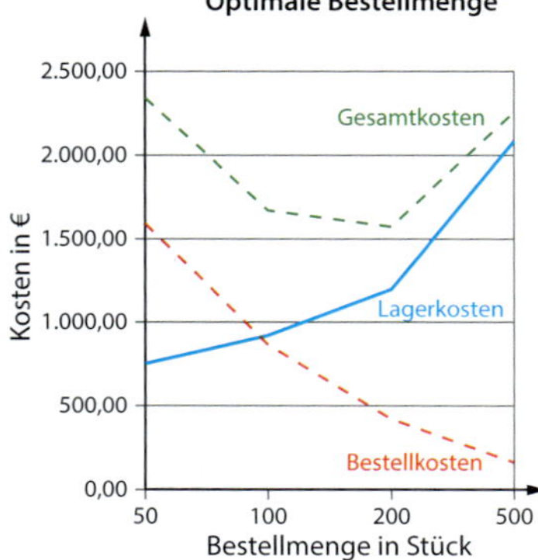


a) 33,3 Stück, weil bei dieser Menge die Gesamtkosten am geringsten sind.

b) 200 Stück, weil bei dieser Menge die Gesamtkosten am geringsten sind.

**8. Für Artikel Z wurden folgende Daten erhoben:**

**Jahresbedarf = 1.500 Stück**
**Bezugspreis 50 €/Stück**
**Kosten je Bestellung = 60 €**
**eiserne Reserve = 80 Stück (sind bereits im Lager vorhanden)**
**Lagerkostensatz = 10 %**
**Bestellhäufigkeit = 4-mal pro Jahr**

**Ermitteln Sie**
**a) den durchschnittlichen Lagerbestand,**
**b) die jährlichen Bestellkosten,**
**c) die jährlichen Lagerkosten,**
**d) die jährlichen Gesamtkosten.**

a) Durchschnittlicher Lagerbestand =
$= \frac{\text{eiserne Reserve + Bestellmenge}}{2} =$
$= \frac{80 \text{ St.} + 1.500 \text{ St.}}{2} = 790 \text{ St.}$

b) jährliche Bestellkosten =
= Bestellhäufigkeit · Kosten der Bestellung
= 4 · 60 € = 240 €

c) jährliche Lagerkosten =
= Lagerkostensatz · Bezugspreis · durchschnittlicher Lagerbestand =
= 0,1 · 50 €/St. · 790 St. = 3.950 €

d) jährliche Gesamtkosten =
= jährl. Bestellkosten + jährl. Lagerkosten
= 240 € + 3.950 € = 4.190 €

**9. Für Artikel W mit unregelmäßigem Verbrauch wurden die Zu- und Abgänge im Lager in folgendem Diagramm visualisiert:**

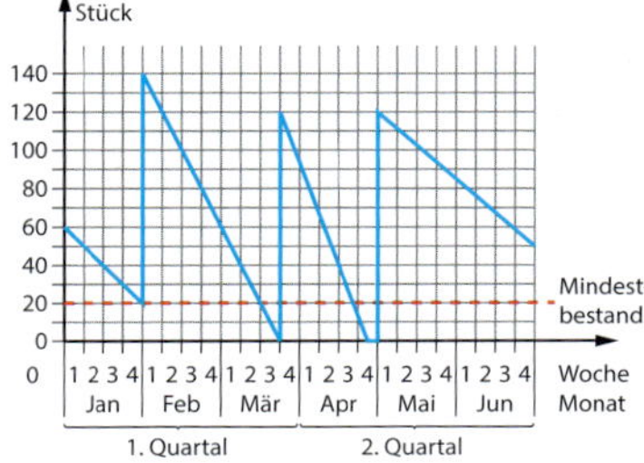


**a) Berechnen Sie den Meldebestand bei einer konstanten Lieferzeit von 14 Tagen.**
**b) Welches Problem zeigt sich im Verlauf der Bestandsveränderungen?**

a) Meldebestand =
= Tagesverbrauch · Lieferzeit + Mindestbestand =
$= \frac{10}{7}$ Artikel pro Tag · 14 Tage + 20
= 40

b) Die eiserne Reserve oder auch der sogenannte Mindestbestand wird im Halbjahr zwei Mal unterschritten. Es muss daher vermutet werden, dass der Mindestbestand zu niedrig ist. Für die Produktion und den Vertrieb könnte dies zu Verzögerungen führen, die eventuell die Reputation des Unternehmens dauerhaft beschädigen. Andererseits ist zu bedenken, dass ein hoher Mindest- bzw. Sicherheitsbestand (eiserne Reserve) zu erhöhten Lagerkosten führt und damit die Unternehmensgewinne minimiert.

**10. a) Unterscheiden Sie das [1] Bestellpunktverfahren vom [2] Bestellrhythmusverfahren.**
**b) Für welche Produktionsgüter in der IT-Branche eignet sich welches Verfahren?**

a) Beim [1] Bestellpunktverfahren entscheidet die Bestellmenge, d. h. der Verbrauch, über den Zeitpunkt der Neubestellung. Die Steuerung des Lagers über die Bestandsmenge hat dann Sinn, wenn Artikel für den Produktions- oder Dienstleistungsprozess dringend auf Vorrat gehalten werden müssen, z. B. im stationären Computer- und Zubehörhandel.

Beim [2] Bestellrhythmusverfahren entscheidet der Zeitverlauf über die Neubestellung. Oft bestimmen Lieferanten den Rhythmus.

b) Das Bestellrhythmusverfahren ist nur dann sinnvoll, wenn der Verbrauch der Artikel im Zeitverlauf konstant und planbar ist, vor allem in der Serienproduktion (z. B. Chipproduktion).

**11. Wann ist Vorratsbeschaffung einer Bedarfsbeschaffung vorzuziehen?**

Vorratsbeschaffung ermöglicht es, Produktionsvorgänge zeitlich von der Beschaffung zu entkoppeln (produktionsasynchron) und sich unabhängig von Lieferanten zu machen. Sie bietet sich bei Artikeln mit hohem Mengen- und geringem Wertanteil an. In der IT-Branche ist dies vor allem im stationären Handel und in der Serien- und Massenproduktion von Vorteil. Für die IT-Dienstleister spielt die Vorratsbeschaffung kaum eine Rolle.

**12. Nennen Sie Vor- und Nachteile der Just-in-Time-Beschaffung.**

**Vorteile:**
- Senkung der Lagerhaltungskosten, Verlagerung auf die Straße (Externalisierung von Kosten)
- mengen- und zeitgenaue Bereitstellung von Materialien und Leistungen

**Nachteile:**
- Kosten für die Disposition der betrieblichen Produktionsfaktoren steigen (Transaktionskosten)
- größere Abhängigkeit von Lieferanten und funktionierender Logistik

**13. Welche Vorteile bietet größeren IT-Unternehmen eine zentrale Beschaffung gegenüber einer dezentralen Beschaffung?**

| | **zentrale Beschaffung** | **dezentrale Beschaffung** |
|---|---|---|
| Vorteile | durch Auftragsbündelung höhere Rabatte und günstigere Konditionen | höhere Bedarfsgerechtigkeit; größere Autonomie dezentraler Stellen (Motivation!) |
| Nachteile | Gefahr der Bürokratisierung und Schematisierung | keine Realisierung von Größenvorteilen |

**14. SWOT bedeutet Strengths-Weaknesses-Opportunities-Threats-Analyse (Stärken-Schwächen-Chancen-Risiken). Nutzen Sie folgende SWOT-Matrix und ordnen Sie die Begriffe der digitalen Beschaffung richtig zu:**

| **digitale Beschaffung** | + | – |
|---|---|---|
| intern | Stärken | Schwächen |
| extern | Chancen | Risiken |

- A) **eigene Einkaufsprozesse werden automatisiert**
- B) **Überforderung der Beschaffungsabteilung**
- C) **zielgerichtetere Beschaffung über Portale möglich**
- D) **höhere Markttransparenz für alle Teilnehmer**
- E) **eigene Verträge werden komplexer**
- F) **Einkaufspreise für das eigene Unternehmen sinken**
- G) **höherer Wettbewerbsdruck**
- H) **Informationsflut**

| **digitale Beschaffung** | + | – |
|---|---|---|
| intern | **Stärken**<br>A), F) | **Schwächen**<br>B), E) |
| extern | **Chancen**<br>C), D) | **Risiken**<br>G), H) |

## C.4 Empfang

**1. a) Beschreiben Sie die Warenannahme im Wareneingangslager.**
**b) Warum müssen eingegangene Waren zeitnah geprüft werden?**

a) Zuerst in Anwesenheit des Überbringers (Frachtführers) mithilfe der Lieferanzeige (Frachtbrief und Lieferschein) überprüfen,
- ob die Ware richtig adressiert ist,
- ob die richtige Ware geliefert wurde,
- ob die Verpackung intakt ist und
- ob eventuelle Transportschäden vorliegen.

Anschließend wird die Ware in Abwesenheit des Überbringers auf Vollständigkeit und Richtigkeit überprüft, eventuell durch Stichproben.

Diese Prüfungen werden heutzutage zumeist computergestützt in einem Materialbuchungssystem verbucht.

b) Nach § 377 Abs. 1 HGB hat bei einem zweiseitigen Handelskauf der Käufer die Ware **unverzüglich** nach der Ablieferung zu prüfen und dem Verkäufer eventuelle Mängel anzuzeigen. Unterlässt der Käufer die Anzeige, so gilt die Ware als genehmigt, falls der Mangel bei der Untersuchung nicht erkennbar war. Im Gegensatz dazu besteht beim einseitigen Handelskauf eine Gewährleistungszeit von zwei Jahren, wobei der Verkäufer innerhalb von sechs Monaten zu beweisen hat, dass die Ware bei Lieferung mängelfrei war (Beweislastumkehr).

**2. Welche Angaben sollte eine Mängelrüge enthalten?**

- Datum der Lieferung, Prüfung
- Lieferant/Frachtführer
- Bestell- und Rechnungsnummer
- Prüfergebnis
- Verpackungsschäden
- Artmangel/Fehllieferung
- Qualitätsmangel/falsche Menge
- Entscheidung Annahme/Rücksendung
- Name/Unterschrift

| | |
|---|---|
| **3. Welche Angaben sollte ein Lieferschein enthalten?** | • Absender und Empfänger der Lieferung<br>• Versanddatum und Lieferdatum<br>• eine Lieferscheinnummer und/oder Rechnungsnummer<br>• eine Warenliste mit Mengenangabe,<br>• Herstellernamen, Farbe, Gewicht, Format etc.<br>• Angaben zur Versandart bzw. dem Transportunternehmen<br>• Eigentumshinweis |
| **4. Ordnen Sie die Begriffe**<br>**A) Warenversand,**<br>**B) Versandsystem,**<br>**C) Wareneingangslager,**<br>**D) Produktionsplanungssystem,**<br>**E) Warenausgangslager (Kommissionierungslager),**<br>**F) Wareneingangssystem,**<br>**G) Fertigung,**<br>**H) Zwischenlager und**<br>**I) Warenannahme.**<br>**den folgenden Kategorien zu: Materialfluss, Informationsfluss, Organisationseinheit.** | Materialfluss:<br>I $\rightarrow$ G $\rightarrow$ A<br>Informationsfluss:<br>F $\rightarrow$ D $\rightarrow$ B<br>Organisationseinheit:<br>C $\rightarrow$ H $\rightarrow$ E |
| **5. Berechnen Sie die Tagesleistung (8 h) eines Kommissionierers, der im Durchschnitt 5 Min. für Bereitstellung einer Ladeeinheit benötigt bei einer Ruhe- und Wartezeit von 10 % der Tagesleistung.** | $8 \cdot 60$ Min. = 480 Min. Arbeitszeit<br>10 Prozent % (48 Minuten) abziehen ergibt 432 Min.<br>432 Min : 5 Min./Ladeeinheit =<br>= 86,4 Ladeeinheiten ≈ 86 Ladeeinheiten |

**6. a) Berechnen Sie den durchschnittlichen Lagerbestandswert eines Lagers, das am Jahresanfang Waren im Wert von 200.000 € und am Jahresende Waren im Wert von 400.000 € enthält.**

**b) Berechnen Sie die Lagerumschlagshäufigkeit, wenn im vorher genannten Lager Waren im Wert von insgesamt 2.800.000 € gelagert wurden.**

durchschnittlicher Lagerbestandswert =

$$= \frac{\text{Anfangsbestand} + \text{Endbestand}}{2} =$$

$$= \frac{200.000 \text{ Euro €} + 400.000 \text{ Euro €}}{2} =$$

$$= 300.000 \text{ Euro €}$$

Lagerumschlagshäufigkeit =

$$= \frac{\text{Wareneinsatz}}{\text{durchschnittlicher Lagerbestandswert}} =$$

$$= \frac{2.800.000\ €}{300.000\ €} = 9{,}3$$

9,3-mal wird das Lager im Jahr umgeschlagen.

**7. Was ist beim Warenversand zu beachten?**

**a) Durch wen erfolgt der Warenversand?**

**b) Was ist ein Frachtführer?**

**c) Wer haftet beim Warenversand?**

**d) Was ist ein Speditionsvertrag?**

a) Der Warenversand erfolgt in der Regel durch einem Transportdienstleister auf der Grundlage eines Frachtvertrags, einer im HGB geregelten Spezialform eines Werkvertrags.

b) Dieser heißt im Frachtvertrag Frachtführer und ist nach § 407 Abs. 1 HGB verpflichtet, das Frachtgut vom Übernahmeort zum Bestimmungsort zu befördern und dem Empfänger abzuliefern.

c) Der Frachtführer haftet für Schäden, Verlust und Versäumnis und hat Anspruch auf Zahlung eines Frachtgeldes. Bei Nichtzahlung steht ihm ein Pfandrecht an der Fracht zu.

d) Die Abwicklung des Frachtgeschäfts kann zudem über einen Spediteur in einem speziellen Speditionsvertrag fremdvergeben werden.

**8. Wie kann der Warenversand zum Kunden überwacht werden?**

Die Fracht wird heute elektronisch per Sendeverfolgung des Material- und Warentransports im Trackingsystem des Transportdienstleisters überwacht. Als Beweisurkunde über den Inhalt und Abschluss des Frachtvertrags dient der Frachtbrief, der heute auch elektronisch abgewickelt werden kann.

# D Sie bereiten die Übergabe der Produkte vor, integrieren, konfigurieren der IT-Komponenten und nehmen diese in Betrieb.

## D.1 Produktübergabe

1. **Welche kostengünstige Lösung bietet sich an, um Waren vor dem Transport in kleinere Mengen zu verpacken?**

Schlauchfolie, z. B. mithilfe von Folienschweißgeräten. In diesem Fall wird eine Folie verwendet, die zu einer Verpackung verschweißt wird. Dadurch wird das Transportgut vor Schmutz und Feuchtigkeit geschützt.

2. **Beschreiben Sie eine Verpackungsvariante für den Transport von größeren Mengen.**

Für den Transport großer Stückzahlen eignen sich Paletten, die mit Folie verpackt werden. Die Umsetzung der Verpackung kann mithilfe eines Wickelroboters oder eines Verpackungsautomaten geschehen.

3. **Worauf ist bei der Verpackung zu achten, um Infektionsketten zu vermeiden?**

Um Infektionsketten zu vermeiden, sollte man auch nach der Produktion noch auf besondere Hygiene achten. Infektionen können auch durch Paketzusteller und/oder weitere Akteure übertragen werden. Daher sollten Materialien verwendet werden, auf denen Viren nicht lange haften.

4. **Wie werden elektronische Bauelemente und PC-Komponenten fachgerecht verpackt und übergeben?**

Aufgrund der Gefahr, dass sich Personen beim Transport elektrisch aufladen, müssen die Geräte durch antistatische Folie geschützt werden. Eine normale Folie würde sich selbst aufladen und die Elektronik möglicherweise schädigen. Die Folie schützt außerdem die verpackten Elemente vor Staub und Schmutz. Die Polsterung schützt vor Stößen, Erschütterungen und Druck.

5. **Welche Arten von Folien zum Schutz von PC-Komponenten und Bauelementen gibt es?**

- **elektrostatisch ableitende Folie (meist rosa):** vermeidet Aufladung durch Reibung
- **elektrostatisch abschirmende Folie (meist grau):** besteht im äußeren Bereich aus elektrisch leitendem Material und schirmt somit den gesamten Inhalt ab

| | |
|---|---|
| **6. Beschreiben Sie, welche Aktionen bei der Übergabe von PC-Komponenten durchzuführen sind.** | • Überprüfen auf Transportschäden<br>• Dokumentieren, welche PC-Komponenten übergeben wurden<br>• Anzahl der PC-Komponenten notieren<br>• Bestätigung durch Unterschrift des Kunden |
| **7. Wie können PC-Komponenten im Lager schnell ausgesucht und den Kunden übergeben werden?** | Bei der Lagerung sollten Produkte mit Barcodeetiketten beschriftet und nach Kategorien sortiert werden. Zusätzlich sollte eine Inventarisierungssoftware verwendet werden. |
| **8. Wie ist mit Produkten umzugehen, die vom Kunden nicht akzeptiert werden?** | Sollte der Kunde bestimmte Produkte nicht annehmen, so können diese zurück ins Lager zur B-Ware o. ä. gestellt werden. Hierbei ist ein Ticket zu erstellen, damit geprüft werden kann, ob die Produkte in der Kategorie „Ersatzteile" abgelegt oder doch zurück an den Hersteller gesendet werden. |
| **9. Worauf ist zu achten, wenn Sie Elektroaltgeräte (PCs, Drucker, Scanner, USV etc.) des Kunden fachgerecht entsorgen sollen?** | • Alte IT-Systeme sollten bereits demontiert und bereit zur Mitnahme sein.<br>• Alle personenbezogenen Daten sollte der Kunde bereits gelöscht haben – ggf. werden Sie dazu beauftragt.<br>• Akkus und Batterien sollten entnommen und isoliert werden, um Kurzschlüsse und Brände zu vermeiden. |
| **10. Durch welche gesetzliche Regelung wird die Menge an Elektro(nik)schrott verringert?** | Durch<br>• das ElektroG (Elektro- und Elektronikgerätegesetz),<br>• die RoHS (Richtlinie zur Beschränkung gefährlicher Stoffe) sowie<br>• die WEEE-Richtlinie 2012/19/EU (Elektro- und Elektronikgeräte-Abfall)<br>reduziert sich die Menge an Elektronik-Abfall. Durch Maßnahmen wie Rücknahme von Altgeräten, Recycling und Wiederverwendung produzieren Hersteller nachhaltige Produkte. |

## D.2 Integration von IT-Komponenten

**1. Wie richten Sie Ihren Arbeitsplatz ein, um PC-Komponenten im Mainboard zu integrieren?**

- große und saubere Arbeitsumgebung wählen, um genügend Platz für das PC-Gehäuse o. ä. zu haben und alle Komponenten im Blick behalten zu können
- ausreichende Helligkeit
- Ablagefläche oder -behälter für Schrauben und Kleinteile

**2. Warum müssen bei der Integration von PC-Hardware antistatische Folien, Matten, Bänder usw. verwendet werden?**

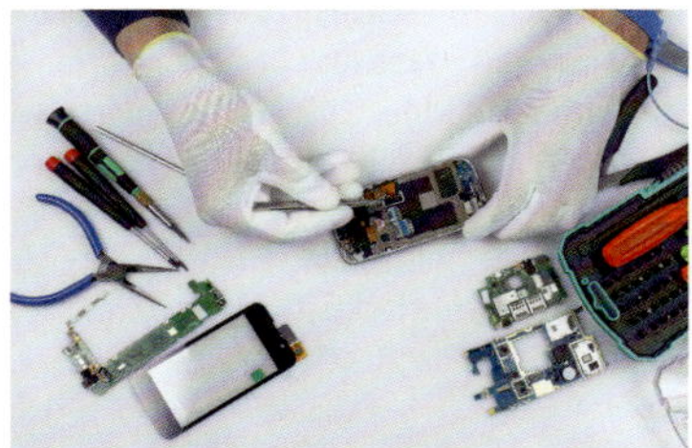

Wenn eine neue Hardware bestellt wird (z. B. ein Mainboard), ist diese in einer antistatischen Folie verpackt.

Beim Auspacken sollten die elektronischen Bauelemente nicht mit den Fingern berührt, sondern das Mainboard darf lediglich mit der Hand an den Seiten berührt und bewegt werden.

Anschließend legt man das Mainboard auf eine antistatische Matte und legt ein antistatisches Schutzband an, um die Aufladung der Fachkraft am PE-Anschluss oder Heizkörper abzuleiten.

**3. Welche Werkzeuge benötigen Sie für das Zusammenbauen eines PC-Systems?**

- Bedienungsanleitung der einzelnen Komponenten
- Schraubendreher und andere Handwerkzeuge
- Taschenlampe und Diagnosewerkzeuge/Multimeter
- Pinzette/Zange
- Mikrofasertuch und andere Reinigungswerkzeuge
- Klebeband, Kabelbinder

**4. Worauf ist zu achten, wenn das Netzteil im PC-Gehäuse integriert wird?**

Die zur Kühlung der Netzteile verwendeten Lüfter sorgen für Vibrationen und dadurch können sich Schrauben lösen. Deshalb sollten die Schrauben des Netzteils optimal festgezogen werden.

Es muss außerdem darauf geachtet werden, dass aus dem Netzteil verschiedene Stromstecker für CPU, Mainboard, PCIe, S-ATA Schnittstellen etc. kommen, die optisch gut angeordnet sein sollten (Kabelbinder verwenden). Dies dient einer schnelleren und besseren Übersicht, z. B. beim Anschluss neuer Komponenten, einer möglichst optimalen Luftströmung für die Kühlung des Gehäuses und der Reduzierung von Geräuschemissionen.

**Ausnahme:** der kompaktere ATX12VO-Standard, der nur 12 V an das Mainboard liefert. Die Energieversorgung der PC-Komponenten wird direkt vom Mainboard realisiert.

**5. Beschreiben Sie das Einbauen eines Prozessors im Mainboard.**

- Zuerst wird der Hebel des CPU-Sockels umgelegt.
- Anhand einer Einkerbung oder Markierung an einer Ecke kann man herausfinden, in welcher Ausrichtung die CPU bzw. der Prozessor im Mainboard platziert werden soll.
- Bei richtiger Ausrichtung erfordert das Einsetzen keinerlei Kraftwirkung. Zum Schluss wird der Hebel geschlossen.

**6. Erklären Sie, wie ein Kühlkörper an einer CPU integriert wird.**

Bevor der Kühlkörper an die CPU gelegt wird, sollte eine erbsengroße Menge Wärmeleitpaste an der CPU aufgetragen werden. Diese verteilt sich nach dem Einsetzen gleichmäßig, wenn der Kühlkörper fest an der CPU montiert ist. Zum Schluss werden CPU und Lüfter mit den dafür vorgesehenen Stromanschlüssen verbunden.

**7. Beschreiben Sie, wie das Mainboard am Gehäuse befestigt wird.**

Das Mainboard muss in Größe und Abmessung zum Gehäuse passen. Es gibt dafür bestimmte standardisierte Formfaktoren, die eine Auswahl vereinfachen. Dabei ist klar festgelegt, an welcher Stelle sich die Gewinde im Gehäuse oder die Löcher des Mainboards befinden. Diese Stellen befestigt man mit den entsprechenden Schrauben.

**8. Wie werden Arbeitsspeicher (RAM-Module) im Mainboard montiert?**

Ein Arbeitsspeicher muss in den entsprechenden DIMM-Sockel (Dual Inline Memory Module) gesteckt werden. Dabei müssen die RAM-Module auch zum Mainboard passen – erkennbar durch die Kerbe an der Unterseite der Speicherbausteine. Dazu werden die Verriegelungshebel an den Enden gelöst, die RAM-Module eingesteckt und die Verriegelungshebel wieder eingerastet. Auch an dieser Stelle sollten die RAM-Module nicht kraftvoll eingesteckt werden, wenn sie nicht auf Anhieb in den Sockel passen.

**9. In vielen Mainboards verfügen die DIMM-Sockel über unterschiedliche Farben. Worauf ist bei der Integration von RAM-Modulen diesbezüglich zu achten?**

Das abgebildete Mainboard unterstützt Dual Channel. Das bedeutet, dass der Datenaustausch über mehrere Arbeitsspeicher-Module an einem Prozessor parallel erfolgen kann. Auch Quad-Channel sind an einigen Mainboards verfügbar. Genaue Informationen sind im jeweiligen Handbuch dokumentiert. Die RAM-Module sollten organisiert werden, damit keine Inkompatibilitäten entstehen.

| | |
|---|---|
| **10. An welche Slots des Mainboards wird eine Grafikkarte angeschlossen?** | Da die Datenübertragung von bzw. zu Grafikkarten sehr schnell erfolgen muss, werden PCIe-Slots verwendet.<br><br>PCIe oder PCI-E: Peripheral Component Interconnect Express<br><br>In einem Mainboard können mehrere PCIe-Slots vorhanden sein. Der schnellste Slot sollte ausgewählt werden (z. B. PCIe-x16). |
| **11. An welchen PCIe-Steckplatz kann eine x1-PCIe-Erweiterungskarte gesteckt werden?** | Aufgrund der Auf- und Abwärtskompatibilität von PCIe passt eine PCIe-x1-Erweiterungskarte in alle PCIe-Variationen, wenn sie rein mechanisch passt. |
| **12. Zwei ältere PCIe-3.0-x16-Steckplätze haben die Bezeichnungen: „PCIe 3.0 x16 (x0-/x8-Modus)“ und „PCIe 3.0 x16 (x16-/x8-Modus)“.**<br><br>**Welchen Steckplatz wählen Sie für das Einbinden der Grafikkarte am Mainboard?** | Aufgrund der hohen Kompatibilität können auch kleinere PCIe-Erweiterungskarten in größere PCIe-Slots gesteckt werden. So ist es nicht garantiert, dass die mechanisch längsten Slots auch 16 Lanes haben. Mehrere Slots können sich die Lanes teilen (z. B. x4 oder x8). So können die Slots in der obigen Angabe entweder beide mit x8 betrieben werden oder nur einer der beiden mit x16. |
| **13. Wie werden PCIe-Erweiterungskarten eingebaut?** | Man drückt die Erweiterungskarte in den Steckplatz, bis die Karte vollständig eingesetzt ist. Die Halterung der Erweiterungskarte wird ggf. mit einer Schraube am Gehäuse befestigt. |
| **14. Wie integriert man eine Festplatte am Mainboard?** | Eine Festplatte mit S-ATA-Anschluss benötigt neben einem S-ATA-Kabel auch einen Netzteilsteckverbinder. Dieser wird auf dem Anschluss gedrückt, bis es einrastet. Auch das Datenkabel wird mit dem Mainboard verbunden. |
| **15. Erklären Sie den Begriff Hot Plug und nennen Sie ein Beispiel dazu.** | Komponenten, die Hot-Plug-fähig sind, können während der Systemausführung ausgetauscht werden. Dabei wird kein Neustart benötigt. Die Komponente enthält bereits einen Treiber, der in das Betriebssystem integriert ist.<br><br>Beispiele: USB und Bluetooth. |

**16. Erklären Sie den Begriff Hot Swap und geben Sie ein Beispiel dazu an.**

Während der Systemausführung können Komponenten ausgetauscht werden, ohne das System herunterfahren und einen Neustart durchführen zu müssen. Die Komponente selbst enthält keine Treiber. Beispiele: Hot-Spare im RAID-Verbund und Tausch von Lüftern.

**17. Wie kann das Bild einer Grafikkarte mit einem Bildausgang auf mehreren Monitoren ausgegeben werden?**

Ein Verteiler- bzw. Splittersystem (DisplayPort, HDMI oder DVI) wird benötigt, das das Computer-Bild verstärkt und auf die vorhandenen Ausgänge unkomprimiert überträgt. Dies erfolgt per Plug-and-Play.

**18. Wie schließt man ein 7.1-Sound-System an ein PC-System an?**

Verfügt das Mainboard nur über Stereo-Sound mit drei Audio-Buchsen (MIC, Line In und Line Out), dann muss eine externe Sound-Box o. ä. eingesetzt werden.

Verfügt das Mainboard zusätzlich zu Stereo-Signalen über Rear, C/SUB verfügt, dann kann die Anlage direkt über die Mainboard-Buchsen angeschlossen werden.

**19. Nennen Sie drei Gründe, warum bei der Integration von IT-Komponenten auf ordentliches Kabelmanagement geachtet werden soll.**

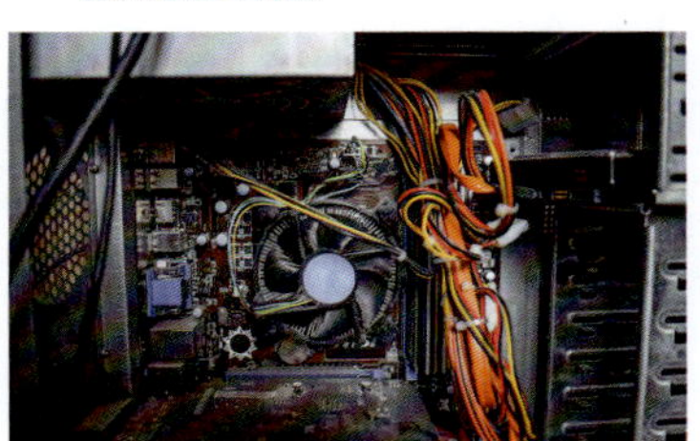

**Übersichtlichkeit:** Geräte lassen sich schneller finden und abstecken. Außerdem sorgt eine schöne und aufgeräumte Umgebung für ein effektives Arbeiten.

**Lebensdauer der IT-Komponenten:** Es entstehen keine Stolperfallen, Verdrillungen und Knicke, die zu Kabelbrüchen oder Signalbeeinflussung führen könnten.

**Sauberkeit und Hygiene:** Schmutz und Staub lassen sich schneller entfernen.

**20. Erläutern Sie, wie die (externen) Kabel der IT-Komponenten an einem PC-Arbeitsplatz angebracht werden sollten.**

Um Ordnung und Struktur zu schaffen, sollten Kabelbinder (keine Einwegkabelbinder) verwendet werden. Man gruppiert die Kabel z. B. mit farbigen Klett-Kabelbindern oder Mehrwegkabelbindern, die sich durch eine Entriegelung wieder öffnen lassen. Dadurch können sie bei Irrtum oder Erweiterung von IT-Komponenten mehrfach verwendet werden.

Eine bessere Optik kann durch die Verwendung von Kabelschläuchen erreicht werden. Die Kabel werden in Schläuchen oder Kabelkanälen unsichtbar unter dem Tisch verlegt. Sollten Geräte auf dem Tisch verwendet werden, können zusätzlich Kabeldurchführungen eingesetzt werden. Eine weitere Ergänzung wären versenkbare Tischsteckdosen.

Grundsätzlich sollten die Stecker beim Verlegen/Montieren aus den Geräten und Steckdosen entfernt werden, um flexibler und spannungsfrei arbeiten zu können.

**21. Beschreiben Sie, wie ein PC-Gehäuse in einem Büro aufgestellt werden sollte.**

Anstatt der Platzierung auf dem Fußboden kann eine PC-Halterung verwendet werden. Der PC kann stehend oder liegend montiert werden. Voraussetzung dafür ist eine höhen- und breitenverstellbare PC-Halterung, damit sie für jede Montageart bzw. jeden Gehäusetyp passt. Zuerst muss das PC-Gehäuse gemessen werden. Dann sollten die Schrauben der Halterung auf die Abmessungen des PC-Gehäuses eingestellt werden. Zum Schluss legt man den PC auf die Schienen.

**22. Welche Vorteile gibt es bei der Verwendung von PC-Halterungen?**

Stehen oder liegen die PCs auf dem Boden, wird die Umgebung der PCs weniger gründlich und seltener gereinigt als eine frei zugängliche Fläche. In diesem Fall saugen die Lüfter der PCs mehr Staub an. Dies wirkt sich negativ auf die Lebensdauer der Lüfter aus. Beim Einsatz von PC-Halterungen saugen die Lüfter weniger Staub an; gleichzeitig ist die umgebende Bodenfläche einfacher zu reinigen und dies geschieht damit öfter.
Wenn die PC-Halterung zusätzlich um 360° drehbar ist, sind die Steckplätze des PCs ohne einen großen Aufwand frei zugänglich.

**23. Welche Komponente müssen Sie integrieren, damit Unbefugte von der Seite nicht auf den Bildschirm schauen können?**

Ein Blickschutzfilter oder eine Blickschutzfolie stellt sicher, dass Bildschirminhalte nur frontal bzw. bis zu einem bestimmten Winkel (meist bis 30°) sichtbar sind. Es gibt Folien, die direkt und dauerhaft auf den Bildschirm geklebt werden und es gibt Blickschutzfilter, die durch eine Halterung geschoben werden, sodass sie bei Wunsch wieder entfernt werden können.

**24. Welche IT-Systeme verwenden Sie, um die Zeiterfassung des Personals umzusetzen?**

Denkbar ist die Integration eines Komplettsystems zur Zeiterfassung, bei dem die Authentifizierung auf der Grundlage von RFID, PIN und/oder Fingerscan erfolgt. Protokollierung und Auswertung können mit einem PC, im Netzwerk oder in der Cloud erfolgen.

**25. Worauf ist bei der Integration von RFID-Lesegeräten zu achten?**

In der unmittelbaren Umgebung des Lesegerätes oder der RFID-Karten oder -transponder sollten möglichst keine RFID-Blocker oder -Materialien platziert werden. Diese würden die RFID-Signale (gilt auch für NFC) abschirmen bzw. ableiten.

## D.3 Konfiguration von IT-Komponenten

**1. Wie kann die Erstkonfiguration eines PC-Systems bearbeitet werden?**

Mithilfe des BIOS (Basic Input/Output System – veraltet) oder UEFI (Unified Extensible Firmware Interface) können verschiedene Einstellungen eines PC-Systems „hardwarenah“ vorgenommen werden. BIOS und UEFI sind die Schnittstelle zwischen Firmware und Betriebssystem.

**2. Welche Aktionen werden im BIOS/UEFI durchgeführt, die für den Anwender informativ sein können?**

Zunächst findet ein Selbsttest der Hauptkomponenten wie CPU, Grafik und RAM statt. Im Anschluss darauf wird die Hardware initialisiert (d. h., es wird überprüft, welche Hardware-Grundeinstellungen gewählt werden) und das Betriebssystem kann auf die entsprechende Hardware zugreifen.

Nach dem Einbau werden alle Komponenten auf ihre Funktionsfähigkeit getestet. So kann der Benutzer nach der Installation von Komponenten anhand von Tönen erkennen, welche fehlerhaft sind.

**3. Wie kann die BIOS-Version eines PC-Systems herausgefunden werden und warum kann diese Information wichtig sein?**

Je nach Mainboard-Hersteller ist die Information im BIOS/UEFI unter *Main/BIOS Revision* zu finden. Anhand dieser Information kann der Anwender herausfinden, ob die installierte Firmware aktuell ist oder ob es bereits vom Hersteller ein Update gibt.
Eine falsch ausgewählte Version kann zur Verhinderung des Boot-Vorganges führen. Auf Betriebssystemebene erfolgt die Anzeige durch „Systeminformationen“.

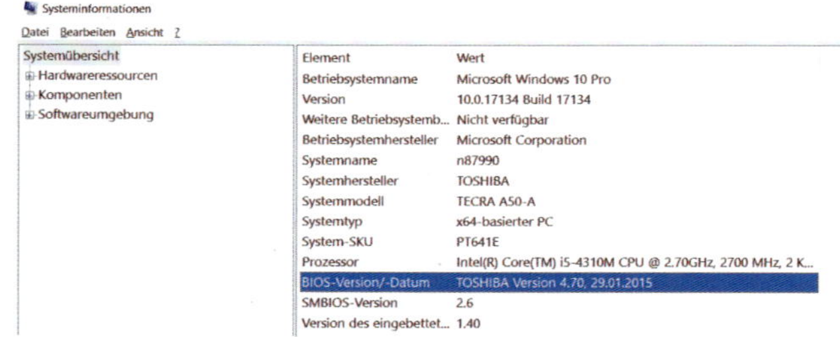

**4. Wie erkennt der Anwender nach der Integration von IT-Komponenten, dass ein Fehler vorliegt?**

Anhand von Piep-Tönen in unterschiedlicher Abfolge kann der Anwender akustisch über mögliche Fehlerursachen informiert werden. Je nach Hersteller ist die Codierung der Töne unterschiedlich. Dies muss man im Handbuch nachsehen. Diese Möglichkeit ist unabhängig von einer grafischen Ausgabe.

**5. Warum ist ein BIOS/UEFI-Update sinnvoll?**

Es dient in jedem Fall der Verbesserung der Firmware, z. B.:

- Verbesserungen bezüglich der IT-Sicherheit (z. B. CPU-Schwachstellen),
- Verbesserungen im Umgang mit der Hardware (z. B. bessere Akku-Leistungen) oder
- Anpassung an neuere Prozessoren, Betriebssystem-Versionen etc.

**6. Beschreiben Sie, wie ein BIOS/UEFI-Update durchgeführt werden kann.**

- die aktuelle Version von der Hersteller-Website herunterladen
- das Update auf einem Wechseldatenträger entpacken
- die Update-Auswahl über BIOS/UEFI-Oberfläche auswählen

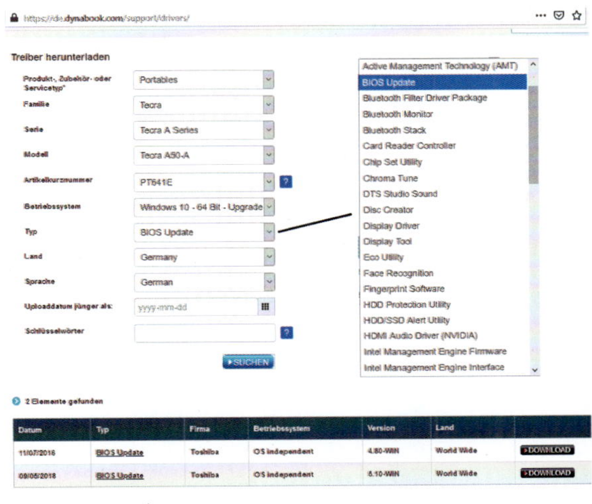

**7. Warum sollten Hardware-Komponenten mithilfe von UEFI konfiguriert und betrieben werden?**

UEFI bietet im Vergleich zu BIOS zahlreiche Funktionen z. B.:

- Festplatten, die größer als 2 TB sind, können vollständig genutzt werden,
- es lassen sich mehr als vier primäre Partitionen erstellen und der Startvorgang ist schneller,
- bezüglich der Software bietet UEFI den Vorteil, dass nur signierte Betriebssysteme gestartet werden, was sich positiv auf die Sicherheit auswirkt. Zusätzlich werden Partitionierungsinformationen gesichert und die Integrität geprüft, um Datenverlust zu vermeiden.

**8. Wie können sowohl ältere Hardware wie auch ältere Betriebssysteme in PC-Systemen mit UEFI betrieben werden?**

Bei UEFI gibt es die Möglichkeit, dass klassische BIOS verwendet werden können. Unter der Option „Legacy“ o. ä. kann dies konfiguriert werden.

**9. Wie kann eine bootfähige Festplatte in einem BIOS-System in Partitionen aufgeteilt werden?**

Um eine Festplatte zu partitionieren, benötigt man ein Partitionierungstool.

Eine Partitionierung ist die Aufteilung der Festplatte in mehrere Bereiche, die voneinander unabhängig sind.

In einem System mit BIOS-Firmware sind u. a. die Informationen über Anfang und Ende einer Partition im MBR (Master-Boot-Record) enthalten. Eine bootfähige Partition wird auf aktiv gesetzt. Im unteren Bild ist die Aufteilung eines Mini-Computers (Raspi OS) dargestellt.

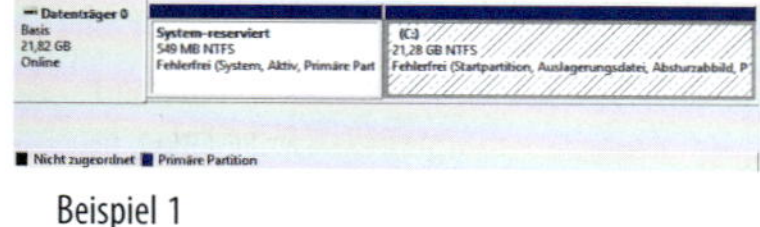


Beispiel 1

Beispiel 2 (ausführlich)

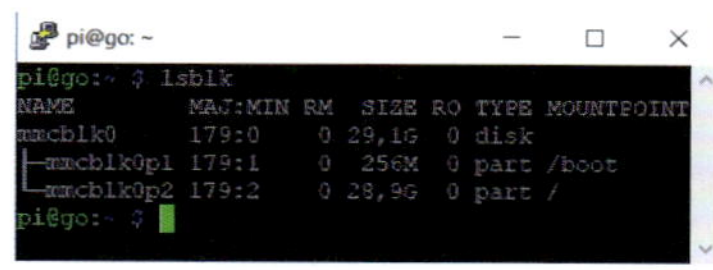

| | |
|---|---|
| **10. Welche Konfigurationsmöglichkeiten bietet eine Partitionierung nach dem MBR-Schema?** | Der MBR besteht aus einem Bootloader und einer Partitionstabelle. In der Partitionstabelle können vier Einträge vorgenommen – und damit vier primäre Partitionen angelegt werden.<br>Jede der vier Partitionen kann entweder als primäre oder als erweiterte Partition konfiguriert werden. Dabei darf nur eine erweiterte Partition pro Festplatte erstellt werden.<br>In einer erweiterten Partition können beliebig viele logische Partitionen erstellt werden. |
| **11. Wie kann eine Festplatte in einem UEFI-System mit Partitionen konfiguriert werden?** | Die Partitionierung in einem System mit UEFI-Firmware wird mithilfe einer GPT (GUID Partition Table) realisiert. Eine GPT besteht aus 128 primären Partitionen – ohne Unterscheidung in „erweitert" oder „logisch". |
| **12. Wie kann eine Festplatte mit MBR-Einstellung in einer UEFI-Umgebung betrieben werden?** | Mithilfe eines Partitionsprogramms kann die MBR-Partitionstabelle in ein GPT-Format konvertiert werden, um UEFI-Boot zu unterstützen. Dabei werden alle Informationen der Partitionen beibehalten. Vorher muss sicherheitshalber ein Backup durchgeführt werden. |
| **13. Nach der Installation von Windows 10 sehen Sie in der Partitionierungsübersicht, dass drei Partitionen vorhanden sind (bei BIOS-Systemen waren es nur zwei: der MBR und die Partition des Betriebssystems).<br>Begründen und erklären Sie, ob die zweite Partition gelöscht werden darf.** | In Systemen mit GPT wird der Bootloader auf einer separaten Partition (EFI) gespeichert. In MBR-Systemen ist der Bootloader zusammen mit der Partitionstabelle im MBR gespeichert. Würde man nun die EFI-Partition löschen, kann Windows 10 nicht mehr gestartet werden, weil der Bootloader fehlen würde. |
| **14. Wie gelangt man zum BIOS/UEFI-Menü?** | Je nach Hersteller gibt es verschiedene Möglichkeiten. Häufig ist es eine der Tasten: F2, F10, F12, Alt, Entf oder Esc. Die jeweilige Taste muss kurz nach dem Systemstart (Starten des Rechners über den Einschaltknopf) – aber noch vor dem Laden des Betriebssystems – gedrückt werden. |

| | |
|---|---|
| **15. Welche Medien können für den Bootvorgang ausgewählt werden?** | Es können verschiedene Festplatten (interne und externe), Wechseldatenträger (USB-Sticks), CD/DVD-Laufwerke, Partition zur Systemwiederherstellung, Upgrade und Netzwerkinstallation (Preboot Execution Environment PXE oder Remote-Installation) konfiguriert werden. |
| **16. Welche Systeminformationen können im BIOS/UEFI eingesehen werden. Wie werden diese konfiguriert?** | Systeminformationen wie Datum, Uhrzeit, Prozessor-, Arbeitsspeicher und Peripherie-Informationen u. v. m. können eingesehen werden. Auch kann konfiguriert werden, ob die Systeminformationen beim Systemstart ausführlich oder knapp ausgegeben werden. Dies hat Einfluss auf die Geschwindigkeit des Startvorganges. |
| **17. Welche Konfiguration ist notwendig, damit ein Betriebssystem von einer externen Festplatte gebootet werden kann?** | Die externe Festplatte muss bootfähig sein. Im Boot-Menü kann dann unter „Boot-Priority" die Reihenfolge der Startmedien gewählt werden. Man wählt die externe Festplatte an erster Stelle. Alternativ kann man auch andere Medien deaktivieren, damit der Bootvorgang schneller erfolgen kann. |
| **18. Ein UEFI-Boot ist sehr schnell. Wie kommt man auf die Konfiguration des UEFI-Menüs?** | Beim Neustart von Windows (10) kann mit gedrückter Shift-Taste ein Menü aufgerufen werden. Dabei geht man folgendermaßen vor:<br>*Problembehandlung/Erweiterte Option/ UEFI-Firmwareeinstellungen*<br>In Linux kann das Programm „efibootmgr" aus dem Betriebssystem heraus verwendet werden. |
| **19. Wie können USB-Ports deaktiviert werden, wenn diese Restriktion in den Firmenrichtlinien gewünscht ist?** | Im BIOS/UEFI können Einstellungen für diverse Schnittstellen des PC-Systems vorgenommen werden. Auf diesem Weg können auch andere Schnittstellen (de)aktiviert werden. |
| **20. Wie werden Festplatten konfiguriert, damit eine Organisation der Daten ordnungsgemäß erfolgen kann?** | Mithilfe von Dateisystemen können Daten physikalisch organisiert werden (u. a. Speicherung, Löschung, Veränderung, Lese- und Schreibvorgänge). Jede Partition hat ein Dateisystem und ist unabhängig von anderen Partitionen, die andere Dateisysteme haben könnten. |

**21. Welche bekannten Dateisysteme können bei der Konfiguration einer Partition zur Auswahl stehen?**

NTFS, FAT32, exFAT, EXT4, ZFS, APFS, btrfs, ReiserFS.

Im oberen Bild unter „TYPE“ sowie im unteren Bild unter „Filesystem“ sind Beispiele für Dateisysteme zu sehen:

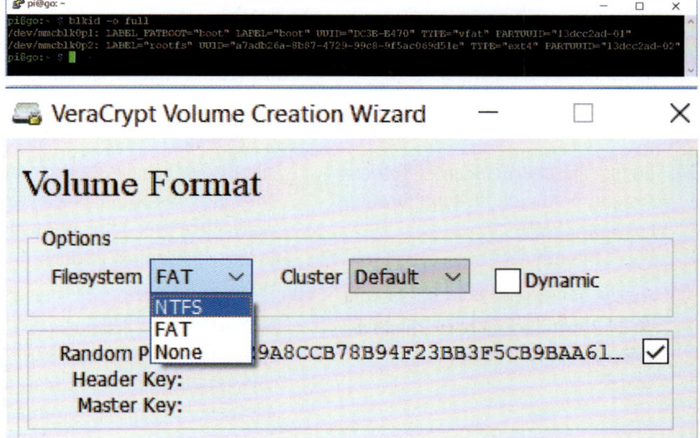


**22. Im Installationsmenü eines Betriebssystems müssen Sie eine Swap-Partition erstellen. Erläutern Sie diesen Konfigurationsschritt.**

Das Ziel einer Swap-Partition unter Linux-Systemen ist es, mehr Arbeitsspeicher zu schaffen, als im „physikalischen“ RAM tatsächlich vorhanden ist.

Dabei werden seltener verwendete Speicherinhalte in einer festvorgegebenen Partition der Festplatte gespeichert und der physische Arbeitsspeicher mehr für Systemkomponenten und aktive Prozesse verwendet.

Unter Windows werden die Daten in einer Auslagerungsdatei „pagefile.sys“ abgespeichert. Der Prozess ist dabei viel langsamer als die Speicherung im RAM. Eine Software verwendet nur den virtuellen Speicher und damit ist der o. g. Prozess für sie nicht erkennbar.

**23. Wie groß soll die Auslagerungsdatei in Windows-Systemen gewählt werden?**

Die Einstellung hängt von der Größe/ Verwendung des physikalischen RAMs und der Geschwindigkeit der Festplatte ab. Wenn der physikalische RAM nicht ausgelastet oder die Systemplatte langsam ist, kann die Auslagerungsdatei deaktiviert werden.
Bei einer SSD könnte eine Auslagerungsdatei verwendet und auf einer festen Größe konfiguriert werden. Man sollte von der automatischen Einstellung absehen, weil sie weniger Performance bietet.

**24. Im Installationsmenü eines Betriebssystems erscheint die Konfigurationsauswahl „LVM“. Was bedeutet das?**

LVM (Logical Volume Manager) ermöglicht die dynamische Verwaltung mehrerer Partitionen, sodass diese dem Betriebssystem als eine einzige logische Partition erscheinen.

**25. Welche Vorteile ergeben sich bei der Verwendung von LVM?**

Die Konfiguration bietet eine hohe Flexibilität, sodass der Speicherbereich nach den Bedürfnissen mit kleinem Aufwand, ohne Partitionierung und Formatierung, angepasst werden kann (vergrößern/verkleinern). Insbesondere spielt das bei Servern eine wichtige Rolle. Durch die Kombination kleinerer Festplatten zu einer größeren Einheit spart man Kosten – ohne das System massiv zu belasten. Für die Datensicherung können Backups und Snapshots einfach erstellt werden.

## D.4 Inbetriebnahme von IT-Komponenten

**1. Beschreiben Sie zwei Möglichkeiten der Installation von Betriebssystemarten.**

Bei der Installation kann ein Desktop- oder ein Serverbetriebssystem gewählt werden. Beim Desktop-Betriebssystem ist eine grafische Oberfläche, eine – GUI (Graphical User Interface) vorhanden.

Bei Serverbetriebssystemen wird eine Konsole bzw. ein Terminal verwendet. Windows bietet auch bei Serverbetriebssystemen eine GUI an.

Weitere Arten: Embedded, Echtzeit und Smartcard-Betriebssysteme.

**2. Welcher Schritt ist unmittelbar nach der Installation eines Betriebssystems durchzuführen?**

Es ist ein Update durchzuführen. Dabei werden Kernel und Software neu aufgesetzt und Fehler in der Software bzw. Sicherheitslücken durch sogenannte Patches behoben.

Bei manchen Betriebssystemen ist zusätzlich ein gültiger Produktschlüssel einzugeben, um das System zu aktivieren.

**3. Wie werden Updates bei Windows- und Debian-Linux-Betriebssystemen ausgeführt?**

In der Regel sind die Update-Einstellungen unter Windows auf „automatisch" eingestellt. Der Update-Zeitpunkt sowie andere Einstellungen wie „Neustart-Zeitpunkt nach dem Update" können manuell geändert werden.

Unter Debian werden die installierten Pakete von dpkg (Debian Package: Grundprogramm der Paketverwaltung) verwaltet und mittels „Software-Center", „Synaptic" oder „apt" gesteuert.

**4. Wie lauten die Befehle unter Debian-Linux für die Aktualisierung des Systems?**

- **sudo apt update:** prüft, ob Aktualisierungen vorhanden sind. Die Datenbank holt sich die Informationen aus den Repositories. Diese sind in die „source.list"-Datei oder alle mit der Endung „.list"-Dateien im „sources.list.d"-Verzeichnis eingetragen. Hier erfolgt noch keine Aktualisierung der Dateien, sondern lediglich die Datenbank wird aktualisiert.
- **sudo apt upgrade:** führt die Aktualisierungen der Dateien durch.

**5. Worauf ist bezüglich automatischer Updates bei einem Desktop- und worauf bei einem Server-Betriebssystem zu achten?**

Um das System stets aktuell, fehlerarm, performant und sicher zu halten, wird ein Update seitens aller Betriebssystem-Hersteller empfohlen. Für Privat-Anwender ist dies eine notwendige Maßnahme.

Server-Betriebssysteme sollten manuell (geregelt) aktualisiert werden, da sie Dienste permanent, zuverlässig und stabil anbieten. Bei einem automatischen Update-Prozess wäre dies aufgrund hoher Download-Aufkommen, anschließendem Neustart sowie Stabilität der Update-Version nicht gewährleistet. Außerdem ist der Zeitpunkt für den Admin vorher nicht bekannt.

**6. Wie können automatische Updates unter Windows und Linux deaktiviert werden?**

Unter Windows:
*Dienste/Windows-Update*
Rechtsklick auf Eigenschaften
*Starttyp/Deaktiviert/OK.*

Unter Ubuntu-Linux:
*Software & Updates/Updates/Automatisch nach Aktualisierungen suchen/Nie/Schließen.*

**7. Nach einem System-Update oder der Installation einer Software ist das Betriebssystem nach dem Neustart fehlerhaft und stürzt ab. Im Dialog „Systemkonfiguration" finden Sie mehrere Auswahlmöglichkeiten, die zur Problemlösung führen können. Erläutern Sie die dargestellten Begriffe.**

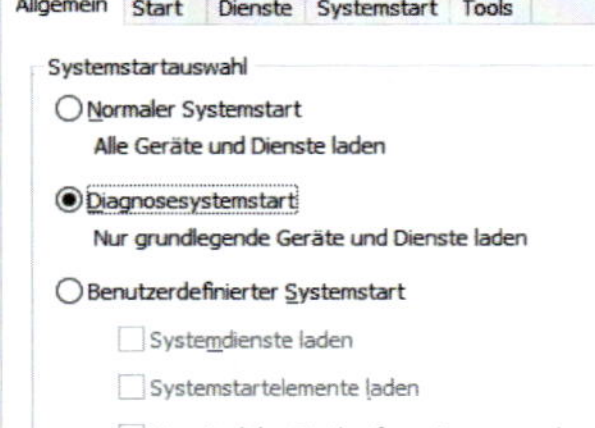


- Normaler Systemstart: alle Geräte, Dienste und Programme, die vor dem letzten Herunterfahren oder abrupten Abschalten ausgeführt wurden, starten ebenfalls beim nächsten Neustart.
- Diagnosesystemstart: nur für das Windowssystem grundlegende Dienste und Treiber werden gestartet. So kann man ausschließen, ob Windows-Dateien oder andere Software die Fehler verursachen.
- Benutzerdefinierter Systemstart: manuelle Auswahl, welche Anwendungen und Dienste gestartet werden sollen (vgl. Abb. unten). So stellt man schrittweise fest, welche Anwendungen oder Dienste die Abstürze verursacht haben.

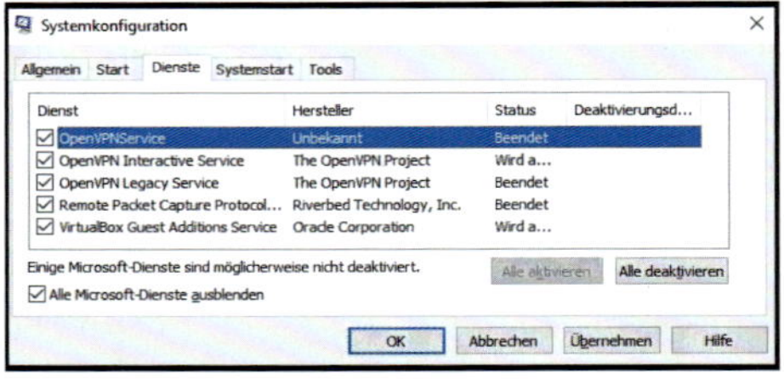

**8. Erläutern Sie die im Bild dargestellten Auswahlmöglichkeiten beim abgesicherten Start.**

Startoptionen

- ☑ Abgesicherter Start
  - ◉ Minimal
  - ○ Alternative Shell
  - ○ Active Directory-Reparatur
  - ○ Netzwerk
- ☐ Kein GUI-Start
- ☐ Startprotokollierung
- ☐ Basisvideo
- ☐ Betriebssystem-Startinformationen

Der abgesicherte Start ist ein Diagnosemodus, mit dem man herausfinden kann, welche Komponente den Fehler verursacht hat.

- Bei Auswahl der Option „Minimal" werden ein begrenzter Funktionsumfang und nur für das System relevante Systemdienste ausgeführt – ohne zusätzliche Gerätetreiber.
- Bei „Alternative Shell" wird die Eingabeaufforderung statt einer GUI gestartet.
- Unter „Netzwerk" kann ebenfalls konfiguriert werden, ob die Netzwerktreiber geladen werden oder nicht.

**9. Welche Modi gibt es – analog zu Aufgabe 8 – bei Linux-Betriebssystemen?**

Unter Linux erfolgt die Entscheidung, welche Dienste und Prozesse gestartet werden, anhand der „Runlevels". Dabei sind u. a. folgende Einstellungen wählbar:

- **init 0:** System herunterfahren: keine Netzwerkverbindung, eingebundene Partitionen werden ausgehängt.
- **init 1:** single-user-Betrieb. Der Benutzer greift nur auf lokale Ressourcen zu, ohne eine Netzwerkverbindung.
- **init 2:** wie 1, nur mit multi-user-Betrieb.
- **init 3:** wie 2 – zusätzlich mit einer Netzwerkverbindung, um auf externe Ressourcen zuzugreifen. Allerdings ohne eine grafische Darstellung, um Ressourcen zu sparen.
- **init 5:** wie 3 – zusätzlich mit einer grafischen Oberfläche
- **init 6:** System neustarten: sonst wie Runlevel 0.

**10. Welche Aktionen sind durchzuführen, um Systemprobleme schneller als bei einer Neuinstallation lösen zu können? Gehen Sie auf das folgende Bild ein.**

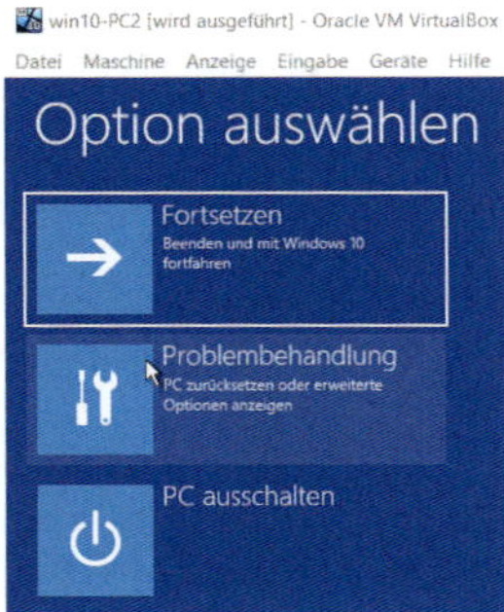


Systemfehler entstehen u. a. durch fehlerhafte Installation von Software, fehlerhafte Updates sowie Konfigurationsfehler. Es gibt verschiedene Lösungsmöglichkeiten, z. B. Reparatur, Zurücksetzen des PCs oder Systemwiederherstellung (siehe Abb. unten). Bei der Wiederherstellung muss vorher ein Systemabbild erstellt worden sein – am besten nach der Installation und nach dem letzten funktionierenden Update.

**11. Nach der ersten Inbetriebnahme einer neuwertigen Hardware-Komponente funktioniert diese nicht. Nennen Sie mindestens eine mögliche Ursache.**

Aufgrund aktuell hoher Standards sind Produktionsfehler sowie Transportschäden zwar möglich, aber weniger wahrscheinlich. Wahrscheinlicher ist der falsche Einsatz der Komponente oder die Verwendung falscher bzw. keiner Treiber.

**12. Welche Folgen verursachen falsch installierte Treiber und wie ist dies zu korrigieren?**

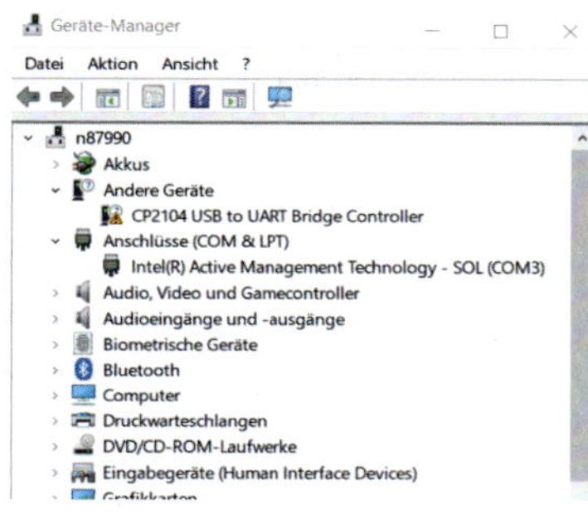


Ein Treiber, der nicht für die Hardware-Komponente geeignet ist, verursacht eine schlechte Systemleistung in Form von Abstürzen, instabiler Programmausführungen, Funktionsunfähigkeit oder Schädigung der Hardware.

Um sicherzustellen, dass die korrekten Treiber ausgewählt sind, muss die Webseite des Herstellers aufgesucht und das jeweilige Modell ausgewählt werden (ggf. anhand der Hardware-ID). Bei vielen Betriebssystemen kann man allerdings auch automatisch nach passenden Treibern suchen (lassen).

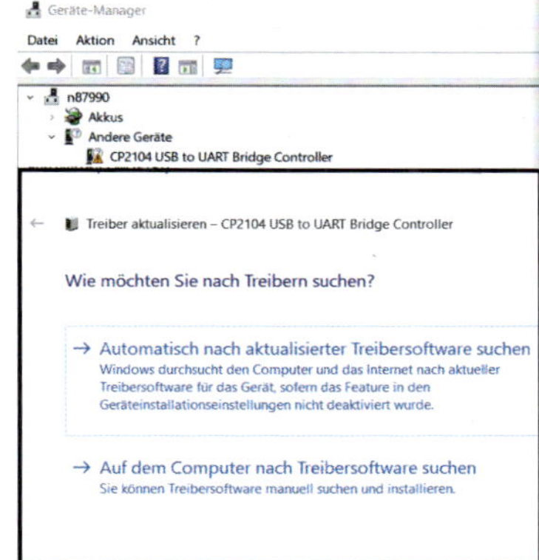

**13. Beschreiben Sie, wie die Kommunikation von der Anwendung im Betriebssystem bis zur Hardware erfolgt. Gehen Sie auf die Schnittstellen und Treiber ein.**

Das Treiber-Kommunikationsmodell wird in jeder Plattform unterschiedlich umgesetzt.
Am Beispiel eines USB-Sticks könnten folgende Einheiten verwendet werden:

Anwendung – API – Betriebssystem (Dateien werden nur mit Namen angesprochen) – Dateisystem (Dateien werden über physikalische Adressierungen angesprochen) – Dateisystemtreiber – Gerätetreiber des Sticks – Firmware des Sticks.

Eine API (application programming interface) ist eine Programmierschnittstelle, die „externen Programmierern“ ermöglicht, Programme für das jeweilige Betriebssystem zu erstellen.
Ein Treiber ist ein hardwarenaher Programmabschnitt, der die Kommunikation zwischen System und Hardware-Komponente steuert.

**14. Welche Unterscheidung wird nach Erstellung eines neuen Benutzers gemacht?**

Windows Defender Firewall mit erweiterter Sicherheit auf Lokaler ...

**Beim Öffnen des Snap-Ins "Windows Defender Firewall mit erweiterter Sicherheit" ist ein Fehler aufgetreten.**

Sie besitzen nicht die erforderlichen Berechtigungen, um die Konsole "Windows Defender Firewall mit erweiterter Sicherheit" zu öffnen. Sie müssen ein Mitglied der Administrator- oder Netzwerkoperatorgruppe sein, um diese Aufgabe ausführen zu können. Wenden Sie sich an den Systemadministrator, um weitere Informationen zu erhalten. Fehlercode: 0x5.

Bei der Erstellung eines neuen Benutzers wird zwischen „Standard-Benutzer“ und „Administrator“ unterschieden. Dabei hat der Administrator die volle Berechtigung, systemweite Änderungen vorzunehmen, u. a. die Installation von Anwendungen, Benutzer- und Computerverwaltung:

Höchste Übereinstimmung

Windows Defender Firewall mit erweiterter Sicherheit

Als Administrator ausführen

Dateispeicherort öffnen

An "Start" anheften

An Taskleiste anheften

Windows Defender Security Center

Suchvorschläge

Ein Standard-User kann in seinem Verzeichnis Änderungen vornehmen und hat einige Leseberechtigungen auf Systemeinstellungen und -informationen.

**15. Wie bekommt ein Standard-Benutzer in Ubuntu-Linux root-Rechte?**

Bei der Erstellung eines neuen Benutzers bekommt dieser eingeschränkte Rechte, weil er ein Standard-User ist. Um ihn hochzustufen, muss er in der **sudoers-Datei** eingetragen werden.

**16. Wie erfolgt die Installation von Software in Windows- und Linux-Systemen?**

Eine **.exe-Datei** (Abkürzung für engl. Executable: ausführbar) wird von der Webseite oder vom File-Server des Herstellers heruntergeladen und durch „Ausführen" auf dem Computer installiert. Dabei ist auf die Integrität der heruntergeladenen Datei (z. B. über Hashwert/Prüfsumme überprüfbar) sowie die Seriosität des Herstellers zu achten, um Schadsoftware zu vermeiden.

Die Installation von Software unter Ubuntu-Linux erfolgt über die Erweiterung der zentralen Paketverwaltung. Die lässt sich grafisch über „Software-Center" oder im Terminal mithilfe von „sudo apt install ..." durchführen.

Alternativ kann auch eine Archiv-Datei (tar.gz) heruntergeladen und entpackt werden; hier müssen dann die Ausführbar-Rechte aktiviert werden, um die entpackte Datei auszuführen.

**17. Wie kann die Spracheinstellung nach der Installation des Windows-10(11)-Betriebssystems und eines Linux-Systems geändert werden?**

Windows: Unter „Region und Sprache" können Spracheinstellungen vorgenommen werden wie Systemsprache oder Tastatursprache.

Unter Linux kann die Einstellung im Terminal mit dem Befehl „sudo dpkg-reconfigure keyboard-configuration" erfolgen.

**18. Erläutern Sie, wie Sprachen und Zeichen vom Betriebssystem verwaltet werden.**

Mithilfe von Sprachpaketen können zahlreiche Sprachen hinzugefügt werden. Die Codierung sorgt dafür, dass jedes Zeichen der verschiedenen Sprachen in einem Binärwert zugeordnet und dargestellt wird. Es gibt zahlreiche Codierungen, u. a. ANSI (American National Standards Institute), dies ist eine erweiterte ASCII-Codierung; UTF-8 (Universal Character Set Transformation Format) usw.

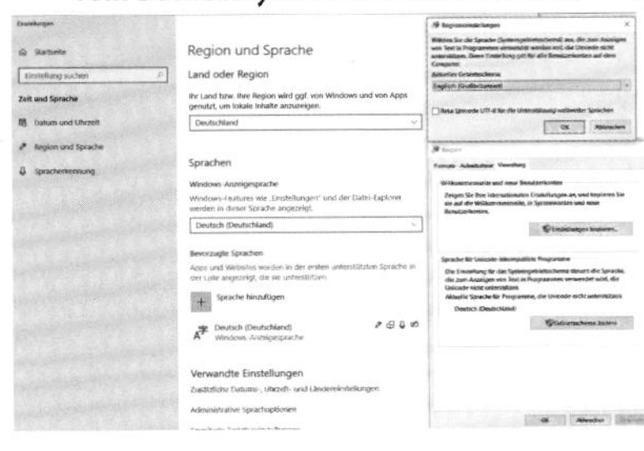

**19. Beim Erfassen von Installationsnotizen erscheint im Editor folgendes Dialogfeld:**

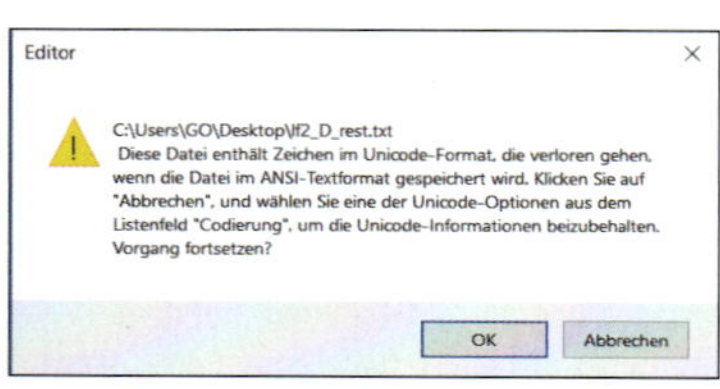


**Erläutern Sie, warum dieses Dialogfeld erscheint.**

In dieser Ausgabe wurde wahrscheinlich ein Text aus dem Internet, der in UTF-8 codiert war, in diesen Editor kopiert. Einfache Texteditoren verwenden ANSI. UTF-8 wird wesentlich häufiger verwendet (z. B. in Mailprogrammen oder Webbrowsern).

Beim Speichern hat das System festgestellt, dass aufgrund der möglichen Mehrbyte-Zeichen Informationen verloren gehen. Deshalb wird der Benutzer gewarnt, die Codierung des Texteditors auf ein Unicode-Format zu ändern.

**20. Worauf ist bei der Einstellung der Codierung in den Texteditoren zu achten, wenn Skripte ausgeführt werden sollten?**

Wenn Skripte auf unterschiedlichen Plattformen (z. B. Linux, Unix) erstellt werden, die danach auf anderen Plattformen ausgeführt werden sollen (z. B. Skripte von Teammitgliedern), könnten unterschiedliche Ergebnisse hervorgerufen werden. Dies liegt daran, wie die jeweilige Anwendung (z. B. PowerShell, cmdlets...) die Codierung interpretiert, obwohl diese anders codiert ist oder sprachbezogene Zeichen enthalten könnte.

**21. Wie stellen Sie sicher, dass die Daten im PC für Unbefugte nicht lesbar sind?**

Persönliche oder kundenbezogene Daten dürfen nicht in die Hände Unbefugter gelangen, weil sie missbraucht werden könnten. Deshalb ist es zwingend notwendig, dass diese in einer verschlüsselten Form vorliegen. Es können Dateien, Partitionen oder die gesamte Festplatte verschlüsselt werden. Diese Möglichkeit bietet u. a. die Anwendung VeraCrypt an.

**22. Sie sehen hier die Ausgabe einer Anwendung in englischer Sprache. Erläutern Sie, welche Funktionen diese Anwendung bietet.**

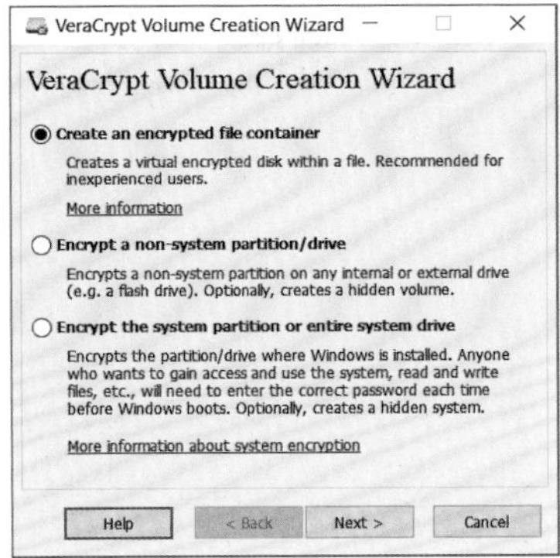


Der erste Eintrag erstellt einen verschlüsselten „Behälter", der für den Benutzer wie eine Datei erscheint.

Die zweite Funktion bietet die Verschlüsselung einer gesamten Partition/Festplatte, die kein Betriebssystem enthält. Optional kann die Festplatte versteckt werden.

Die dritte Option ist der zweiten ähnlich nur mit dem Unterschied, dass die Partition ein Betriebssystem enthält.

**23. Erläutern Sie, welcher Unterschied zwischen „Encryption Algorithm" und „Hash Algorithm" besteht.**

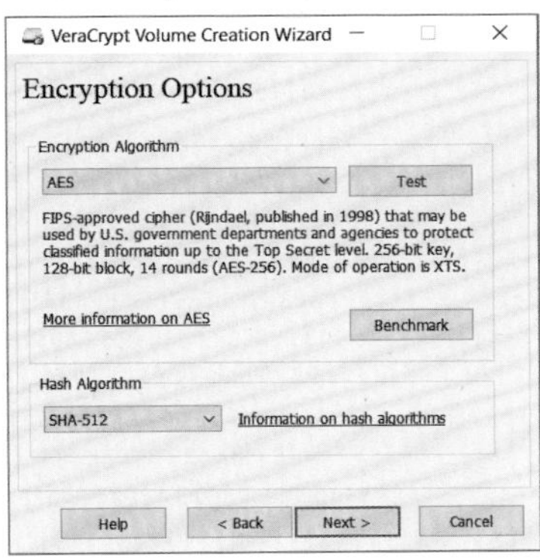


Beim **Encryption Algorithm** geht es um die Auswahl des Verschlüsselungsverfahrens, womit eine Festplatte, Partition oder Datei symmetrisch verschlüsselt werden kann. Der Algorithmus soll in beide Richtungen berechenbar sein: Ver- und Entschlüsselung.

Beim **Hash Algorithm** hingegen geht es um eine Einwegfunktion, die nur in eine Richtung berechenbar ist. Die Umkehrfunktion soll am besten nicht möglich sein.

**24. Wie wird die Sicherheit des Hosts durch Kommunikationseinschränkungen erhöht? Nennen Sie je ein Beispiel in Windows- und Linux-Systemen.**

Mithilfe der Firewall kann Netzwerkverkehr komplett oder anhand von Sender, Ziel, Protokolle, Ports sowie Applikationen gezielt zugelassen oder blockiert werden. In Windows erfolgt die Umsetzung mit „Windows Defender Firewall", in Linux mit „ufw" (uncomplicated firewall) oder „iptables".

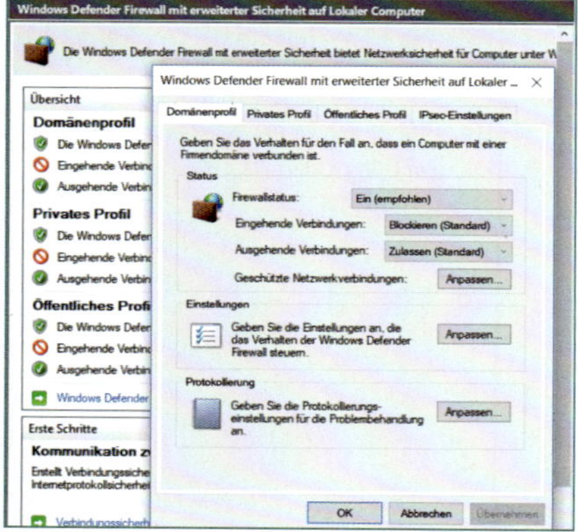


**25. Wie kann der Computername in Windows- und Linux-Systemen nach der Installation geändert werden?**

Unter Windows gibt man im Suchfeld *System* ein. Dort wählt man *Einstellungen ändern* und im ersten Reiter ändert man den *Computernamen* und bestätigt dies mit *OK*.

In Linux-Systemen muss zunächst die hosts-Datei, danach die Datei */etc/hostname* geändert werden. Im Anschluss setzt man den neuen Hostnamen mit dem Befehl *hostname –F /etc/hostname*. Noch einfacher ist das Vorgehen bei der Verwendung des Tools *hostnamectl*.

## D.5 Arbeitsplatzübergabe

1. **Wie kann die Ergonomie bei der Verwendung von Notebooks gesteigert werden, wenn im Vorfeld eine kostengünstige Lösung verwendet wurde?**

   Bei einer kostengünstigen Lösung mit einem klappbaren Notebookständer kann die Höhe sowie Entfernung des Bildschirms individuell für die Mitarbeiter eingestellt werden. Externe Maus und Tastatur können zusätzlich beschafft werden.

2. **Worauf ist bei der Arbeitsplatzübergabe bezüglich des Blickschutzfilters zu achten?**

   Blickschutzfilter sind gewöhnungsbedürftig. Insbesondere wenn diese eine Anti-Blaulicht-Beschichtung enthalten. Die Beschichtung beinhaltet eine Schutzfunktion, die das schädliche Blaulicht blockiert. Dadurch werden die Augen weniger angestrengt, wodurch Kopfschmerzen vermieden werden können und die Anwender können nachts besser schlafen. Deshalb sollten mehrere alternative Folien als Ersatz mitgebracht werden, falls einzelne Mitarbeiter nicht mit der ersten Auswahl zufrieden sind.

3. **Worauf ist beim Einbau und der Übergabe eines höhenverstellbaren Tisches zu achten?**

   Beim Einbau eines höhenverstellbaren Tisches muss getestet werden, ob die Kabel zu sehr gespannt werden. Dies würde die Kabel belasten, wodurch sie aus der Verankerung reißen könnten oder die Höhenverstell-Funktion würde nicht wie gewünscht funktionieren.

**4. Bei der Übergabe soll der Benutzer die Anmeldung am PC testen. Beschreiben Sie, welche Möglichkeiten der Benutzer hat, um sich zu authentifizieren.**

Die klassische Variante ist eine Anmeldung als lokaler Benutzer. Diese erfolgt mittels der Eingabe von Benutzername und Kennwort.

Manche Betriebssysteme setzen aktuell auf cloudbasierte Anmeldungen. Das bedeutet, dass alle Einstellungen und Programme in der Cloud gespeichert werden. Dadurch hat der Benutzer die Möglichkeit, sich auf verschiedenen Geräten anzumelden und hat Zugriff auf seine personalisierten Einstellungen.

Parallel möglich ist auch die Anmeldung über ein Domänenkonto, damit die Ressourcen und Einstellungen zentral verwaltet und zugeordnet werden können. Über eine Einstellung in der Gruppenrichtlinie kann aber eine lokale Anmeldung des Benutzers verweigert werden und nur die Anmeldung über die Domäne zugelassen werden.

**5. Nennen Sie individuelle Bildschirm-Einstellungen, die Sie mit dem Kunden bei der Übergabe testen.**

- Auflösung
- Skalierung
- Aktualisierungsrate
- Bittiefe
- Farbformat
- Helligkeit
- Kontrast
- Schriftarten

**6. Worauf sollte bei der Übergabe an den Kunden und beim Testen des Monitors geachtet werden?**

**Geben Sie eine Empfehlung.**

Bei der Übergabe des Monitors muss die Farbeinstellung des Betriebssystems korrekt eingestellt werden. Insbesondere für Kunden in der Foto- und Videoverarbeitungsbranche oder im Industriedesign ist dies wichtig.

Standard-Monitore erfüllen diese Anforderungen nicht. Ihre Werte für Helligkeit, Kontrast, Farbwiedergabe, -stiche und -sättigung sind nicht kalibriert und entsprechen nicht den Scan-Ergebnissen oder Kameradaten.
So erscheint das Bild auf unterschiedlichen Monitoren – aufgrund unterschiedlicher Farbräume und anderer Einschränkungen – unterschiedlich.

Abhilfe schafft man hier mittels Kalibrierung (Einstellungen am Monitor-Menü) und Profilierung (Werte-Anpassung der Grafikkarte).

**7. Worauf sollte bei der Übergabe an den Kunden und dem Testen eines Farbdruckers geachtet werden?**

**Geben Sie eine Empfehlung.**

Farbdrucker sollten möglichst die echten Farben der Kamera, des Monitors oder des Scanners darstellen. Mithilfe eines ICC-Profils (International Color Consortium) können falsche Einstellungen der Helligkeit oder des Kontrasts ausgeglichen werden. Dadurch wirken die Bilder lebendiger und die Details können sichtbar gemacht werden. Die Druckergebnisse sollten am Beispiel mehrerer Bilder (z. B. farbig oder schwarz-weiß) erfolgen. Wenn der Kunde mit den Bildern zufrieden ist, gilt die Übergabe als gelungen.

**8. Beschreiben Sie, wie Sie die Übergabe eines Beamers an den Kunden gestalten.**

Für den Kunden wird demonstriert, ob Anzeige, Helligkeit, Kontrast oder andere Menü-Einstellungen dem Kundenwunsch entsprechen. Optimal wäre eine Abstimmung zwischen Lichtsystem und Beamer, sodass die Lichtverhältnisse im Raum auf den jeweiligen Beamer-Modus angepasst werden. Auch wichtig ist die Funktionsüberprüfung der Fernbedienung und ggf. des Presenters.

**9. Welche Einstellungen muss der Kunde beim Einrichten des Mailprogramms bearbeiten?**

- **Persönliche Informationen (Identität):** z. B. Benutzername und Kennwort.
- **Serverinformationen:** Typ des Servers (POP3 oder IMAP) und Adressen der Mail-Server.
- Option, ob die **Mails nach dem Herunterladen** auf dem Server behalten werden oder nicht.

**10. Wie erfolgt eine komplette Arbeitsplatzübergabe im Allgemeinen?**

Nachdem alle Komponenten und Systeme übergeben wurden, ist eine Demonstration, Einführung und Erklärung des Systems wichtig. Hierbei kann die Funktionsweise getestet und durch den Kunden mithilfe eines unterzeichneten Formulars/Vertrags bestätigt und abgenommen werden.

Das Gespräch vermittelt dem Kunden nicht nur die notwendigen Erst-Informationen, sondern sorgt zugleich für ein entspanntes und vertrauensvolles Verhältnis zwischen beide Parteien. So wird der Kunde nach erfolgreicher Umsetzung beim nächsten Auftrag wieder die Firma wählen, die er persönlich kennt und die ihn gut beraten hat.

**11. Bringen Sie die Abnahme eines IT-Projekts in die richtige Reihenfolge.**

**A) Auftragnehmer übernimmt nach positiver Abnahmeprüfung Gewährungsleistung**

**B) Auftraggeber erstellt einen Abnahmetestplan, legt Testfälle und -daten fest**

**C) Auftraggeber erklärt die Abnahme oder verweigert die Abnahme im Prüfungsprotokoll**

**D) Auftragnehmer stellt IT-System und Dokumentation zur Abnahme bereit**

**E) Auftragnehmer nimmt Fehlerkorrekturen während der Abnahmeprüfung vor**

**F) Abnahmeprüfung**

B
D
F
E
C
A

**12. Warum sind IT-Dienstleistungen speziell zu dokumentieren?**

Die Notwendigkeit der IT-Dokumentation ergibt sich aus gesetzlichen Vorschriften wie

- den Grundsätzen der ordnungsgemäßen Buchführung im Handels- und Steuerrecht (vor allem HGB und AO), wonach Geschäftsvorfälle über bestimmte Zeiträume dokumentiert werden müssen (siehe dazu auch die Grundsätze ordnungsmäßiger DV-gestützter Buchführungssysteme von 1995),
- dem Gesetz zur Kontrolle und Transparenz im Unternehmensbereich (KonTraG),
- der **Datenschutzgrundverordnung (DSGVO)**,
- den IT-Grundschutz-Normen nach den Standards des Bundesamtes für Sicherheit in der Informationstechnik.

**13. Wie sollte die Übergabe eines IT-Systems oder Arbeitsplatzes geregelt werden?**

Hierzu bietet sich ein möglichst konkrete Vereinbarung in einem IT-Projektvertrag an. Darin zu regeln sind:

- die abzunehmenden Leistungen
- der Ablauf der Abnahme
- die Verweigerung der Abnahme
- Festlegungen zu Mängeln, die der Abnahme nicht im Wege stehen
- Scheitern der Abnahme
- Inbetriebnahme ohne Abnahme

**14. Welche Punkte sollten in einem Abnahmeprotokoll unbedingt geregelt bzw. festgehalten werden?**

- Datum der Abnahme-Prüfung und Anwesende
- Geprüfte Software-Version und Details zur geprüften Systemumgebung
- Ergebnisse der Prüfung der Abnahmekriterien
- Schlussbeurteilung:
  - Ist der Liefervertrag erfüllt?
  - Ist das System bereit zur Produktivabnahme? (ja/nein)
  - offene Punkte, auf deren Erfüllung der Auftraggeber verzichtet
  - offene Punkte, die noch zu erfüllen sind (mit Termin und Verantwortlichkeit)

**15. Verfassen Sie ein Abnahmeprotokoll für folgenden Sachverhalt:**

Die Steuerberatung Huber e. K., vertreten durch ihren Inhaber Herrn Hubert Huber, hat das bei der IT Solutions GmbH, vertreten durch ihren Geschäftsführer Herrn Hans Haber, in Auftrag gegebene IT-Netzwerk inklusive Steuerberatungssoftware am 20.2.2022 abgenommen.

Berücksichtigen Sie dabei als Abnahmekriterien die Akzeptanz des Vertrags, des Benutzers und des zukünftigen Betreibers. Gehen Sie davon aus, dass das neue IT-System den Testfall für eine Körperschaftssteuerzahlung nicht bestanden hat.

Herr Huber moniert zudem das unvollständige und ihm unverständliche Admin-Handbuch. Er bittet um Abstellung der Mängel zum 31.3.2022. Von einem Service- und Wartungsvertrag möchte er Abstand nehmen. Ansonsten sind sich die Vertragsparteien einig.

**Lösung:**

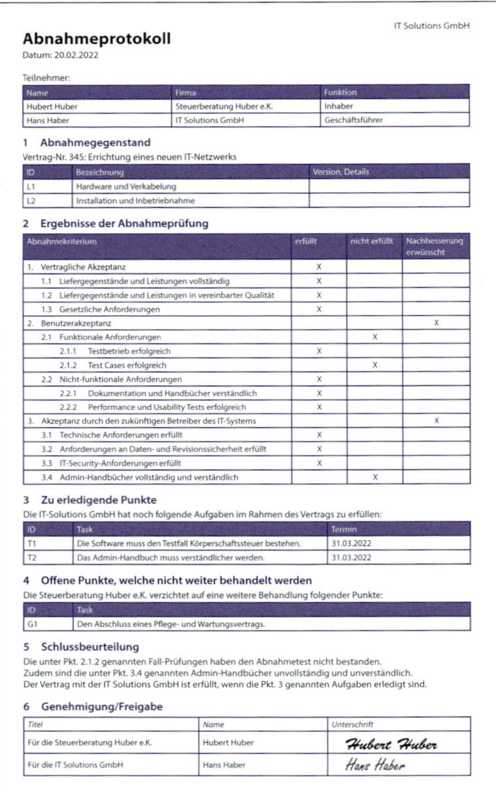

IT Solutions GmbH

## Abnahmeprotokoll

Datum: 20.02.2022

Teilnehmer:

| Name | Firma | Funktion |
|---|---|---|
| Hubert Huber | Steuerberatung Huber e.K. | Inhaber |
| Hans Haber | IT Solutions GmbH | Geschäftsführer |

### 1 Abnahmegegenstand

Vertrag-Nr. 345: Errichtung eines neuen IT-Netzwerks

| ID | Bezeichnung | Version, Details |
|---|---|---|
| L1 | Hardware und Verkabelung | |
| L2 | Installation und Inbetriebnahme | |

### 2 Ergebnisse der Abnahmeprüfung

| Abnahmekriterium | erfüllt | nicht erfüllt | Nachbesserung erwünscht |
|---|---|---|---|
| 1. Vertragliche Akzeptanz | X | | |
| 1.1 Liefergegenstände und Leistungen vollständig | X | | |
| 1.2 Liefergegenstände und Leistungen in vereinbarter Qualität | X | | |
| 1.3 Gesetzliche Anforderungen | X | | |
| 2. Benutzerakzeptanz | | | X |
| 2.1 Funktionale Anforderungen | | X | |
| 2.1.1 Testbetrieb erfolgreich | X | | |
| 2.1.2 Test Cases erfolgreich | | X | |
| 2.2 Nicht-funktionale Anforderungen | X | | |
| 2.2.1 Dokumentation und Handbücher verständlich | X | | |
| 2.2.2 Performance und Usability Tests erfolgreich | X | | |
| 3. Akzeptanz durch den zukünftigen Betreiber des IT-Systems | | | X |
| 3.1 Technische Anforderungen erfüllt | X | | |
| 3.2 Anforderungen an Daten- und Revisionssicherheit erfüllt | X | | |
| 3.3 IT-Security-Anforderungen erfüllt | X | | |
| 3.4 Admin-Handbücher vollständig und verständlich | | X | |

### 3 Zu erledigende Punkte

Die IT-Solutions GmbH hat noch folgende Aufgaben im Rahmen des Vertrags zu erfüllen:

| ID | Task | Termin |
|---|---|---|
| T1 | Die Software muss den Testfall Körperschaftssteuer bestehen. | 31.03.2022 |
| T2 | Das Admin-Handbuch muss verständlicher werden. | 31.03.2022 |

### 4 Offene Punkte, welche nicht weiter behandelt werden

Die Steuerberatung Huber e.K. verzichtet auf eine weitere Behandlung folgender Punkte:

| ID | Task |
|---|---|
| G1 | Den Abschluss eines Pflege- und Wartungsvertrags. |

### 5 Schlussbeurteilung

Die unter Pkt. 2.1.2 genannten Fall-Prüfungen haben den Abnahmetest nicht bestanden.
Zudem sind die unter Pkt. 3.4 genannten Admin-Handbücher unvollständig und unverständlich.
Der Vertrag mit der IT Solutions GmbH ist erfüllt, wenn die Pkt. 3 genannten Aufgaben erledigt sind.

### 6 Genehmigung/Freigabe

| *Titel* | *Name* | *Unterschrift* |
|---|---|---|
| Für die Steuerberatung Huber e.K. | Hubert Huber | *Hubert Huber* |
| Für die IT Solutions GmbH | Hans Haber | *Hans Haber* |

# E Sie bewerten die Durchführung des Kundenauftrags.

**(Zu jeder Frage in E1 (Bewertung) gibt es in derselben Reihenfolge einen entsprechenden Verbesserungsvorschlag in E2)**

## E.1 Durchführungsbewertung

1. **Bewerten Sie die bisherige Vorgehensweise bei der Auswahl von mobilen Geräten für die Mitarbeiter.**

Beim Auswahlprozess wurde das Hauptaugenmerk bisher auf Punkte wie Kosten, Zweck, Benutzerfreundlichkeit oder Handling gelegt.

Ein wichtiger Punkt aber ist zunehmend der Umweltaspekt. So ist es beispielsweise wünschenswert, dass die Geräte möglichst langlebig sind. Dies bedeutet, dass sie mit Sicherheitsupdates versorgt werden und aktuelle Apps problemlos laufen können.

Im Umkehrschluss bedeutet das, je weniger Geräte hergestellt werden, desto weniger Materialien müssen produziert werden.

2. **Bewerten Sie die Vorgehensweise der Aufbereitung eines PC-Arbeitsplatzes für Mitarbeiter nach folgendem Muster:**

   **Planung → Bestellung → Installation der Hardware → Installation der Software → Inbetriebnahme → Konfiguration → Testen der Software**

Der Prozess besteht aus vielen Schritten, die aufeinander aufbauen.

Die Entscheidung muss für einzelne Mitarbeiter individuell getroffen werden. Dies bietet eine maßgeschneiderte Lösung für jeden einzelnen Mitarbeiter und damit eine größere Zufriedenheit.

Allerdings erfordert diese Vorgehensweise auch einen höheren Zeitaufwand. Außerdem lässt sie wenig Raum für automatisierte Handlungen zu. Dies bedeutet insbesondere für große Firmen einen höheren Administrationsaufwand.

3. **Bei der Installation eines Server--Betriebssystems gibt es die Möglichkeit der Verwendung einer GUI.**

   **Bewerten Sie diese Installationsoption.**

Bei der Verwendung einer GUI besteht ein größerer Ressourcenbedarf (CPU-Kerne, Speicherbedarf etc.). Zudem beansprucht die Arbeit mit der GUI i. d. R. mehr Zeit (Durchklicken durch mehrere Fenster) als die Eingabe konkreter Befehle auf der Konsole. Ohnehin ist bei der GUI (Powershell ausgenommen) nicht der gesamte Funktionsumfang eines Betriebssystems abgebildet, sondern nur bei der shell.

Außerdem: die GUI ist eine zusätzliche Software-Komponente eines Betriebssystems, die Fehler- und Sicherheitslücken enthalten könnte. Daher ist die Sicherheit und Performance geringer als auf der Arbeit mit der Konsole.

Andererseits erfordert das Arbeiten an einer Shell oder Eingabeaufforderung eine größere Expertise bzw. Schulungsbedarf der Administratoren.

4. **Bewerten Sie die bisher übliche Vorgehensweise bei der Auswahl von Software-Lizenzierungen.**

Das Ziel bei der Auswahl war, dass möglichst keine Unterlizenzierung (es werden mehr Softwarelizenzen verwendet als vereinbart) erreicht wird.

Der Hintergrund: sollte dies in einer Lizenzaudit festgestellt werden, so entstehen erhebliche Mehrkosten – auch rückwirkend.

Andererseits sollte auch keine überzogene Überlizenzierung (mehr Softwarelizenzen bestellt als verwendet) gewählt werden, da dies kostspieliger ist. Der Fokus lag somit auf den Kosten und der Nutzung.

5. **Woran machen Sie fest, ob die Durchführung Ihres Projektes erfolgreich war?**

Anhand messbarer Kriterien und eines Feedbacks des Kunden können Informationen eingeholt werden, die im Nachhinein analysiert werden sollten.

Diese Werte könnten dann z. B. grafisch veranschaulicht werden, um zu erkennen, zu welchen Zeitpunkten oder mit welchen Ereignissen die Misserfolge auftreten.

## E.2 Verbesserungsvorschläge

**1. Erläutern Sie, worauf Sie beim Kauf mobiler Geräte besser achten sollten.**

- Verwendung einer eSIM-Karte, statt einer klassischen SIM-Karte: unnötiges Plastik wird gespart und die Aktivierung der Karte ist schneller.
- Die Smartphones sollten langfristig mit Sicherheitsupdates versorgt werden: Ein aktueller (2021) Gesetzentwurf des Justizministeriums sieht ein „Mindesthaltbarkeitsdatum" für Smartphones vor. Dadurch werden Hersteller in die Pflicht genommen, für eine gewisse Zeit Updates anzubieten. Bis dato war es die Entscheidung des Herstellers, zu welchem Zeitpunkt keine Updates mehr angeboten wurden und damit das Gerät aufgrund mangelnder IT-Sicherheit nicht mehr betrieben werden konnte.
- Leasing statt Kauf: auch dies sorgt für eine professionelle Abwicklung und Weitergabe der Geräte an andere Teilnehmer.

**2. Wie lässt sich eine bessere Administration von PC-Arbeitsplätzen ermöglichen?**

Eine Möglichkeit der Entlastung im Bereich Betriebssystem und Anwendersoftware ist die automatisierte Softwareverteilung. Diese hat den Vorteil, dass die Installation des Betriebssystems, Updates, Anwendersoftware und Daten der jeweiligen Mitarbeiter mit wenigen Einstellungen erreicht wird und dadurch Kosten gespart werden können.

Weitere Möglichkeiten wären die Erstellung und Verwaltung von virtuellen Maschinen (z. B. mit Vagrant) oder eine cloudbasierte Lösung, die perfekt auf die Bedürfnisse von Unternehmen zugeschnitten wird und sich perfekt skalieren lässt.

3. **Welche Verbesserungsvorschläge empfehlen Sie bei der Installation von Server-Betriebssystemen?**

Bei der Auswahl der „Core-Installationsoption" ist nicht nur weniger Hardware-Performance erforderlich, sondern auch die Möglichkeit geboten, Prozesse durch Skripte zu automatisieren. Ebenfalls ruft eine GUI (zusätzliche Komponente im System) auch mehr Fehlerquellen hervor. Eine Schulung der Administratoren ist deshalb zu bevorzugen, da Systeme stabiler gehalten werden können.

Manche Distributoren bieten Kompromisse, die sich mittels einer Weboberfläche bedienen und konfigurieren lassen. So ist zumindest eine gute Benutzerfreundlichkeit vorhanden (z. B. pfSense).

4. **Wie lässt sich ein Missverständnis bei der Lizenzierung von Software vermeiden?**

Kommunikation und Sprache im Lizenzvertrag sind das wichtigste bei der Verhandlung von Software-Lizenzierungen. Die verwendeten Begriffe sollten bei allen Akteuren die gleiche Definition haben. Bei Unklarheiten sollte nachgefragt werden. Der Lizenzverbraucher soll nach einer Software-Auditierung nicht ungewollt in der Situation der Unterlizenzierung gelangen.

5. **Wie verhindern Sie Misserfolge bei einer allgemeinen Durchführung eines Projektes?**

Grundsätzlich ist die Kommunikation mit dem Kunden und die Überprüfung von Zwischenständen von großer Bedeutung. So lassen sich Missverständnisse schnell beseitigen und eine möglicherweise falsch angesetzte Ausrichtung korrigieren. Ebenfalls sollten, zusätzlich zu den Angaben des Herstellers, auch Meinungen und Erfahrungen der Community (z. B. in Foren) einbezogen werden. Gerade in Zeiten des digitalen Austausches ist dies sehr hilfreich. Außerdem können wichtige Hinweise oder Fehlfunktionen neu auf dem Markt erschienener Produkten schnell erfolgen.

Allerdings sollten die Rezensionen und Erfahrungen auf ihre Authentizität und ihren Wahrheitsgehalt hin kritisch überprüft werden. Es kann nämlich sein, dass die Einträge „gekauft" wurden.

# A Sie erfassen die Anforderungen an die Integration von Clients in eine bestehende Netzwerkinfrastruktur in einem Kundengespräch.

Eine radiologische Praxis besteht aus 13 Räumen (drei für MRT-Untersuchungen, zwei für CT-Untersuchungen, vier für Besprechungen mit den Patientinnen und Patienten, drei Wartezimmern sowie ein Raum für den Empfangsbereich der Patienten). In jedem Raum befinden sich mindestens zwei Clients. Ziel ist es, eine Vernetzung der bestehenden Clients zu bewerkstelligen, sodass der Arzt bzw. die Ärztin im Besprechungsraum bspw. auf die MRT-Daten der Patienten zugreifen kann. Zusätzlich sollen die Patienten während der Wartezeit mit WLAN versorgt werden.

## A.1 Externes Kundengespräch planen, durchführen, auswerten und dokumentieren

1. **Sie planen ein Kundengespräch. Welche Faktoren könnten für den Kunden bei der Vernetzung der Infrastruktur wichtig sein?**

**Preis:** Wie hoch ist das Budget des Kunden?

**Zukunftssicherheit:** Wie lange plant der Kunde mit der umzusetzenden Infrastruktur?

**Datenübertragungsrate:** Welche Art von Daten und welche Datenmenge wird übertragen? Wie hoch soll die Mindestübertragungsrate sein?

**Datensicherheit:** Welche Rolle spielt die Sicherheit von Daten?

**Änderung der Räumlichkeiten:** Sind große Veränderungen und Baumaßnahmen tolerierbar?

**Wie viel Teilnehmer** sollen auf das Netzwerk zugreifen?

**Informationen über den Kunden recherchieren:** Wer ist mein Kunde? Welche Probleme hat er? Welche Lösungsansätze könnte er bereits kennen?

| | |
|---|---|
| **2. Welche Service-Leistungen bzw. Angebote bieten Sie Ihren Kunden an?** | • Aufbau eines Netzwerks nach Kundenwunsch (Netzwerkplanung, Beschaffung von Hard- und Software und Aufbau des Netzwerkes)<br>• Wartung und Management des Netzwerkes (Updates von Netzwerkgeräten durchführen, Veränderungen implementieren, zusätzliche/neue Software installieren)<br>• Überwachung des Netzwerkes (Netzwerk-Monitoring) |
| **3. Wie führen Sie ein gelungenes Kundengespräch?** | • freundlich, offen und selbstbewusst (positive Haltung dem Kunden gegenüber)<br>• Interesse am Kunden zeigen, reden lassen und zuhören, Vertrauen gewinnen, am Ende ggf. Nachfragen stellen<br>• Stärken des eigenen Unternehmens unterstreichen (Warum sollte sich der Kunde für Sie entscheiden?)<br>• dem Kunden Dokumentationen/Übersicht zeitnah zukommen lassen und Folge-Termine planen |
| **4. Welche möglichen Übertragungsmedien bieten Sie dem Kunden an?** | Leitungsgebunden über Kupferkabel (z. B. Patchkabel), Lichtwellenleiter oder eine WLAN-Lösung |
| **5. Welche Vor- und Nachteile gegenüber anderen Übertragungsmedien bietet die Vernetzung der Netzwerkgeräte mit kabelgebundenem Kupferkabel?** | **Vorteile:** hohe Datenrate, mittlere Abhörsicherheit, Möglichkeit der Power-over-Ethernet, robust gegen mechanische Belastungen (dadurch mittlere Flexibilität)<br>**Nachteile:** Verkabelungsaufwand, höhere Installationskosten (insbesondere bei Unterputz), elektromagnetische Beeinflussung |
| **6. Welche Vor- und Nachteile gegenüber anderen Übertragungsmedien bietet die Vernetzung mit Glasfaserkabel?** | **Vorteile:** sehr schnelle Datenrate, hohe Bandbreite, unempfindlich gegenüber elektromagnetischen Störungen, abhörsicherer<br>**Nachteile:** hohe Installationskosten, empfindlicher gegen mechanische Belastungen und damit weniger flexibel, teurere Geräte bei Reparatur der Leitung nach einem Kabelbruch notwendig (z. B. hochpräzise und automatische Spleißgeräte) |

| | |
|---|---|
| **7. Welche Vor- und Nachteile gegenüber anderen Übertragungsmedien bietet die Vernetzung der Netzwerkgeräte mit IEEE 802.11-Lösungen (WLAN)?** | **Vorteile:** hohe Flexibilität, schnelle Installation, geringere Installationskosten, notwendig für mobile Geräte<br>**Nachteile:** geringere Reichweite, geringere Datenrate, weniger abhörsicher |
| **8. Welche Möglichkeiten gibt es, um die aktuelle IST-Situation eines WLAN-Netzwerkes messbar zu machen?** | Anhand vorhandener Baupläne und Informationen über das Gebäude (Wanddicke, Material, diverse Abmessungen ...) kann eine Software verwendet werden, um die Funkausleuchtung zu modellieren. Zusätzlich kann eine Messung vor Ort stattfinden, die optimale Installationspunkte von Access-Points ermittelt. |
| **9. Welche Strategie verfolgen Sie während der Durchführung des Kundengespräches, wenn Sie feststellen, dass der Auftraggeber die Fachterminologie nicht versteht?** | Es ist immer notwendig die fachlich korrekte Sprache zu verwenden. Allerdings ist es wichtig, dass der Kunde das Vorgehen der Fachkraft nachvollziehen kann, um Missverständnisse o. ä. zu vermeiden. Deshalb sollte ein solches Kundengespräch möglichst technisch vereinfacht (z. B. durch Verwendung von Analogien) ablaufen. |
| **10. Wie definieren Sie das Ziel gemeinsam mit dem Auftraggeber beim Kundengespräch?** | Das große Ziel sollte in kleinere Ziele zerlegt werden. Dabei sollen Meilensteine (Termine, die eingehalten werden müssen) festgelegt werden. Die spezifischen Ergebnisse der Teilziele müssen klar formuliert werden und am Ende messbar sein. |
| **11. Welche Aspekte sind bei der Bewertung eines Kundengesprächs wichtig?** | • Akteure auflisten, die am Gespräch beteiligt waren, die in weitere Prozesse involviert sind<br>• Reaktion des Kunden: Gibt es positive Signale/Andeutungen, dass der Auftrag an Ihre Firma oder doch an die Konkurrenz vergeben wird?<br>• Welche Ziele/Wünsche hat der Kunde erwähnt? Fehlen diese im Portfolio der Firma? Sollen diese aufgenommen werden?<br>• Was lief positiv? Wie kann ich negative Aspekte in Zukunft vermeiden? |

**12. Welche Aspekte spielen bei der Dokumentation des Kundengesprächs eine Rolle?**

**vollständige Dokumentation:** alle Aspekte des Gespräches dokumentieren, um Gedächtnislücken zu vermeiden

**weniger ist mehr:** nur so viele Informationen wie nötig – keine Details

**einfache Formulierungen:** wichtig bei Teamarbeit ist, dass alle Team-Mitglieder die Anforderungen verstehen

## A.2 Anforderungen an die Integration von Clients

**1. Welche Kommunikationsformen können in einem Netzwerk umgesetzt werden?**

**Unicast:** Eine Nachricht an einem Empfänger

**Multicast:** Eine Nachricht an eine Gruppe von Empfängern

**Anycast:** Eine Nachricht an den nächstliegenden Teilnehmer einer Gruppe

**Broadcast:** Eine Nachricht an alle Teilnehmer des jeweiligen Netzwerks.

Abb. zur Lösung:

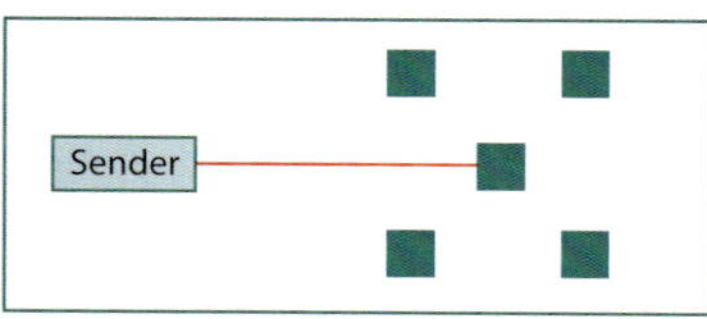


Unicast

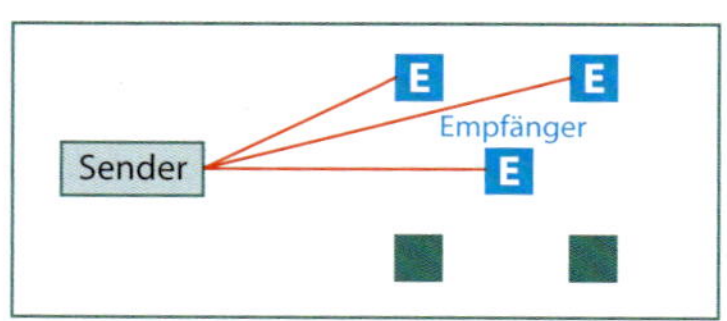


Multicast

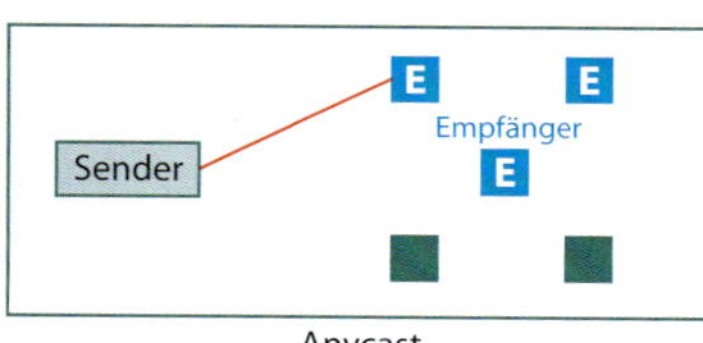


Anycast

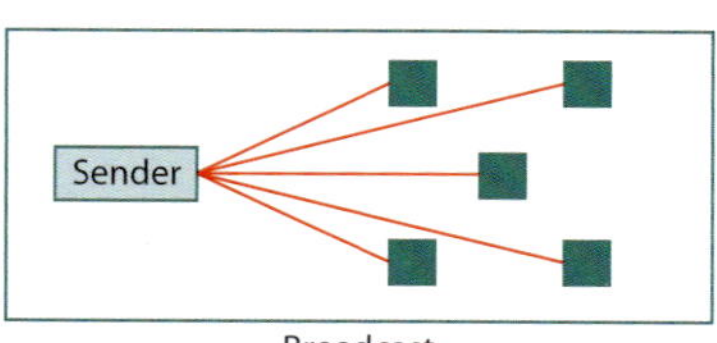


Broadcast

**2. Welches Übertragungsmedium wählen Sie bei einer strukturierten Verkabelung, wenn Sie einen PC/Host an einem Raum-Switch vernetzen wollen?**

**Begründen Sie Ihre Wahl.**

Da die Entfernung nicht sehr groß ist und die Kabel oft ein- und ausgesteckt werden (mechanische Belastbarkeit), wäre Kupferverkabelung geeignet. Bei Etagen-Switch oder Gebäude-Switch wären Lichtwellenleiter die bessere Wahl, um die Dämpfung klein zu halten.

**3. Welche qualitativen Unterschiede gibt es zwischen einem CAT-8-Kabel und CAT-5-Kabel? Welches CAT-Kabel würden Sie dem Kunden empfehlen?**

Je neuer (höher) die Kategorie-Zahl des Kabels ist, umso höher ist die verwendbare Frequenzbandbreite. Dadurch steigt auch die mögliche Datenrate. Außerdem sind ältere CAT-Kabel nicht abgeschirmt. Empfehlung: Da der preisliche Unterschied nicht groß ist, wäre immer die neuste Kategorie zu bevorzugen (2021: CAT 8); diese ist zukunftssicherer.

**4. Welche Funktion haben die Abschirmung und die Verdrillung der Adern bei einem CAT-Kabel?**

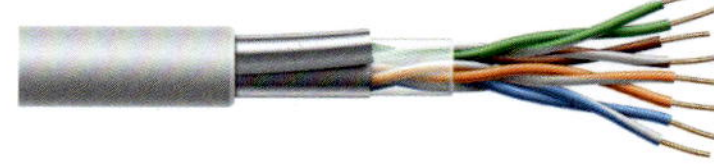

Jeder stromdurchflossene Leiter erzeugt ein Magnetfeld. Die Verdrillung sorgt dafür, dass diese Wirkung aufgehoben wird. Deshalb sollte eine IT-Fachkraft darauf achten, dass die Verdrillung beim Kabelverlegen am Patchfeld bis zum Ende erhalten bleibt.

Die Abschirmung bietet eine Schutzfunktion gegenüber inneren und äußeren elektromagnetischen Einflüssen.

**5. Welche Funktion hat ein Crossover-Kabel und wie oft werden diese Kabel in der Praxis eingesetzt?**

In einem der beiden Stecker sind bestimmte Kabeladern vertauscht. So können zwei ältere Clients oder Switches miteinander verbunden werden.

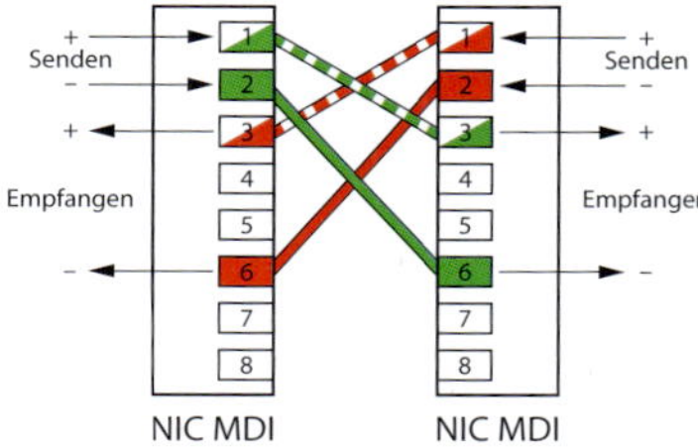


Seit Clients jedoch fast immer eine Auto-MDI-X-Funktion besitzen, ist der Einsatz von Crossover-Kabeln meist nicht mehr notwendig. Die Netzwerkkarten würden automatisch erkennen, wer Sender/Empfänger ist. Bei älteren Geräten hingegen muss dies noch berücksichtigt werden, damit die Netzwerkkarten von Clients nicht beschädigt werden.

**6. Warum sollte der Biegeradius eines Lichtwellenleiters nicht überschritten werden?**

Da ein Lichtwellenleiter sehr dünn ist, könnte der Innenleiter bei Überschreitung des Biegeradius beschädigt werden und damit würde kein Signal weitergeleitet. Zusätzlich ist die Lichtübertragung äußerst empfindlich, sodass bei großer Biegung das Licht nicht mehr total reflektiert wird, sondern auf eine unerwünschte Weise gebrochen und dadurch die Dämpfung größer wird.

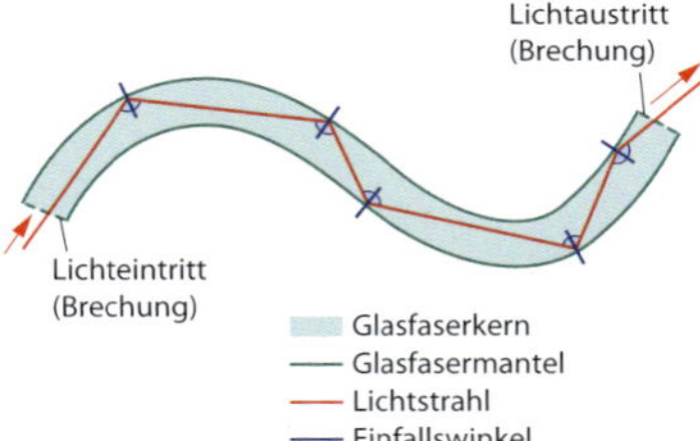


**7. Welche Frequenzen nutzen Hosts, wenn sie mit einem WLAN-Access-Point kommunizieren? Gehen Sie auch auf die Kompatibilität ein.**

Es gibt das 2,4-GHz-, das 5-GHz-Band sowie das 60-GHz-Band. Sollten beim Access-Point nur 5 GHz konfiguriert werden, können ältere Hosts nicht bedient werden. Das 2,4-GHz-(ISM-Band) ist bei den meisten Clients integriert. Auch neuere Smartphones sind abwärtskompatibel zum 2,4-GHz-Band.

**8. Eine Kamera-Überwachung soll an verschiedenen Stellen des Gebäudes umgesetzt werden. Worauf müssen Sie achten, wenn insbesondere Steckdosen für die Energieversorgung im Außenbereich fehlen?**

Im Außenbereich fehlen oft Energiequellen. Da Installationskosten und -aufwand für zusätzliche Steckdosen groß sind, wäre es sinnvoll, die Stromversorgung und Datenübertragung über PoE (Power over Ethernet) zu lösen.

**9. Welche Anforderungen müssen Clients erfüllen, damit diese in der EU betrieben werden können?**

Die Produkte (Access-Points, PowerLAN-Adapter etc.) müssen die „CE-Kennzeichnung“ haben. Damit garantieren die Geräte, dass sie sich an europäische Normen und Vorschriften (z. B. Frequenzen, Sicherheitsvorschriften etc.) halten.

**10. Nennen Sie Endgeräte, die über PoE betrieben werden können.**

VoIP-Telefone, Access-Points, Überwachungskameras, kleine Server, Sensoren

## A.3 Leistungskriterien

1. **Erläutern Sie, welchen Zusammenhang es zwischen der Dämpfung in der Einheit dB und der Signalleistung gibt.**

Die Einheit dB ist eine logarithmische Angabe. Der Zusammenhang ist über die Formel

$a \text{ in dB} = 10 \cdot \log \frac{P_{ein}}{P_{aus}}$ definiert.

Beispiel: Wenn die Dämpfung einer Übertragungsstrecke (z. B. eines 50-m-Kabels) mit 30 dB angegeben wird, heißt das, dass die Signalleistung am Ende der Übertragungsstrecke nur noch $\frac{1}{1.000}$ der Eingangsleistung beträgt.

2. **Bei WLAN-Clients werden Balken für die Signalstärke dargestellt. Erläutern Sie, welche Bedeutung diese in Bezug auf dBm-Werte haben.**

Der RSSI-Wert (**R**eceived **S**ignal **S**trength **I**ndication) gibt an, wie stark das Empfangssignal eines WLAN-Clients ist. Die Balkendarstellung ist nicht einheitlich.

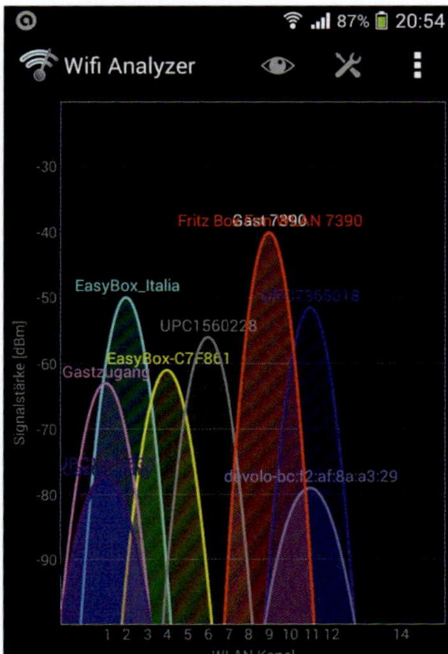


Je niedriger der Wert ist, desto schlechter kommt das Signal an: Alle Balken sind aktiviert, wenn das Signal besser als –60 dBm ist; die nächsten Abstufungen wären z. B. bei –80 dBm und –90 dBm. Ab –100 dBm würde es viele Abbrüche oder kein Signal mehr geben.

3. **Welche Folgen haben stark gedämpfte Signale (z. B. WLAN-Signale unter –90 dBm)? Wie können Sie dies vermeiden?**

Je gedämpfter das Signal, umso geringer die Datenrate. Bei einer derart niedrigen Signalstärke kann es keine VoIP-Telefonie oder durchgehende Verbindung geben. Man kann das Signal beispielsweise mit einem Repeater auffrischen.

**4. Welche Probleme können entstehen, wenn mehrere Repeater eingesetzt werden?**

Da jeder Repeater in zwei Richtungen sendet, verringert sich die WLAN-Geschwindigkeit. Dies hängt mit der Verarbeitungszeit der eingesetzten Repeater zusammen, die sich negativ auf die Datenübertragungsrate auswirkt.

**5. Differenzieren Sie – je nach Anwendungssituation – drei von Ihnen ausgewählte Aspekte bei der Auswahl des WLAN-Frequenzbereiches.**

**Reichweite:** Je höher die Frequenz, umso größer die Dämpfung. Deshalb sollte bei großen Entfernungen zwischen Access-Point und Client mit 2,4 GHz gearbeitet werden.

**Bandbreite:** Der zur Verfügung stehende Frequenzbereich bei 2,4 GHz beträgt 83 MHz. Beim 5-GHz-Band ist es ca. das Vierfache.

**Datenrate:** Da die Bandbreite bei 5 GHz größer ist, lassen sich mehrere Kanäle zusammenfassen. Dadurch können höhere Datenraten erreicht werden

**Kompatibilität:** Sind die Geräte 5-GHz-fähig? Zwar sind aktuell sehr viele mobile Geräte 5-GHz-fähig, dennoch gibt es, z. B. im IoT-Bereich eine große Zahl an Geräten, die nicht 5-GHz-fähig sind.

**6. Das Kombinieren mehrerer WLAN-Kanäle ist ein Leistungskriterium eines WLAN-Standards, der zu einer Steigerung der Datenrate führen kann.**

**Erläutern Sie, warum.**

Im 5-GHz-Band (ac-Standard) kann eine Kanalbreite statt von 20 MHz auf 40 MHz auf 80 MHz oder sogar 160 MHz vergrößert werden. Im 2,4-GHz-Band können maximal zwei benachbarte Kanäle zusammengefasst werden. Dies sorgt für eine größere Bandbreite. Allerdings sollte es keine Überlappungen in diesem breiteren Kanal geben, sonst ist der Vorteil dahin.

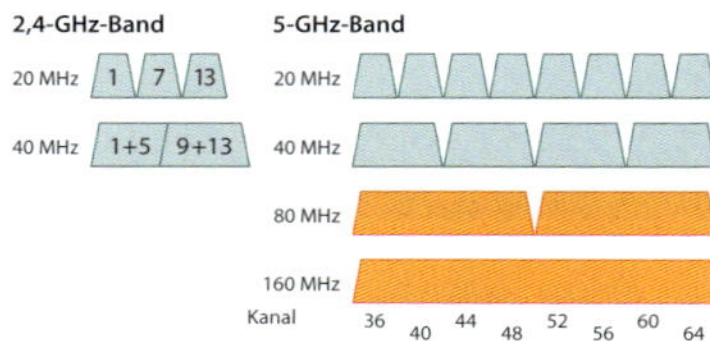

**7. Die Kanäle im 2,4-GHz-Band werden von mehreren benachbarten Access-Points anderer Firmen belegt.**

**Erläutern Sie, welche Auswirkung dies auf die Verbindung hat.**

Auch wenn mehrere Access-Points denselben Kanal belegen, kann eine Kommunikation stattfinden. Aber diese Teilnehmer stören sich, da sie auf der gleichen Trägerfrequenz funken. Das wirkt sich negativ auf die Datenübertragungsrate aus.

**8. Warum steigt die Datenübertragungsrate bei der Wahl des 5-GHz-Bandes im Vergleich zum 2,4-GHz-Band?**

Das 2,4-GHz-Band (auch ISM-Band genannt) ist frei zugänglich und wird in Industrie, Wissenschaft und Medizin verwendet. Also funken viele ferngesteuerte Geräte, Mikrowellen und Bluetooth in diesem Frequenzbereich.
Aus der Sicht der WLAN-Übertragung sind das Störsignale, die ein ohnehin überbelegtes Frequenzband stören. Deshalb weicht man diesem „Frequenzgedränge" durch die Verwendung des 5-GHz-Bandes aus.

**9. Welche Möglichkeit zur Geschwindigkeitssteigerung gibt es bei der Auswahl von WLAN-Access-Points?**

- Verfügen Access-Points über **MIMO** (Multiple Input Multiple Output), können Datenströme über mehrere Antennen übertragen werden. Dadurch steigt die Datenrate.
- Bei **MU-MIMO** (Multi-User MIMO) können mehrere Benutzer ihre Daten gleichzeitig über mehrere Antennen senden (bei ac- und ax-Standard).
- Bei **SIMO** (Single Input Multiple Output) gibt es eine Sende- und mehrere Empfangsantennen (Antennen-Diversity, Beamforming).

**10. Welche Funktion hat DFS (Dynamic Frequency Selection) eines Access Points im 5-GHz-Betrieb?**

Verfügt ein Access-Point über die DFS-Funktion in Kombination mit der Regulierung der Sendeleistung TPC (Transmit Power Control), dürfen 19 Kanäle des 5-GHz-Bandes verwendet werden (inkl. der reservierten Kanäle für Wetter-Radar). Der Access-Point würde erkennen, dass im jeweiligen Kanal andere Funk-Teilnehmer senden und reduziert die Sendeleistung auf ein Minimum und wählt eine andere Frequenz (einen anderen Kanal) aus, um Störungen zu vermeiden. Ohne eine DFS-Funktion dürfen lediglich die Kanäle 36–48 verwendet werden. Dadurch wäre die Bandbreite geringer (80 MHz und damit kein Mehrwert zu 2,4-Ghz-Band).

**11. Erläutern Sie, über welche Option ein Access-Point verfügen muss, wenn mehrere Benutzergruppen (z. B. Ärzte, Personal, Kunden) mit ein und demselben Access-Point kommunizieren sollen?**

Der Access-Point muss Multi-SSID-fähig sein (SSID = Service Set Identifier). Dabei sendet der Access-Point mehrere SSID (Netzwerknamen). Nach der Anmeldung unter der jeweiligen SSID werden die Teilnehmer bestimmten VLANs (VLAN = Virtual Local Area Network) zugeordnet.

**12. Ein Access-Point mit einer Datenrate von 3,5 GBit/s kommuniziert mit einem WLAN-Adapter mit der Angabe IEEE 802.11ac (1200 Mbps). Der WLAN-Adapter ist an einer USB 2.0-Schnittstelle eines PC angeschlossen. Erläutern Sie, warum nur eine Datenrate von 480 MBit/s erreicht wird.**

Da bei der Messung der Datenrate die gesamte Kette entscheidend ist, muss auch die Datenrate von USB 2.0 berücksichtigt werden. Diese liegt bei maximal 480 MBit/s. Sollten höhere Datenraten erreicht werden, muss mindestens USB 3.0 gewählt werden.

## B Sie informieren sich über Netzwerkinfrastrukturen mit ihren Eigenschaften und Standards. Sie nutzen dabei u. a. technische Dokumentationen und berücksichtigen betriebliche Sicherheitsvorgaben.

### B.1 Netzwerkarchitekturen

**1. Nennen Sie drei Zielsetzungen, die sich aus der Vernetzung von Computern ergeben.**

- Verteilung der zu bewältigenden Aufgaben
- Nutzung gemeinsamer Ressourcen
- Datenaustausch über räumliche Entfernungen

**2. Zwei Unterscheidungsmerkmale von IT-Netzen sind:**
**– die Art der Leitungsführung und**
**– die räumliche Ausdehnung.**

**Nennen Sie drei weitere Unterscheidungsmerkmale von IT-Netzen.**

- die eingesetzten Übertragungsmedien
- die Netzwerkarchitektur
- die räumliche Ausdehnung
- die eingesetzten Zugriffsverfahren

**3. Was beschreibt die Netzwerk-Topologie? Unterscheiden Sie bei Ihrer Antwort zwischen physikalischer und logischer Topologie.**

Die Netzwerk-Topologie beschreibt die Struktur der Netzwerkkomponenten.

**physikalischen Topologie:** räumliche Verbindung der Netzwerkkomponenten

**logische Topologie:** Organisation der Kommunikation zwischen den Netzwerkkomponenten

**4. Charakterisieren Sie die beiden Betriebsmodi von Funknetzen.**

Betriebsmodus 1:

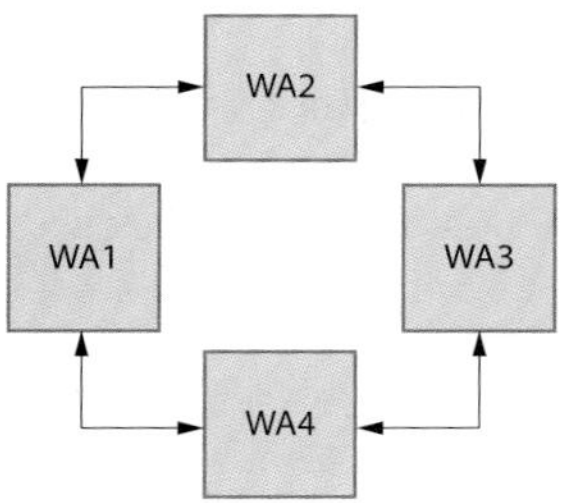


WA: Wireless-Adapter

Betriebsmodus 2:

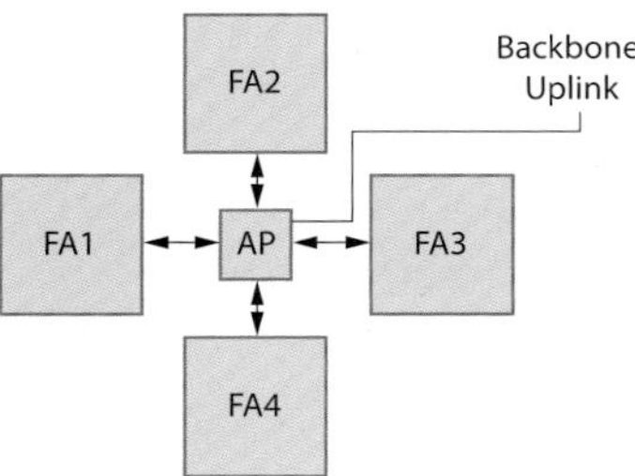


AP: Access-Point

Betriebsmodus 1 ist der Ad-hoc-Modus:

Alle Wireless-Adapter befinden sich im Peer-to-Peer-Verbund, ohne Access-Point und sind gleichberechtigt. In der Regel ist das Ad-hoc-Netz nicht mit anderen Netzen verbunden.

Betriebsmodus 2 ist der Infrastrukturmodus:

Alle Wireless-Adapter kommunizieren mit und über Access-Points, welche in der Regel die Verbindung zum kabelgebundenen Netzwerk herstellen (Backbone Uplink).

**5. Charakterisieren Sie Edge-Computing und nennen Sie typische Einsatzgebiete.**

Beim Edge-Computing wird die verteilte Netzwerkarchitektur (Client-Server-Prinzip) mit der weitestgehend zentralen Architektur der Cloud kombiniert. Durch das verteilte Cloud-Computing sollen die steigenden Anforderungen an Datenschutz, Antwortzeitverhalten und autonomes Arbeiten von technischen Einheiten umgesetzt werden.

Einsatzgebiete sind vor allem IoT und Industrie 4.0. Hier können oder sollen Daten nicht immer in eine zentrale Cloud transferiert werden. Ziel ist es, Daten lokal vorverarbeiten zu können.

**6. Edge-Computing deckt ein breites Einsatzfeld ab. Das im Bild dargestellte Referenzarchitekturmodell Edge-Computing 4.0 (RAMEC 4.0) soll bei der Einordnung und den damit verbundenen unterschiedlichen Anforderungen an Hard- und Software helfen.**

**Analysieren Sie die Darstellung hinsichtlich ihrer Struktur und erläutern Sie die Positionen C, 1 und III.**

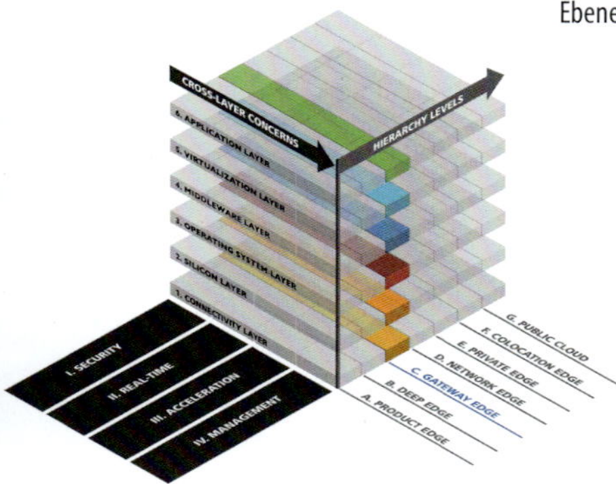


**Modell RAMEC 4.0 (Reference Architecture Model for Edge-Computing)**

**HIERARCHIE LEVELS – A bis G (x-Achse)**

mögliche Positionierungen der Datenverarbeitung im IT-Netz

**LAYERS – 1 bis 6 (y-Achse)**

Ebenen für die Kernfunktionen eines Edge-Knotens

**CROSS-LAYER CONCERNS – I bis V (z-Achse)**

verschiedene Aspekte wie z. B. Sicherheit und Management, die auf den verschiedenen Ebenen unterschiedlich behandelt werden

**C. GATEWAY-EDGE**

Beinhaltet die Kopplung von Automatisierungsnetzwerken an die Cloud oder IoT-Applikationen, z. B. Edge-Gateway. Dieser steht im zyklischen Eingabe-Ausgabe-Datenaustausch mit einer separaten SPS, die eine in räumlicher Nähe stehende Maschine steuert.

**1. CONNECTIVITY-LAYER**

Beinhaltet Kommunikationstechniken mit der Außenwelt, z. B. Feldbussystem PROFIBUS (PROcess FIeld BUS), industrielles Ethernetsystem PROFINET (PROcess FIeld NET) und Echtzeitübertragung von Daten im TSN (Time-Sensitive-Networking).

**III. ACCELERATION**

Beinhalten Erweiterungen der Edge-Knoten für rechen- und datenintensive Anwendungen, um Performance und Energieeffizienz zu steigern, z. B. GPU (Graphics Processing Unit), FPGA (Field Programmable Gate Array) und Beschleuniger für Anwendungen im Bereich des maschinellen Lernens, z. B. TPU (Tensor Processing Units) von Google.

**7. Nennen Sie zwei Vor- und zwei Nachteile des Edge-Computing gegenüber der klassischen Cloud-Architektur.**

**Vorteile:**

- Durch die räumliche Nähe von Verarbeitungseinheit und Datenquelle ist das Echtzeitverhalten besser.
- Die Regelkonformität von Unternehmen wird besser unterstützt, da ein Großteil der Daten im lokalen Netzwerk verbleibt.

**Nachteile:**

- Deutlich komplexere Netzwerkstruktur, da Netzwerkkomponenten in einem verteilten System, zum Teil von unterschiedlichen Herstellern, über eine Vielzahl von Schnittstellen miteinander kommunizieren.
- Die dezentrale Netzwerkstruktur erfordert einen höheren Wartungs- und Administrationsaufwand.

**8. Was unterscheidet die Information Technology (IT) von der Operational Technology (OT)?**

**IT:** Managen und administrieren von Hardware und Software sowie Netzwerk- und Kommunikationstechnologien zur Informations- und Datenverarbeitung mittels dafür entwickelter Technologien und Services

**OT:** Managen und administrieren von sog. Embedded Systems (in Maschinen und Fertigungsanlagen verbaute Rechnersysteme) zur Verarbeitung von Signalen zur direkten Überwachung, Steuerung oder Regelung von physikalischen Geräten, Prozessen und Ereignissen

**9. Kommunikationsprotokolle legen die Organisation der Datenübertragung fest.**

**Nennen Sie mindestens fünf Funktionen eines solchen Kommunikationsprotokolls.**

- Adressierung der Endsysteme
- Regelung der Blockbildung
- Initialisierung des Übertragungsprozesses – Übertragungsstart und Übertragungsende
- Regelung der Zugangsberechtigung und Kontrolle des Zugangs von Endsystemen
- Fehlererkennung der übertragenen Daten durch Einsatz von Sicherungsverfahren
- Steuerung und Überwachung des Ablaufs der Datenübertragung

**10. Der Mobilfunkstandard der fünften Generation, 5G, bringt gegenüber 4G drei wesentliche Verbesserungen:**

**– höhere Übertragungsrate**
**– geringere Latenz**
**– höhere Zuverlässigkeit der Verbindungen**

**Wie wird die höhere Übertragungsrate erreicht?**

**Die höhere Übertragungsrate wird erreicht durch:**

- Nutzung breiterer Frequenzbänder (Bandbreite pro Kanal bis 400 MHz),
- Zusammenfassung mehrerer Bereiche zu einem virtuellen Frequenzband. Bei dieser sog. „Carrier Aggregation" können bis zu fünf „component carrier" mit 1.4; 3; 5; 19; 15 oder 20 MHz Bandbreite zu einem Aggregat mit maximal 100 MHz zusammengefasst werden.

**11. Ethernet VPN ist eine Netzwerktechnologie zur Vernetzung von mehreren Firmenstandorten.**

**Begründen Sie folgende Vorteile dieser Technologie:**

- **niedrige Anschaffungs- und Betriebskosten**
- **hohe Flexibilität,**
- **effektives Management.**

- **niedrige Anschaffungs- und Betriebskosten**
  - mit Ethernet betriebene LANs können einfach in das WAN (Wide Area Network) erweitert werden, d. h. lokal vorhandene Router können für Ethernet VPNs genutzt werden
  - Ethernet-Mietleitungen bieten hohe Bandbreiten zu günstigen Konditionen
- **hohe Flexibilität**
  - die Bandbreiten können stufenweise von 2 MBit/s bis zu 10 GBit/s erhöht werden
  - Zusatzservices können optional integriert und beliebig kombiniert werden
  - Einsatz verschiedener Netzwerkkonfigurationen ist möglich
- **effektives Management**
  - mehrere Standorte können wie ein einziges großes LAN gemanagt werden
  - hohe Zentralisierung und die Teilung zentraler Dienste (z. B. Backup) bringen Effizienzvorteile und Arbeitserleichterungen

**12. Nennen Sie mindestens drei Anforderungen bzw. Ansprüche an ein Datacenter-Netzwerk.**

- Eliminierung von Ausfallzeiten durch den Einsatz redundanter Komponenten
- Sicherstellen der Skalierbarkeit durch Hinzufügen weiterer Pods (Grundeinheit der Skalierung in Form eines vorkonfigurierten IT-Containers) und Ebenen
- Automatisierung von Aufgaben im Bereich Handhabung, Überprüfung, Fehlerkorrektur und Konfiguration
- uneingeschränkte Segmentierung durch eine offene und flexible Architektur (z. B. Ethernet VPN)

**13. Erklären Sie den Aufbau des Leaf-Layers der im Bild dargestellten Leaf-Spine-Architektur eines Rechenzentrums.**

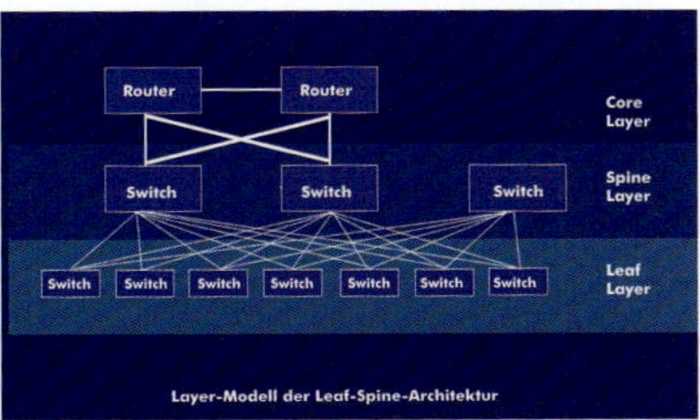

Layer-Modell der Leaf-Spine-Architektur

**Leaf Layer**
Hier erfolgt der Anschluss von Servern und Speichereinheiten. Die Leaf-Switches stellen Netzwerkverbindungspunkte für die Server bereit, sind mit den Spin-Switches verbunden und befinden sich in einer voll vermaschten Netzwerkarchitektur. Durch diese Architektur wird die Latenzzeit minimiert. Die Anzahl der durchlaufenen Switches ist bei jeder Verbindung zu einem anderen Server gleich.

**14. Was ist ein Hop und welche Bedeutung hat der Hop-Count-Wert 130?**

Ein Hop ist ein Netzwerkabschnitt (z. B. Router). Verwendet wird die Anzahl der Hops für die Bestimmung und Begrenzung der Lebensdauer eines Datenpaketes zur Verminderung des Traffic bei unzustellbaren Datagrammen. Bei einem Hop-Count-Wert von 130 kann das Datagramm 130 Router durchlaufen, bis es auf null gesetzt ist und verworfen wird.

**15. Ergänzen Sie die Tabelle zum IPv6 (Internet Protocol Version 6)**

| Bedeutung des Flow Labels | Identifikation für zusammengehörige Pakete |
|---|---|
| Aufgabe | |
| OSI-Schicht | |
| Länge der Adressen | |
| Max. Größe der Datenpakete (Jumbograms) | |

| Bedeutung des Flow Labels | Identifikation für zusammengehörige Pakete |
|---|---|
| Aufgabe | Nutzdatenvermittlung über verschiedene Teilnetze hinweg (Routing) |
| OSI-Schicht | Schicht 3 – Netzwerkschicht |
| Länge der Adressen | 128 Bit |
| Max. Größe der Datenpakete (Jumbograms) | 4 GByte |

**16. Eine Form der Client-Server-Architektur ist die Three-Tier-Architecture. Erläutern Sie diese Architektur.**

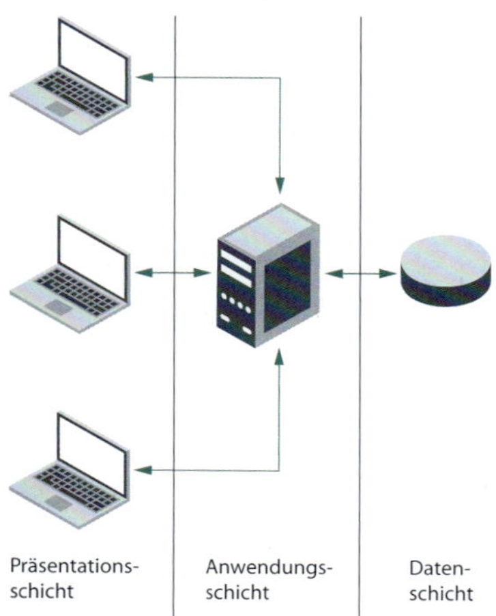


Die Three-Tier-Architecture ist eine Software-Architektur, die aus den folgenden Schichten besteht:

- Präsentationsschicht zur Abbildung der grafischen Benutzeroberfläche (GUI)
- Anwendungsschicht (Server) zur Realisierung der fachlichen Anforderungen und des Zugriffs auf die Datenbank
- Datenschicht zur Bereitstellung der Geschäftsdaten (Datenbank) und anderer Ressourcen

## B.2 Netzwerkkomponenten

1. **Nennen Sie jeweils fünf aktive und fünf passive Netzwerkkomponenten.**

- **aktive Netzwerkkomponenten:** Switches, Router, Firewalls, Gateways, WLAN Accesspoints
- **passive Netzwerkkomponenten:** Patchfelder, Patchkabel, Anschlussdosen, DSL-Splitter, Netzwerkschränke

2. **Um Echtzeitanwendungen zu ermöglichen, soll bei Switches die Latenzzeit so gering wie möglich gehalten werden. Als Paketauswertungsverfahren wird zwischen Store-and-Forward und Cut-Through unterscheiden. Welches Verfahren erfüllt die Forderung einer geringen Latenzzeit besser?**

   **Begründen Sie Ihre Entscheidung.**

Im Gegensatz zu Store-and-Forward wird bei Cut-Through nicht das gesamte Datenpaket ausgewertet, sondern nur die ersten 48 Bit eines Rahmens, die MAC-Zieladresse. Dadurch ergibt sich die geringere Latenzzeit. Nach Analyse dieser Adresse wird das Datenpaket sofort auf den entsprechenden Ausgangsport weitergeleitet. Es erfolgt allerdings im Gegensatz zu Store-and-Forward keine Fehleranalyse, sodass auch (unbrauchbare) Datenfragmente weitergeleitet werden. Die Variante Error Free Cut-Through gleicht diesen Nachteil durch Prüfsummenbildung aus, dadurch erhöht sich aber die Latenzzeit.

3. **Nennen Sie mindestens drei Gütekriterien für Kabelkategorien (z. B. Cat 8).**

- Impedanz
- Bandbreite
- Dämpfung
- Nahnebensprechen (Near End Crosstalk – NEXT)

4. **Berechnen Sie den Dämpfungsfaktor für die Spannung $D_U$ bei gegebenen Spannungsdämpfungsmaß $a_U = 12$ dB.**

   $$a_U = 20 \cdot \lg \frac{U_1}{U_2}\ \text{dB}$$

   **$U_1$ Eingangsspannung**

   **$U_2$ Ausgangsspannung**

$$D_U = \frac{U_1}{U_2} \qquad a_U = 20 \cdot \lg \frac{U_1}{U_2}\ \text{dB}$$

$$\frac{U_1}{U_2} = 10^{a_U/20\ \text{dB}}$$

$$\frac{U_1}{U_2} = 10^{(12\ \text{dB}/20\ \text{dB})} = 3{,}98$$

$$D_U = 3{,}98$$

5. **Charakterisieren Sie MPLS-fähige Router.**

MPLS steht für **M**ulti**p**rotocol **L**abel **S**witching. Jedem IP-Datenpaket wird ein Label mit Routing- und Serviceinformationen zugewiesen. Damit sind MPLS-fähige Router in der Lage, Daten über einen optimalen Pfad schnell im Netz weiterzuleiten und gewährleisten somit eine leistungsstarke und stabile Verbindung.

| | |
|---|---|
| **6. Welche Netzwerkkomponenten sind für die Verbindung der einzelnen Hosts sowie eine Verbindung ins Internet notwendig?** | Switches und Router als Gateway für Anfragen von außerhalb des Netzes |
| **7. Welches Element ist für den Betrieb von VoIP-Telefonen in einem LAN erforderlich (Organisation, Auf- und Abbau von Anrufen usw.)?** | Eine VoIP-Anlage (z. B. Asterisk). Dies kann auf einem Server umgesetzt werden oder auf einem Integrated-Services-Router (z. B. Fritz-Box) konfiguriert werden. |
| **8. Über welche Option sollte ein Switch verfügen, wenn VoIP-Telefone, PCs und andere Hosts in einem Netz vernetzt sind?** | Die Switches sollten Quality of Services (QoS) anbieten. Damit werden aufgrund der Bevorzugung der Telefon-Daten gegenüber sämtlichen anderen Daten im Netz Verzögerungen beim Telefonieren vermieden. Denkbar ist die Umsetzung über VLANs. |
| **9. Über welche Option sollte ein vlanfähiger Switch verfügen, um VLAN-Konfigurationen auf einem Switch vorzunehmen und diese auf den benachbarten Switch automatisch übertragen zu können?** | VLAN-Informationen können mithilfe des DTP-Protokolls (Dynamic Trunking Protocol) übertragen werden. Dabei gibt es unterschiedliche Modi. |
| **10. Wie heißen Geräte, die ein WLAN-Signal für mobile Geräte zur Verfügung stellen?**<br>**Gehen Sie auf zwei Eigenschaften ein.** | Die Geräte heißen Access-Points.<br>Sie senden Signale im Mikrowellen-Bereich (2,4- oder 5-GHz-Bereich) und sorgen dafür, dass mobile Geräte auch mit dem Internet verbunden sind. Sie verfügen über mindestens eine Antenne. |
| **11. Womit und wie können mehrere Access-Points in einem Schritt konfiguriert werden?** | Mithilfe eines WLAN-Controllers: Dieser kann sowohl als Software- wie auch als Hardware-Ausführung betrieben werden. Konfigurationen für Access-Points werden nur einmal durchgeführt und im Anschluss an alle Access-Points verteilt. |
| **12. Welche Netzwerkkomponenten benötigen Sie, um WLAN-Authentifizierung zentral zu steuern?** | Benötigt wird eine zentrale Benutzerverwaltung, damit IEEE 802.1x umgesetzt werden kann. Die zentrale Benutzerverwaltung kann von einem RADIUS-Server (im eigenen Netzwerk oder außerhalb) bewerkstelligt werden. |

**13. Erklären Sie die AAA-Funktion beim IEEE 802.1x-Standard.**

- **Authentication:** Identifikation der Personen, die auf das Netzwerk oder Geräte zugreifen dürfen
- **Authorization:** Festlegung, welche Informationen die angemeldeten Benutzer lesen dürfen und welche Aktionen sie ausführen dürfen
- **Accounting:** Buchführung, welche Aktionen in welchem Umfang auf bestimmten Geräten oder Netzwerken ausgeführt wurden. Vorteil: Dadurch müsste nur der AAA-Server in eine sichere Umgebung gestellt und geschützt werden. Die übrigen Authenticatoren (Access-Points) können z. B. an öffentlich zugänglichen und wenig überwachten Bereichen platziert werden.

**14. Welche Vorteile bietet eine cloudbasierte Plattform für das Mobile-Device-Management?**

- Verwalten von Netzwerkgeräten
- Übersicht von Nutzern, Endgeräten und Anwendungen
- Verzicht auf WLAN-Controller und damit weniger Kosten
- höhere Flexibilität und Skalierbarkeit

**15. Wie kann man eine Netzwerkinfrastruktur mit nur wenigen oder keinen Netzwerkkomponenten aufbauen?**

Denkbar ist der Verzicht auf eine komplette On-Premises-Lösung und das Verlagern einiger Komponenten, z. B. diverser Dienste wie der Datensicherung usw. in die Cloud (hybride Cloud-Lösung) oder das komplette Verlagern der Infrastruktur in die Cloud (Off-Premise).

**16. Welche Komponente sorgt für die Ausfallsicherheit bei Instabilität des Stromnetzes?**

**USV:** Unterbrechungsfreie Stromversorgung

Man unterscheidet zwischen Online-USV, Line-Interactive-USV und Offline-USV

**17. Berechnen Sie die erforderliche Leistung einer USV, wenn folgende vier Netzwerkkomponenten für mindestens 20 Minuten nach einem Stromausfall versorgt werden sollen. Berücksichtigen Sie eine Reserve von 25 %:**
- **Router 210 W**
- **Switch 230 V und 2 A**
- **Proxy 1000 W**
- **Netzwerkspeicher 30 W**

$P = 210\text{ W} + 460\text{ W} + 1000\text{ W} + 30\text{ W} =$
$= 1700\text{ W}$

Mit Reserve $= 1700\text{ W} \cdot 1{,}25 = 2125\text{ W}$

Die Gesamtleistung beträgt 2125 W.

**18. Welche Komponente ist notwendig, damit ein einzelnes PoE-Gerät mit einem LAN-Kabel an einem nicht-PoE-fähigen Switch betrieben werden kann?**

Für einzelne Geräte oder Testzwecke lohnt es sich nicht, den Switch auszutauschen. Hier kann auch ein PoE-Injector eingesetzt werden.

**19. Welche Netzwerkkomponenten sind für den Betrieb von PowerLAN notwendig?**

Hierfür werden PowerLAN- oder Powerline-Adapter benötigt. Diese werden mit dem Netzwerkgerät via Patchkabel verbunden und an die Steckdose angeschlossen. Die Daten werden über das Stromnetz verschlüsselt übertragen. Im anderen Raum des gleichen Stromkreises befindet sich ein zweiter PowerLAN-Adapter, der über einen RJ45-Anschluss oder eine WLAN-Schnittstelle verfügt.

## B.3 Eigenschaften und Standards im Netzwerk

**1. Für die Kommunikation der Hosts untereinander sind Adressierungen notwendig. Nennen Sie zwei wichtige Adressierungsarten in der Netzwerktechnik.**

- MAC-Adressierung
- IP-Adressierung

**2. Welche Funktion haben MAC- und IP-Adressen?**

**MAC-Adresse:** Physikalische Adresse, die in einem LAN-Segment für die Zustellung von Frames verwendet wird, sie dient dazu, ein Gerät eindeutig zu identifizieren.

**IP-Adresse:** Logische Adresse, die insbesondere für Verbindungen außerhalb des Netzwerkes (Routing) verwendet wird, über die IP-Adresse ist ein Gerät erreichbar.

**3. Wie erkennt ein Switch, welche Clients an welche Ports angeschlossen sind?**

Ein Switch erfährt über die MAC-Address-Table, welche Clients (MAC-Adressen) an welche Ports angeschlossen sind. Das Erlernen und Vervollständigen der Tabelle (Forwarding Table) erfolgt durch eingehende Frames, die MAC-Adressen der jeweiligen Kommunikationspartner enthalten.

**4. Wie erfolgt die direkte Zustellung der Frames eines Senders zu einem Empfänger? Gehen Sie auch auf das Protokoll ein.**

Die Einträge werden mithilfe des ARP-Protokolls im sogenannten ARP-Cache der Clients hinzugefügt. Dabei werden die IP-Adressen den jeweiligen MAC-Adressen zugeordnet, sodass die physikalische Zustellung (Frames) beim nächsten Prozess schneller erfolgen kann.

5. **Nennen und beschreiben Sie kurz die wichtigsten Elemente eines Frames am Beispiel eines Ethernet-Frames IEEE 802.3.**

- Synch-Feld: Kündigt an, dass eine Kommunikation beginnen wird
- Ziel-MAC: MAC-Adresse des Zielhosts
- Quell-MAC: MAC-Adresse des Absenderhosts
- Data: die Daten + Schicht 3-7-Header
- CRC: Prüfsumme, die dazu dient, Fehler im Frame zu erkennen

6. **Nennen Sie drei WLAN-Standards, die aktuell am Häufigsten verwendet werden.**

- IEEE 802.11n (Wi-Fi 4)
- IEEE 802.11ac (Wi-Fi 5)
- IEEE 802.11ax (Wi-Fi 6)

7. **Erläutern Sie, wie viel Kanäle es insgesamt im 2,4-GHz-Band gibt und wie viele davon überlappungsfrei sind.**

Im 2,4-GHz-Band können in Deutschland 13 Kanäle verwendet werden (1–13 ). Da die gesamte Bandbreite des 2,4-GHz-Bandes 83 MHz beträgt, würden je nach Standard drei Kanäle à 22 MHz oder vier Kanäle à 20 MHz hineinpassen. Die letzte Option wird für die Kombination von zwei benachbarten Kanälen verwendet (z. B. 9 und 13), um eine größere Bandbreite zu erreichen.

8. **Wie viele überlappungsfreie Kanäle existieren beim 5-GHz-Band?**

Insgesamt sind 19 überlappungsfreie Kanäle vorhanden.

9. **Vergleichen Sie die MAC-Adressierungsfelder eines WLAN-Frames mit einem Ethernet-Frame.**

Da bei der Kommunikation zweier Clients über WLAN ein Access Point eingesetzt wird, muss zusätzlich zum IEEE 802.3-Frame noch die Adresse des Access Points mitgeführt werden.

Bsp.: A sendet an B: $MAC_{AP}$ | $MAC_{A}$ | $MAC_{B}$

AP sendet weiter an B: $MAC_{A}$ | $MAC_{AP}$ | $MAC_{B}$

10. **Erläutern Sie die Bezeichnung der Spezifikation von Ethernet-Medientypen am Beispiel von 10GBASE-T.**

Die erste Zahl (hier 10) steht für die mögliche Bitrate in Megabit/s. Im Beispiel steht zusätzlich das G für GBit/s. Dann folgt die Signalisierung – in diesem Fall Basisband-Signalisierung (BASE). Danach folgt die Abkürzung für das verwendete Medium (Kupfer, Glasfaser) – hier T für Twisted-Pair (Kupfer).

## B.4 Netzwerkdokumentation

1. **Wie sollten Schnittstellen und Anschlüsse in einem Netzwerk gekennzeichnet werden?**

   Bezeichnungen der Router-Schnittstellen und Switchports sollten aussagekräftig sein. Sie sollen z. B. deutlich machen, an welchen Netzen, in welchen Räumen o. ä. sie angeschlossen sind. So kann man beim Sichten der Konfigurationsdatei schnell die Bereiche zuordnen. Dies ist insbesondere dann wertvoll, wenn man mehrere Kunden betreut und jeweils einen schnellen Überblick haben muss.

2. **Welche Aspekte sind bei der Dokumentation eines Netzwerkes von Bedeutung?**

   Die Netzwerk-Topologie sollte mit einem grafischen Editor, einem Netzwerktool o. ä. gezeichnet und mit einem Datum versehen werden. Dies ist notwendig, falls jemand im Admin-Team längerfristig ausfällt, sodass andere Team-Mitglieder über die aktuellsten Entwicklungen und Änderungen informiert sind.

3. **Worauf ist bei der Netzwerkdokumentation zu achten, wenn PoE eingesetzt wird?**

   In diesem Fall muss eine korrekte Netzplanung erstellt werden. Darin sollte markiert sein, wie die Patchkabel im Gebäude verlegt sind. Auch wenn in diesem Fall mit durchschnittlichen Spannungen von 48 V gearbeitet wird (Schutzkleinspannung), sollten die Switches als Elektroverteiler betrachtet und dementsprechend platziert werden.

4. **Wie können Netzwerkeinstellungen nach einer Änderung der Konfiguration in den ursprünglichen Zustand zurückversetzt werden?**

   Bei Änderungen der Netzwerk-Konfiguration sollte die ursprüngliche Konfigurationsdatei – z. B. „hosts.conf“ – in „hosts.conf.copy“ kopiert werden. So kann man im Falle eines Fehlers die alte Datei wieder umbenennen und damit die ursprüngliche Konfiguration laden.

5. **Erläutern Sie, wie Konfigurationen der Netzwerkgeräte gesichert werden.**

   Zunächst muss die aktuell im RAM aktive Netzwerk-Konfigurationsdatei in einem nichtflüchtigen Speicher abgesichert werden. Zusätzlich sollte diese Datei auf einem separaten Medium oder Server abgesichert werden, um bei Ausfall eines Gerätes, einem Update-Fehler oder der Integration von neuen baugleichen Netzwerkkomponenten schnell auf die ursprüngliche Konfiguration zurückgreifen zu können.

6. **Nennen Sie vier Kategorien von technischen Dokumentationen.**

Eine Dokumentation kann einerseits für interne Mitarbeiter und Mitarbeiterinnen und andererseits für externe Kunden bzw. Kundinnen erstellt werden.

Es gibt Bedienungsanleitungen, Betriebsanleitungen, Installationshandbücher und Online-Hilfen.

7. **Warum ist eine Kundendokumentation nach einer Projektumsetzung sinnvoll?**

Für Kunden und Kundinnen ist es immer ein gutes Gefühl, Grundkenntnisse über den groben Aufbau des Netzwerkes zu haben. Das aufklärende Gespräch zwischen Auftraggeber und Auftragnehmer schafft ebenfalls eine vertrauensvollere Basis – anders als eine schnellere Durchführung ohne jegliche Dokumentation und Kommunikation.

8. **Welche Informationen sollen in einer Netzwerk-Kundendokumentation enthalten sein?**

Der Kunde soll die Gelegenheit bekommen, kleinere Probleme selbst zu beheben, ohne den Dienstleister bei jeder Gelegenheit kontaktieren zu müssen. Denn bei kleineren Fragen oder Problemen (z. B. 10-minütiges Telefongespräch oder kurzes Ticket) können die Arbeitszeiten schlecht abgerechnet werden.

9. **Wie erstellen Sie eine gut lesbare Dokumentation? Gehen Sie auch auf die Gestaltung ein.**

Eine Dokumentation sollte dem Kenntnisstand und der Sprache des Kunden entsprechen. Bei komplexeren Prozessen oder mehrstufigen Handlungen sollten auch Abbildungen und/oder Screenshots verwendet werden. Ebenfalls sollten u. a. Schriftart, Schriftgröße, Zeilenabstand, Absätze, Farbe und Kontrast so gewählt werden, dass der Text gut lesbar ist. Um die Dokumentationen des Unternehmens möglichst einheitlich zu gestalten, sollten Vorlagen mit einheitlichem Design verwendet werden.

## B.5 Sicherheitsvorgaben im Netzwerk

1. **Das Bundesamt für die Sicherheit in der Informationstechnik (BSI) hat für die sichere Nutzung von Cloud-Diensten notwendige Schritte in einem Ablaufplan zusammengefasst, welche noch vor der Auswahl des Anbieters stehen sollten. Fügen Sie die im Folgenden aufgeführten Schritte in diesen Ablaufplan ein.**
   - **Anbieterauswahl**
   - **Sicherheitsrichtlinie**
   - **Planung Betrieb**
   - **Vertrag**
   - **Betrieb**
   - **Service-Definition**

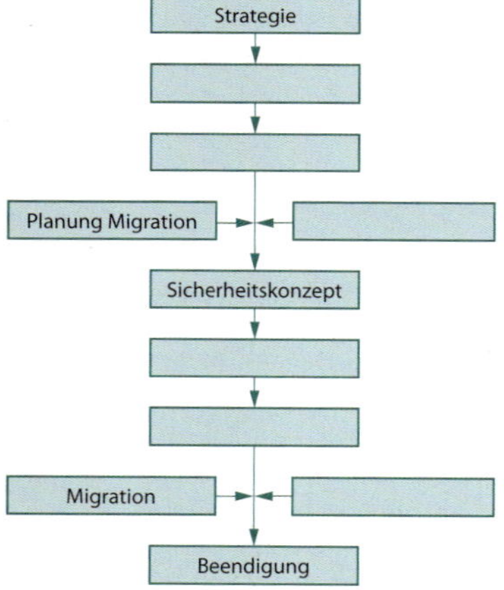


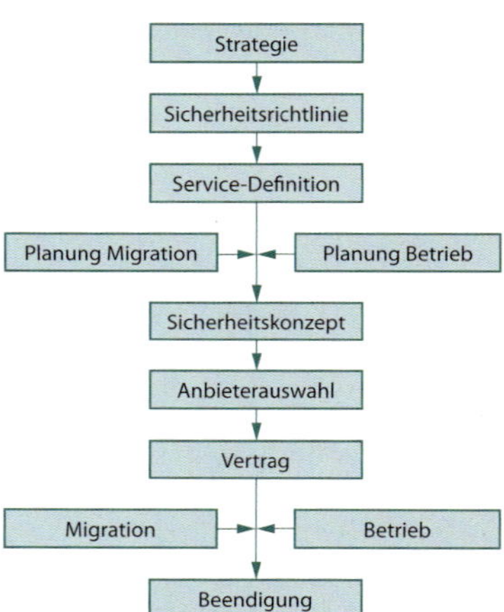


2. **Die Sicherheit eines Unternehmens soll durch eine Angriffssimulation getestet werden. Dazu bieten sich ein Penetrationstest oder ein Red Team Assessment an. Worin besteht der wesentliche Unterschied?**

Das Red Team Assessment verfolgt im Gegensatz zum Penetrationstest einen ganzheitlichen Ansatz. Alle IT-relevanten Bereiche werden dabei untersucht. Dazu zählen u. a. IT-Systeme, Mitarbeiter und Einrichtungen zur Zugangskontrolle. Schwachstellen werden für Angriffe kombiniert und aktiv ausgenutzt. Die Angriffssimulationen laufen über einen längeren Zeitraum ab.

3. **Erläutern Sie den Begriff DoS-Angriff und wie man einen solchen Angriff abwehren kann.**

Denial of Service: Durch eine hohe Anzahl von Anfragen kann ein Router oder ein Dienst derart mit der Verarbeitung der Anfragen belastet werden, dass CPU und RAM völlig ausgelastet und andere Dienste nicht ausführbar sind. Eine Lösung wäre die Implementierung einer Firewall, die Angriffe von außen blockiert.

4. **Wenn eine Firewall Daten von außerhalb des Netzwerkes blockiert (vgl. Aufgabe 1), wie können dann die Antworten aus dem Internet zugelassen werden, die eine Anfrage von einem internen Client veranlasst wurde?**

Die Firewall-Regel sollte so eingestellt werden, dass nur Antworten aus dem Internet zugelassen werden, die eine Anfrage aus dem internen Netz voraussetzen.

5. **Mit Telnet kann ein Netzwerkgerät via Fernzugriff gewartet werden.**

   **Beurteilen Sie diese Methode der Fernwartung.**

Da alle Informationen via Telnet unverschlüsselt transportiert werden, können Passwörter in Klartext abgegriffen werden. Daher ist diese Möglichkeit unsicher und sollte nicht verwendet werden.

6. **Welche Methode wählen Sie, um einen gesicherten Zugriff bei der Fernwartung zu ermöglichen? Welche Voraussetzungen müssen erfüllt sein?**

Der Fernzugriff sollte verschlüsselt über den SSH-Protokoll (secure shell) bewerkstelligt werden. Voraussetzung ist, dass auf den Netzwerkgeräten SSH aktiviert ist und Benutzer mit Passwörtern hinterlegt sind.

7. **Welche Einstellung in der Firewall ist zwingend notwendig, damit Sie als Admin die Netzwerkgeräte per Fernzugriff verwalten können?**

In der Firewall muss Port 22 geöffnet werden, damit der SSH-Dienst erreicht werden kann. Um die Sicherheit zu erhöhen, kann ein anderer Port für diesen Dienst bestimmt werden.

8. **Wie kann der Zugriff auf die Netzwerkgeräte gesichert werden?**

Jeder Zugriff auf die Netzwerkgeräte muss durch ein starkes Passwort geschützt werden. Zusätzlich müssen alle Netzwerkgeräte in einem physikalisch abgeschlossenen Raum platziert werden.

Hintergrund: Sobald der physikalische Zugriff auf die Maschine vorhanden ist, können Aktionen wie das Zurücksetzen des Passworts usw. erfolgen.

| | |
|---|---|
| **9. Welche Switch-Konfiguration muss vorgenommen werden, wenn nicht alle Ports verwendet werden?** | Nicht benötigte Switchports bzw. zugängliche Patchdosen sollten abgeschaltet werden, damit keine unbefugten Teilnehmer den Switch verwenden. Zusätzlich sollten die abgeschalteten Ports einem VLAN zugeordnet werden, für das keine Relevanz im Netzwerk vorgesehen ist. |
| **10. Warum muss bei einem managebaren Gerät schon vor der Eingabe der Zugangsdaten eine Nachricht wie „Praxis XYZ – Zutritt nur für Befugte!" o. ä. erscheinen?** | Um auf ein Gerät zuzugreifen, benötigt man die IP-Adresse. Durch Vertippen o. ä. könnte man theoretisch auf Geräte anderer Firmen zugreifen. Deshalb ist es für eine Firma notwendig, sich rechtlich abzusichern. Nach derartiger Nachricht kann ein Angreifer nicht mehr behaupten, dass er sich vertippt hat und nicht wusste, dass dieses Gerät einer bestimmten Firma gehört. |
| **11. Worauf ist beim Fernzugriff auf managebare Netzwerkgeräte zu achten, wenn diese sich gemeinsam mit anderen Hosts in einem Netzwerk befinden?** | Der Fernzugriff auf Netzwerkgeräte ist ausschließlich für Administratoren vorgesehen. Deshalb sollte dieser Netzwerkverkehr vom gewöhnlichen Netzwerkverkehr separiert werden. Dies erreicht man durch das Platzieren eines Verwaltungsnetzes in einem separaten VLAN. |
| **12. Bei der Default-Konfiguration vieler Switches ist der Native-VLAN auf vlan 1 eingestellt. Worauf ist hier bezüglich der Netzwerksicherheit zu achten?** | Allgemein sollte man von Default-Konfigurationen absehen.<br>In diesem Fall müsste der Native-VLAN in eine andere VLAN-ID geändert werden und dürfte keine Funktion im Netzwerk besitzen. |
| **13. Worauf ist bezüglich der Netzwerksicherheit zu achten, wenn VoIP--Telefone in einem Netzwerk betrieben werden, in dem sich PCs, Drucker usw. befinden?** | Damit Telefonanlage und Telefone nicht von anderen Clients im Netzwerk angegriffen werden, sollten diese in einem eigenen separaten VLAN zugeordnet werden. Zusätzlich besteht die Möglichkeit VoIP-Verbindungen zu verschlüsseln. |

**14. Nennen und erläutern Sie die Verschlüsselungsarten, die in der Netzwerktechnik verwendet werden.**

**symmetrische Verschlüsselung:** ein und derselbe Schlüssel zum Ver- und Entschlüsseln einer Nachricht

**asymmetrische Verschlüsselung:** Ein zusammenhängendes Schlüsselpaar wird verwendet. Dabei verschlüsselt man die Nachricht mit dem öffentlichen Schlüssel. Sie kann aber nur durch den privaten Schlüssel entschlüsselt werden. Der öffentliche Schlüssel ist für jeden zugänglich. Der private Schlüssel bleibt beim Besitzer und wird nie aus der Hand gegeben.

**hybride Verschlüsselung:** Hier werden beide Verfahren kombiniert: Der Sitzungsschlüssel ist ein symmetrischer Schlüssel. Dieser wird asymmetrisch verschlüsselt und übertragen.

**15. Welche Angriffsszenarien können bei einem ARP-Prozess entstehen? Erläutern Sie, wie dieser Angriff zustande kommt.**

**ARP-Spoofing:** Sollte ein Client einen ARP-Request versenden, um die MAC-Adresse des Default-Gateways herauszufinden und damit ins Internet zu gelangen, könnte der Angreifer einen ARP-Reply versenden und dem Client vorgaukeln, dass er das Gateway für das Netzwerk ist. Dadurch kann der Angreifer die gesamte Kommunikation aufzeichnen. Der Angreifer kann einen ARP-Reply auch ohne einen ARP-Request versenden. Dadurch infiziert dieser die ARP-Caches aller Netzwerkteilnehmer.

**16. Netzwerkgeräte tauschen zwecks automatischer Konfiguration Informationen untereinander aus. Welche negativen Aspekte hat diese Art der Kommunikation?**

Wenn z. B. ein Switch u. a. BPDU-, STP- oder DTP-Informationen an weitere Switches mitteilt, kann ein Angreifer diese Informationen an einem Port mithören. Aus diesen Informationen kann der Angreifer die Netzstruktur herausfinden und Angriffe gezielter vorbereiten.

Grundsätzlich ist jede nicht benötigte Default-Einstellung zu deaktivieren.

# C Sie planen die Integration in die analysierte Netzwerkinfrastruktur, indem Sie ein anforderungsgerechtes Konzept unter ökologischen und wirtschaftlichen Gesichtspunkten erstellen.

## C.1 Integrationskonzept

1. **Welches IPv4-Adressierungskonzept ist zu wählen, wenn alle Clients in ein lokales Netzwerk integriert werden sollen?**

   In der Regel verfügen die Clients eines internen Netzwerkes über ein privates Adressschema. Über die Subnetzmaske wird der Netzbereich definiert.

2. **Wie viele Clients (IPv4-Adressen) können in ein Netzwerk integriert werden? Gehen Sie auf die Subnetzmaske ein.**

   Die Anzahl der IPv4-Adressen hängt von der Subnetzmaske ab. Dabei trennt sie den Netz- und Hostanteil. Die Anzahl der möglichen IPv4-Adressen im Netz beträgt $2^{\text{Anzahl der Bits im Hostanteil}} - 2$.

3. **Warum können bei IPv4 nicht alle Adressen eines Netzwerkes für Clients verwendet werden?**

   Da in einem Netzwerk die erste IP für Netzwerkadresse und die letzte IP für die Broadcastadresse verwendet wird, sind diese Adressen reserviert.

4. **Nennen Sie drei oft verwendete private IPv4-Adressbereiche und geben Sie die Anzahl der möglichen Clients an, die in das jeweilige Netz integriert werden können.**

   - 10.X.X.X/8 mit $2^{24} - 2$ Adressen,
   - 172.16.X.X/16 – 172.31.X.X/16 mit $2^{16} - 2$ Adressen und
   - 192.168.X.X/24 mit je $2^{8} - 2$ Adressen (oft in Haushalten mit Privatkunden-Vertrag).

5. **Für verschiedene Zwecke soll IPv6 im Netzwerk neben IPv4 integriert werden. Welche Voraussetzungen müssen dafür erfüllt sein?**

   - Der Router muss beide Protokolle unterstützen.
   - Die Firewall muss auch auf IPv6-Verkehr angepasst werden.
   - Die Clients müssen beide Protokolle unterstützen.

6. **In IPv6 gibt es keine Broadcast-Adresse. Welche Alternative gibt es dafür?**

   Bei IPv6 gibt es ein verbessertes Multicast-Konzept gegenüber IPv4. So ersetzt die Multicast-Gruppe „All-Nodes-Multicast" die Broadcast-IP und erzeugt den gleichen Effekt.

7. **Wie können spezifische Gruppen (z. B. alle DHCP-Server, alle DNS-Server, alle Router usw.) bei IPv6 angefragt werden?**

   Über Multicast-Gruppen kann nur mit Netzelementen kommuniziert werden, ohne andere Teilnehmer und das gesamte Netzwerk unnötig zu belasten.

**8. Worauf ist zu achten, wenn VoIP-Telefone im selben Netzwerk mit PCs, Druckern, etc. sind?**

Damit die Telefone ohne Verzögerung und unabhängig von der Netzwerklast betrieben werden können, sollten diese in einem separaten VLAN platziert und zusätzlich priorisiert werden.

**9. Welche Gefahren können entstehen, wenn neue Switches im Netz integriert werden, die zu Netzwerkschleifen führen?**

Wenn Schleifen in einem Netzwerk entstehen, werden die Frames im Netz mehrfach gesendet, sodass der Netzwerkverkehr zum Erliegen kommt. Deshalb sollten bei der Integration von neuen Switches oder beim Anschluss eines Netzwerkkabels an zwei Ports des gleichen Switches das Spanning-Tree-Protokoll aktiviert werden.

**10. Erläutern Sie die Funktionsweise des Spanning-Tree-Protokolls am Beispiel einer Integration von neuen Switches im Netzwerk. Gehen Sie insbesondere auf die Auswahl der Root-Bridge ein.**

Das Spanning-Tree-Protokoll sieht vor, dass statt einer Ring-Topologie auf Schicht-2-Ebene eine logische Baum-Topologie ohne Mehrfach-Wege erstellt wird. Dies verhindert Schleifen im Netzwerk. Bei der Integration von neuen Switches wird die Netztopologie neu berechnet. Dabei wird die Wurzel der Baum-Topologie (Root-Bridge) gewählt. Ihre Auswahl hängt vom Parameter „Priorität" ab – je niedriger, umso priorisierter. Sollten alle Prioritäten gleich sein (Werkzustand), so wird die MAC-Adresse als Auswahlkriterium gewählt (ebenfalls je niedriger, umso priorisierter).

**11. Nennen Sie drei Szenarien, die die Integration einer hybriden Cloud rechtfertigen.**

- dynamische oder häufig wechselnde Auslastung
- Trennung verschiedener Netz-Bereiche
- Zukunftsorientierung (Möglichkeit der Verwendung von Big Data/künstliche Intelligenz)

**12. Erläutern Sie, wie ein Server in ein Cluster integriert werden kann, um im Fehlerfall als aktives Element aktiviert zu werden.**

Im Falle eines Active-Passive-Clusters übernimmt ein passiver Client oder Server die Funktion des anderen aktiven Clients oder Servers. Dabei überwachen sich beide Teilnehmer, indem sie sich gegenseitig darüber informieren, dass sie im Einsatz sind. Dies wird durch eine Cluster-Software realisiert.

## C.2 Ökologische und wirtschaftliche Gesichtspunkte einer Client-Integration

1. **Welche Möglichkeiten schlagen Sie dem Kunden vor, um die Kosten der Vernetzung zu senken?**

   Man sollte möglichst mehrere Dienste und Geräte in einem Client/einer Maschine integrieren, dadurch werden sowohl Anschaffungskosten als auch Betriebskosten gesenkt.

2. **Welche Voraussetzung muss der eingesetzte Router erfüllen, damit die IP-Vergabe ohne Verwendung zusätzlicher Ressourcen (Hosts, Server, etc.) umgesetzt werden kann?**

   Der Router sollte einen integrierten DHCP-Server enthalten. Dadurch kann die Netzwerkkonfiguration zentral und ohne die Verwendung zusätzlicher Maschinen auf dem Router verwaltet werden.

3. **Wie können Energiekosten von Netzwerkgeräten und Hosts bei längerer Nichtinbetriebnahme gesenkt werden?**

   Viele Geräte (z. B. Drucker) bieten die Möglichkeit, das Gerät im Standby-Modus zu betreiben. Dadurch werden Energiekosten gesenkt. Auch eine Zeitsteuerung kann verwendet werden.

4. **Wie kann die Lebensdauer eines Netzwerkgerätes bezüglich des richtigen Temperaturbetriebes verlängert werden?**

   Geräte in einem Netzwerk werden – je nach Verfügbarkeit von Diensten – dauerhaft betrieben. Daher ist auf die Wärmeentwicklung zu achten und die Wärme abzuführen. Das ist auch der Grund, aus dem sich zentrale Geräte oft in einem gekühlten Serverraum befinden. Um die Stromkosten trotz der dauerhaften Kühlung niedrig zu halten, sollte in diesem Raum eine Temperaturregelung vorhanden sein, die ggf. auch die Administratoren per Mail oder SMS über kritische Zustände informiert – z. B. über einen Ausfall der Klimaanlage oder eine hohe Luftfeuchtigkeit.

5. **Berechnen Sie die jährlichen Stromkosten (30 Cent/kWh) der folgenden Geräte im Serverraum, wenn die Geräte 250 Tage im Jahr à 9 Stunden am Tag im Volllast-Betrieb sind.**

   **Router: 210 W**
   **Switch: 230 V; 2 A**
   **Proxy: 1000 W**
   **Netzwerkspeicher: 30 W**

   $P_{gesamt} = 210\,W + 460\,W + 1.000\,W + 30\,W = 1.700\,W$

   Betriebsstunden im Jahr $= 250 \cdot 9 = 2.250$ Stunden

   $P_{jahr} = 1700\,W \cdot 2250\,h = 3.825\,kWh$

   Kosten $= 3.825\,kWh \cdot 0{,}3\,€/kWh = 1.147{,}5\,€$.

| |  |  |
|---|---|---|
| 6. | **Welche Kosten können bei der Auswahl von Cloud-Computing im Vergleich zu einer On-Premises-Lösung reduziert werden?** | Der Anbieter der cloudbasierten Lösung übernimmt die Anschaffungs-, Strom-, Betriebs-, Wartungs- und Lizenzkosten. |
| 7. | **Welche Vorteile haben On-Premises-Lösungen im Vergleich zu einer cloudbasierten Lösung?** | Bei der cloudbasierten Lösung entstehen monatliche bzw. nutzungsabhängige Gebühren, die je nach Vertrag oder Angebot verglichen werden sollten und oft relativ hoch sind. Ein anderer Aspekt ist der Datenschutz. Oft muss der Ort, an dem die Cloud bzw. der jeweilige Betreiber lokalisiert ist, EU-datenschutzkonform sein. |
| 8. | **Beim Kauf von Hardware sind für den Betrieb Lizenzen notwendig. Beschreiben Sie zwei verschiedene Szenarien.** | Beim Erwerb von Hardware kann der Hersteller eine Lizenz für den gesamten Lebenszyklus der Hardware zur Verfügung stellen, die auch an das Gerät gebunden ist.<br>Alternativ kann der Kunde ein sogenanntes „Bundle" erwerben, das unabhängig von der Hardware ist. |
| 9. | **Der Kunde fragt Sie, ob gesundheitliche Risiken bei einer WLAN-Vernetzung entstehen.** | WLAN-Strahlungen werden im Mikrowellen-Bereich gesendet. Die Sendeleistungen im WLAN-Bereich sind allerdings gering – z. B. um das Zehnfache kleiner als Mobilfunk-Signale. Strahlung im Mikrowellenbereich verursacht Erwärmung im Körper. Bei dauerhafter Aussendung der Strahlung könnte sich dies insbesondere bei Kindern (weil ihre Entwicklung noch nicht abgeschlossen ist) negativ auswirken, z. B. in Kitas und Grundschulen. |
| 10. | **Worauf ist bezüglich gesundheitlicher Aspekte zu achten, wenn das Netzwerk mit WLAN-Signalen vernetzt werden soll?** | Die Sendeleistung kann so reguliert werden, dass nur so viel Strahlung wie nötig transmittiert wird. Viele Access-Points verfügen über eine Einstellung der Sendeleistung. |

# D Sie bestimmen auf der Basis der ermittelten Leistungskriterien die Komponenten, welche Sie im Anschluss konfigurieren und in das Netzwerk einbinden.

## D.1 Komponentenauswahl

**1. Erläutern Sie das Ziel eines Last- und Leistungsverbundes in einem lokalen Netzwerk.**

Mit dem Last- und Leistungsverbund soll eine Verringerung der Antwort-und Transaktionszeiten erreicht werden. Dies wird durch eine gleichmäßige Verteilung der Lasten und damit gleichmäßige Nutzung der Ressourcen erreicht.

**2. Bei Rechenzentren und Serversystemen wird zwischen**
**a) On-Premises,**
**b) Off-Premises und**
**c) Colacation**
**unterschieden. Nennen Sie jeweils das typische Merkmal.**

a) **On-Premises** sind lokale Rechenzentren. Die Komponenten sind innerhalb eines Gebäudes der Firma in Serverräumen untergebracht.

b) **Off-Premises** sind externe Rechenzentren. Die Komponenten können sich als Rechenzentrum sowohl außerhalb als auch innerhalb des Internets befinden.

c) **Colacation** beschreibt eine Mietlösung. Der Vermieter stellt eine schnelle Internetanbindung mit Stellplätzen oder Einschubplätzen für die Hardware des Mieters sowie eine gesicherte Stromversorgung, Klimatisierung und Zutrittschutz zur Verfügung.

**3. Wählen Sie für die angegebene Forderung den geeignetsten Switchtyp aus.**
**a) schnelle und verzögerungsarme Weiterleitung der Daten**
**b) nur fehlerfreie Frames werden weitergeleitet**

a) Cut-Through-Switch

b) Store-and-Forward-Switch

**4. Wodurch unterscheidet sich ein NAS- von einem SAN-System?**

**Nennen Sie jeweils drei typische Merkmale.**

Ein NAS (**N**etwork **A**ttached **S**torage) ist ein hoch flexibles und skalierbares Speichersystem, welches die Daten zentral speichert, direkt an das Ethernet (Switch) angeschlossen wird, auf die vollständigen Dateien zugreift und sich leicht administrieren lässt.

Ein SAN (**S**torage **A**rea **N**etwork) ist Teil eines Gesamtnetzwerkes. Der Anschluss erfolgt an den SAN-Switch, welcher über einen Host-Bus-Adapter an den Server angeschlossen wird. Die Speicherung erfolgt in einem zentralen, blockbasierten Shared Storage. Ein SAN ermöglicht nur einen Zugriff auf die Blöcke der Dateien.

**5. Die Norm EN 62040 klassifiziert USVs in drei Klassen:**
**Klasse 1: VFI**
**Klasse 2: VI**
**Klasse 3: VFD**

**Welche der drei Klassen erfüllen die Forderung nach Spannungsunabhängigkeit?**

USV: Unterbrechungsfreie Stromversorgung
- Klasse 2: VI (Voltage Independent) und
- Klasse 3: VFD (Voltage and Frequency Independent)

**6. Die Praxis beauftragt Ihre Firma, nicht nur die Vernetzung umzusetzen, sondern auch die Wartung zu übernehmen. Welche Folgen hat dies für die Auswahl der Netzwerkgeräte?**

Die Netzwerkgeräte (z. B. Switches) sollten per Fernkonfiguration erreichbar sein. Diese Geräte werden auch „managebare Switches" genannt.

**7. Die Praxis wünscht sich ein Netz sowohl für Datenübertragung als auch für VoIP-Telefonie, um Installationskosten zu senken. Welche Voraussetzungen müssen die Netzwerkgeräte haben?**

VoIP: Voice-over-IP (Sprachkommunikation über Internetbasierte Netzwerke)

Die Switches müssen VLAN-fähig sein, damit das Telefonie-Netz und das Datennetz getrennt werden.

**8. Welche Funktionen hat ein Proxy in einem Netzwerk?**

Ein Proxy kann in einen Router integriert oder als Server betrieben werden. Wichtige Funktionen:
- Umsetzung von Sperrlisten am Arbeitsplatz (Zugriffsteuerung, Werbe-Blocker, Zensur)
- Protokollierung des Internet-Zugangs am Arbeitsplatz
- Anonymisierung der Mitarbeiter
- Lastverteilung
- Cache-Funktion

| | |
|---|---|
| **9. Welche Eigenschaften von Switches sollen ausgewählt werden, wenn VoIP-Telefone sowie Überwachungskameras eingesetzt werden sollen?** | Die Switches müssen über PoE-Ports verfügen, die die angeschlossenen Geräte sowohl mit Energie als auch Netzwerk versorgen. Dabei muss darauf geachtet werden, dass die angegebene Gesamtleistung des Switches für alle angeschlossenen Geräte ausreicht.<br>PoE: Power over Ethernet |
| **10. Zur Auswahl stehen ein PoE-Switch (IEEE 802.3af) sowie ein PoE+-Switch (IEEE802.3at). Für welche Zwecke eignet sich der PoE+-Switch?** | Sollten Geräte angeschlossen werden, die mehr als 12,95 W (bzw. 15 W Ausgangsleistung am Switch) benötigen, so ist ein PoE+-Switch notwendig. Dieser liefert 30 W Ausgangsleistung. Oft sind Port-Prioritätsfunktionen vorhanden, die den Switch vor Überlastung schützen, wenn die maximale Gesamtleistung erreicht wird. In so einem Fall werden nicht priorisierte Ports abgeschaltet oder mit der Leistung reguliert (z. B. Access Points an Port 7 und 8), wenn andere wichtigere Ports (z. B. Schwenk-Überwachungskameras mit Rotor-Funktion an Ports 1–4) gerade mehr Leistung beanspruchen. |
| **11. Welche CAT-Netzwerk-Verkabelung ist insbesondere bei PoE+ und höher zu wählen?** | Aufgrund der Wärmeentwicklung bei stromdurchflossenen Leitern sollte eine geschirmte Leitung gewählt werden, da sie metallische Komponenten enthält und damit die Wärme besser ableitet als eine nicht geschirmte Leitung. |
| **12. Welche Netzwerk-Komponente wählen Sie aus, wenn Sie als Admin über den Zustand oder die Veränderungen im Netzwerk informiert werden sollen?** | Hier können Netzwerküberwachungstools auf einer separaten Maschine eingesetzt werden. Der Admin kann diverse Zustände – auch grafisch – abrufen. Monitoring-Systeme informieren den Admin auch automatisch bei kritischen Zuständen im Netzwerk. |

## D.2 Clients konfigurieren

**1. Nennen Sie die wichtigsten DOS-Prompt-Befehle von Windows zur Überprüfung und Konfiguration der Netzwerk- und Internetverbindung.**

| Befehl | Bedeutung |
|---|---|
| | |
| | |
| | |
| | |
| | |

| Befehl | Bedeutung |
|---|---|
| getmac | Ermitteln der MAC-Adresse |
| ping | Testen der Internetverbindung |
| tracert | Anzeigen der Route von Datenpaketen |
| ipconfig | Anzeigen der Netzwerkkonfiguration |
| netstat | Anzeigen aller geöffneten Netzwerkverbindungen |

**2. Ergänzen sie die To-Do-Liste zur IP-Konfiguration für die Integration von Clients um weitere drei Handlungen.**

- **IP des DNS Servers bestimmen**

**...**

- Net-ID des Netzwerks bestimmen
- Prüfen des Netzes auf Subnetze
- Adressbereich des Netzes berechnen

**3. Bei der Verbindung eines Clients mit dem WLAN kommt das PSK-Verfahren zum Einsatz. Nennen Sie drei typische Merkmale dieses Verfahrens.**

- PSK ist ein Passwortverfahren, welches mit einem symmetrischen Schlüssel arbeitet,
- das Passwort besteht aus einer 8- bis 64-stelligen Buchstaben-Ziffern-Zeichen-Kombination,
- eingesetzt wird dieses Verfahren in der WiFi Protected Architecture (WPA) oder in kleineren WLANS wie z. B. dem Heimnetz.

**4. Das Client-Server Protokoll RADIUS ermöglicht das Triple A-System. Was ist darunter zu verstehen?**

RADIUS: Remote Authentication Dial-in User Service

AAA steht für:

- Authentifizierung des Benutzernamens und Kennworts
- Autorisierung für den Zugriff auf Netzwerkressourcen und
- Accounting zur Erfassung und Berechnung der IT-Nutzung

**5. Erläutern Sie ein Verfahren, mit dem jedem einzelnen Client ein individueller Netzwerkschlüssel zugewiesen werden kann.**

Die Verteilung einmaliger und individueller Schlüssel erfolgt über das Private Pre-shared Keys (PPSK)-Verfahren. Über diesen individuellen Schlüssel werden die Benutzerrechte und Funktionseinschränkungen der Geräte zugeteilt.

Bei unberechtigtem Zugriff auf ein Gerät kann der Schlüssel dieses Gerätes identifiziert und vernichtet werden, sodass ein solcher Zugriff nur einmal möglich ist und nicht für andere Geräte genutzt werden kann.

**6. Welche Bedeutung hat der ARP-Cache eines Switches?**

Das ARP (Adress Resolution Protocol) ermittelt zu einer bekannten IP-Adresse die physikalische MAC-Adresse. Im ARP-Cache werden die bereits ermittelten MAC-Adressen in eine Tabelle eingetragen. Dies kann dynamisch direkt durch das ARP oder auch durch manuelle Eingabe erfolgen. Die gespeicherten MAC-Adressen werden für die weitere Paketzustellung verwendet, ohne dass für jedes zu sendende Datenpaket neue Anfragen über das ARP versendet werden müssen.

**7. Nennen Sie drei Vorteile von SDN gegenüber herkömmlichen fest verkabelten Netzwerken mit Switches und Router.**

Im SDN (Software Defined Network) können

- bestimmte Leitungen und Netzknoten gezielt umgangen werden,
- VLAN Zuordnungen dynamisch gestaltet werden,
- frei formulierte Regeln umgesetzt werden.

**8. Welche Verbund-Varianten werden in Bezug auf Festplatten-Ausfallsicherheit beim Client konfiguriert?**

RAID: Redundant Array of Independant Discs

- Software-RAID durch das Betriebssystem des Clients
- Hardware-RAID durch RAID-Controller im Mainboard des Clients

**9. Bei der RAID-Konfiguration gibt es u. a. RAID 0, RAID 1 und RAID 10. Erläutern Sie die Funktionsweise dieser RAID-Levels und geben Sie je ein Einsatz-Szenario dazu.**

Bei **RAID 0** werden die Daten in kleine Segmente geteilt und auf zwei Festplatten verteilt (Striping). Dies könnte insbesondere bei HDDs für schnelle Anwendungen konfiguriert werden.

Bei **RAID 1** werden die Daten 1:1 auf zwei Festplatten gespeichert (Spiegelung).
Die zweite Festplatte wird eingesetzt, wenn die erste Festplatte ausfällt.

**RAID 10** ist die Kombination von RAID 1 und 0. Dabei werden Geschwindigkeit und Ausfallsicherheit kombiniert.

**10. Erläutern Sie die Funktionsweise von RAID 5.**

Bei RAID 5 werden die Daten in mehrere Segmente aufgeteilt und Paritäten berechnet, die auf die eingesetzten Festplatten verteilt werden. Beim Ausfall einer Festplatte können die Daten mithilfe der Parität zurückberechnet werden. Beim Ausfall von zwei Festplatten kann keine Rückberechnung stattfinden.

**11. Erläutern Sie, ob bei der Verwendung von RAID auf die Konfiguration eines Backups beim Client verzichtet werden kann.**

Der Einsatz von RAID hat andere Ziele als das Backup. Bei den meisten RAID-Levels soll der Benutzer bei einem plötzlichen Ausfall einer Festplatte in der Lage sein, weiterhin produktiv zu arbeiten. Also sollen die Daten verfügbar sein. Sollte der Benutzer die aktuellen Daten aus Versehen löschen, können die nicht gesicherten Daten nicht wiederhergestellt werden. Ebenfalls wäre im Falle von Verschlüsselungstrojanern, Viren oder Würmern beim Client nicht möglich, die Daten wiederherstellen zu können. Deshalb ist das Backup neben RAID zwingend notwendig.

**12. Welche Backup-Konfigurationen und -Pläne können beim Client erstellt werden?**

- **Voll-Backup:** Alle Daten werden komplett gesichert.
- **Differentielles Backup:** Alle Daten, die seit dem letzten Voll-Backup hinzugekommen sind, werden gesichert.
- **Inkrementelles Backup:** Alle Daten seit der letzten Sicherung werden gesichert.

| | |
|---|---|
| **13. Erläutern Sie eine Sicherungsstrategie, die beim Client konfiguriert werden kann.** | **Generationsprinzip (Großvater-Vater-Sohn-Prinzip):** In dieser Strategie zur Datensicherung wird nach folgendem Schema vorgegangen:<br>Tagessicherung: Sicherung an den Arbeitstagen Mo–Fr erfolgt auf auf die Speichermedien T1–T5.<br>Wochensicherung: Ende der Woche, z. B. immer am Freitag, erfolgt ein Backup auf Speichermedien W1–W5 (es kann auch fünf Freitage im Monat geben).<br>Monatssicherung: Jeweils am Monatsende (Jan – Dez) erfolgt ein Backup auf die Speichermedien M1–M12. |
| **14. Wie erhält ein Client die MAC- und IP-Adresse?** | Die MAC-Adresse ist eine einzigartige und nur für die jeweilige Netzwerkkarte vorgesehene physikalische Adresse, die vom Hersteller bestimmt wird. Theoretisch ist sie einmalig, allerdings lässt sie sich per Software (Onboard-Tools in jedem Betriebssystem) verändern. So kann die MAC-Adresse bei Betriebssystemen von aktuellen Smartphones stets verändert werden, um die Anonymität zu gewährleisten.<br>Ein Client würde eine IPv4-Adresse entweder via DHCP-Server oder per statischer Konfiguration erhalten. |
| **15. Welche Bedeutung haben Netzadresse und Broadcastadresse im IPv4-Umfeld?** | Beide Adressarten gehören zu den reservierten Adressen und können daher nicht für Hosts vergeben werden. Die Netzadresse wird u. a. für Routingprozesse benötigt. Die Broadcastadresse wird u. a. dafür benötigt, um Nachrichten an alle Clients eines Subnetzes zu erreichen. |
| **16. Wie sollte ein Netzwerk-Drucker seine IP-Adresse erhalten?** | Da der Drucker von mehreren Clients benutzt wird, sollte dieser seine IP-Adresse statisch erhalten – oder zumindest soll dieser unter einer festen IP-Adresse erreichbar sein. |

**17. Warum sollte der Drucker eine feste IP-Adresse haben?**

Da bei der manuellen Konfiguration (Drucker hinzufügen/neu einrichten) eine IP-Adresse abgefragt wird, wäre es günstig, wenn diese schon im Vorfeld bekannt ist. Ebenfalls kann auch ein DHCP-Server im Netz ausfallen. Dies führt dazu, dass der Drucker keine IP-Adresse mehr bekommen würde.

**18. Welche Client-Konfiguration sollte bei einem Netzwerk-Drucker mit Scan-Funktion umgesetzt werden?**

Damit Dokumente schnell gescannt und per Mail gesendet werden können, benötigt der Netzwerk-Drucker neben einer Netzwerkverbindung und der korrekten IP-Konfiguration auch eine Mail-Konfiguration. Damit die gescannten Dokumente an den SMTP-Server gesendet werden können, muss seine Adresse, eine SMTP-Portnummer und eine Authentifizierung im Netzwerk-Drucker eingetragen werden. Dazu benötigt man Admin-Rechte.

**19. Welche IP-Adresse hat das Standard-Gateway eines Netzwerkes (oft Router-Schnittstelle)?**

Theoretisch ist diese Adresse von den möglichen vergebenen IPv4-Adressen im LAN frei wählbar. Jedoch sollte sie die erste oder letzte für Hosts vergebene IP-Adresse sein, damit sie

- für Testzwecke gepingt werden kann,
- über das Webinterface für die Konfiguration aufgerufen werden kann und
- damit bestimmte Dienste (z. B. DHCP oder DNS) über diese Adresse schnell angefragt werden können (z. B. Privatkundenanschlüsse: erste IP des Netzes 192.168.X.1).

## D.3 Clients in das Netzwerk einbinden

**1. Erläutern Sie, warum die Anzahl der Hosts in einem Netz den Wert 200 nicht übersteigen sollte?**

Je mehr Teilnehmer im Netz vorhanden sind, umso größer die Zahl der Broadcast-Nachrichten. Die Begrenzung der Größe der Broadcast-Domäne auf maximal 200 sorgt dafür, dass die Broadcast-Nachrichten nicht allzu negativen Einfluss auf die Performance des Netzes haben.

| | |
|---|---|
| **2. Bei der erstmaligen Anbindung an ein neues Netzwerk erscheint ein Dialog, ob dieses Netzwerk ein Heimnetzwerk, Firmennetzwerk oder öffentliches Netzwerk ist. Welche Veränderungen im PC werden vorgenommen, wenn Sie eine Auswahl treffen?** | Desktop-Firewall-Einstellungen und/oder Freigaben werden entsprechend eingestellt. |
| **3. Wie können mehrere neue Clients per Netzwerk schnell mit einem Betriebssystem installiert werden?** | Die Clients können mit einem Image (des Betriebssystems mit vorgesehenen Treibern und vorgesehener Software) mithilfe einer Verteilungssoftware versorgt werden. Dabei wird im Vorfeld auf einem einzelnen PC ein Abbild erstellt und dann an alle verteilt. |
| **4. Nennen Sie mindestens zwei Vorteile für die Bereitstellung von Images via Netzwerk.** | • Zeit- und Kostenersparnis<br>• alle Clients haben die gleichen Einstellungen<br>• infizierte Clients werden nach der Verteilung wieder virenfrei |
| **5. Erläutern Sie, wie ein Client oder Server eine Global-Unicast-IPv6-Adresse über die SLAAC-Konfiguration bekommt.** | SLAAC: Stateless Adress Autoconfiguration<br><br>Nach dem Neustart erzeugt ein Client eine Link-Local-Adresse, um intern im Netzwerk kommunizieren zu können (reicht bis zum Router). Diese Adresse beginnt mit „fe80::" in den ersten 64 Bits und endet mit einer Interface-ID in den letzten 64 Bits.<br><br>Der Server erzeugt die Interface-ID mithilfe seiner MAC-Adresse nach dem Verfahren EUI-64. Der Client erzeugt die Interface-ID zufällig. Voraussetzung: Dieser verfügt über Privacy-Extension. Die ersten 64 Bit (Präfix) werden beim Router über die Link-Local-Adresse erfragt. |
| **6. Welcher IP-Adresspool wird beim DHCP-Server für das Einbinden der Clients im Netzwerk eingestellt, wenn das Netzwerk die Adresse 192.168.39.20/23 enthält.** | Hier ist das dritte Oktett von Interesse. Dabei wird die 39 in binär umgewandelt (10 0111) und das letzte Bit auf 0 gesetzt (10 011\|0). Demnach würde der Adresspool bei 192.168.38.2 beginnen und bei 192.168.39.254 enden.<br>Die erste IP wird dem Gateway zugeordnet. |

| | |
|---|---|
| **7. Berechnen Sie jeweils die Netzadressen von vier Abteilungen, die aus dem Adressbereich 192.168.178.0 entstehen sollen. Die Abteilungen sollen mindestens 20, 30, 40, 50 IP-Adressen haben.** | • Abteilung 1: 192.168.178.0/26 (50 IPs),<br>• Abteilung 2: 192.168.178.64/26 (40 IPs),<br>• Abteilung 3: 192.168.178.128/26 (30 IPs), alternativ 192.168.178.128/27<br>• Abteilung 4: 192.168.178.192/26 (20 IPs), alternativ 192.168.178.160/27 |
| **8. Wie können Access-Points in ein Netzwerk eingebunden werden?** | Mithilfe eines WLAN-Controllers: Der Access-Point meldet sich beim WLAN-Controller und dieser versorgt ihn mit der Konfiguration. |
| **9. Eine NAS (Network Attached Storage) soll in ein Netzwerk eingebunden werden. Darauf sollen hochauflösende Bilder abgespeichert werden, die aus dem Netzwerk abgerufen werden. Welche Voraussetzung muss erfüllt sein, damit die Datenrate sehr hoch ist?** | Damit beim Zugriff aus verschiedenen Geräten ein Flaschenhals vermieden werden kann, sollte der Anschluss von der NAS zum Netzwerkgerät möglichst schnell sein (z. B. Gigabit-Ethernet). |
| **10. Wie können mehrere Fast-Ethernet-Anschlüsse dazu genutzt werden, eine Gigabit-Verbindung für eine NAS bilden zu können?** | Link Aggregation: Hier werden mehrere physikalische Verbindungen zu einer einzigen logischen Verbindung gebündelt. |

## E Sie prüfen die Funktion der in das Netzwerk eingebundenen Komponenten und protokollieren das Ergebnis.

### E.1 Funktionsprüfung von Clients

| | |
|---|---|
| **1. Welchen Schritt führen Sie als erstes bei der Überprüfung nach der Vernetzung aus?** | Nach der Installation findet eine Sichtprüfung statt, ob alle Leitungen korrekt angeschlossen sind. |
| **2. Welche Messungen führen Sie bei kabelgebundenen Übertragungsmedien durch?** | Durchgangsmessung, Erkennung von Verdrahtungsfehlern sowie Split-Pairs, Nebensprechen, Einhaltung einer bestimmten CAT-Spezifikation etc. |

**3. Nach dem Verlegen einer Netzwerkleitung messen Sie Reflexionen in der Leitung. Erläutern Sie, wie diese zustande kommen und wie man sie beseitigt.**

Reflexionen entstehen, wenn eine Leitung nicht angepasst ist. So werden Signale des Senders vom Empfänger reflektiert. Diese verursachen Störungen in der Leitung. Abhilfe schafft ein Abschlusswiderstand, dadurch wird die Leitung terminiert. Der Wert des Abschlusswiderstandes (z. B. Multimediadosen für Coax-Kabel) entspricht den angegebenen Wert des Wellenwiderstandes im Datenblatt des Kabels.

**4. Welche Aktion führen Sie aus, um zu testen, ob die IP-Konfigurationen bei den Clients richtig durchgeführt wurden?**

Überprüfen, ob der Client u. a. eine IP-Adresse aus dem gewünschten Adressbereich bekommen hat (DHCP), oder ob die eigene statische Konfiguration vom System übernommen wurde.
Dies kann im Terminal mit den Befehlen ifconfig (Linux) oder ipconfig (Windows) durchführen.

**5. Wie können Sie feststellen, ob ein Client erreichbar ist?**

Durch einen Ping-Befehl kann festgestellt werden, ob ein Client erreichbar ist oder nicht.

**6. Wie können Sie prüfen, warum ein Client keine IPv6-Adresse bekommt?**

- Der Client kann eine IPv6-Adresse über einen DHCPv6-Server bekommen. Dies muss beim Client eingestellt werden.
- SLAAC (Stateless Address Autoconfiguration): Der Client generiert die IPv6-Adresse selbst.
  Dazu muss beim lokalen Router geprüft werden, ob der Client die IP-Konfigurationen über SLAAC, Stateless DHCPv6 oder Stateful DHCPv6 bekommen soll.

**7. Nach einem Ping-Befehl erscheint die Fehlermeldung „Zielhost nicht erreichbar“ bzw. „Ping request could not find host“ Welche Schlussfolgerung ziehen Sie daraus?**

Diese Ausgabe erfolgt, wenn

1. der Ping-Befehl den Zielrechner innerhalb des LANs nicht erreicht bzw. ein Client mit dieser IP-Adresse nicht existiert.
2. Ein anderer Grund könnte sein, dass es keine Verbindung außerhalb des LANs gibt.

| | |
|---|---|
| **8. Nach einem Ping-Befehl erscheint die Antwort „Request timed out" bzw. „Zeitüberschreitung der Anforderung" Welche Schlussfolgerung ziehen Sie daraus?** | Es gibt entweder keine bekannte Route vom lokalen System bis zum Ziel-Host, oder der Ping-Befehl konnte den Ziel-Host erreichen, allerdings wurden die Ping-Antworten aufgrund einer fehlerhaften Konfiguration nicht auf dem anfragenden PC weitergeleitet. |
| **9. Welche Prüfstrategie verfolgen Sie, wenn der Ziel-PC nicht erreichbar ist?** | Der Befehl „traceroute" oder „tracert" kann ausgeführt werden. Dabei kann in kleineren Schritten festgestellt werden, welche Router/Hops erreichbar sind. So tastet man sich in kleineren Schritten an das Problem heran. |
| **10. Wie kann die Geschwindigkeit einer Netzwerkverbindung getestet werden?** | Im einfachsten Fall kann eine Server-Client-Anwendung eine derartige Messung durchführen. Es werden Dateien gesendet, heruntergeladen und dabei die Zeit gemessen, um die Geschwindigkeit zu errechnen. Weitere Optionen sind gleichzeitige Testläufe, um bspw. eine Überlastung einer Station zu simulieren. Dadurch kann man erkennen, ob diese unter der Belastung von mehreren Clients einbricht oder nicht. |
| **11. Wie funktioniert ein DSL- oder Kabel-Speedtest?**<br>**Worauf müssen Sie bei der Durchführung des Speedtests achten, um möglichst genaue Ergebnisse zu bekommen?** | In der Regel werden Daten verschiedener Größen an einen Test-Server gesendet sowie von diesem heruntergeladen. Dabei werden Upload-Zeit und Download-Zeit gemessen und ausgegeben.<br>Dabei sollten am Test-Host möglichst keine Hintergrund-Dienste oder Prozesse laufen, die den Host belasten und dadurch die Messung verfälschen. |
| **12. Nach dem Einrichten des Netzwerkes testet der Kunde die Geschwindigkeit seines DSL-Anschlusses selbst mithilfe seines WLAN-Gerätes und zusätzlich mit einer Webseite mit Speedtest-Funktion. Anschließend konfrontiert er Sie mit deutlich schlechteren Ergebnissen als der Internet-Service-Provider angibt. Wie lautet Ihre Antwort darauf?** | Die Messung des DSL-Anschlusses mit einem WLAN-Gerät kann Verfälschungen hervorrufen, weil bei dieser Messung die gesamte Kette gemessen wird: WLAN-Antenne des Gerätes – Access Point – Testserver.<br>Wenn die Signalstärke zwischen Gerät und einem Access Point aufgrund der Entfernung oder der Störeinflüsse groß ist, dann ist dies der Flaschenhals des Testverfahrens. |

13. **Ein Access-Point wurde auf einen 80 MHz-breiten Kanal eingestellt (Kanäle 100–112). Die WLAN-Netzwerkkarte eines Hosts, die nicht DFS-fähig ist (DFS: Dynamic Frequency Selection), kann keine Verbindung zum Access-Point aufbauen.**

    **Erläutern Sie, warum das so ist.**

    Ohne eine DFS-Funktion können nur die Kanäle 36–48 verwendet werden. Deshalb muss beim Erwerb von Netzwerkkarten oder -adaptern (z. B. USB-WLAN-Adapter) darauf geachtet werden, dass möglichst das komplette 5-GHz-Band genutzt wird, damit auch höhere Geschwindigkeiten erzielt werden können.

14. **Bei IPv6 kann es bei der Erzeugung der Interface-ID theoretisch einen Adresskonflikt geben.**

    **Erläutern Sie, wie dies ausgeschlossen werden kann.**

    Nach Zusammenstellung der Präfix- & Interface-ID sendet ein Client eine Nachricht an seine selbst erzeugte Adresse, um zu überprüfen, ob ein anderer Client im Netzwerk diese Adresse hat. Kommt keine Antwort, so geht der Client davon aus, dass diese nicht vergeben ist und demnach kein IP-Adresskonflikt auftaucht. Diesen Vorgang nennt man DAD (Double Address Detection).

15. **Wie können Schäden an einem nicht PoE-fähigen Endgerät ausgeschlossen werden, wenn dieses an eine PoE-Quelle angeschlossen wird?**

    PoE-Quellen führen eine PoE-Erkennung durch. Es wird zunächst festgestellt, ob das Endgerät PoE-fähig ist oder nicht. Im Falle der PoE-Fähigkeit des Endgerätes werden der Quelle die PoE-Klassen mitgeteilt.

16. **Sie werden im Team des Support-Ticket-Systems eingesetzt und müssen durch Tickets oder Anrufe Fehler beim Kunden erkennen.**

    **Wie eignen Sie sich ein derartiges Wissen am schnellsten an?**

    - Dokumentationen in der Firma sichten (Frequently Asked Questions FAQ – meistgestellte Fragen herausfinden)
    - Recherche im Internet nach ähnlichen Situationen (zusätzlich kritisch betrachten)
    - eigene Ideen/Theorien aufstellen und ausprobieren
    - erfahrene Arbeitskollegen fragen

## E.2 Prüfprotokoll

1. **Beim Prüfprotokoll sollen die Patchkabel nach TIA-568A/B geprüft werden.**

    **Erläutern Sie diese Bezeichnung.**

    TIA-568A/B sind Standards für die Kontaktierung von Patchdosen und -steckern.

    Die Fachkraft sollte sich auf einen Standard für die gesamte Infrastruktur festlegen und dies protokollieren.

| | |
|---|---|
| **2. Warum sollte bei der Überprüfung eines Kabels eine Zertifizierung erfolgen?** | Eine Kabel-Zertifizierung nach bestimmten Branchenstandards soll sicherstellen, dass das installierte Kabel alle Anforderungen dieser Kategorie erfüllt. |
| **3. Welche Strategien verfolgen Sie bei der Erstellung eines aussagekräftigen Protokolls und bei der Messung von Datenraten o. ä.?** | Für ein aussagekräftiges Protokoll sollten die Messungen an verschiedenen Tagen und zu unterschiedlichen Uhrzeiten stattfinden. Man protokolliert die Messungen mit Angabe der Uhrzeiten und führt ggf. eine statistische Auswertung durch. |
| **4. Welche Endpunkte wählen Sie beim Messprotokoll aus?** | Am besten sollte die gesamte Kette (z. B. Patchdose – Patchpanel – Netzwerkgerät) gemessen werden. |
| **5. Nach dem Einsatz einer PoE-Verbindung messen Sie an einem U/UTP-Kabel eine niedrigere Datenrate als die Verbindung zuvor (ohne PoE). Erläutern Sie, welche Ursache das haben könnte.** | Beim Einsatz von PoE wird Strom durch das Netzwerkkabel übertragen. Dadurch entwickelt sich Wärme im Kabel, die einen negativen Einfluss auf die Datenrate hat: je höher die Temperatur im Kabel, desto stärker die Signaldämpfung. |
| **6. Mit welchem Vergleichskabel führen Sie Ihre Messung durch, damit der Kunde einen Vergleich zwischen U/UTP und einem anderen Kabel hat?** | Die Wärmeentwicklung auf einem ungeschirmten Kabel (U/UTP) ist um den Faktor 5 größer als auf einem geschirmten Kabel (Faktor 2 bei S/FTP). Demnach hat der Kunde im Prüfprotokoll einen 1:1-Vergleich. Dies macht sich insbesondere bei höheren Standards wie PoE+ und höher bemerkbar. |
| **7. Welche Faktoren/Kenngrößen berücksichtigen Sie bei Ihrer Umsetzung und Messung/Überprüfung von PoE-Szenarien?** | • Maximale Länge der PoE-Verbindung bestimmen: je länger die Verbindung, desto größer die Wärmeentwicklung und Dämpfung.<br>• Spannung am Switch (Energiequelle) und am Ende der Leitung (powered device): Spannungen im Bereich ca. 48 V sind üblich.<br>• Bei höheren Strömen (insbesondere Einschaltströme) können die Anschlüsse stärker beansprucht werden. |

8. **Begründen Sie, welche Netzwerk-Komponenten beschriftet werden sollten.**

Um Ordnung zu schaffen und eine schnelle Übersicht im Netzwerk zu ermöglichen, sollten allgemein alle Netzwerk-Komponenten sinnvoll beschriftet werden, z. B. Router, Switches, Patchpanels, Patchdosen, Access-Points.

9. **Welche Beschriftungsform der Netzwerk-Komponenten ist nach einer erfolgreichen Durchführung eines Auftrages zu wählen?**

Man kann z. B. Patchfelder mit unterschiedlichen Buchstaben, Patchdosen mit der Zahl auf dem Port des Patchfeldes versehen (z. B. Dose **C.7** für das **dritte Patchfeld/Port 7**). Bei größeren Umgebungen ist eine Beschriftung nach dem Muster: Raum – Schrank – Netzwerkgerät – Port geeignet. Denkbar wäre auch eine Beschriftung der Netzwerkkabel mit Klebe-Etiketten.

10. **Welche Protokolle/Dokumentationen bekommt der Kunde nach der Umsetzung einer WLAN-Infrastruktur?**

Anhand der Messergebnisse wird eine Dokumentation für die Ausleuchtung erstellt. Diese beinhaltet u. a. eine Grafik sowie Einstellungen, die für die Konfiguration der Access-Points verwendet werden können.

## F Sie reflektieren ihre Handlungen hinsichtlich möglicher Optimierung und bewerten das Ergebnis nach technischen, ökologischen und wirtschaftlichen Gesichtspunkten.

### F.1 Handlungsreflexion

1. **Beschreiben Sie, wie Sie Ihre Vorgehensweise reflektieren.**

Die eigene Tätigkeit wird unter verschiedenen Blickwinkeln betrachtet:

Zunächst wird die eigene Lösungsstrategie selbst eingeschätzt.

Hilfreich wäre dann, dass auch andere Teilnehmer für eine Fremdeinschätzung einbezogen werden. Dies kann z. B. durch ein Kundenfeedback erfolgen.

Anschließend werden Auswirkungen auf das Umfeld reflektiert.

2. **Nennen Sie fünf Leitfragen, die Sie sich bei einer Handlungssituation stellen könnten.**

- Welche Handlung wurde durchgeführt und welche Akteure waren im Einsatz?
- Wie haben das Zusammenspiel und die Teamarbeit funktioniert?
- Welche Ergebnisse wurden geliefert und wie wurden sie durch den Auftraggeber bewertet?
- Welche Schwierigkeiten gab es? Welche Gründe haben zu diesen Schwierigkeiten geführt?
- Kann man diese Handlung in dieser Art erneut durchführen?

3. **Welche messbaren Prozesse würden Sie für die Reflexion Ihrer Handlung zu Hilfe nehmen?**

Um die Handlung einzustufen, vergleicht man den SOLL-Zustand mit dem IST-Zustand: Wurden die formulierten Ziele in der vorgesehenen Zeit erreicht?

4. **Wie gehen Sie mit Kundenbeschwerden um und wie würden Sie diese zukünftig vermeiden?**

Kundenbeschwerden entstehen oft durch Missverständnisse oder unzureichende Informationen. Deshalb wäre ein Protokoll oder eine ständig verbesserte Vorgehensweise/Formulierung hilfreich, wodurch der eigene Wortschatz weiterentwickelt wird.

Sind die Kundenbeschwerden berechtigt und der eigene Fehler wurde erkannt, so muss man dem Kunden entgegenkommen.

Manchmal liegen die Fehler nicht bei einem selbst oder man ist nicht für das Problem verantwortlich, aber der Kunde versteht dies nicht. Dann muss man sich Zeit nehmen und dem Kunden auch geduldig erklären, wo der Fehler liegt.

5. **Beschreiben Sie eine Möglichkeit, wie Sie Ihre Messergebnisse im Team verwalten und diese schnell reflektieren können.**

Viele Messgeräte verfügen über ein Verwaltungsmanagement, in dem Prüfergebnisse direkt hochgeladen, ausgewertet, dokumentiert und archiviert werden können.

6. **Beschreiben Sie, wie Sie Ihre künftigen Messungen verbessern können.**

Hierzu kann man Messeinstellungen konfigurieren, Kalibrierungen vornehmen sowie benutzerdefinierbare Berichte erstellen.

## F.2 Ergebnisbewertung

| | |
|---|---|
| **1. Mithilfe der Anwendung „iperf" (Tool zur Messung der Datenrate) an einem Host im 5-GHz-Bereich in der o. g. Praxis stellen Sie fest, dass die Verbindung zum Access-Point (Hersteller-Angabe: bis zu 1200 Mbps) bei weitem nicht erreicht wird. Wie bewerten Sie Ihre Messergebnisse?** | Bei vielen Angaben des Herstellers handelt es sich um Brutto-Werte und sie können nur unter optimalen Bedingungen erfüllt werden.<br>Die Netto-Werte betragen jeweils – und je nach Situation – ca. die Hälfte dieser Angaben.<br>Außerdem sollte man beachten, dass die Angabe 1200 Mbps eine Summenangabe über die Geschwindigkeit beider Frequenzen darstellt, in diesem Fall z. B. 866 Mbps für das 5-GHz-Band sowie 30 Mbps für das 2,4-GHz-Band.<br>Oft wählt ein WLAN-Client nur ein Frequenzband aus. |
| **2. Beurteilen Sie, welche Gründe es für die Abweichung zwischen Brutto- und Netto-Datenraten beim WLAN gibt.** | Die Gründe sind sehr unterschiedlich und nicht immer sichtbar. Größere Entfernung zum Access-Point, fehlende MIMO-, Beamforming- oder DFS-Funktion wirken sich negativ auf die Datenrate aus. Störgeräte können selbst mithilfe eines WLAN-Analyse-Gerätes nicht dargestellt werden (Bluetooth, Zigbee, Mikrowellen usw.) und müssten separat gemessen werden. Deshalb sollte man derartige Ergebnisse akzeptieren. |
| **3. Nach der Umsetzung einer Vernetzung mit PowerLAN stellen Sie fest, dass sich die Datenrate stark von den Hersteller-Angaben unterscheidet. Welche Faktoren könnten sich negativ auf die Datenrate auswirken?** | Da die Übertragung der Daten über das Stromnetz (Kupferkabel) stattfindet, beeinflussen<br>• die Leitungslänge,<br>• der spezifische Leitungswiderstand sowie<br>• die am Stromkreis angeschlossenen Geräte und der Zähler<br>die Datenrate. |

| | |
|---|---|
| **4. Nach einer erfolgreichen Umsetzung eines RAID-5-Verbunds blicken Sie kritisch in die Zukunft auf den Zeitpunkt eines möglichen Ausfalls einer Festplatte nach ihrem Lebenszyklus.**<br>**Bewerten Sie diese Umsetzung.** | In der Regel kauft man in einem Bestellprozess baugleiche Festplatten. Der Lebenszyklus der eingesetzten Festplatten im RAID-Verbund ist demnach exakt gleich. Sollte eine Festplatte ihrer Lebensdauer entsprechend ausfallen, so ist es sehr wahrscheinlich, dass eine weitere Festplatte ausfallen wird.<br>Dieser Effekt wird noch verstärkt, wenn bei Ausfall einer Festplatte die anderen Festplatten für den Rebuild-Prozess intensiver beansprucht werden. Deshalb sollten Festplatten unterschiedlicher Hersteller und unterschiedlichen Alters eingesetzt werden. |
| **5. Bei Messgeräten gibt es einen AutoTest, der ausgibt, ob die Messung bestanden wurde oder nicht.**<br>**Wie analysieren Sie die Ergebnisse?** | Nach der Messung können die Parameter genauer betrachtet werden. So können Details der Messung angezeigt werden und dadurch kann eine Fachkraft erkennen, welche Elemente für das Fehlschlagen einer Messung verantwortlich sind – von der physikalischen Schicht bis zur Anwendungsschicht. |

# A Sie informieren sich über Informationssicherheit (Schutzziele) und rechtliche Regelungen sowie die Einhaltung von betrieblichen Vorgaben zur Bestimmung des Schutzniveaus für den eigenen Arbeitsbereich.

## A.1 Schutzziele

**1. Zur Überprüfung und Entwicklung eines IT-Sicherheitssystems wird der „PDCA – Deming-Zyklus" angewendet.**

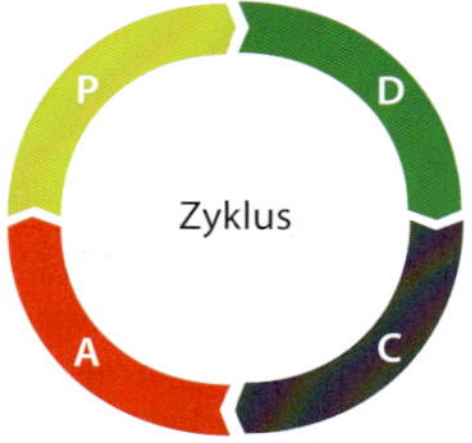


**Beschreiben Sie die einzelnen Etappen des PDCA-Zyklus.**

PDCA: Plan – Do – Check – Act

**P – Plan, Planen:** Definition der bestehenden Probleme, Planung der Maßnahmen und Ressourcen zur Beseitigung der Probleme und Festlegung konkreter Ziele.

**D – Do, Ausführen:** Schrittweise Umsetzung der geplanten Maßnahmen, Strategien und Vorgehensweisen. Dabei die Wirksamkeit der Umsetzung in jeden Schritt hinterfragen.

**C – Check, Prüfen:** Kontrolle und umfangreiche Analyse der umgesetzten Maßnahmen. Dabei Probleme und deren Ursachen erfassen, wenn die Maßnahme nicht zum festgelegten Ziel geführt hat und ggf. nachjustieren.

**A – Act, Handeln:** Komplette Umsetzung und Einführung der Maßnahmen im gesamten Unternehmen. Die nun erreichte Qualitätssteigerung stellt den neuen Standard dar. Nach einer Phase der Kontrolle, ob die Zielstellungen auch kontinuierlich erreicht werden, kann bei Bedarf ein neuer PDCA-Zyklus gestartet werden.

**2. Nach Artikel 5 Abs. 1 DSGVO müssen personenbezogene Daten den Grundsatz der Richtigkeit erfüllen.**

**Wie kann dieser Grundsatz erfüllt werden? Nennen Sie drei Maßnahmen.**

DSGVO: Datenschutz-Grundverordnung

Bei der Verarbeitung personenbezogener Daten muss geprüft werden, ob die Daten

- sachlich richtig sind,
- auf den neuesten Stand sind und
- gelöscht oder berichtigt werden müssen und können, falls die Daten im Hinblick auf die Zwecke ihrer Verarbeitung unrichtig sind.

**3. Nennen Sie drei Voraussetzungen, die erfüllt sein müssen, damit eine persönliche Schöpfung als Werk urheberrechtlich geschützt ist.**

- Das Werk ist das Ergebnis menschlichen Schaffens.
- Das Werk ist durch menschliche Sinne wahrnehmbar.
- Das Werk stellt eine kreative Leistung dar.

**4. Für den Markennamen zur Kennzeichnung einer neuen Dienstleistung soll ein Markenschutz beantragt werden. Welche drei formellen und materiellen Voraussetzungen sind für eine korrekte Anmeldung notwendig?**

- Die Unterlagen zum Identitätsnachweis des Anmelders, Form der Markenwiedergabe (Wortmarke, Grafik, ...) und Angabe der Dienstleistungsklasse liegen vollständig vor.
- Die Gebühren sind in geforderter Höhe bezahlt.
- Der Anmelder ist berechtigt, Inhaber einer Marke zu sein.

**5. Das Bundesamt für Sicherheit in der Informationstechnik (BSI) hat die drei Schutzziele der IT-Sicherheit**
- **Availability,**
- **Integrity und**
- **Confidentiality**

**definiert.**

**Was beinhalten diese drei Schutzziele?**

**Availability, Verfügbarkeit:** Es wird festgelegt, welche Leistung ein IT-System zu einem bestimmten Zeitpunkt zur Verfügung stellen muss, um die uneingeschränkte Arbeitsfähigkeit im Unternehmen zu erhalten.

**Integrity, Integrität:** Es wird sichergestellt, dass alle IT-Systeme entsprechend den Anforderungen funktionieren und die Daten vollständig und richtig sind. Damit soll eine nicht genehmigte Veränderung von Daten und Datenbeständen verhindert werden.

**Confidentiality, Vertraulichkeit:** Vertrauliche Daten sind nur berechtigten Personen zugänglich. Durch datensichere Systeme sowie Festlegung und Kontrolle von Berechtigungen soll eine unautorisierte Weitergabe von Informationen verhindert werden.

6. **Sie möchten sich im IT-Grundschutz-Kompendium über die Standard-Anforderungen bei der Erstellung eines Benutzer- und Administrationskonzeptes informieren.**

   **Welcher Baustein/ welche Schicht enthält diese Informationen?**

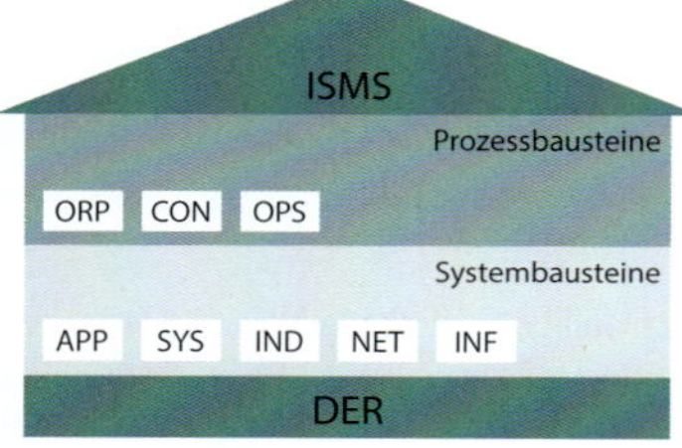


ISMS: Sicherheitsmanagement
ORP: Organisation und Personal
CON: Konzeption und Vorgehensweise
OPS: Betrieb
APP: Anwendungen
SYS: IT-Systeme
IND: Industrielle IT
NET: Netze und Kommunikation
INF: Infrastruktur
DER: Detektion und Reaktion

Informationen zu einzelnen Zielobjekten wie z. B. der Administration sind in den System-Bausteinen enthalten. Diese bestehen zur besseren Orientierung wiederum aus Schichten.

Informationen zur Administration findet man in der Schicht SYS, in der die Sicherheitsaspekte der einzelnen IT-Systeme behandelt werden.

7. **Grenzen Sie die Begriffe „Sicherheitskonzept" und „Sicherheitsrichtlinie" voneinander ab.**

Sicherheitsrichtlinien sind offizielle Schutzziele und allgemeine Sicherheitsanforderungen eines Unternehmens. Diese Sicherheitsrichtlinien sind Bestandteil des Sicherheitskonzepts, welches der Umsetzung der Sicherheitsstrategie dient und das zentrale Dokument im IT-Sicherheitsprozess eines Unternehmens ist.

8. **Sie sollen für die Formulierung einer Datenschutzrichtlinie Ihres Unternehmens die Rechte der Betroffenen nach DSGVO ermitteln.**

   **Nennen Sie mindestens drei dieser Rechte.**

Nach DSGVO haben Betroffene u. a. folgende Rechte:

- Auskunftsrecht
- Recht auf Berichtigung
- Recht auf Löschung
- Recht auf Einschränkung der Verarbeitung

9. **Im IT-Grundschutzkompendium ist die elementare Gefährdung „G 0.23 – Unbefugtes Eindringen in IT-Systeme" aufgeführt.**

   **Mit welchen drei Maßnahmen kann dieser Gefährdung begegnet werden?**

- Verhindern, dass Benutzerkennung und Passwörter ausgespäht werden
- Unterbinden der unbefugten Nutzung von mobilen Speichermedien
- Sicherung der Schnittstellen von aktiven Netzkomponenten

**10. Im IT-Grundschutz-Kompendium ist in der Anlage der einzelnen Schichten der Prozessbausteine jeweils eine Kreuzreferenztabelle aufgeführt. Welche Information entnehmen Sie diesen Tabellen?**

**Nutzen Sie zur Erklärung den Auszug aus der Kreuzreferenztabelle der Schicht CON.5: Entwicklung und Einsatz von Individualsoftware.**

**CON: Konzepte und Vorgehensweisen**
**G: Elementare Gefährdungen**

| Elementare Gefährdungen<br>Anforderungen | CIA-Werte | G 0.18 | G 0.19 |
|---|---|---|---|
| CON.5.A1 | | X | |
| CON.5.A2 | | | |
| CON.5.A3 | | X | |
| CON.5.A4 | | | |
| CON.5.A5 | | | |
| CON.5.A6 | | X | |
| CON.5.A7 | | | |
| CON.5.A8 | | X | |
| CON.5.A9 | | X | X |
| CON.5.A10 | | | |
| CON.5.A11 | | X | |
| CON.5.A12 | CA | | |
| CON.5.A13 | A | | |

Die Kreuzreferenztabelle enthält die Zuordnung von elementaren Gefährdungen zu den Anforderungen. In der angegebenen Kreuzreferenztabelle wird z. B. der Basisanforderung CON.5.A1 die elementare Gefährdung G 0.18 zugeordnet. Das bedeutet, werden die sich für CON.5.A1 ergebenden Sicherheitsmaßnahmen umgesetzt, wird der elementaren Gefährdung G 0.18 entgegengewirkt.

Die Angaben in der 2. Spalte beziehen sich auf die Grundwerte der Informationssicherheit:
C: Vertraulichkeit,
I: Integrität und
A: Verfügbarkeit.

In der angegebenen Kreuzreferenztabelle werden z. B. die Grundwerte C und A vorrangig durch die Umsetzung der Anforderung CON.5.A12 geschützt.

**11. Sie möchten sich für die Schutzbedarfs- und Risikoanalyse über Bedrohungen und Schwachstellen zum Betrieb von zentralen Speicherlösungen im IT-Grundschutz-Kompendium informieren.**

**Wie gehen Sie dabei vor?**

Zunächst bei den Systembausteinen die Schicht SYS: IT-Systeme des Informationsverbunds heraussuchen.

Unter „Server" mit dem Unterpunkt „Speicherlösungen" finde ich im Abschnitt „Gefährdungslage" besonders bedeutsame spezifische Bedrohungen und Schwachstellen für die Schicht SYS – Speicherlösungen.

**12. Das BSI hat in seinem Standard vier Schadenskategorien festgelegt.**

**Geben Sie die Bezeichnungen und den entsprechenden Grad der Auswirkung bei Verletzung der Sicherheitsziele an.**

- niedrig: kaum spürbare Auswirkungen
- normal: spürbare Auswirkungen
- hoch: erhebliche Auswirkungen
- sehr hoch: existenziell bedrohliche Auswirkungen

**13. Nennen Sie drei typische Schadensszenarien nach BSI-Standard, die den Schutzbedarfskategorien „normal", „hoch" und „sehr hoch" zugeordnet werden können.**

- normal: finanzielle Auswirkungen
- hoch: Beeinträchtigung der Aufgabenerfüllung
- sehr hoch: Verstoß gegen Gesetze, Vorschriften oder Verträge

**14. Das BDSG hat 14 Gebote für Datensicherheit und Datenschutz definiert. Was muss zur Erfüllung der Gebote Trennbarkeit und Übertragungskontrolle durch den Verantwortlichen und den Auftragsverarbeiter gewährleistet sein?**

**Gebot Trennbarkeit:** Es muss gewährleistet sein, dass zu unterschiedlichen Zwecken erhobene personenbezogene Daten getrennt verarbeitet werden können.

**Gebot Übertragungskontrolle:** Es muss überprüft und festgestellt werden können, an welche Stellen personenbezogene Daten übermittelt oder zur Verfügung gestellt wurden oder werden.

## A.2 Rechtliche Regelungen

**1. Nennen sie drei rechtliche Regelungen zur Informationssicherheit.**

- IT-Sicherheitsgesetz (IT-SiG)
- Gesetz über das Bundesamt für Sicherheit in der Informationstechnik (BSIG)
- EU-Datenschutz-Grundverordnung (EU-DSGVO)

**2. Was bedeutet die ePrivacy-Verordnung datenschutzrechtlich für Unternehmen?**

Die ePrivacy-Verordnung ergänzt die Datenschutz-Grundverordnung um einen europaweit vereinheitlichten Rechtsrahmen für Online-Datenverarbeitung zum Schutz personenbezogener Daten von Nutzern. Dies betrifft u. a. ein neues Zustimmungsverfahren für Cookies, mehr Datenschutz für Messenger-Dienste und die Begrenzung der Datennutzung im Direkt-Marketing.

3. **DSGVO und BDSG sind Gesetze zum Schutz personenbezogener Daten. Welcher Zusammenhang besteht zwischen den beiden Gesetzen?**

In der DSGVO wird der Schutz natürlicher Personen bei der Verarbeitung von deren personenbezogenen Daten geregelt.

Dieser Schutz wird im BDSG ergänzt, konkretisiert und spezifiziert und widerspricht der DGSVO nicht.

4. **Ergänzen Sie folgende Übersicht zu Lizenzen.**

| Ab-kürzung | Begriff | Erklärung |
|---|---|---|
| KMS | Key Management Service | Schlüsselverwaltungsdienst, der die Aktivierung von volumenlizenzierten Produkten vereinfacht |
| OEM | | |
| EULA | | |
| NUL | | |
| SPLA | | |

| Ab-kürzung | Begriff | Erklärung |
|---|---|---|
| KMS | Key Management Service | Schlüsselverwaltungsdienst, der die Aktivierung von volumenlizenzierten Produkten vereinfacht |
| OEM | Original Equipment Manufacturer | Ware des Erstausrüsters beinhaltet Hardware mit vorinstallierter Software (Wenn vom Hersteller erlaubt ist, in Deutschland OEM-Software auch ohne Hardwarebindung erhältlich) |
| EULA | End User License Agreement | Lizenzvereinbarung zwischen Softwarehersteller und Endbenutzer; regelt die Verwendung der Software durch den Nutzer z. B. Kopie und Weitergabe |
| NUL | Named User License | begrenzt die Nutzung der lizenzierten Software auf einen benannten Benutzer im Unternehmen |
| SPLA | Service Provider License Agreement | Lizenzmodell von Microsoft, das das Mieten von Microsoft-Produkten durch einen Hosting Service Provider ermöglicht |

| | |
|---|---|
| **5. Nennen Sie mindestens drei Vorteile, die ein Unternehmen durch die Zertifizierung nach ISO 27001 erlangt.** | • Wettbewerbsvorteil<br>• zuverlässige Problem- und Bedrohungserkennung<br>• Beleg für sicheren Umgang mit sensiblen Informationen<br>• Kostenersparnis durch Minimierung des Risikos für Störfälle |
| **6. Im Artikel 25 der DSGVO wird Datenschutz „durch datenschutzfreundliche Voreinstellungen" gefordert („Privacy by Default"). Was ist darunter zu verstehen?** | Es muss mit diesen Voreinstellungen sichergestellt werden, dass mit allen Anwendungen wie z. B. Programmen und Apps grundsätzlich nur personenbezogene Daten verarbeitet werden, die für den jeweiligen Verarbeitungszweck erforderlich sind. Dabei sind Informationsmenge, Verarbeitungsumfang, Speicherdauer, Zugänglichkeit und Weitergabe zu berücksichtigen. |
| **7. Welche Voraussetzungen müssen nach BDSG erfüllt sein, damit ein Verantwortlicher einen Auftragsverarbeiter mit der Verarbeitung personenbezogener Daten beauftragt?** | Der Auftragsverarbeiter muss mit geeigneten technischen und organisatorischen Maßnahmen sicherstellen können, dass die Verarbeitung den Schutz und die Rechte der betroffenen Person gewährleistet und keine gesetzlichen Anforderungen verletzt. |
| **8. Personenbezogene Daten sind nach Art. 4 DSGVO „alle Informationen, die sich auf eine identifizierte oder identifizierbare natürliche Person … beziehen."**<br>**Welche Einschränkungen sind damit verbunden?** | Natürliche Personen sind lebende Personen, d. h. sie besitzen Rechtsfähigkeit. Nicht darunter fallen juristische Personen wie Körperschaften, Stiftungen und Anstalten.<br>Die Person ist identifiziert/identifizierbar, wenn sie einer Kennung (z. B. Name) oder besonderen Merkmalen (z. B. kulturelle Identität) zugeordnet werden kann. |
| **9. Vervollständigen Sie folgenden Satz zur Zweckbestimmung von BSI-Standards:**<br>**„Der BSI-Standard 200 enthält Anforderungen, Empfehlungen und Methoden für …"** | „Der BSI-Standard 200 enthält Anforderungen, Empfehlungen und Methoden für den Aufbau eines Managementsystems für Informationssicherheit (ISMS) und Arbeitsschritte bei der Umsetzung des IT-Grundschutzes." |
| **10. Was bietet einem Unternehmen das IT-Grundschutz-Kompendium?** | Das IT-Grundschutz-Kompendium enthält übersichtlich geordnet konkrete Sicherheitsanforderungen und die zugehörigen Sicherheitsmaßnahmen zur Umsetzung der IT-Grundschutz-Methodik. |

**11. Welche Zielsetzung haben die „technischen Richtlinien" des BSI?**

Durch die „technischen Richtlinien" verfolgt das BSI das Ziel, angemessene IT-Sicherheitsstandards in Form von Praxisleitlinien und Empfehlungen für den Aufbau oder zur Absicherung von IT-Systemen zu verbreiten.

**12. Sie finden bei der Suche nach Unterstützung eines ISMS den folgenden Artikel.**

*Systems and tools for implementation and ongoing management*

*An effective ISMS draws on and manages many different resources. They can include your organisation's software and hardware, its physical infrastructure and even its staff and suppliers. You'll need the right systems and tools to guide and oversee them all.*

*Our platform includes a wide range of bespoke support systems, ranging from our context-specific Virtual Coach to a full suite of implementation management tools.*

**Übersetzen Sie diesen Artikel ins Deutsche.**

Systeme und Werkzeuge für die Implementierung und das laufende Management

Ein effektives ISMS stützt sich auf viele verschiedene Ressourcen und verwaltet diese. Dazu gehören Software und Hardware Ihres Unternehmens, die physische Infrastruktur und sogar Ihre Mitarbeiter und Lieferanten. Sie benötigen die richtigen Systeme und Tools, um alle zu steuern und zu überwachen.

Unsere Plattform umfasst eine breite Palette an maßgeschneiderten Unterstützungssystemen, die von unserem kontextspezifischen Virtual Coach bis hin zu einer kompletten Suite von Implementierungsmanagement-Tools reichen.

**13. Mit dem Urheberrechtsgesetz (UrhG) erhält der Urheber Schutz für das Recht auf sein geistiges Eigentum oder sein Werk.**

**Nennen Sie fünf Beispiele für Werke bzw. geistiges Eigentum, welche unter das UrhG fallen.**

- Buchtext
- aufgenommener Film
- produziertes Musikstück
- entwickelte Software
- gemaltes Bild

**14. Was wird durch die Landesdatenschutzgesetze (z. B. LDSG von Brandenburg) geregelt?**

Die Landesdatenschutzgesetzte regeln die Datenverarbeitung der öffentlichen Stellen durch die Länder und Kommunen.

## A.3 Grundschutzniveau im eigenen Arbeitsbereich

**1. Sie sollen Themen für Mitarbeiterschulungen zu Sicherheitsfragen ausarbeiten. Ergänzen Sie die bestehende Liste um weitere drei Themen.**

**a) Richtlinien, Prozesse und Verhalten bei der Weitergabe von Daten an externe Personen**

**b) Erkennen von sicherheitskritischen/gefälschten E-Mails**

...

c) Sicheres Arbeiten und Erkennen besonderer Gefahren bei der Nutzung von Home-Office-Lösungen

d) Umgang mit Authentifizierungsverfahren, -mechanismen und Passwörtern

e) Angemessene Reaktion und Durchführung von festgelegten betrieblichen Prozessen bei Sicherheitsvorfällen

**2. Ihre Firma im Bereich IT-Service beschäftigt einen IT-Sicherheitsbeauftragten und einen Datenschutzbeauftragten.**

**Nennen Sie zwei Unterschiede dieser beiden Positionen.**

- Unternehmen ab einer Mitarbeiterzahl von neun sind gesetzlich verpflichtet, einen Datenschutzbeauftragten zu bestellen. Für die Position des IT-Sicherheitsbeauftragten besteht keine gesetzliche Verpflichtung.
- Der IT-Sicherheitsbeauftragte hat einen weitläufigeren Zuständigkeitsbereich.
  Er ist im Gegensatz zum Datenschutzbeauftragten für alle anfallenden Fragen zur IT-Sicherheit zuständig.

**3. Die IT-Sicherheitsrichtlinie ihrer Firma soll auf mögliche Schwachstellen geprüft werden. Nennen Sie fünf Fragen, die helfen können, Schwachstellen aufzudecken.**

1. Gibt es Widersprüche zwischen den einzelnen Richtlinien und Vorgaben?
2. Lassen sich die aufgeführten Richtlinien auch praktisch umsetzen?
3. Können die aufgeführten Richtlinien überprüft werden?
4. Sind die Sicherheitsstandards auf die betriebliche Situation angepasst worden?
5. Sind die Richtlinien freigegeben und der entsprechenden Zielgruppe bekannt gegeben worden?

**4. Sie sollen ein Merkblatt für den sicheren Umgang mit Passwörtern erstellen und dafür fünf prägnante Regeln finden.**

- Passwörter unter Verschluss halten
- Voreingestellte Passwörter ändern
- Passwörter nicht weitergeben bzw. versenden
- Für verschiedene Accounts unterschiedliche Passwörter verwenden
- Bei Verdacht auf Missbrauch Passwort sofort ändern

| | |
|---|---|
| **5. Im Artikel 32 der DSGVO wird die technische Maßnahme „Pseudonymisierung" empfohlen.**<br>**Welche zwei Forderungen sind bei der Umsetzung dieser Maßnahme einzuhalten?** | • Die Daten dürfen ohne weitere Informationen keine Zuordnung zu betroffenen Personen zulassen.<br>• Das Pseudonym und die zur Identifizierung notwendigen Informationen sind räumlich und technisch getrennt voneinander aufzubewahren. |
| **6. Cyberkriminelle nutzen Botnetze um Angriffe erfolgreich durchzuführen.**<br>**a) Was ist ein Botnetz?**<br>**b) Mit welchen drei Maßnahmen können Sie sich vor Botnetzen schützen?** | a) Ein Botnetz (Botnet: robot, Network) ist ein Computerverbund, welcher zur Ausführung einer bestimmten Aufgabe genutzt wird (z. B. Aufrechterhaltung des Betriebs von Websites). Diese Aufgabe kann aber auch das Verbreiten von Spam-Mails oder das missbräuchliche Nutzen der Rechenleistung der betroffenen Computer sein.<br>b) • Betriebssystem immer auf dem aktuellen Stand halten<br>• unbekannte bzw. verdächtige Anhänge und Links nicht herunterladen bzw. nicht anklicken<br>• aktuelles Internetsicherheitspaket nutzen |
| **7. Sie sollen sich zwischen dem Einsatz einer Software-Firewall und einer Hardware-Firewall entscheiden.**<br>**Stellen Sie drei Kennzeichen dieser beiden Varianten gegenüber.** | Software-Firewall:<br>• reine Softwarelösung, die auf dem zu schützenden Computer installiert ist und zur lokalen Überwachung der Programme und des Datenverkehrs zwischen diesem Computer und dem zugehörigen Netzwerk dient<br>• zusätzlicher Angriffspunkt für Viren, welche sich über Firewalls weiterverbreiten bzw. diese infizieren<br>• verlangsamt durch den eigenen Ressourcenverbrauch das Rechnersystem |

Hardware-Firewall:

- Überwachung des Datenverkehrs zwischen zwei Netzwerken
- Besitzt einen höheren Sicherheitsfaktor im Vergleich zur Software-Firewall
  Beispiel: Der Angriff auf die Firewall führt meist zum Absturz der Hardware-Firewall, verbunden mit der Blockierung des ein- und ausgehenden Datenverkehrs.
- Kann individuell eingerichtet werden und es kann zwischen verschiedenen Typen gewählt werden (Bridging-Firewall, Routing-Firewall, Proxy-Firewall)

**8. Nennen Sie drei Basisanforderungen, die für die Umsetzung der personellen Sicherheitsmaßnahmen erfüllt sein müssen.**

- Alle Mitarbeiter müssen über die bestehenden Regelungen, Handlungsanweisungen und Verfahrensweisen des Sicherheitskonzepts im Rahmen Ihrer Tätigkeit informiert werden.
- Mitarbeitern, die aus der Firma ausscheiden, müssen alle relevanten Unterlagen, Schlüssel, Ausweise und Zutrittsberechtigungen entzogen werden.
- Alle Mitarbeiter sind verpflichtet, geltende Gesetze, Vorschriften und interne Regelungen zum Sicherheitskonzept einzuhalten.
- Sollen externe Personen Zugang zu vertraulichen Informationen erhalten, muss mit ihnen eine Vertraulichkeitsvereinbarung in schriftlicher Form geschlossen werden.

**9. Eine Methode, um unberechtigten Zugang zu Informationen zu erhalten ist „Social Engineering".**

**Beschreiben Sie an einem Beispiel die Vorgehensweise bei „Social Engineering".**

Der Angreifer baut mit dem Mitarbeiter durch geschickte Kommunikation schrittweise ein Vertrauensverhältnis auf bzw. appelliert an seine Hilfsbereitschaft, mit dem Ziel vertrauliche Informationen zu erhalten.

**10. Um Mitarbeiter für das IT-Sicherheitskonzept zu sensibilisieren ist es notwendig,**
- **sie in die Bedienung neu eingeführter Sicherheitsprogramme und -funktionen einzuweisen,**
- **...**

**Ergänzen Sie drei weitere Maßnahmen.**

- sie im Erkennen und Identifizieren von Sicherheitsvorfällen zu schulen,
- ihnen zu verdeutlichen, welche Auswirkungen Nachlässigkeiten im Umgang mit Informationen haben können,
- die vom Mitarbeiter einzuhaltenden Sicherheitsanforderungen gezielt auszuwählen und zu begründen.

**11. Nennen Sie vier Eckpunkte des IT-Sicherheitskonzepts.**

- Geltungsbereich
- Sicherheitsrisiken
- Schutzbedarf
- Schutzniveau

**12. Ergänzen Sie die Abbildung zum Prinzip des asymmetrischen Verschlüsselungsverfahrens.**

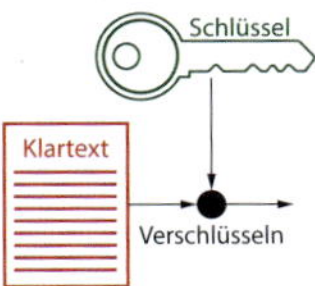


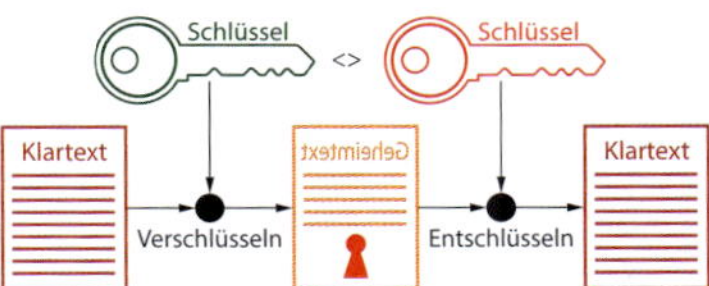

# B Sie planen eine Schutzbedarfsanalyse, indem Sie gemäß der IT-Sicherheitsleitlinie des Unternehmens Schutzziele des Grundschutzes in Ihrem Arbeitsbereich ermitteln und eine Klassifikation von Schadensszenarien vornehmen.

## B.1 Schutzbedarfsanalyse

**1. Stellen Sie für die Strukturanalyse der Abteilung Marketing die Aufgabenbereiche**
- **Leitung Marketing,**
- **Produktentwicklung,**
- **Vertrieb,**
- **Kundendienst und**
- **Werbung**

**sowie die Produkte**
- **Passwortmanager und**
- **Projektplaner**

**im Organigramm dar.**

**Dabei sind die beiden Produkte jedem Aufgabenbereich zuzuordnen.**

**Setzen Sie die folgenden beiden Aufbauorganisationen um:**
**a) Funktionale Organisation und**
**b) Matrixorganisation.**

a) funktionale Organisation

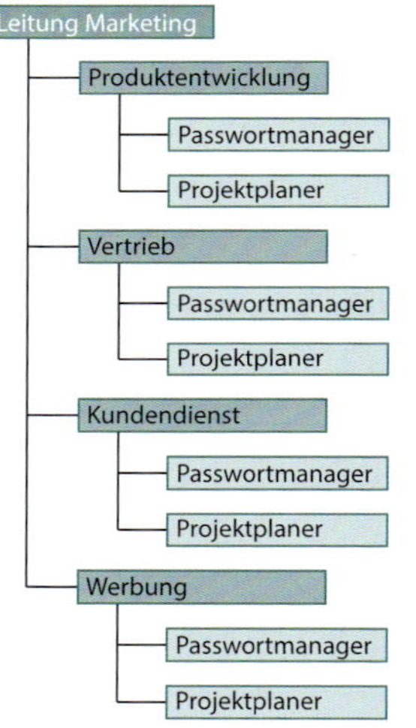


b) Matrixorganisation

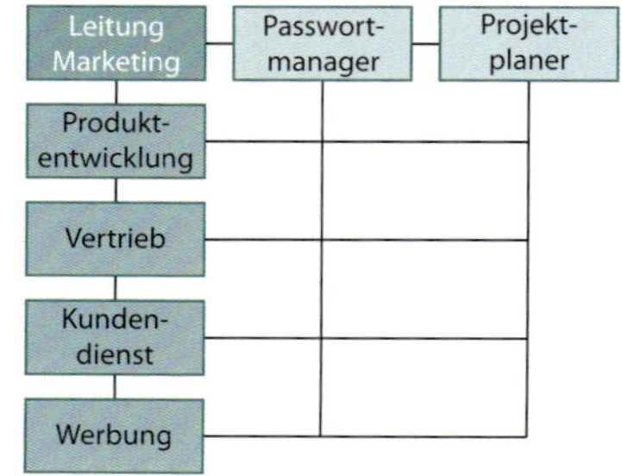

2. **Die Anbindung an das Internet für die Clients von „Produktentwicklung", „Vertrieb", „Kundendienst" und „Werbung" erfolgt über die Komponenten „Router", „Firewall" und „Switch". Weiterhin ist ein Datenbankserver zu erfassen.**

   **Entwickeln Sie für die Strukturanalyse einen vereinfachten Netzplan.**

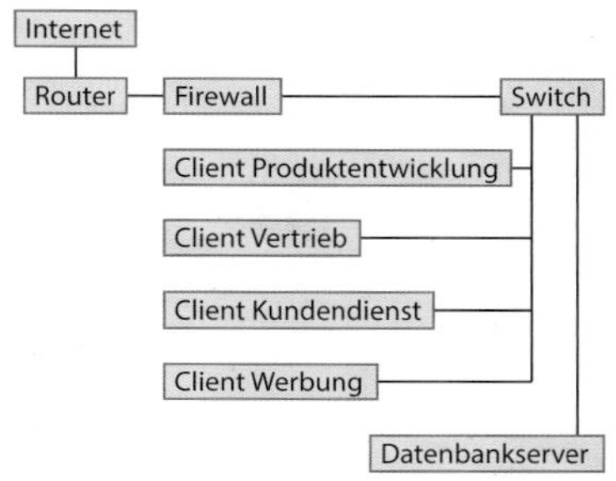


3. **Für die vollständige Inventarisierung bei der Strukturanalyse ist es sinnvoll, alle zu erfassenden technischen Komponenten in Gruppen zusammenzufassen. Ergänzen Sie drei weitere Regeln, nach denen die Gruppierung erfolgen sollte.**

   **Es sollten Komponenten zusammengefasst werden, die**
   - **vom gleichen Typ sind,**
   - **...**

Es sollten Komponenten zusammengefasst werden, die
- ...
- eine gleiche Konfiguration besitzen,
- die gleiche Netzanbindung haben,
- den gleichen Schutzbedarf besitzen.

4. **Sie wollen die für die Schutzbedarfsanalyse zu erfassenden Geschäftsprozesse (GP) tabellarisch erfassen. Welche Angaben sollten dabei erfasst werden? Geben Sie ein Beispiel in Tabellenform an.**

Ein mögliches Beispiel:

| Bezeichnung des GP | Beschreibung des GP | Verantwortlicher | Mitarbeiter |
|---|---|---|---|
| GP001 | Kundendienst: Der Kundendienst bearbeitet Kundenanfragen per Telefon oder E-Mail. Dazu zählen die Bearbeitung von Reklamationen, Auskünfte über Rechnungsanfragen, Produkte und Preise. Die Dokumentation der Kundenanfragen erfolgt in einer Datenbank. | Leiter der Abteilung Kundendienst | Servicebereich |

5. **Die für die Schutzbedarfsanalyse erhobenen Anwendungen (A) wurden in folgender Tabelle erfasst.**

| Bezeichnung der Anwendung | Beschreibung der Anwendung | Anzahl | Benutzer | Administrator |
|---|---|---|---|---|
| A001 | Kundenverwaltung: Datenbankgestützte Anwendung zur Verarbeitung und Speicherung von Kundenstammdaten | 14 | Servicebereich | Marketing |

**Welche Information sollte zusätzlich zu den Anwendungen dokumentiert werden?**

Zusätzlich sollte der Zusammenhang der Anwendung zu den Geschäftsprozessen dokumentiert werden:

| Geschäftsprozess | Anwendung | |
|---|---|---|
| | A001 – Kundenverwaltung | ... |
| GP001 Kundendienst | X | ... |
| GP002 Einkauf | X | ... |
| GP003 Angebotswesen | X | ... |

6. **Welche drei Objekte sollte ein Netzplan mindestens enthalten?**

- **alle im Netz eingebundenen IT-Systeme**, z. B. Clients, Server, Netzdrucker, Router, Switches und Access-Points
- **alle Verbindungen innerhalb der erfassten IT-Systeme**, z. B. LAN-Verbindungen und WLAN-Verbindungen
- **alle Verbindungen des erfassten Netzes nach außen**, z. B. Internetanbindung und DSL

7. **Sie haben für die Strukturanalyse von der IT-Administration den unten abgebildeten Netzplan erhalten.**

   **Welche Überprüfungen müssen Sie am Netzplan durchführen?**

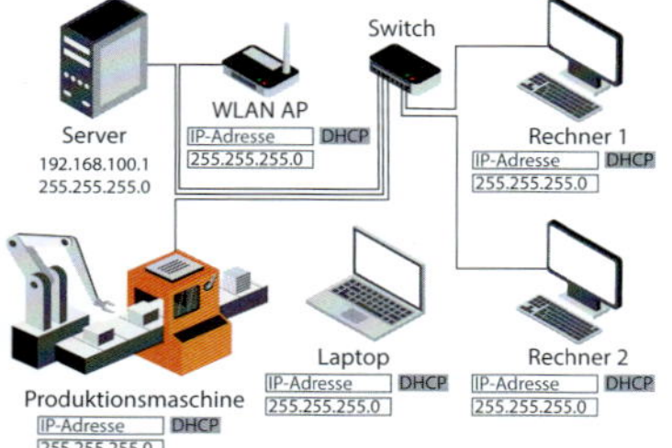


1. **Ist der übergebene Netzplan noch in allen Angaben aktuell?**
2. **Sind Angaben enthalten, die für die Strukturanalyse nicht relevant sind?** Im Beispiel trifft das auf die IP-Adressen zu.
3. **Können IT-Systeme gruppiert werden?** Im Beispiel könnte das auf die Rechner 1 und 2 zutreffen, wenn diese gleich konfiguriert sind, gleiche Anwendungen installiert sind und auf weitgehend gleiche Datenbestände zugreifen.

| | |
|---|---|
| **8. Die für die Strukturanalyse zu erhebenden IT-, ICS- und IoT-Systeme sollen in einer tabellarischen Übersicht erfasst werden. Ergänzen Sie die Liste der zu erfassenden Angaben:**<br>**• Bezeichnung,**<br>**• Beschreibung des IT-Systems (Funktion und Typ)**<br>**• …** | • …<br>• Standort<br>• Status (Betrieb, Test, Planung)<br>• Anzahl (bei erfolgter Gruppierung)<br>• Benutzer<br>• Administrator<br>• Plattform (Netzanbindung, Betriebssystem)<br>• Zuordnung, welche Anwendungen auf das IT-System zugreifen |
| **9. Im Rahmen der Strukturanalyse wurden alle Gebäude und Räume der IT-, ICS- und IoT-Systeme erfasst.**<br>**Welche drei weiteren Räume sind ggf. zu berücksichtigen?** | • Räume, in denen schutzbedürftige Daten aufbewahrt werden<br>• Räume, in denen Daten durch andere Systeme als die bereits erfassten verarbeitet werden<br>• Kommunikationsstrecken |
| **10. Der ermittelte Schutzbedarf einer Anwendung wird auf die IT-Systeme, vererbt, auf denen diese Anwendung betrieben wird. Dabei bestimmt der Schaden mit den schwerwiegendsten Auswirkungen den Schutzbedarf des erbenden Objektes (Maximumprinzip).**<br>**Was ist in diesem Zusammenhang unter dem Verteilungseffekt zu verstehen?** | Eine Anwendung mit hohem Schutzbedarf vererbt diesen Schutzbedarf nicht auf das IT-System, weil nur Teilbereiche oder unkritische Bereiche der Anwendung auf diesem IT-System laufen.<br>Beispielsweise vererbt eine Datenbankanwendung mit hohem Schutzbedarf diesen Schutzbedarf nicht auf den Client, wenn dieser nur unkritische oder nicht schützenswerte Daten abruft. |

**11. Der erste Schritt einer Schutzbedarfsfeststellung für Prozesse und Anwendungen lautet:**

**1. Schritt: Aus Anwendersicht realistische Schadensszenarien entwickeln, welche bei Verletzung der Integrität, Vertraulichkeit oder Verfügbarkeit bei Prozessen und Anwendungen entstehen können.**

**Beschreiben Sie drei weitere Schritte.**

1. Schritt: ...

**2. Schritt:** Zu jedem Schadensszenario „Was wäre, wenn ...“-Fragen entwickeln.
**Beispiel:** Was wäre, wenn die Anwendung für einen bestimmten Zeitraum ausfällt?

**3. Schritt:** Beantwortung der entwickelten Fragen.
**Beispiel:** Die Anwendung kann auf einem anderen IT-System ohne Änderungen fortgeführt werden. Der Bearbeitungsstand kann von diesem IT-System übernommen werden.

**4. Schritt:** Abschätzung des Schutzbedarfs der Anwendung hinsichtlich der Grundwerte Vertraulichkeit, Integrität und Verfügbarkeit unter Einbeziehung der Verantwortlichen und Benutzer der jeweiligen Anwendung.
**Beispiel:** Hinsichtlich der Verfügbarkeit besteht der Schutzbedarf „normal“. Es handelt sich um eine lokal installierte Anwendung, die Zeitspanne für eine notwendige Neuinstallation bzw. Ausfallzeit ist mehr als 24 Stunden tolerierbar.

**12. Bei einem virtuellen IT-System soll der Schutzbedarf für das Schutzziel „Verfügbarkeit“ bestimmt werden.**

**Beschreiben Sie den Einfluss des Einsatzes des Konzepts „High Availability Cluster“ auf den Schutzbedarf dieses Schutzziels.**

Das Konzept „High Availability Cluster“ erhöht bei virtuellen IT-Systemen die Verfügbarkeit, sodass durch den Verteilungseffekt der Schutzbedarf sinken kann. Es handelt sich hier um ein redundantes System.

Das primäre System wird durch die Cluster-Management-Software überwacht. Bei Ausfall des primären Systems erfolgt der Wechsel auf das sekundäre System. Allerdings werden alle laufenden Transaktionen unterbrochen und müssen im sekundären System neu aufgesetzt werden. Dies kann den Schutzbedarf für die „Verfügbarkeit“ wieder erhöhen.

**13. Der Schutzbedarf des Büros für Marketing und Vertrieb soll bestimmt werden. Wie gehen Sie dabei vor?**

1. Erfassung des Schutzbedarfs aller im Raum befindlichen IT-Systeme, gespeicherter Daten und deren Datenträger.
2. Anwendung des Maximumprinzips, d. h., das IT-System (bzw. die Daten/Datenträger) mit dem höchsten Schutzbedarf vererbt (vererben) diesen Schutzbedarf auf den Raum.
3. Prüfen, ob sich ein Kumulationseffekt durch die im Raum befindlichen IT-Systeme, gespeicherten Daten und deren Datenträger ergibt, d. h. der Schutzbedarf des Raumes wäre höher als der höchste Schutzbedarf einer Einzelkomponente.

**14. Die Schutzbedarfskategorien der Kommunikationsverbindung „Firmennetz-Internet" auf Grundschutzniveau sollen für die Grundwerte bestimmt und begründet werden.**

| Bezeichnung | Beschreibung | Vertraulichkeit | | |
|---|---|---|---|---|
| K001 | Firmen-netz-Internet | Schutzbedarfskategorie: | Schutzbedarfskategorie: | Schutzbedarfskategorie: |
| | | Begründung: | Begründung: | Begründung: |

| Bezeichnung | Beschreibung | Vertraulichkeit | Integrität | Verfügbarkeit |
|---|---|---|---|---|
| K001 | Firmen-netz-Internet | Schutzbedarfskategorie: hoch | Schutzbedarfskategorie: hoch | Schutzbedarfskategorie: hoch |
| | | Begründung: Vertrauliche Firmendaten können Wettbewerber gegen die Firma nutzen | Begründung: Verfälschung der Firmendaten könne den Ruf der Firma schädigen | Begründung: Kommunikation nach außen für den Geschäftsbetrieb unbedingt notwendig |

## B.2 IT-Sicherheitsrichtlinien und Schutzziele

1. **Im IT-Grundschutzkompendium werden die Sicherheitsanforderungen mit den Verbindlichkeiten MUSS oder SOLLTE beschrieben. Welche Bedeutung steht jeweils dahinter?**

   MUSS: Solche Anforderungen müssen unbedingt erfüllt werden.

   SOLLTE: Bei stichhaltigen Gründen kann davon abgesehen werden

2. **Um die Sicherheitsanforderungen umzusetzen, müssen angemessene Maßnahmen ergriffen werden. Dies bedeutet z. B., dass solche Maßnahmen wirksam sein müssen, d. h., der Schutz für den identifizierten Schutzbedarf ist durch diese Maßnahmen gegeben.**

   **Charakterisieren Sie mindestens zwei weitere Eigenschaften angemessener Maßnahmen.**

   **praktikabel:** die Maßnahmen sind leicht verständlich, einfach umsetzbar und robust

   **wirtschaftlich:** es besteht ein angemessenes Verhältnis zwischen Aufwand und zu schützendem Wert

   **geeignet:** die Maßnahmen behindern bestehende Organisationsabläufe nicht oder nur unbedeutend und stehen nicht im Widerspruch zueinander

3. **Die Erstellung eines IT-Sicherheitskonzepts erfolgt in sieben Einzelschritten:**

   **1. Schritt: Geltungsbereich festlegen**
   **2. Schritt: IT-Struktur analysieren**
   **3. Schritt:**
   **4. Schritt:**
   **5. Schritt: Basis Sicherheitscheck durchführen**
   **6. Schritt:**
   **7. Schritt: Risiken analysieren**

   **Nennen Sie die Aufgaben, die in den Schritten 3, 4 und 6 zu erledigen sind.**

   **3. Schritt:** Schutzbedarf für die im Geltungsbereich erfasste IT-Struktur feststellen

   **4. Schritt:** Sicherheitsmaßnahmen zur Erfüllung des festgestellten Schutzbedarfs beschließen

   **6. Schritt:** Noch nicht vollständig abgedeckte Risiken in einer ergänzenden Sicherheitsanalyse ermitteln

4. **Wer ist für die Erstellung der Sicherheitsrichtlinien verantwortlich?**

   Die Sicherheitsrichtlinien werden vom Unternehmensmanagement zusammengestellt.

5. **Mit welchem Befehl öffnet man im Windows-10-Dialog „Ausführen" den Editor für lokale Gruppenrichtlinien?**

   Der Befehl zum Öffnen des Editors für lokale Gruppenrichtlinien lautet *gpedit.msc*.

6. **Sie haben festgestellt, dass die eingestellten Gruppenrichtlinien auf einem Windows-Computer nicht korrekt laufen. Beschreiben Sie zwei mögliche Aktionen zur Fehlereingrenzung bzw. -bestimmung.**

- Überprüfung, ob der Computer den Namen des Domänencontrollers auflösen kann und ob sich der Domänencontroller anpingen lässt (Befehle *nslookup* und *ping*).
- Microsoft-Zusatz-Tools zur Problemlösung nutzen (z. B. Group Policy Log View – *gplogview.exe*)

7. **Beantworten Sie folgende Frage zum untenstehenden Text.**

   **Was wird durch die GPO und die Active Directory-Services-Infrastruktur ermöglicht und welche sechs Aufgaben können Administratoren damit erfüllen?**

   *Acrobat products support post deployment configuration via GPO. The Windows Server Group Policy Objects (GPO) and the Active Directory services infrastructure enables IT to automate one-to-many management of computers.*

   *Administrators can implement security settings, enforce IT policies, and distribute software across a range of organizational units. With the software installation extension of GPO, you can provide on-demand software installation and automatic repair of applications.*

   *When you need to further configure applications after deployment, you can use ADM templates to propagate the requisite settings across your organization. The Group Policy settings that you create are contained in a GPO.*

Die Windows Server Group Policy Objects (GPO) und die Active Directory-Services-Infrastruktur ermöglichen die Automatisierung der Verwaltung von Computern.

Administratoren können damit
- Sicherheitseinstellungen implementieren,
- IT-Richtlinien durchsetzen,
- Software über eine Reihe von Organisationseinheiten verteilen,
- On-Demand-Software-Installation durchführen,
- automatische Reparatur von Anwendungen nutzen,
- ADM-Vorlagen verwenden, um die erforderlichen Einstellungen im gesamten Unternehmen zu propagieren.

**8. Dargestellt sind die Phasen des Sicherheitsprozesses nach BSI-Standard 200-2.**

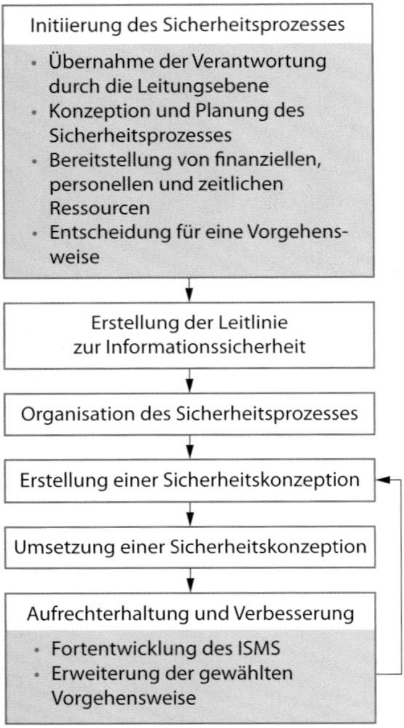

Initiierung des Sicherheitsprozesses
- Übernahme der Verantwortung durch die Leitungsebene
- Konzeption und Planung des Sicherheitsprozesses
- Bereitstellung von finanziellen, personellen und zeitlichen Ressourcen
- Entscheidung für eine Vorgehensweise

↓

Erstellung der Leitlinie zur Informationssicherheit

↓

Organisation des Sicherheitsprozesses

↓

Erstellung einer Sicherheitskonzeption

↓

Umsetzung einer Sicherheitskonzeption

↓

Aufrechterhaltung und Verbesserung
- Fortentwicklung des ISMS
- Erweiterung der gewählten Vorgehensweise

**Ergänzen Sie zu den Phasen**
**a) Erstellung der Leitlinie zur Informationssicherheit und**
**b) Erstellung einer Sicherheitskonzeption**
**jeweils zwei Maßnahmen zur Umsetzung der jeweiligen Forderung.**

a) Erstellung der Leitlinie zur Informationssicherheit:

- Erfassung der Sicherheitsziele, des anzustrebenden Sicherheitsniveaus, der dafür einzusetzenden Maßnahmen und der zu bildenden Organisationsstrukturen,
- Mitarbeiter über die Sicherheitsziele und Maßnahmen zum Erreichen dieser Ziele informieren und motivieren

b) Erstellen einer Sicherheitskonzeption:

- Soll-Ist Vergleich zwischen den Sicherheitsanforderungen nach IT-Grundschutzkompendium und bereits realisierten Sicherheitsmaßnahmen durchführen,
- Sicherheitsdefizite aus dem Soll-Ist-Vergleich erfassen und Sicherheitsmaßnahmen daraus ableiten

**9. Aus den grundsätzlichen Sicherheitszielen ihrer IT-Service-Firma sollen für die Erstellung der Leitlinie zur Informationssicherheit zunächst allgemeine Sicherheitsziele abgeleitet werden.**

**Geben Sie drei solcher allgemeinen Sicherheitsziele an.**

- **hohe Verlässlichkeit** im Umgang mit Informationen bezüglich Verfügbarkeit, Integrität und Vertraulichkeit
- **Erhaltung der Werte**, welche in Technik, Informationen und Wissen investiert wurden,
- **Schutz natürlicher Personen** hinsichtlich körperlicher und geistiger Unversehrtheit

**10. Formulieren Sie drei Aktionspunkte zur Konzeption und Planung des Sicherheitsprozesses.**

- Ermittlung der internen und externen Rahmenbedingungen
- Ansprechpartner für alle Geschäftsprozesse und Fachaufgaben benennen
- Bedeutung für Geschäftsprozesse, Informationen und Fachaufgaben abschätzen und Sicherheitsniveau grob bestimmen

**11. Eine Vorgehensweise bei der Initiierung des Sicherheitsprozesses nach der IT-Grundschutz-Methodik des BSI ist die Basis-Absicherung.**

**Nennen Sie die weiteren Vorgehensweisen.**

- Kern-Absicherung
- Standard-Absicherung

**12. Vorteil einer Basis-Absicherung ist der verhältnismäßig niedrige Aufwand und ein schneller Einstieg in die Informationssicherheit in Form einer grundlegenden Erst-Absicherung.**

**Welchen Nachteil hat die Basis-Absicherung?**

Durch die Basis-Absicherung kann nur ein niedriges Schutzniveau erreicht werden, das ggf. für die bestehenden Sicherheitsanforderungen zu gering ist. Weiterhin ist eine Zertifizierung nach ISO 27001 nicht möglich.

**13. Ergänzen Sie drei weitere Inhalte der Leitlinie zur Informationssicherheit.**

Sicherheitsziele

Leitlinie zur Informationssicherheit

**14. Ein Aktionspunkt zur Erstellung einer Sicherheitsleitlinie ist die Festlegung des Geltungsbereiches und der Inhalte. Formulieren Sie drei weitere Aktionspunkte.**

- Entwicklungsgruppe für die Erarbeitung der Sicherheitsrichtlinien festlegen und einberufen
- entwickelte Sicherheitsleitlinien bekanntgeben
- bestehende Sicherheitsleitlinien regelmäßig auf Wirksamkeit und Relevanz überprüfen und ggf. aktualisieren

**15. In §64 des BDSG – Anforderungen an die Sicherheit der Datenverarbeitung – ist u. a. eine Übertragungskontrolle gefordert. Was ist darunter zu verstehen?**

Es muss überprüft und festgestellt werden können, an welche Stellen personenbezogene Daten mithilfe von Einrichtungen zur Datenübertragung übermittelt oder zur Verfügung gestellt wurden oder werden können.

**16. Ihre Firma hat nach BSI Standard 200 eine Basis-Absicherung umgesetzt. Welche Zertifizierungsmöglichkeit besteht damit?**

Es besteht die Möglichkeit einer Zertifizierung nach ISO 27001. Als Nachweis der Basis-Absicherung bietet das BSI ein Testat an, welches durch einen vom BSI zertifizierten Auditor vergeben wird.

## B.3 Klassifikation von Schadensszenarien

**1. Ein mögliches Schadensszenario ist der Verstoß gegen Gesetze, Vorschriften oder Verträge. Geben sie drei weitere mögliche Schadensszenarien an.**

Schadensszenario 1: Beeinträchtigung der persönlichen Unversehrtheit

Schadensszenario 2: Beeinträchtigung der informationellen Selbstbestimmung

Schadensszenario 3: Beeinträchtigung der Aufgabenerfüllung

**2. Das BSI unterscheidet zwischen**
- **direkten, materiellen und**
- **indirekten, immateriellen**

**Schadensszenarien.**

**Geben Sie jeweils zwei Beispiele an.**

direkte, materielle Schadensszenarien:
- Absatz- und Umsatzeinbußen
- kostenintensive Sicherheitsdienstleistungen

indirekte, immaterielle Schadensszenarien:
- Verstoß gegen bestehende Verträge
- Rückgang der Mitarbeitermotivation

**3. Interpretieren Sie das dargestellte Diagramm.**

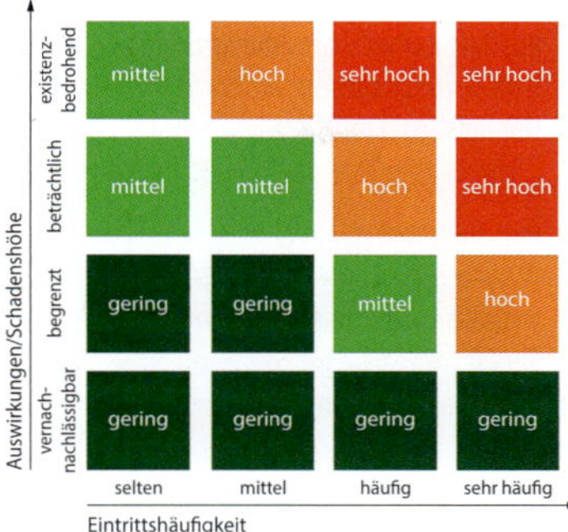


- Im Diagramm ist eine Risikomatrix dargestellt.
- y-Achse: vierstufige Klassifikation der Schadenshöhe (vernachlässigbar, begrenzt, beträchtlich, existenzbedrohend – BSI-Standard)
- x-Achse: vierstufige Klassifikation der Eintrittshäufigkeit (selten, mittel, häufig, sehr häufig – BSI-Standard)
- Aus den beiden Faktoren Schadenshöhe und Eintrittshäufigkeit kann mit dem Diagramm das resultierende Risiko bewertet werden. Hier werden vier Risikokategorien nach BSI-Standard verwendet (gering, mittel, hoch, sehr hoch).

**4. Um den Wert von Informationen einzustufen, wird ein Klassifikationsschema benötigt. Welche Klassifikation bezüglich des Grundwerts Vertraulichkeit schlagen Sie vor?**

Klassifikation des Grundwerts Vertraulichkeit:

offen, intern, vertraulich, streng vertraulich

**5. Ergänzen Sie folgende Tabelle zu den Aufgaben und Prozessen bei der Klassifizierung von Daten.**

| Rolle (englisch) | Rolle (deutsch) | Personen | Aufgaben |
|---|---|---|---|
| Data Creator | a) | b) | c) |
| d) | Dateneigentümer | e) | f) |
| g) | h) | i) | nutzt Daten, beachtet und prüft die Klassifikation der Daten |
| j) | k) | Anforderungsmanager | l) |

| Rolle (englisch) | Rolle (deutsch) | Personen | Aufgaben |
|---|---|---|---|
| Data Creator | a) Datenersteller | b) alle Mitarbeiter | c) Daten erzeugen und klassifizieren |
| d) Data Owner | Dateneigentümer | e) fachl. Verantwortlicher/Vorgesetzter | f) konkretisiert die Klassifikationsregeln und überwacht den Prozess der Klassifizierung |
| g) Data User | h) Datennutzer | i) alle Mitarbeiter | nutzt Daten, beachtet und prüft die Klassifikation der Daten |
| j) Data Auditor | k) Datenprüfer | Anforderungsmanager | l) erstellt Klassifikationsstrategien und -vorgaben, klärt Einstufungen und stimmt sich dabei mit Datenschutzbeauftragten ab |

6. **Nennen Sie mindestens fünf relevante Gesetze/Verordnungen in Deutschland für das Schadensszenario Verstoß gegen Gesetze/Vorschriften/Verträge.**
   - Grundgesetz
   - Bürgerliches Gesetzbuch
   - Strafgesetzbuch
   - EU-Datenschutz-Grundverordnung
   - Urheberrechtsgesetz
   - Handelsgesetzbuch

7. **Zur Trennung von Bereichen mit unterschiedlichen Schutzbedarfen sollen Sicherheitszonen eingerichtet werden.**

   **Für welche Objekte ist es sinnvoll, Sicherheitszonen einzurichten?**

   **Nennen Sie fünf.**
   - Räume
   - Personen
   - IT-Systeme
   - virtualisierte Infrastrukturen
   - Server

8. **Von welchen Faktoren ist die Bewertung der Schadenskategorien „niedrig", „normal", „hoch" und „sehr hoch" abhängig?**

   **Nennen Sie drei solcher Faktoren.**
   - tolerierbare Ausfallzeiten von IT-Systemen
   - negative Kumulationseffekte von Schäden
   - positive Verteilungseffekte durch Lastausgleich

## C Sie entscheiden über die Gewichtung möglicher Bedrohungen unter Berücksichtigung der Schadensszenarien. Dazu führen Sie eine Schutzbedarfsanalyse in Ihrem Arbeitsbereich durch, nehmen Bedrohungsfaktoren auf und dokumentieren diese.

### C.1 Bedrohungen

**1. Im IT-Grundschutzkompendium des BSI sind 47 elementare Gefährdungen aufgelistet.**

**Nennen Sie drei elementare Gefährdungen des Grundwertes Confidentiality.**

- Schadprogramme
- unbefugtes Eindringen in IT-Systeme
- fehlerhafte Nutzung oder Administration von Geräten und Systemen

**2. Grenzen Sie folgende Begriffe voneinander ab:**

**Applied Threats, Threats, Weaknesses**

**Applied Threats** (Gefährdungen) sind tatsächlich wirksame **Threats** (Bedrohungen), welche durch **Weaknesses** (Schwachstellen) hervorgerufen werden können.

**3. Nennen Sie fünf spezifische Bedrohungen bzw. Schwachstellen für einen allgemeinen Client.**

- aktive Schadprogramme
- Hardware-Defekt
- unberechtigte Nutzung des Clients
- fehlerhafte Administration
- installierte, aber nicht benötigte Softwarekomponenten

**4. Ergänzen Sie die Bedrohungen bzw. Schwachstellen für den allgemeinen Client um zwei spezifischen Bedrohungen bzw. Schwachstellen für einen Windows-10-Client.**

- Nutzung sicherheitskritischer Daten in den integrierten Cloud-Funktionen
- Kompatibilitätsprobleme, z. B. bei aktivierten Sicherheitsmerkmalen

**5. Sie sollen ein Merkblatt für Handlungsempfehlungen erstellen, die die Sicherheit im Home-Office betreffen.**

**Geben Sie dazu 5 Aktionspunkte für die Mitarbeiter an.**

1. Passwortgeschützten Dienstrechner ausschließlich für berufliche Angelegenheiten nutzen
2. Verschlüsselung bei WLAN-Verbindungen und Datenträgern nutzen
3. unnötige Dateien und Kopien löschen
4. individuell zugeschnittene Vereinbarung über die Ausgestaltung der Arbeit im Home-Office mit dem Arbeitgeber treffen
5. relevante Sicherheitsvorfälle bzw. Datenpannen offen und ehrlich mit dem Arbeitgeber kommunizieren

6. **Die Verbreitung von Schadsoftware erfolgt u. a. durch das Herunterladen infizierter Anhänge bei E-Mails.**

   **Nennen Sie zwei weitere Formen der Verbreitung von Schadsoftware.**

- Aufruf von präparierten Webseiten (Drive-by-Infection)
- Aufruf infizierter Anhänge mit den entsprechenden Links in sozialen Netzwerken

7. **Welche Bedrohung kann durch das Nutzen von Freeware entstehen?**

Freeware-Software kann Malware enthalten, die bei Installation des Softwareprodukts mit installiert wird. Meist wird diese Schadsoftware nicht sofort erkannt und bleibt auch nach dem Löschen des Softwareprodukts erhalten (Potentially Unwanted Application).

8. **Gezielte Bedrohungen für Unternehmen sind Advanced Persistent Threats (APT).**

   **Skizzieren Sie drei Merkmale.**

APT (deutsch: fortgeschrittene andauernde Bedrohungen) sind sehr aufwendige Cyber-Angriffe auf die IT-Infrastruktur von Unternehmen

- Ziel ist das Abgreifen und die Manipulation ganz bestimmter Daten, um damit das gesetzte Ziel innerhalb einer Industriespionage zu erreichen.
- Bei solchen Cyber-Angriffen kommt eine Vielzahl von Angriffswegen- und Angriffstechniken zum Einsatz.
- Der Angriff erfolgt in einzelnen, klar voneinander abgegrenzten Phasen.

9. **Die sechs Phasen einer „Advanced Persistent Threat (APT)".**

   ① reconnaisance
   ② initial compromise
   ③ maintaining access
   ④ lateral movement
   ⑤ data exfiltration
   ⑥ cover tracks

   **1. Phase: „reconnaisance" (Erkundung): Sammeln von Informationen über das Zielunternehmen, z. B. über öffentlich zugängliche Quellen.**

   **Kennzeichnen Sie die weiteren fünf Phasen des APT-Lifecycles.**

2. Phase: initial compromise – Aufbau einer ausgehenden Datenverbindung zum Zielunternehmen mittels Malware
3. Phase: maintaining access – Aufrechterhaltung und Ausbau der Zugriffsverbindungen zum Zielunternehmen
4. Phase: lateral movement – Bewegung auf horizontaler Ebene innerhalb der Unternehmensstruktur, um den Netzwerkaufbau zu erfassen und die gesuchten sensiblen Daten ausfindig zu machen
5. Phase: data exfiltration – Gezielter Abgriff und Sicherung der nun gefundenen sensiblen Daten
6. Phase: cover tracks – Die bösartige Attacke für das Unternehmen unkenntlich machen und Zugriffstor auf das Unternehmen für weitere Angriffe erhalten

**10. Wie kann man der Bedrohung durch APT vorbeugen? Nennen Sie drei Maßnahmen.**

- Anomalien im Nutzerverhalten erkennen, erfassen und auswerten
- Abweichungen vom definierten Idealzustand bei der Netzwerk-Traffic oder den Logfiles suchen und auswerten
- unternehmensspezifische technische und organisatorische Sicherheitsmaßnahmen ergreifen

**11. Für den Baustein ORP – Organisation und Personal gibt es folgende spezifische Bedrohungen:**

- **fehlende bzw. unzureichende Sicherheitsregelungen**
- **unzureichende Kenntnis über die Sicherheitsregeln und**
- **Personalausfall**

**Geben Sie jeweils drei spezifische Bedrohung für die Bausteine CON und OPS an.**

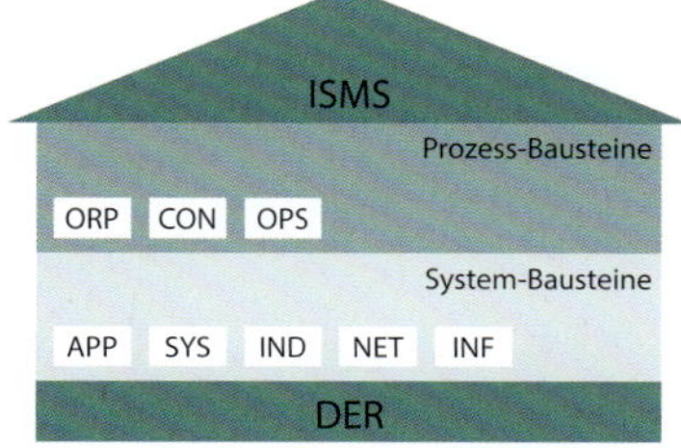


CON – Konzepte und Vorgehensweisen:
- fehlerhafte Kryptomodule
- Missachtung der Datenschutzgesetze
- fehlende Datensicherung

OPS – Betrieb:
- mangelhaft festgelegte Zuständigkeiten
- mit Schadprogrammen infizierte IT-Systeme, Produktionssysteme und IoT-Geräte
- fehlende oder unzureichende Freigabeverfahren für Softwareprodukte

**12. Nennen Sie drei spezifische Bedrohungen bei der Telearbeit.**

- Nutzung des Telearbeitscomputers für private Zwecke
- mangelhafte Einbindung des in Telearbeit befindlichen Mitarbeiters in den laufenden betrieblichen Informationsfluss
- fehlende spezifische organisatorische Sicherheitsmaßnahmen für die Telearbeit wie z. B. Reaktion auf sicherheitsrelevante Vorkommnisse

**13. Nach IT-Grundschutzkompendium sind gegen die Bedrohung „Unzureichende Authentifizierung" die aufgeführten Basisanforderungen zu erfüllen. Ergänzen Sie die Prüfaspekte MUSS/MÜSSEN bzw. SOLLTE/SOLLTEN.**

**„APP.3.1.A1 Authentisierung bei Webanwendungen (B):**

**Der IT-Betrieb [1] Webanwendungen so konfigurieren, dass sich Benutzer gegenüber der Webanwendung authentisieren [2], wenn diese auf geschützte Ressourcen zugreifen wollen. Dafür [3] eine angemessene Authentisierungsmethode ausgewählt werden. Der Auswahlprozess [4] dokumentiert werden.**

**Der IT-Betrieb [5] geeignete Grenzwerte für fehlgeschlagene Anmeldeversuche festlegen."**

1: MUSS
2: MÜSSEN
3. MUSS
4: SOLLTE
5: MUSS

**14. Unter welcher Bezeichnung werden Bedrohungen wie z. B. Ausfall von Servern durch gezielte Überlastung oder Verwendung gefälschter IP-Adressen zusammengefasst?**

Bezeichnet werden solche Bedrohungen als Dienstverweigerung (DoS – Denial of Service)

**15. Nennen Sie fünf der aktuell größten Online-Bedrohungen.**

- Phising
- Ransomware
- polyglotte Malware
- IoT Botnetze
- Malvertising

## C.2 Gewichtung der Bedrohungen

**1. Woran orientiert sich der Schutzbedarf eines IT-Systems?**

Der Schutzbedarf eines IT-Systems orientiert sich an dem Ausmaß des drohenden Schadens bei Verletzung der Grundwerte Vertraulichkeit, Integrität oder Verfügbarkeit.

**2. Für den Schutzbedarf eines IT-Systems ist der Kumulationseffekt zu berücksichtigen Was bedeutet das?**

Die Schäden der einzelnen IT-Komponenten addieren sich zu einen höheren Gesamtschaden für das ganze IT-System.

| | |
|---|---|
| **3. Welche qualitativen Schutzbedarfskategorien bezüglich der Grundwerte Vertraulichkeit, Integrität und Verfügbarkeit wurden durch das BSI festgelegt?** | Das BSI hat drei qualitative Schutzbedarfskategorien festgelegt: normal, hoch, sehr hoch. |
| **4. Auf welche Schutzbedarfskategorie trifft die folgende allgemeine Beschreibung nach BSI-Standard 200-2 zu?**<br>**„Im Schadensfall tritt Handlungsfähigkeit zentraler Bereiche der Institution ein. Schäden haben erhebliche Beeinträchtigung der Institution selbst oder betroffener Dritter zur Folge."** | Die Beschreibung trifft auf die Schutzbedarfskategorie „hoch" zu. |
| **5. Für welche IT-Komponenten eines Informationsverbundes ist der Schutzbedarf festzustellen?** | • Geschäftsprozesse<br>• Anwendungen<br>• IT-Systeme, IoT- und ICS-Geräte<br>• Gebäude, Räume, Produktionsstätten<br>• Kommunikationsverbindungen |
| **6. Die drei vom BSI festgelegten Schutzbedarfskategorien können durch die Firmen bzw. Institutionen spezifisch angepasst werden.**<br>**Was ist dabei zu beachten?** | Es sollten mindestens drei und maximal vier Kategorien definiert werden, um eine klare und nachvollziehbare Zuordnung zu ermöglichen. |
| **7. Sie sollen den Schutzbedarf für eine bereits erfasste Gefahrenmeldeanlage bestimmen.**<br>**Wie gehen Sie dabei vor?** | 1. mögliche Schäden der relevanten Geschäftsprozesse ermitteln<br>2. mögliche Gruppierung der Einzelobjekte prüfen und ggf. durchführen<br>3. tabellarisch den Schutzbedarf für die Einzelobjekte bzw. gruppierten Objekte bezüglich der drei Grundwerte Vertraulichkeit, Integrität und Verfügbarkeit festlegen und kurz begründen<br>4. Gesamtschutzbedarf der Gefahrenmeldeanlage nach den Maximumprinzip bestimmen |

**8. Bei der Schutzbedarfsfeststellung für Kommunikationsverbindungen sind kritische Kommunikationsverbindungen zu erfassen.**

**Nennen Sie mindestens drei Beispiele für solche Verbindungen.**

- Außenverbindungen über unkontrollierte Bereiche (z. B. Internet)
- drahtlose Kommunikationsverbindungen
- Außenverbindungen zur Fernadministration
- Verbindungen zur Übertragung hochschutzbedürftiger Informationen

**9. Entwerfen Sie eine Tabelle für die Risikoanalyse der IT-Sicherheit am Arbeitsplatz.**

| | |
|---|---|
| Nummer der Bedrohung | |
| Bezeichnung der Bedrohung | |
| Grundwert der Informationssicherheit | |
| Bedrohtes Objekt bzw. Objektgruppe | |
| Klasse der Schadenshöhe | |
| Klasse der Häufigkeit | |
| Klasse des Risikos | |
| einzuleitende Maßnahmen | |

**10. Nennen Sie fünf Aktionen bei der Durchführung einer IT-Risikoanalyse.**

- Vermögenswerte identifizieren
- Bedrohungen feststellen
- Schwachstellen aufdecken
- Auswirkungen von Schadensfällen erfassen
- Kontrollen festlegen

# D Sie bewerten die Ergebnisse der Schutzbedarfsanalyse und gleichen diese mit der IT-Sicherheitsleitlinie des Unternehmens ab. Sie empfehlen Maßnahmen, setzen diese im eigenen Verantwortungsbereich um, reflektieren den Arbeitsablauf und übernehmen Verantwortung im IT-Sicherheitsprozess.

## D.1 Schutzbedarfsanalyse Ergebnisbewertung

**1. Analysieren Sie Rolle und Aufgaben eines ISB entsprechend der Abbildung zu IS-Organisation und IT-Betrieb.**

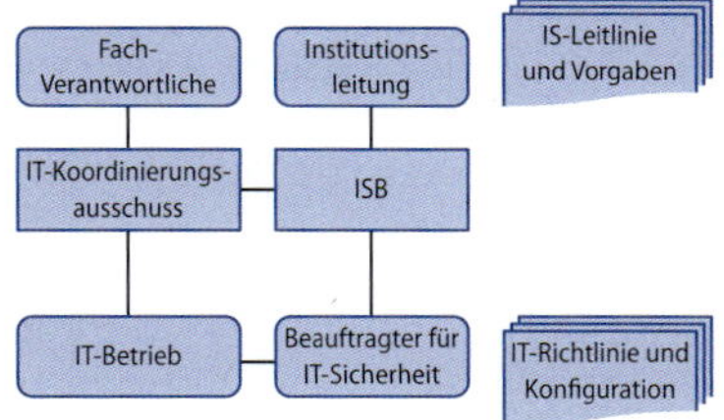


ISB: Informationssicherheitsbeuftragter

Die Institutionsleitung trägt die Gesamtverantwortung für die Informationssicherheit, erstellt die IS-Leitlinien und benennt einen IS-Manager.

Der ISB ist der Leitungsebene zugeordnet und

- steuert den IS-Prozess und wirkt an allen damit zusammenhängenden Aufgaben mit,
- erstellt das Sicherheitskonzept,
- initiiert und überprüft die Realisierung der Sicherheitsmaßnahmen,
- sensibilisiert und schult die Mitarbeiter zur Informationssicherheit,
- berichtet dem IS-Manager über den aktuellen Stand der Informationssicherheit,
- übergibt die IS-Forderungen den Beauftragten für IT-Sicherheit zur technischen Realisierung und
- wird vom IT-Koordinierungsausschuss in das IS-Management-Team eingeordnet.

**2. Begründen Sie die Notwendigkeit der Dokumentation im Informationssicherheitsprozess.**

Nur durch eine Dokumentation können getroffene Entscheidungen nachvollzogen, Schwächen und Fehler erkannt und Prozesse standardisiert werden.

**3. Nennen Sie drei inhaltliche Schwerpunkte der Anleitung für Mitarbeiter zum Umgang mit Informationssicherheit.**

- Arbeitsabläufe und organisatorische Vorgaben zum Umgang mit der Informationssicherheit
- Nutzungsrichtlinien für das Internet
- Verhaltensregeln bei Sicherheitsvorfällen

4. **Die Schutzbedarfsanalyse hat gezeigt, dass nur sehr wenige Daten einen hohen Schutzbedarf haben. Durch die starke Vernetzung wird dieser hohe Schutzbedarf nach dem Maximumprinzip auf andere Bereiche übertragen.**

   **Wie kann man dies verhindern?**

Zur Trennung von Bereichen mit unterschiedlichen Schutzbedarfen sollten technische, personelle und räumliche Sicherheitszonen eingerichtet werden.

5. **In den prozessorientierten und systemorientierten Bausteinen im IT-Grundschutz-Kompendium (z. B. SYS: IT-Systeme) sind Sicherheitsanforderungen in den folgenden drei Kategorien aufgeführt:**

- **Basisanforderungen**
- **Standardanforderungen**
- **Anforderungen bei erhöhtem Schutzbedarf**

   **Charakterisieren sie diese Standardanforderungen.**

Die Standardanforderungen beschreiben den normalen Schutzbedarf und sollten grundsätzlich, aber nicht vorrangig erfüllt werden. Die Umsetzung dieser Standardanforderungen kann auch auf betriebsspezifische Art und Weise erfolgen. Mit der Umsetzung der Standardanforderungen wird eine Standardabsicherung erreicht.

6. **Dargestellt sind einzelne Schritt der IT-Grundschutzvorgehensweise:**

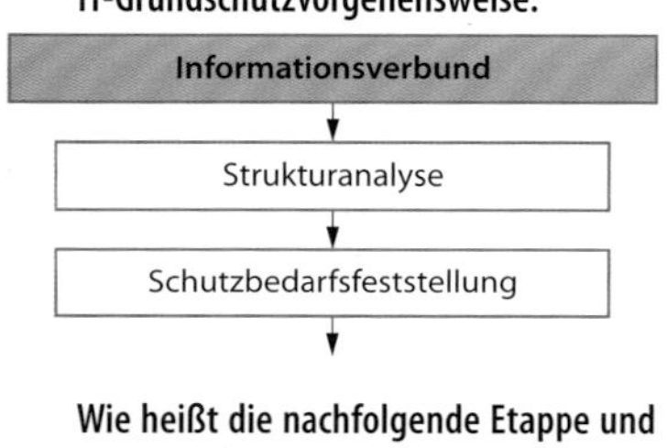


   **Wie heißt die nachfolgende Etappe und was sind ihre Ergebnisse?**

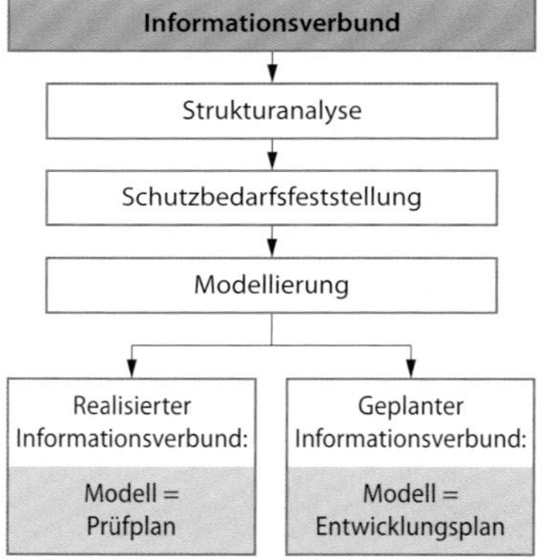

**7. Welche Kernaufgabe hat die Modellierungsphase?**

Den erfassten und analysierten Objekten des betrachteten Informationsverbundes werden die entsprechenden Bausteine des IT-Grundschutz-Kompendiums zugeordnet und die enthaltenen Sicherheitsanforderungen entnommen.

**8. Welche drei Schritte sind beim IT-Grundschutz-Check durchzuführen?**

**1. Schritt:** relevante Dokumente sichten, Ansprechpartner für den Soll-Ist-Vergleich auswählen und Terminplan für Interviews festlegen

**2. Schritt:** Durchführung des Soll-Ist-Vergleichs

**3. Schritt:** Ergebnisse und daraus abgeleitete Begründungen des Soll-Ist-Vergleichs dokumentieren

**9. Bei der Durchführung des Soll-Ist-Vergleichs ist der Umsetzungsstatus der einzelnen Anforderungen zu erfragen.**

**Welche vier Stufen kommen dafür in Betracht?**

- **entbehrlich:** Erfüllung nicht notwendig wegen nicht relevanter Anforderung oder bestehender Alternativmaßnahme
- **ja:** vollständig, wirksam und angemessen umgesetzt
- **teilweise:** nur teilweise umgesetzt
- **nein:** überwiegend noch nicht umgesetzt

**10. Welche Punkte müssten in einer Tabelle für die Dokumentation der Ergebnisse des Soll-Ist-Vergleiches enthalten sein?**

| | |
|---|---|
| Nummer des Objekts/ der Objektgruppe | |
| Bezeichnung des Objekts/ der Objektgruppe | |
| Standort | |
| Erfasser und Erfassungsdatum | |
| Interviewpartner | |
| Verantwortlichkeiten | |
| Begründungen für Umsetzungsstatus ‚entbehrlich‘ | |

**11. Es wurden Objekte ermittelt, welche einen sehr hohen Schutzbedarf bei den Grundwerten Vertraulichkeit und Integrität haben.**

**Welche zusätzliche Etappe bei der Erstellung einer Sicherheitskonzeption nach Standardabsicherung ist durchzuführen?**

Um durch angemessene Gegenmaßnahmen das Gesamtrisiko reduzieren zu können, ist eine explizite Risikoanalyse durchzuführen.

**12. Benutzer und Benutzergruppen sollen eingerichtet werden.**

**Formulieren Sie drei der dabei zu beachtenden Regeln.**

- Die Benutzerkennung muss eindeutig einem registrierten Benutzer zugeordnet werden können.
- Jeder Benutzer wird einem Rechteprofil zugeordnet.
- Zugriffsberechtigung auf Dateien erhalten nur Benutzer bzw. Benutzergruppen mit berechtigtem Interesse.

**13. Welche Anforderungen werden an ein IT-Sicherheitskonzept gestellt?**

Nach DSGVO müssen alle Verarbeitungstätigkeiten verzeichnet werden und zum jeweiligen Risiko angemessene technische und organisatorische Maßnahmen beschrieben und implementiert werden.

Weitere Anforderungen, deren Umsetzung in der Konzeptionierung eines ISMS beschrieben werden (Vorschlagscharakter), werden im BSI-Standard BSI 200 aufgeführt.

**14. Abgebildet ist Beginn des Ablaufplans für den Entscheidungsprozess beim IT-Grundschutz-Check: Ergänzen Sie die beiden Folgeentscheidungen und den sich jeweils ergebenden Umsetzungsstatus.**

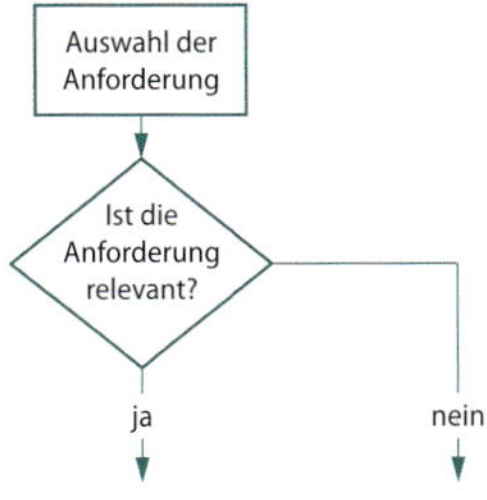


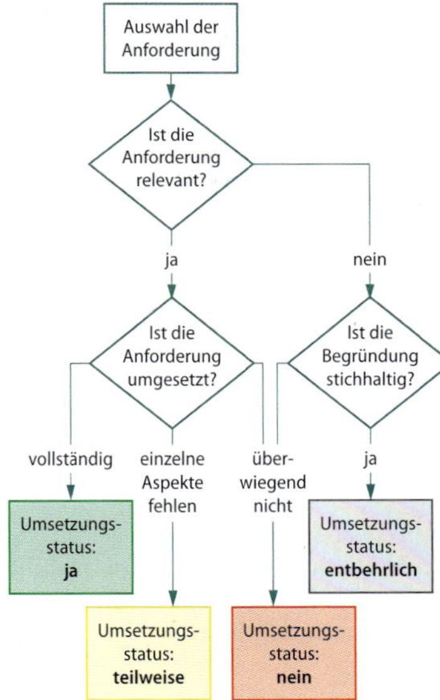


**15. Ein Bestandteil der Risikoanalyse ist das Anlegen einer Gefährdungsübersicht der Zielobjekte.**

**Welchen Gefährdungen (elementare, direkte, indirekte) nehmen Sie in die Gefährdungsübersicht auf?**

Gibt es für das Zielobjekt einen passenden Baustein im IT-Grundschutzkompendium, sind die elementaren Gefährdungen aus der entsprechenden Kreuzreferenztabelle zu entnehmen.

Gibt es keinen passenden Baustein, sind relevante elementare Gefährdungen selbst festzustellen. Dabei werden in die Gefährdungsübersicht nur unmittelbare (direkt) einwirkende Gefährdungen aufgenommen.

**16. Eine Option im Umgang mit Risiken lautet:**

- **Vermeidung von Risiken durch Umstrukturierung des Informationsverbundes.**

**Nennen Sie weitere drei Optionen im Umgang mit Risiken.**

- Reduzierung von Risiken durch zusätzliche höhere Sicherheitsmaßnahmen
- Verlagerung von Risiken durch Auslagern risikobehafteter Aufgaben an externe Dienstleister
- Akzeptanz der Risiken, weil der Schaden nur selten auftritt, es keine geeigneten Schutzmaßnahmen gibt oder das Aufwand-Nutzen-Verhältnis zu hoch ist

## D.2 Empfehlung von Maßnahmen

1. **Bei der Schutzbedarfsanalyse wurde festgestellt, dass ein erhöhter Schutzbedarf bei Laptops besteht.**

   **Welche drei Maßnahmen empfehlen Sie im Rahmen einer Risikoanalyse?**

   - Aufbewahrung der nicht genutzten Laptops in einem Raum bzw. Schrank für technische Infrastruktur
   - zentrale Administration und Verwaltung der Laptops
   - Diebstahlsicherung für die Laptops einsetzen

2. **Nennen Sie drei Standardanforderungen, die Tablets grundsätzlich erfüllen sollten.**

   - funktionale Erweiterungen sollten keinen automatischen Zugriff auf schützenswerte Daten haben
   - Daten auf nichtflüchtigen Speichermedien sollten verschlüsselt werden
   - nicht benutzte Kommunikationsschnittstellen sollten deaktiviert werden

3. **Sprechen Sie drei Empfehlungen für die Ausstattung von Arbeitsplätzen hinsichtlich der Umsetzung von Sicherheitsmaßnahmen aus.**

   - Einsatz von verschließbaren Schreibtischen und Schränken
   - ergonomische Gestaltung des Arbeitsplatzes
   - Kabel so verlegen, dass von ihnen keine Gefährdung ausgeht

4. **Welche drei Hinweise geben Sie Mitarbeitern für die Nutzung Ihres Büroarbeitsplatzes, um die Sicherheitsmaßnahmen besser umzusetzen?**

   - Arbeitsplatz in aufgeräumten Zustand hinterlassen und schutzbedürftige Datenträger und Dokumente verschließen
   - sicherstellen, dass keine schützenswerten Informationen frei zugänglich sind
   - Passwörter und Benutzernamen geheim halten

5. **Was besagen die drei P der Schreibtischorganisation im Rahmen der Clean Desk Policy?**

   **Plan:** Planung der für die Arbeitsaufgabe benötigten Dokumente und Hilfsmittel

   **Protect:** Schutz der Dokumente und Daten vor unberechtigten Zugriff

   **Pick:** Nicht mehr benötigte Dokumente und Hilfsmittel sicher ablegen

| | |
|---|---|
| **6. Als Sicherheitsmaßnahme für den „Raum für die technische Infrastruktur" wird beispielsweise ein Identitäts- und Berechtigungsmanagement festgelegt.**<br>**Nennen Sie weitere drei Sicherheitsmaßnahmen, die für den „Raum für die technische Infrastruktur" Anwendung finden.** | • einbruchshemmende Türen einsetzen<br>• Entfernen unnötiger Materialien, welche die Brandlast erhöhen (z. B. Verpackungen)<br>• Einhaltung der für den störungsfreien Betrieb geforderten Lufttemperatur und -feuchtigkeit. |
| **7. Ihre Firma hat sich für die Online-Datensicherung entschieden. Welche fünf Forderungen sollte der Anbieter erfüllen?** | • Versionierung von Dateien muss möglich sein<br>• Speicherung erfolgt an unterschiedlichen Standorten<br>• neben der Transportverschlüsselung der Daten werden zusätzliche Verschlüsselungsmethoden angeboten |
| **8. Erstellen Sie ein Flussdiagramm für die angegebenen Phasen des Sicherheitsprozesses:**<br>**• Umsetzung des Sicherheitskonzepts**<br>**• Aufrechterhaltung der Informationssicherheit**<br>**• Initiierung des Sicherheitsprozesse**<br>**• Erstellung eines Sicherheitskonzepts** | 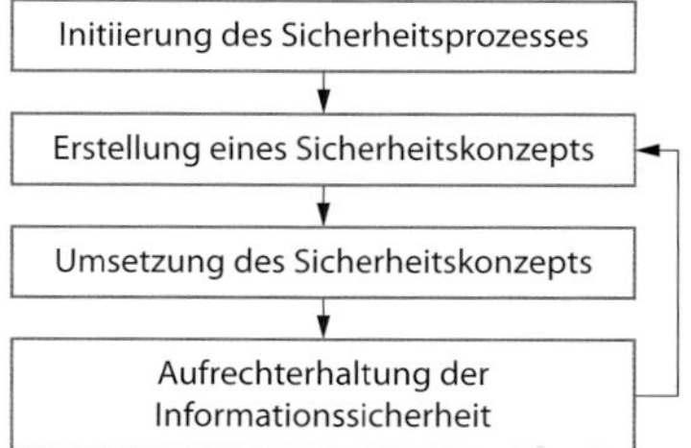<br> |
| **9. Bei der Beurteilung der Güte eines Sicherheitsprozesses können Kennzahlen als Indikatoren eingesetzt werden.**<br>**Beispiel: Anzahl der erfassten sicherheitsrelevanten Ereignisse.**<br>**Geben Sie drei weitere Beispiele an.** | • Anzahl der **Leitungsmeetings** zum Stand der Informationssicherheit<br>• Anzahl der **Tests** zur Datensicherung<br>• Anzahl der **Server** mit bestehenden Benutzer- und Administrationskonzept |
| **10. Schlagen Sie drei Schutzmaßnahmen für mobile Datenträger bei erhöhtem Schutzbedarf vor.** | • Datenverschlüsselung anwenden<br>• sichere Versandart und Verpackung wählen<br>• nur mobile Datenträger verwenden, die eine Zertifizierung für sichere Datenhaltung und Verschlüsselung ausweisen |

**11. Welche drei Standardmaßnahmen empfehlen Sie für die auf Clients installierte Software?**

- Firmware, Betriebssysteme und Anwendungen durch Updaten und Patchen auf den neuesten Stand halten
- nicht benötigte Programme und Dienste löschen bzw. deaktivieren
- Software auf Kompatibilität prüfen

## D.3 Umsetzung von Maßnahmen

**1. Nennen Sie fünf Aktionspunkte zur Umsetzung der Sicherheitskonzeption.**

- nicht vollständig umgesetzte IT-Grundschutz-Anforderungen erfassen
- Maßnahmen auf Eignung prüfen und gegebenenfalls streichen
- Kosten für den Aufwand der umzusetzenden Maßnahmen ermitteln
- Verantwortlichkeiten festlegen
- Terminüberwachung bei der Umsetzung organisieren
- beteiligte Mitarbeiter schulen

**2. Es sollen Festlegungen für die Verfahrensweise der Datensicherung getroffen werden. Welche fünf Punkte sollten dabei betrachtet werden?**

- Art der Datensicherung
- Datensicherungszeitpunkt und -häufigkeit
- Anzahl der Generationen
- Zuständigkeit
- Aufbewahrungsrichtlinien

**3. Nennen Sie drei Arten der Datensicherung.**

- inkrementelle Datensicherung (inkrementelles Backup)
- Nutzung des hierarchischen Speichermanagements (HSM)
- differentielle Datensicherung (differentielles Backup)

**4. Die Mitarbeiter Ihrer Firma sollen im sicheren Umgang mit Wechseldatenträgern sensibilisiert werden.**

**Welche fünf Maßnahmen können dazu beitragen?**

Die Mitarbeiter und Mitarbeiterinnen müssen …

- Informationen zu Arten und Einsatzmöglichkeiten erhalten.
- mit den Nutzungs- und Umgangsregeln bekannt und vertraut gemacht werden.
- darüber informiert werden, welche Daten auf dem jeweiligen Datenträger gespeichert werden können und welche nicht.
- darüber informiert werden, wie die gespeicherten Daten vor Zugriff, Manipulation und Verlust geschützt werden können.
- erfahren, wie Daten sicher gelöscht werden können.

5. **Um Zugriffsberechtigungen zu vergeben, müssen die Rechte benannt werden, z. B. das Recht zum Lesen von Daten.**

   **Nennen sie weitere vier solcher Rechte.**

- Recht zum Schreiben von Daten
- Recht zum Löschen von Daten
- Recht zum Modifizieren von Daten
- Recht zum Ausführen von Anwendungen

6. **In der ersten Phase des Zertifizierungsprozesses nach ISO 27001 (Zertifikat auf Basis des IT-Grundschutzes) erfolgt eine Prüfung der Referenzdokumente des Antragstellers.**

   **Welche Dokumente sind dafür vorzubereiten?**

- Sicherheitsrichtlinien des Unternehmens
- Ergebnisse der Strukturanalyse
- Feststellungen zum Schutzbedarf
- Modell des Informationsverbundes
- Protokolle des Basis-Sicherheits-Checks
- Ergebnisse der ergänzenden Sicherheits- und Risikoanalyse

7. **Beschreiben Sie die durchzuführenden Maßnahmen im ersten Schritt der Umsetzungsplanung.**

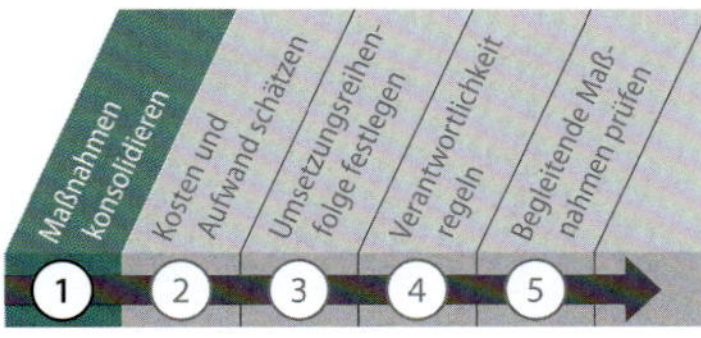


Zunächst werden alle nicht oder nur teilweise erfüllten Anforderungen tabellarisch nach Zielobjekten gruppiert erfasst.

Anschließend werden Maßnahmen festgelegt, um diese Anforderungen zu erfüllen.

Zum Abschluss werden die Maßnahmen im Zusammenhang geprüft, ob sie alle relevant, konkret, geeignet und angemessen sind.

8. **Manchmal reichen Personal oder zur Verfügung stehendes Budget nicht zur gleichzeitigen Umsetzung aller Maßnahmen aus.**

   **In welcher Reihenfolge sollten die Maßnahmen in einem solchen Fall umgesetzt werden?**

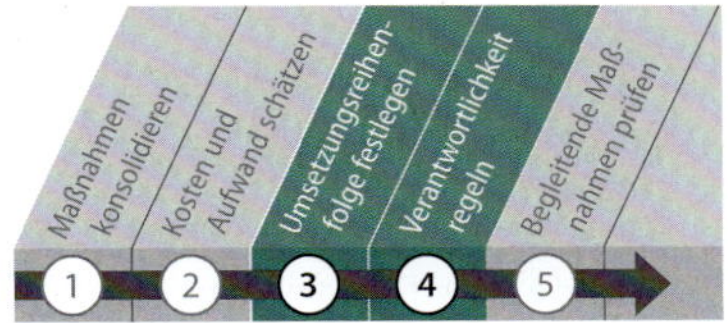


Die **Reihenfolge für die umzusetzenden Bausteine R1, R2, R3** liefert das IT-Grundschutzkompendium (Tabelle mit der Angabe von: Baustein und Reihenfolge), hier gilt:

R1: diese Bausteine sind vorrangig umzusetzen

R2: Bausteine sind in der nächsten Stufe umzusetzen, da sie für eine nachhaltige Sicherheit erforderlich sind

R3: Umsetzung dieser Bausteine sollte erst nach der Umsetzung der Bausteine aus R1 und R2 stattfinden, ist aber erforderlich, um das angestrebte Ziel zu erreichen

Ein weiterer Aspekt ist die **Beachtung des Informationssicherheitsniveaus.**

Reihenfolge:

1) Maßnahmen für Basis-Anforderungen
2) Maßnahmen für Standard-Anforderungen
3) Maßnahmen für höheren Schutzbedarf

Auch **der sachlogische Zusammenhang** sollte beachtet werden (eine Maßnahme ist Voraussetzung zur Durchführung einer anderen Maßnahme).

**9. Sie sollen einen Vorschlag für den Aufbau einer Tabelle zur Erfassung eines Realisierungsplanes erarbeiten. Welche Angaben sind zu erfassen?**

| Zielobjekt: Bezeichnung, Raum | | | |
|---|---|---|---|
| Baustein: relevanter Baustein des IT-Grundschutzkompendiums | | | |
| Maßnahme: Nummer, Titel | spätester Umsetzungstermin | finanzielle und personelle Ressourcen | Verantwortlichkeiten für Umsetzung und Kontrolle |

**10. In Ihrem Unternehmen wurden neue allgemeine Sicherheitsmaßnahmen eingeführt.**

**Schlagen Sie drei Themen für Mitarbeiterschulungen vor.**

- Erstellung, Einsatz und Umgang mit Passwörtern
- Nutzung von Verschlüsselungssoftware
- Reaktion bei Sicherheitsvorfällen

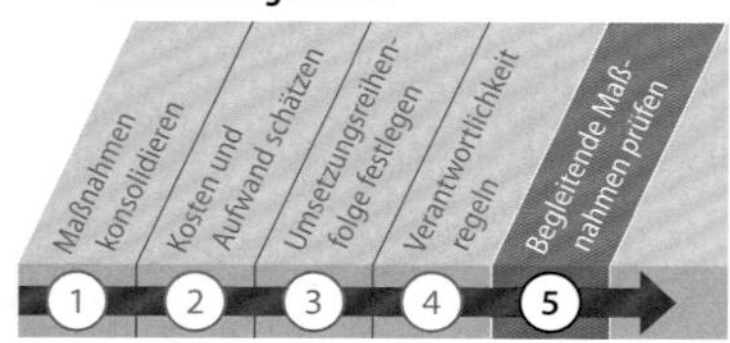


**11. Geben Sie vier grundsätzliche Sicherheitsanforderungen an, die bei der Beschaffung eines Netzwerkdruckers zu berücksichtigen sind.**

- unterstützt sichere Protokolle zur Administration (z. B. TLS)
- speichert Informationen verschlüsselt
- bietet die Möglichkeit der Authentisierung
- Speichermodule sind vor unberechtigten Zugriff geschützt

# A Sie informieren sich innerhalb eines Projektes über die Abbildung von Informationen mittels Daten. Dabei analysieren Sie Daten hinsichtlich Herkunft, Art, Verfügbarkeit, Datenschutz, Datensicherheit und Speicheranforderung und berücksichtigen Datenformate und Speicherlösungen.

## A.1 Abbildung von Informationen

**1. Nennen Sie mindestens drei sog. Grunddatentypen.**

Int, double, bool, string, float, decimal, ...

**2. In einer Methode müssen zwei Fälle unterschieden werden: Ist der Parameter *true*, so soll eine Begrüßungsformel ausgegeben werden. Ist er *false*, so soll eine Verabschiedungsformel ausgegeben werden.**

**Vervollständigen Sie folgende Methode:**

```
public string Formel(bool mode)
{
    //Bitte die Logik ergänzen...
    //Guten Tag!
    //Auf Wiedersehen?
}
```

```
public string Formel(bool mode)
{
    //Lösungsbeispiel
    string formel = "";

    if (mode == true)
        formel = "Guten Tag!";
    else
        formel = "Auf Wiedersehen?";

    return formel;
}
```

**3. In manchen Programmiersprachen hat das „=" unterschiedliche Bedeutungen. Einmal wird es als *Zuweisung* und einmal als *Vergleich* eingesetzt.**

**Demonstrieren Sie anhand eines Beispiels beide Varianten.**

1. Das einfache „=" stellte eine Zuweisung dar:
   ```
   int a = 0;
   ```
2. Das doppelte „==" wird zum Vergleichen verwendet:
   If(a == 5)
   ... Fall 1
   sonst
   ... Fall 2

**4. Das if-Statement kann auch ohne das else-Statement angewendet werden. Geben Sie ein Beispiel auf folgender Grundlage:**

**„... ist der Betrag genau 45,5, dann soll eine Meldung ausgegeben werden."**

```
if (betrag == 45.5)
{
    //Meldung ausgeben.
}
```

**5. Nennen Sie die bekanntesten logischen Vergleichsoperatoren.**

Gleichheit: ==
Größer: >
Kleiner: <
Größer oder Gleich: >=
Kleiner oder Gleich: <=
Nicht: !

**6. Logische Vergleiche können miteinander verknüpft werden. Programmieren Sie eine Logik in Einfachverzweigung (if), die feststellt, ob die Variable a größer 5 und die Variable b gleich true ist.**

```
if (a > 5 && b == true)
{
    //...
}
```

**7. Nennen Sie die gängigsten Verknüpfungs-Operatoren inkl. der Symbole in der Ihnen bekannten Programmiersprache.**

**Hier in C#:**
ODER: ||
UND: &&

**8. In vielen Programmiersprachen wird zwischen logischen und binären Verknüpfungsoperatoren verglichen.**

**Nennen Sie solche Verknüpfungsoperatoren und erklären Sie den Unterschied.**

Logische Verknüpfungsoperatoren:
|| (ODER), && (UND)
Auswertung des Wertes

Binäre Verknüpfungsoperatoren:
| (ODER), & (UND)
Auswertung/Vergleich auf binärer Ebene

**9. Beim Programmieren spricht man von Kompilier- und von Laufzeitfehlern.**

**Wann treten diese Fehler im Software-Erstellungsprozess auf?**

**Kompilierfehler:** Tritt beim Programmieren auf. Das Programm kann nicht zu einer binären lauffähigen Datei zusammengestellt werden.

**Laufzeitfehler:** Tritt auf, während das Programm läuft. Hier kann es zu Fehlern kommen, die durch Falscheingaben des Benutzers entstehen und nicht vom Programmierer abgefangen wurden.

**10. Was versteht man unter IL-Code bzw. Byte-Code?**

Vorkompilierter Zwischen-Code, der von der gewählten Hardware bzw. vom entsprechenden Betriebssystem interpretiert wird.

## A.2 Datenmodellierung

1. **In der Objektorientierung spricht man häufig von Objekten und Klassen. Diese Begriffe werden häufig verwechselt.**

   **Erklären Sie die Bedeutung der beiden Begriffe.**

   **Klasse:** Ist der Bauplan, nach dem Objekte erstellt/instanziiert werden.

   **Objekte:** Sind „greifbare" Instanzen einer Klasse. Die Eigenschaften sind mit Werten belegt.

2. **Finden Sie einen Klassennamen für die dargestellten Objekte und definieren Sie mindestens drei Eigenschaften.**

| Klasse: **Tasse** |
|---|
| Eigenschaften:<br>Volumen<br>Farbe<br>Material<br>Leergewicht<br>Verwendungszweick |

3. **Mit welchem Zugriffsmodifizierer (Accessoren) werden die Eigenschaften in der Regel versehen, wenn separate set-/get-Methoden den Zugriff ermöglichen?**

   Die Zugriffsmodifizierer sind in der Regel *private*.

   Der Zugriff wird über die get-/set-Methoden ermöglicht, die *public* sind.

4. **Erstellen Sie ein UML-Diagramm zu dem dargestellten Objekt.**

| Klasse: **Helikopter** |
|---|
| Eigenschaften:<br>Flughoehe<br>Rotordrehzahl<br>Flugrichtung<br>AnzahlPassagiere<br>Tankinhalt<br>Geschwindigkeit |
| Methoden:<br>Sinken(Sinkrate)<br>Steigen(Steigrate)<br>RotorBeschleunigen(Faktor)<br>Neigen(Winkel) |

5. **Vervollständigen Sie das dargestellte Klassendiagramm um Zugriffsmodifizierer, Rückgabewerte und korrekte Parameter in den Methoden nach UML-Nomenklatur.**

   ***Steigen* soll die neue *Flughoehe* zurückgeben.**

| Klasse: **Helikopter** |
|---|
| Eigenschaften:<br>Flughoehe<br>Rekorddrehzahl<br>Flugrichtung<br>AnzahlPassagiere<br>Tankinhalt<br>Geschwindigkeit |
| Methoden:<br>Sinken(Sinkrate)<br>Steigen(Steigrate)<br>RotorBeschleunigen(Faktor)<br>Neigen(Winkel) |

| **Helikopter** |
|---|
| – Flughoehe : int<br>– Rotordrehzahl : int<br>– Flugrichtung : string<br>– AnzahlPassagiere : int<br>– Tankinhalt : double<br>– Geschwindigkeit : double |
| + Sinken(rate : int) : void<br>+ Steigen(rate : int) : void<br>+ RotorBeschleunigen(faktor : int) : void<br>+ Neigen(Winkel : int) : void |

6. **Erstellen Sie die dargestellte Klasse in einer objektorientierten Programmiersprache.**

| **Tank** |
|---|
| – Volumen : int<br>– Fuellstand : int |
| + Tank(vol : int, fuellS : int)<br>+ Fuellen(liter : int) : void<br>+ Leeren(liter : int) : void<br>+ BerechneNachtankMenge() : int |

```
class Tank
{
    int _volumen;
    int _fuellstand;

    public Tank()
    {
        //Nicht nötig laut UML
        _volumen = 60; //Liter
        _fuellstand = 0;
    }

    //Parameterkonstruktor
    public Tank(int volumen, int fuellstand)
    {
        _volumen = volumen; //Liter
        _fuellstand = fuellstand;
    }

    public void Fuellen(int liter)
    {
        //Logik nicht definiert.
    }

    public void Leeren(int literEntnahme)
    {
        //Logik nicht definiert.

    }

    public int BerechneNachtankMenge()
    {
        //Logik nicht definiert.
        return 0;
    }
}
```

7. **Fügen Sie dem UML-Diagramm einen Standardkonstruktor hinzu.**

| Tank |
|---|
| – Volumen : int<br>– Fuellstand : int |
| + Fuellen(liter : int) : void<br>+ Leeren(liter : int) : void<br>+ BerechneNachtankMenge() : int |

| Tank |
|---|
| – Volumen : int<br>– Fuellstand : int |
| + Tank()<br>+ Fuellen(liter : int) : void<br>+ Leeren(liter : int) : void<br>+ BerechneNachtankMenge() : int |

8. **Fügen Sie dem UML-Diagramm einen Parameterkonstruktor für Volumen und Füllstand hinzu.**

| Tank |
|---|
| – Volumen : int<br>– Fuellstand : int |
| + Fuellen(liter : int) : void<br>+ Leeren(liter : int) : void<br>+ BerechneNachtankMenge() : int |

| Tank |
|---|
| – Volumen : int<br>– Fuellstand : int |
| + Tank(vol : int, fuellS : int)<br>+ Fuellen(liter : int) : void<br>+ Leeren(liter : int) : void<br>+ BerechneNachtankMenge() : int |

9. **Ordnen Sie die Begriffe „Objekt" und „Klasse" den gezeigten Gegenständen zu.**

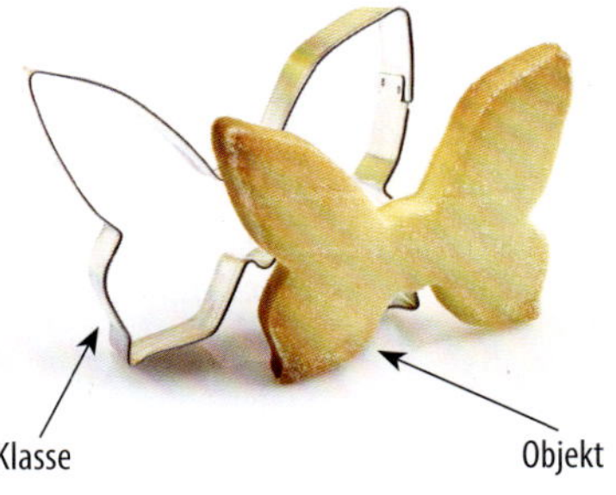

## A.3 Datenformate und Speicherlösungen

1. **Was versteht man unter einem Datenbankmanagementsystem (DBMS)?**

Ein DBMS ist eine Software, die gewöhnlich als Dienst (Service, Daemon, Rolle) zur Verfügung steht und das Modell eines Datenbanksystems festlegt.

Schreib- und Lesezugriffe sowie administrative Funktionen werden durch entsprechende Schnittstellen und eine Datenbank-Abfragesprache ermöglicht. Die bekannteste davon – SQL (**S**tructured **Q**uery **L**anguage) – ist für relationale Datenbanken.

2. **Datenbankmanagementsysteme weisen einige zentrale Eigenschaften auf.**

   **Erläutern Sie die Begriffe Integritätssicherung und Transaktion.**

**Integritätssicherung:** Konkurrierender Zugriff mehrerer Benutzer muss möglich sein. Außerdem erlauben DBMS das Erstellen von Regeln zwischen Daten, z. B. kann ein Kunde nur gelöscht werden, wenn keine Bestellungen vorliegen. Diese Regeln müssen überwacht werden.

**Transaktion:** Eine Transaktion ist eine Zusammenfassung mehrerer Datenbankänderungen, die entweder alle zusammen oder gar nicht ausgeführt werden.

3. **Wie kann die Zugriffskontrolle bei Datenbankmanagementsystemen beschrieben werden?**

Diese umfasst sowohl Datensicherheit (nicht jeder kann alles bearbeiten) als auch Datenschutz (nicht jeder kann alles sehen).

4. **Beschreiben Sie den Begriff der Transaktion an einem Beispiel.**

**Ziel:** A überweist 100 € an B

**Problem:** Es sind zwei Aktionen nötig, Abbuchen Konto A und Gutschrift Konto B

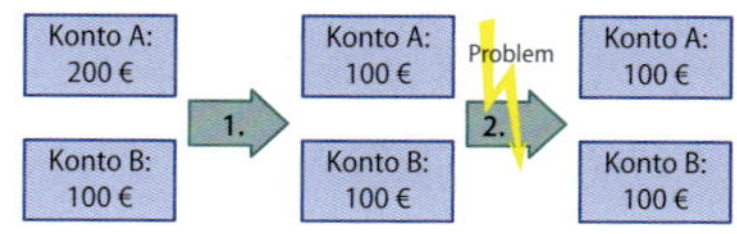


**Lösung:** Betrachtung der Überweisung als Transaktion. Werden beide Aktionen erfolgreich durchgeführt, erfolgt ein Commit ()-Befehl, ansonsten ein Rollback(), der alle Änderungen seit dem letzten Commit() zurücknimmt.

**5. Wie kann eine relationale Datenbank charakterisiert werden?**

„Relatio" heißt Beziehung, Zusammenhang.

In einer relationalen Datenbank werden Daten in einer Reihe von (zweidimensionalen) Tabellen – Anordnungen mit Spalten und Zeilen – dargestellt, wobei die dargestellten Daten in enger Beziehung zueinander stehen.

**6. Welche Bedeutung haben Attribute und der Primärschlüssel in einer Datenbanktabelle?**

**Entität:** Eindeutig identifizierbares Objekt oder eindeutig identifizierbarer Sachverhalt

**Attribut:** Die Eigenschaften einer zu speichernden Entität heißen Attribute.

Diesen Attributen sind bestimmte Wertebereiche (Domains) zugeordnet. Aktuelle DBMS besitzen vordefinierte Domains mit den Standarddatentypen (integer, float, char ...).

**Beispiel:**
Schülernummer(INTEGER, Name CHAR(20))

**Primärschlüssel:** wird zur eindeutigen Identifizierung eines Datensatzes verwendet.

Alle Tupel/Zeilen müssen eindeutig unterscheidbar sein. Dies erreicht man durch Definition eines Attributs als Primärschlüssel. Ist keines der vorhandenen Attribute eindeutig, können mehrere Attribute zusammengefasst werden. Häufig wird stattdessen auch ein künstliches Attribut eingeführt.

**7. Beschreiben Sie die Begriffe Tabelle, Datenbank und Datenbankmanagementsystem.**

**Tabelle:** Ist die anschauliche Darstellung einer Relation inklusive Relationenschema/Tabellenkopf und Daten.

**Datenbank:** Besteht aus einer oder mehreren Tabellen. Die Tabellen stehen über Schlüssel und definierte Regeln in Beziehung zueinander.

**Datenbankmanagementsystem:** Das DBMS kann eine oder mehrere Datenbanken verwalten. Es bietet Funktionalitäten wie Integration, Sicherheitsregeln etc.

**8. Der einfachste Fall bei der relationalen Modellierung ist die Abbildung einer Klasse auf eine Tabelle, indem alle Attribute des Objekts in Attribute der Tabelle überführt werden.**

**Stellen Sie die abgebildete Klasse als Tabelle mit Datensätzen dar.**

| Azubi |
|---|
| – AzubiID : int<br>– Name : string<br>– VName : string |
| + getName() |

**Azubi**

| AzubiID | Name | VName |
|---|---|---|
| 50 | Arnold | Petra |
| 100 | Meier | Uwe |
| 150 | Schmid | Bern |
| 200 | Wagner | Ursula |

**9. Welche Datentypen können für die Attribute dieser Tabelle aus Aufgabe 8 verwendet werden?**

**AzubiID:** Integer

**Name, VName:** char[n], also ein Character-Array mit fester Länge oder wahlweise string

**10. Ein Kleinunternehmer speichert seine Rechnungsbeträge in einer einfachen Excel-Tabelle.**

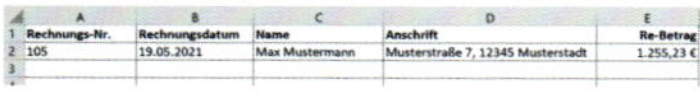

| | A | B | C | D | E |
|---|---|---|---|---|---|
| 1 | Rechnungs-Nr. | Rechnungsdatum | Name | Anschrift | Re-Betrag |
| 2 | 105 | 19.05.2021 | Max Mustermann | Musterstraße 7, 12345 Musterstadt | 1.255,23 € |
| 3 | | | | | |

**Er möchte zukünftig eine Datenbank verwenden. Weshalb sollte er die Datenbanktabelle nicht in genau dieser Form erstellen?**

Eine Datenbank-Tabelle mit diesen Spalten (Attributen) würde die erste Normalform verletzen.

Die erste Normalform ist dann erfüllt, wenn die Wertebereiche der Attribute „atomar“ vorliegen, d. h., alle Attribute sollten maximal einen Wert haben.

Die Spalten „Name“ und „Anschrift“ enthalten hier aber jeweils mehrere Werte, die in separate Attribute aufgeteilt werden sollten.

**11. Wie müssten die Attribute einer entsprechenden Tabelle aussehen, die der ersten Normalform genügt?**

| | A | B | C | D | E |
|---|---|---|---|---|---|
| 1 | Rechnungs-Nr. | Rechnungsdatum | Name | Anschrift | Re-Betrag |
| 2 | 105 | 19.05.2021 | Max Mustermann | Musterstraße 7, 12345 Musterstadt | 1.255,23 € |
| 3 | | | | | |

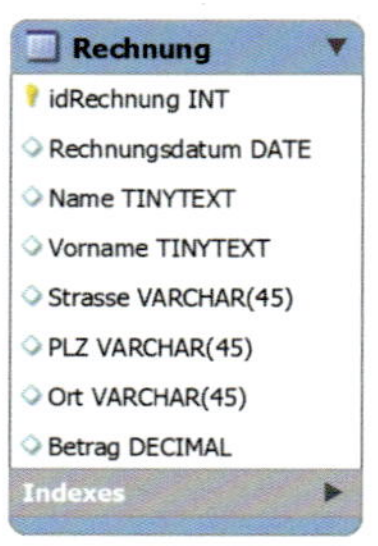


**12. Formulieren Sie eine SQL-Abfrage, die alle Datensätze der Tabelle aus Aufgabe 11 alphabetisch absteigend nach „Name“ sortiert ausgibt.**

```
SELECT * FROM Rechnung
ORDER BY NAME DESC
```

**13. Es sollen alle Datensätze der Tabelle ausgegeben werden, deren Rechnungsbetrag größer als 1500 € ist, geordnet nach Datum aufsteigend. Dabei sollen nur die Attribute „Name" und „Ort" enthalten sein.**

```
SELECT Name, Ort FROM Rechnung
WHERE Betrag > 1500
ORDER BY Datum ASC
```

**14. Es sollen alle Datensätze derjenigen Kunden ausgegeben werden, deren Name mit „M" beginnt.**

```
SELECT * FROM Rechnung
WHERE Name LIKE ‚M%'
```

**15. Die Zweite Normalform lautet: „Eine Tabelle bzw. ein Relationstyp ist genau dann in der zweiten Normalform, wenn sie/er sich in der ersten Normalform befindet und jedes Nichtschlüsselattribut von jedem Schlüsselkandidaten voll funktional abhängig ist."**

**a) Weshalb erfüllt die folgende Tabelle dies nicht?**

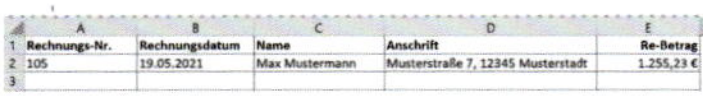

| | A | B | C | D | E |
|---|---|---|---|---|---|
| 1 | Rechnungs-Nr. | Rechnungsdatum | Name | Anschrift | Re-Betrag |
| 2 | 105 | 19.05.2021 | Max Mustermann | Musterstraße 7, 12345 Musterstadt | 1.255,23 € |
| 3 | | | | | |

**b) Wie könnte die zweite Normalform hergestellt werden?**

a) Da ein Name nicht eindeutig ist (es können mehrere Kunden mit dem Namen „Meier" vorhanden sein), müsste ein zweites Schlüsselattribut, z. B. „Kundennummer" oder datenbanktechnisch die „Kunden-ID" erstellt werden. Die Attribute der Tabelle, die sich auf die Rechnung beziehen, wären allerdings nur von der Rechnungsnummer abhängig.

b) Es wird neben der Tabelle „Rechnung" noch eine weitere Tabelle nur für die Kunden benötigt. Die Verknüpfung der beiden Tabellen erfolgt dann über den Sekundärschlüssel in der Tabelle „Rechnung". Die beiden Tabellen stehen in einer 1 : N-Relation, da einem Kunden keine, eine oder mehrere Rechnungen zugeordnet sein könnten.

**16. Überführen Sie die o. a. Tabelle in die zweite Normalform. Stellen Sie den Sachverhalt in einem ER-Diagramm dar.**

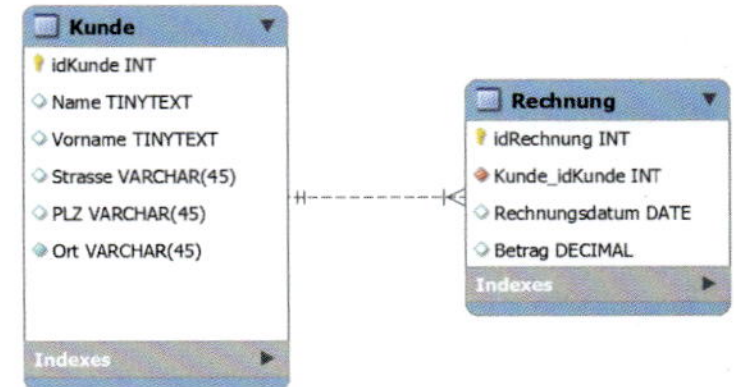

**17. a) Dem Kleinunternehmer fällt auf, dass seine Datenbank nun zwar die Kunden mit den zugehörigen Rechnungen enthält; die Information aus welchen Einzelpositionen bzw. Artikeln und der jeweiligen Stückzahl sich der Gesamtbetrag zusammensetzt, fehlt allerdings. Können Sie ihm helfen?**

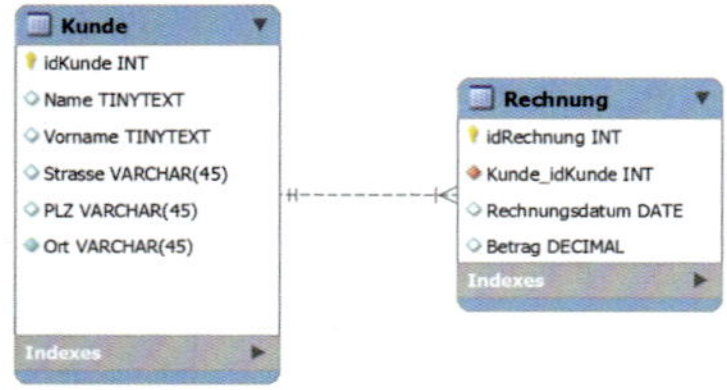


**b) Stellen Sie die neue Tabelle „Artikel" mit den notwendigen Attributen dar.**

a) Für die Datenbank würde eine neue Tabelle „Artikel" benötigt, welche die zum Verkauf stehenden Artikel enthält. Da jeder Kunde in unterschiedlichen Bestellungen denselben Artikel kaufen könnte, und dieser Artikel wiederum von unterschiedlichen Kunden gekauft werden könnte, steht die Tabelle „Artikel" dann in einer N : M-Relation zur Tabelle „Kunde". Ein Kunde kann keinen, einen oder mehrere unterschiedliche Artikel mit unterschiedlichen Stückzahlen kaufen, und ein Artikel wiederum könnte mehrmals an unterschiedliche Kunden verkauft werden.

b)

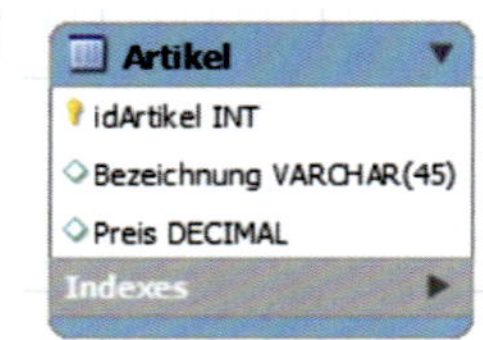


**18. Stellen Sie die Verbindung der Tabelle „Artikel" zum ERM aus Aufgabe 17 dar.**

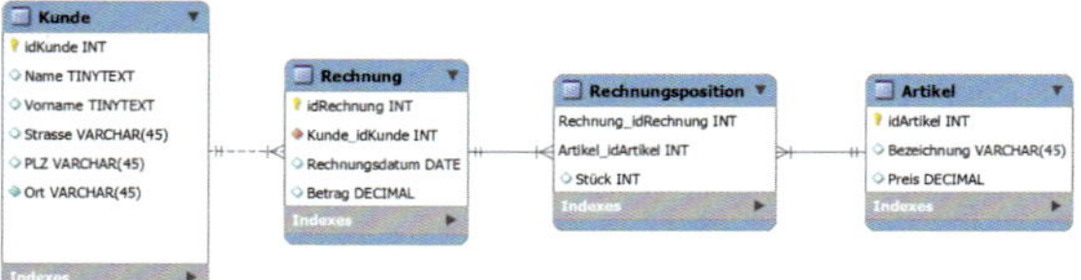


**19. Jetzt können die einzelnen Rechnungspositionen (Aufgabe 15 bis 18), also die Information, welcher Kunde welchen Artikel bestellt hat, dargestellt werden. Die Stückzahl zu einer einzelnen Rechnungsposition fehlt allerdings.**

**Wo muss dieses Attribut hinzugefügt werden?**

Diese Information muss in die Zwischentabelle, die die N : M-Relation in einer relationalen Datenbank auflöst. Jede Zeile in dieser Tabelle stellt eine Position mit der zugehörigen Stückzahl, die bestellt wurde, dar.

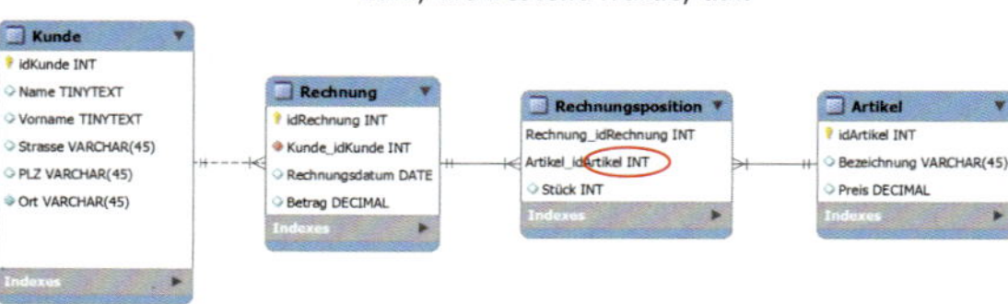

| | |
|---|---|
| **20. Weshalb ist das Attribut „Betrag" in der Tabelle „Rechnung" jetzt eigentlich überflüssig?** | Der Rechnungsbetrag ergibt sich rechnerisch aus der Summe der jeweiligen Einzelpreise der Artikel der Tabelle „Artikel", multipliziert mit der jeweiligen Stückzahl der Rechnungsposition.<br><br>Datenbanken können diese Rechenoperationen ohne weiteres durchführen. |
| **21. Erstellen Sie eine SQL-Abfrage, die aus der Tabelle „Rechnungsposition" die Gesamtstückzahl der jeweiligen Artikel-IDs ausgibt (gruppiert), aufsteigend sortiert nach Artikel-ID.** | `SELECT Artikel_idArtikel, SUM(Stück) FROM Rechnungsposition`<br>`GROUP BY Artikel_idArtikel`<br>`ORDER BY Artikel_idArtikel ASC` |
| **22. Geben Sie die Rechnungen aus der Tabelle Rechnung aus, deren Rechnungsdatum vor dem 15.5.2021 liegt, absteigend nach Datum sortiert.**<br><br>**Was ist bei Datumsformaten in SQL zu beachten?** | `SELECT * FROM Rechnungsposition WHERE Rechnungsdatum < „2021-05-15″`<br>`ORDER BY Rechnungsdatum ASC`<br><br>Datum- und Zeitwerte werden in Datenbanken wie numerische Werte behandelt. Intern werden sie häufig als Gleitkommazahl mit doppelter Genauigkeit dargestellt. Die von der Datenbank angezeigten Werte sind demnach bereits formatiert und entsprechen nicht den tatsächlich gespeicherten Werten. |
| **23. Erweitern Sie die Abfrage aus Aufgabe 22 um eine zweite Bedingung, sodass alle Datensätze angezeigt werden, deren Rechnungsdatum vor dem 15.5.2021 liegt UND deren Rechnungsbetrag größer als 1000 € ist, absteigend nach Datum sortiert.** | `SELECT * FROM Rechnungsposition WHERE Rechnungsdatum < „2021-05-15″ AND Betrag > 1000`<br>`ORDER BY Rechnungsdatum ASC` |
| **24. Wie hoch ist die durchschnittliche Stückzahl bei den Rechnungspositionen?** | `SELECT AVG(Stück) FROM Rechnungsposition` |
| **25. Überprüfen Sie mittels SQL, ob es Datensätze in der Tabelle Rechnung gibt, denen kein Datum zugewiesen wurde.** | `SELECT * FROM Rechnung WHERE Datum IS NULL` |

**26. a) Was bedeutet es, wenn die Abfrage aus Aufgabe 25 Resultate liefert?**

**b) Wie kann das auf Datenbankebene verhindert werden?**

a) „NULL" stellt eine fehlende Attributangabe dar. NULL entspricht weder der Zahl 0 noch einer leeren Zeichenfolge.

b) Dies kann dadurch verhindert werden, dass beim Erstellen der Tabelle das jeweilige Attribut mit „NOT NULL" gekennzeichnet wird. Das Datenbankmanagementsystem lässt dann beim Hinzufügen neuer Datensätze für das jeweilige Attribut eine fehlende Angabe nicht zu. Fehlende Angaben für dieses Attribut sind nur dann möglich, wenn in der Tabellendefinition zusätzlich ein Standardwert hinterlegt ist, der statt der fehlenden Angabe verwendet wird.

**27. Aus welchen Jahren liegen Rechnungen vor?**

**Formulieren Sie die entsprechende SQL-Abfrage und erläutern Sie diese.**

```
SELECT DISTINCT
(YEAR(Rechnungsdatum)) FROM
Rechnung
```

In der Abfrage muss zunächst mittels einer Funktion das Jahr aus dem Datumswert extrahiert werden. Diese Funktionen sind allerdings datenbankspezifisch und nicht einheitlich normiert. Für MySQL oder SQL-Server steht hierfür die Funktion YEAR(datum) zur Verfügung. In der Ausgabe steht dann nur das Jahr des Rechnungsdatums.

DISTINCT unterdrückt Mehrfachausgaben inhaltlich gleicher Ausgaben-Attribute, sodass hier nur die unterschiedlichen Jahreszahlen ausgegeben werden.

**28. a) Erweitern Sie Lösung zu Aufgabe 21 dahingehend, dass nur gruppierte Stückzahlen größer 10 ausgegeben werden.**

a)
```
SELECT Artikel_idArtikel,
SUM(Stück) AS SUMME FROM
Rechnungsposition
GROUP BY Artikel_idArtikel
HAVING SUMME > 10
ORDER BY Artikel_idArtikel ASC
```

**b) Erläutern Sie diese erweiterte Abfrage.**

b) HAVING dient dazu, aus Datensätzen, die mit GROUP BY zu Gruppen zusammengefasst wurden, nur diejenigen anzuzeigen, die die nach HAVING angegebenen Bedingungen erfüllen, also gruppierte Teilmengen zu definieren. HAVING hat also eine ähnliche Funktion wie WHERE: Mit WHERE wird bestimmt, welche Datensätze der Tabelle herangezogen werden, mit HAVING wird festgelegt, welche Elemente der Gruppen angezeigt werden sollen.

# B Sie planen die Anpassung einer Anwendung zur Verwaltung der Datenbestände und entwickeln Testfälle. Dabei entscheiden Sie sich für ein Vorgehen.

## B.1 Verwaltung von Datenbeständen

**1. In fast allen Unternehmen wird sog. Standard-Office-Software eingesetzt. Diese befindet sich meistens zusätzlich zu Branchen-Software auf den Arbeitsplatzrechnern.**

**Nennen Sie ein Beispiel für eine Arbeitsplatzkonfiguration eines Architektur-Unternehmens.**

Standard-Office-Software: Textverarbeitung, Tabellenkalkulation, (einfaches DTP), Buchhaltungssoftware.

Branchen-SW: CAD-Programm, 3D-Rendering-Software, ...

**2. In einem Softwareunternehmen wird Quellcode geschrieben. Hierfür werden verschiedene Tools verwendet.**

**Welche Funktionalität bietet**
**a) ein einfacher Text-Editor?**
**b) ein Editor mit Syntax Highlighting und Verzeichnisstruktur?**
**c) eine komfortable IDE?**

a) Es kann nur der Quellcode textuell bearbeitet werden. Dabei erkennt der Editor keine Schlüsselworte. Bietet sich an für sehr kleine Projekte mit wenigen Dateien.

b) Häufig im Einsatz in Web-Projekten, bei denen eine spezielle Verzeichnisstruktur eingehalten werden muss. Schlüsselworte werden zur Übersichtlichkeit häufig farblich markiert.

c) Integrated Development Environment (IDE). Bietet eine komfortable Quellcode-Bearbeitung. Enthält Tools zur Verwaltung des Quellcodes (Versionsverwaltung, Repository), so wie Debugger und Performance-Monitor.

3. **Warum sind IDEs, in die man PlugIns installieren kann so beliebt?**

Man kann für jede Programmiersprache ein separates PlugIn installieren, ohne die gewohnte IDE verlassen zu müssen. Weiterhin gibt es viele PlugIns, die das Entwickeln von Software unterstützen.

4. **Ein Unternehmen, das in einer Sparten-Nische aktiv ist, benötigt eine Projektverwaltungs-Software. Es werden zwei Lösungsansätze diskutiert:**
   a) **Proprietäte Software-Lösung durch eine Inhouse-Entwicklung**
   b) **Anpassung einer Standard-Software**

   **Nennen Sie Vor- und Nachteile der beiden Lösungen.**

a) **Vorteil:** Es kann genau auf die Bedürfnisse des Unternehmens eingegangen werden.
**Nachteile:** Fehleranfälligkeit, schlecht getestet, lange Entwicklungzeit

b) **Vorteile:** guter Support, getestete Komponenten
**Nachteile:** ggf. Schulung nötig, keine 100 %ig passende Lösung, Abhängigkeit von einem Fremdunternehmen

## B.2 Anpassungsplanung einer Anwendung zur Datenverwaltung

1. **Sie sind in ein Kundenprojekt involviert, in dem ein Lasten- und Pflichtenheft eingesetzt wird.**

   **Beschreiben Sie jeweils die Funktion eines solchen Dokuments.**

- **Lastenheft:** Der Kunde beschreibt – meist ohne technische Details – die gewünschten Funktionen des Systems.
- **Pflichtenheft:** Der Auftragnehmer beschreibt, wie er das System technisch umsetzen will. Technische Details werden beschrieben.

2. **In der IT-Branche scheitern sehr viele Projekte.**

   **Nennen Sie mögliche Gründe.**

- Out of time
- Out of budget
- Out of quality
- Missverständnisse trotz Lasten- und Pflichtenheft

3. **Bei der Angebotserstellung wird vom Auftraggeber oftmals ein Lastenheft vorgelegt.**

   **Welche Gefahren lauern für Sie als Lastenheftersteller in diesem Projekt?**

- Der Kunde erhält ein bereits ausgearbeitetes Lastenheft, das er einem anderen Auftragnehmer vorlegen kann.
- Die Erstellung des Pflichtenheftes kostet den Auftragnehmer Zeit/Geld. Das wird häufig nicht bezahlt.

4. **Welche Alternativen gibt es zum Lasten-/Pflichtenheft-Konzept?**

Agiles Projektmanagement (SCRUM, KANBAN) mit iterativem Vorgehen.

## B.3 Testfälle

**1. Warum erscheint der dargestellte Fehler, wenn die using-Direktive auskommentiert wird?**

```
//using System;

0 Verweise
class Program
{
    0 Verweise
    static void Main(string[] args)
    {
        int z3 = 4;
        int z4 = 5;
        int erg1 = z4 / z3;

        string str = Convert.ToString(erg1);
    }
}
```

Die Klasse Convert ist in der Bibliothek System definiert. Ohne diese Definition kann der Kompiler die Klasse Convert nicht „auflösen" („verstehen").

**2. Es gibt Kompilier- und Laufzeitfehler.**

**Wann treten diese Fehler im Software-Erstellungsprozess auf?**

**Kompilierfehler** treten beim Programmieren auf. Das Programm kann nicht zu einer binären lauffähigen Datei zusammengestellt werden.

**Laufzeitfehler** treten auf, während das Programm läuft. Hier kann es zu Fehlern kommen, die durch Falscheingaben des Benutzers entstehen und nicht vom Programmierer abgefangen wurden.

**3. Zur Beurteilung von Programmen muss u. a. deren Qualität gemessen und beurteilt werden.**

**Nennen Sie zwei Qualitätsprüftechniken.**

- Testmethoden – z. B. Logiktest, Funktionstest, Integrationstest
- Analysetechniken – z. B. Normalisierungsanalyse, Klassenanalyse, Benchmarking

**4. Welche Forderung hinsichtlich des Testens besteht bei modular aufgebauten Programmen?**

Module müssen unabhängig von anderen Modulen getestet werden können. Die Korrektheit eines Moduls darf nicht durch andere Module mitbestimmt werden.

**5. Erklären Sie die folgenden Fehlerarten:**
**a) Syntaxfehler**
**b) Laufzeitfehler**
**c) Logikfehler**
**Geben Sie an, zu welchem Zeitpunkt der Fehler erkannt werden kann.**

a) Syntaxfehler: Verstoß gegen die Regeln der jeweiligen Programmiersprache; wird zur Entwurfszeit gemeldet

b) Laufzeitfehler: führen erst bei der Ausführung des Programms zu einer Fehlersituation

c) Logikfehler: Das Programm liefert nicht die geforderte Funktonalität bzw. liefert falsche Ergebnisse; kann erst während der Programmausführung mittels Testdaten erkannt werden.

**6. Tests werden in statische und dynamische Tests klassifiziert.**
**Worin besteht der Unterschied?**

**Statische Tests** prüfen das Programm auf formale Korrektheit, ohne es auszuführen.

**Dynamische Tests** erfolgen dagegen am laufenden Programm mit konkreten Eingaben und unter realen Einsatzbedingungen.

**7. Was versteht man unter einem Testfall?**

Ein Testfall ist die Beschreibung eines Softwaretests, dessen Ziel die Überprüfung der zugesicherten Eigenschaften ist.

**8. Der Softwaretest durchläuft die Phasen:**
- **Codetest**
- **Funktionstest**
- **Integrationstest**
- **Regressionstest**
- **Systemtest**
- **Leistungstest**

**Wodurch sind die einzelnen Phasen gekennzeichnet?**

**Codetest:** Test einzelner Funktionen und Module bereits während der Programmentwicklung (z. B. Logiktest)

**Funktionstest:** Soll-/Ist-Vergleich der Programmfunktionalität einzelner Module nach Programmierabschluss

**Integrationstest:** nach Einbindung mehrerer Module Überprüfung der Interaktion der Schnittstellen

**Regressionstest:** dient der Grundqualitätssicherung; bei jeder neuen Version erfolgt wiederholt ein Funktionstest mit ausgewählten Testfällen

**Systemtest:** Test des Softwaregesamtsystems unter Anwenderbedingungen

**Leistungstest:** Test der Leistungsfähigkeit, z. B. Zeitverhalten, Belastungsfähigkeit, Verhalten in Extremsituationen

**9. Führen Sie einen „Schreibtischtest" für das folgende Struktogramm des Sortierverfahrens Bubblesort (kleinstes Element nach links) durch.**

**i = 3, Tabelle[0] = 12, Tabelle[1] = 4, Tabelle[2] = 19**

**Bubble Sort**

| Eingabedialog: i_max, Tabelle [i] | |
|---|---|
| Startwert: n=1; Endwert: i_max - 1; Schrittweite: 1; | |
| Startwert: i=0; Endwert: i_max - 2; Schrittweite: 1; | |
| Tabelle[i] > Tabelle[i+1] | |
| Wahr | Falsch |
| Tausch Tabelle [i] mit Tabelle[i+1] | % |

| | | i_max | Tabelle[0] | Tabelle[1] | Tabelle[2] | n | i |
|---|---|---|---|---|---|---|---|
| Startwerte | | 3 | 12 | 4 | 19 | | |
| 1. Durchlauf äußere Schleife | 1. Durchlauf innere Schleife | 3 | 4 | 12 | 19 | 1 | 0 |
| | 2. Durchlauf innere Schleife | 3 | 4 | 12 | 19 | 1 | 1 |
| 2. Durchlauf äußere Schleife | 1. Durchlauf innere Schleife | 3 | 4 | 12 | 19 | 2 | 0 |
| | 2. Durchlauf innere Schleife | 3 | 4 | 12 | 19 | 2 | 1 |

**10. Zu den manuelle Analyseverfahren zählt u. a. die Inspektion. Wodurch ist dieses Testverfahren gekennzeichnet?**

Das Softwareprodukt bzw. der Quellcode wird in einem streng formalisierten und strukturierten Verfahren auf Mängel überprüft (z. B. logische Fehler, Verletzung von Entwicklungsrichtlinien und -standards, unzureichende bzw. fehlerhafte Dokumentation).

# C Sie implementieren die Anpassung der Anwendung, auch im Team, und erstellen eine Softwaredokumentation.

## C.1 Entwicklungskonzeption

**1. In einem Projekt wird von einem Schichtenmodel mit vielen Business-Objekten gesprochen.**

**Welche Art von Programmiersprache würden Sie verwenden? Eine rein prozedurale oder eine objektorientiere Sprache?**

**Begründen Sie Ihre Antwort.**

Da es sich um Objekte handelt, ist die objektorientierte Vorgehensweise zu bevorzugen. Objekte bilden die Realität besser ab, da sie Grunddatentypen und Methoden zu funktionalen Einheiten (Klassen) zusammenfassen.

**2. In welcher Form finden sich prozedurale Elemente in einer objektorientierten Programmiersprache wieder?**

Die Methoden sind die Prozeduren.

3. **In C++ spricht man von ca. 20 % Performance-Verlust durch die Objektorientierung.**

   **Erklären Sie diesen Sachverhalt.**

   Allozieren und Deallozieren von Speicherplatz für Objekte benötigt zusätzliche Performance. Das Rechtekonzept (private und public) sowie die Polymorphie verbrauchen ebenfalls Speicher und Zeit.

4. **Warum eignet sich die Objektorientierung besonders gut für Schichtenmodelle wie MVC und MVVM?**

   Die Objektorientierung kapselt funktionale Einheiten in Klassen. Schichtenmodelle (MVVM, MVC) verwenden diese Klassen und bilden daraus wiederum größere funktionale Schichten (Logik-, Darstellungs-, Persistenz-Schicht). Diese Modularisierung ermöglicht eine bessere Wartbarkeit, Testbarkeit und Erweiterbarkeit von Software.

## C.2 Implementierung

1. **Deklarieren Sie eine Ganzzahl-Variable und initialisieren Sie diese mit der Zahl 5.**

   ```
   int i = 5;
   ```

2. **Erklären Sie den Unterschied zwischen Deklaration und Initialisierung einer Variablen.**

   **Deklaration:** Variable erzeugen; Speicherplatz für die Variable reservieren.

   **Initialisierung:** Den Speicherplatz mit einem Wert belegen.

3. **Deklarieren Sie eine Fließkommazahl und initialisieren Sie sie mit 3.4.**

   ```
   double d = 3.4;
   ```

4. **Deklarieren und initialisieren Sie eine Variable, die eine Zeichenkette aufnehmen kann.**

   ```
   string name = "Maria";
   ```

5. **Deklarieren und initialisieren Sie eine Variable, die ein Zeichen aufnehmen kann.**

   ```
   char c = 'a';
   ```

6. **Deklarieren Sie eine Variable zur Aufnahme eines Ja/Nein-Wertes.**

   ```
   bool b;
   ```

7. **Um mehrere Variablen eines Datentyps unter einer Adresse ansprechen zu können, verwendet man Arrays. Deklarieren Sie ein Array, das 1000 Zeichen aufnehmen kann und initialisieren Sie das erste Zeichen und das letzte Zeichen mit dem Zeichen #.**

```
char[] zeichen = new char[1000];
zeichen[0] = '#';
zeichen[999] = '#';
```

8. **Sie programmieren in einer modernen „managed" Programmiersprache.**

   **Warum stürzt das Programm mit folgendem Quellcodeausschnitt zur Laufzeit ab?**

```
int[] reihe = new int[300];
reihe[300] = -1;
```

Es wird ein Index außerhalb der Array-Grenzen angesprochen.

9. **Erläutern Sie, warum der Wert der Variable asc 40 ist.**

```
char[] zeichen = new char[1000];
zeichen[0] = '#';
zeichen[999] = '#';

int asc = zeichen[999];
asc = asc + 5; //=37
```

Es wird das Zeichen # in den ASCII-Code umgewandelt (35), zu diesem wird 5 hinzugerechnet.

10. **Welcher Datentyp sollte für das Ergebnis der folgenden Rechnung verwendet werden, damit das Ergebnis möglichst genau gespeichert wird?**

```
int z1 = 5;
int z2 = 7;
??? erg = z1 / z2;
```

Ein Datentyp, der Fließkommazahlen aufnehmen kann, da bei einer Division Kommazahlen auftreten können, z. B. double, float

11. **Welchen Wert enthält erg1?**

```
int z3 = 4;
int z4 = 5;
int erg1 = z4 / z5;
```

1

12. **Warum führt das folgende Programm zu einem Laufzeitfehler?**

```
int divi1 = 45;
int divi2 = 0;
double erg = divi1 / divi2;
```

Es wird durch 0 dividiert und damit ein buffer overrun erzeugt.

**13. Warum lässt sich das Elementgewicht der Struktur nicht initialisieren?**

```
struct Info
{
    public int id;
    double gewicht;
    string name;
}

Info i1 = new Info();
i1.id = 34;
i1.gewicht = 67.2;
```

Das Element ist nicht public. Ebenso name.

**14. Die Mehrfach-Verzweigung mit if/else lässt sich in einzelne if/else-Verzweigungen auflösen.**

**Welches sind die einzelnen Verzweigungen in diesem Beispiel?**

```
if (name == "Tom")
{
    //...
}
else if (name == "Tina")
{
    //...
}
else if (name == "Tanja")
{
    //...
}
else if (name == "Marc")
{
    //...
}
else
{
    //...
}
```

```
if(name == "Tom")
{
    //...
}
else if(name == "Tina")
{
    //...
}
else if (name == "Tanja")
{
    //...
}
else if(name == "Marc")
{
    //...
}
else
{
    //...
}
```

**15. Da es sich bei der dargestellten Mehrfachverzweigung um konstante Werte handelt, lässt sich diese besser durch eine switch/case-Anweisung darstellen.**

**Setzen Sie folgende Darstellung dementsprechend um.**

```
if (name == "Tom")
{
    //...
}
else if (name == "Tina")
{
    //...
}
else if (name == "Tanja")
{
    //...
}
else if (name == "Marc")
{
    //...
}
else
{
    //...
}
```

```
switch (name)
{
    case "Tom":
        //...
        break;
    case "Tina":
        //...
        break;
    case "Tanja":
        //...
        break;
    case "Marc":
        //...
        break;
    default:
        //...
        break;
}
```

**16. Begründen Sie, warum die break-Anweisungen in einer switch/case-Anweisung wichtig sind.**

Ohne break-Anweisungen würden die Folgefälle bis zum nächsten break durchlaufen.

**17. Ändern Sie die switch/case-Anweisung so ab, dass für „Tanja" und „Marc" dieselbe Logik ausgeführt wird.**

```
switch (name)
{
    case "Tom":
        //...
        break;
    case "Tina":
        //...
        break;
    case "Tanja":
        //...
        break;
    case "Marc":
        //...
        break;
    default:
        //...
        break;
}
```

```
switch (name)
{
    case "Tom":
        //...
        break;
    case "Tina":
        //...
        break;
    case "Tanja":
    case "Marc":
        //...
        break;
    default:
}
```

**18. Erklären Sie, warum das break in Zeile 218 obsolet ist.**

```
204     switch(name)
205     {
206         case "Tom":
207             //...
208         break;
209         case "Tina":
210             //...
211         break;
212         case "Tanja":
213         case "Marc":
214             //...
215         break;
216         default:
217             //...
218         break;
219     }
```

Die Verzweigung wird nach dem default verlassen. Das break muss nicht verwendet werden.

**19. Schleifen erlauben es, Anweisungen mehrfach zu wiederholen. Hierbei unterscheidet man zwischen dem Bedingungs-Teil und dem Schleifen-Rumpf.**

**Bei kopfgesteuerten Schleifen wird die Wiederholungsbedingung bei Eintritt in die Schleife überprüft, bei fußgesteuerten Schleifen am Ende.**

**Geben Sie für jeweils eine Variante ein Beispiel.**

```
//kopfgesteuert
for (int i = 0; i < ende; i++)
{
    //...
}

while (run == true)
{
    //...
}

//fußgesteuert
do
{
    //...
} while (!stopp);
```

**20. Wann bietet sich eine kopfgesteuerte, wann eine fußgesteuerte Schleife an?**

In manchen Fällen muss die Schleife auf jeden Fall einmal durchlaufen werden, z. B. bei Zinsberechnungen. Dann ist eine fußgesteuerte Schleife sinnvoll.

**21. Wie oft wird die folgende Schleife durchlaufen?**

```
int zahl = 0;
bool halt = false;

do
{
    Console.WriteLine(zahl++);
} while (!halt);
```

Es ist eine Endlos-Schleife, da halt nie auf true gesetzt wird.

**22. Erstellen Sie eine kopfgesteuerte Zählschleife mit for, die genau 1000-mal durchlaufen wird.**

**Beispiel:**

```
for (int i = 0; i < 999; i++)
{
    //...
}
```

**Wichtig:**
i beginnt bei 0 und läuft bis 999.

**23. Programmieren Sie einen Countdown, der bei 10 anfängt und bei 0 endet. Die 0 soll noch ausgegeben werden.**

**Verwenden Sie zur Ausgabe folgenden Code:**

**Console.WriteLine(n);**

**Verwenden Sie eine do/while-Schleife.**

```
int n = 10;
do
{
      Console.WriteLine(n--);
}while(n > -1)
```

Alternative Anfangs- und Endbedingungen sind natürlich möglich. Diese müssen aber zusammenpassen.

**24. Welche Aussage zum Code ist richtig?**

**feldspieler.Name = „Ronaldo";**

**a) Der Klasse Feldspieler wird der Name „Ronaldo" zugewiesen.**

**b) Es wird der Methode „Name" ein string zugeordnet.**

**c) Die Eigenschaft des Objekts wird gesetzt.**

**d) Das Objekt ist vom Typ „Ronaldo".**

c) ist richtig.

**25. Analysieren Sie den folgenden Text und erstellen Sie daraus eine Klasse.**

**Das Haus besitzt zwölf Zimmer auf drei Etagen. Die Energiekosten berechnen sich über die Anzahl der Zimmer und der Gesamtwohnfläche. Ferner gibt es die Option, dass das Dachgeschoss ausgebaut werden kann. Das Baudatum muss ebenfalls festgehalten werden können.**

**Hinweis: Auf alle Eigenschaften soll über get/set-Methoden zugegriffen werden können.**

```
public class Haus
{
    //Beispielhafte Implementierung
    private int _anzahlZimmer;
    private int _anzahlEtagen;
    private int _wohnflProEtage;
    private bool _dgAusbaubar;
    private DateTime _bauDatum;


    public int GetAnzahlZimmer()
    {
        return _anzahlZimmer;
    }


    public void SetAnzahlZimmer(int anz)
    {
        _anzahlZimmer = anz;
    }

    //...weitere get/set-Methoden nach
    //gleichem Schema.

    public double BerechneEnergiekosten()
    {
        return 6.8 * _wohnflProEtage * _anzahlEtagen;
    }
}
```

**26. Welche der gezeigten Möglichkeiten erlaubt den Einbau einer sog. Plausibilitätsprüfung? Begründen Sie Ihre Antwort.**

```
public class Person
{
    public int _alter; //A)

    //B)
    public int GetAlter()
    {
        return _alter;
    }

    //C)
    public void SetAlter(int alter)
    {
        _alter = alter;
    }
}
```

Alternative B. In der Methode kann der Parameter „alter" auf Gültigkeit geprüft werden.

Alternative A eignet sich nicht.

```
public class Person
{
    //Beispielimplementierun
    public int _alter; //A)

    //B)
    public int GetAlter()
    {
        return _alter;
    }

    //C)
    public void SetAlter(int alter)
    {
        if(alter > 0)
            _alter = alter;

    }
}
```

**27. Erstellen Sie ein Objekt der Klasse Calculator und rufen Sie dessen Methode Add() auf, um die Summe von 5 und 7 zu berechnen.**

```
public class Calculator
{
    int _z1;
    int _z2;
    public Calculator(int z1, int z2)
    {
        _z1 = z1;
        _z2 = z2;
    }
    public int Add()
    {
        return _z1 + _z2;
    }
}
```

```
Calculator cal = new Calculator(5, 7);
int erg = cal.Add();
```

**28. Warum leitet man in der Objektorientierung Klassen voneinander ab?**

**a) um das Prinzip der Generalisierung/Spezialisierung auszunutzen**

**b) um redundanten Code zu vermeiden**

**c) um Fehler zu vermeiden**

**d) um Quellcodedateien zu verschlüsseln**

**e) um die Performance des Programms zu erhöhen**

a), b), c)

e) Hier ergibt sich kein signifikanter Performance-Gewinn. Im Gegenteil: Objektorientierung benötigt ca. 20 % mehr Performance.

**29. Leiten Sie die Klasse Mensch in einer Programmiersprache von der Klasse Lebewesen ab. Der Mensch soll einen Namen haben können, die Klasse Lebewesen nicht. Mensch und Tier sollen beide über die Eigenschaft Alter verfügen.**

```
public class Lebewesen
{
    protected int _alter;
}

public class Mensch : Lebewesen
{
    private string _name;
}
```

**30. Am Anfang einer Quellcode-Datei finden sich folgende Zeilen:**

```
using System;
using System.Collections.Generic;
using System.Linq;
using System.Text;
using System.Threading.Tasks;
```

**Wofür werden diese Angaben benötigt?**

Sie binden die grundlegenden Bibliotheken ein, damit der Compiler die Schlüsselwörter und die Klasse „versteht", die im folgenden Quellcode verwendet werden.

**31. Hersteller von Softwarekomponenten verkaufen ihre Bibliotheken im Binärformat (.dll). Welchen Vorteil bietet diese Vorgehensweise dem Hersteller?**

Der Käufer kann diesen Quellcode nicht so leicht analysieren.

**32. Einem Projekt werden folgende Verweise hinzugefügt:**

- Verweise
  - Analyse
  - Microsoft.CSharp
  - System
  - System.Core
  - System.Data
  - System.Data.DataSetExtensions
  - System.Net.Http
  - System.Xml
  - System.Xml.Linq

**Es handelt sich dabei um Komponenten des .NET-Frameworks. Warum werden derartige Framewoks in Projekten verwendet?**

Der Programmierer kann sich auf bereits vorgefertigte Klassen beziehen, die ihm die Arbeit erleichtern. Die Komponenten/Klassen sind bereits getestet. Die Qualität und die Funktionalität einer Software werden dadurch gesteigert.

**33. Nennen Sie Beispiele für bekannte Bibliotheken.**

.NET-Framework ⟶ allg. Klassen für C#

JAVA-Swing ⟶ Oberflächenkomponenten für JAVA

MySQL ⟶ MySQL-Zugriff

Material ⟶ Oberflächenkomponenten

**34. Warum werden administrative Tätigkeiten in einer IT-Infrastruktur oftmals durch sog. Skripte realisiert?**

Skripte sind einfache/kurze Programme, die einem Administrator die Arbeit dadurch erleichtern, indem sie Betriebssystem-Funktionen wie User-Berechtigungen und Ressourcenverwaltung sehr leicht verfügbar machen.

Skripte werden sofort ausgeführt (interpretiert) und müssen nicht kompiliert werden. Sie sind nicht auf Laufzeitperformance ausgelegt, sondern auf leichte und effiziente Anwendung.

**35. Worin unterscheiden sich kompilierte und interpretierte Programmiersprachen?**

Kompilierte Programme sind schneller, da sie zur Laufzeit bereits als Binärcode vorliegen. Sie werden für eine bestimmte CPU mit einem bestimmten Betriebssystem kompiliert.

Interpretierte Sprachen sind betriebssystemunabhängig. Der Interpreter übersetzt zur Laufzeit das Programm in Binärcode für die gewählte Hardware/Betriebssystem. Interpretierte Sprachen sind langsamer.

**36. Beschreiben Sie die Vorteile einer Skriptsprache.**

Skripte haben keine GUI und warten nicht auf User-Eingaben.

Code-Schnipsel können leicht wiederverwendet werden.

Objektorientierte Strukturen werden zwar angeboten, müssen aber nicht verwendet werden. D. h. komplexe Projekte sind möglich (Phyton).

Datenmengen können zur weiteren Analyse leicht weitergegeben werden (siehe Pipelining).

**37. Welche grundlegende Aufgabe hat ein Compiler?**

Der Compiler übersetzt menschenlesbaren Quellcode in maschinenausführbaren Binärcode.

**38. In einem Projekt werden fremde Libraries „hinzu" gelinkt. Was versteht man darunter?**

Wenn man im Quellcode spezielle Schlüsselworte (oder Klassen) verwendet, müssen diese beim Kompiliervorgang als binäre Codedateien vorhanden sein, damit das Programm vollständig erstellt werden kann.

**39. In welcher Reihenfolge werden Compiler und Linker beim Erstellen eines Programms angewendet und welche Aufgabe haben diese?**

Zuerst erstellt der Compiler Binärcode, dann linkt der Linker die Bibliotheken hinzu.

# A Sie nehmen Serviceanfragen entgegen, analysieren Serviceanfragen und prüfen deren vertragliche Grundlage. Sie ermitteln die Reaktionszeit und dokumentieren den Status der Anfragen im zugrundeliegenden Service-Management-System.

## A.1 Vertragliche Grundlagen von Serviceanfragen

**1. Bringen Sie die Einzelschritte des IT-Service-Zyklus in die richtige Reihenfolge.**

- **Add**
- **Change**
- **Dispose**
- **Install**
- **Move**
- **Remove**

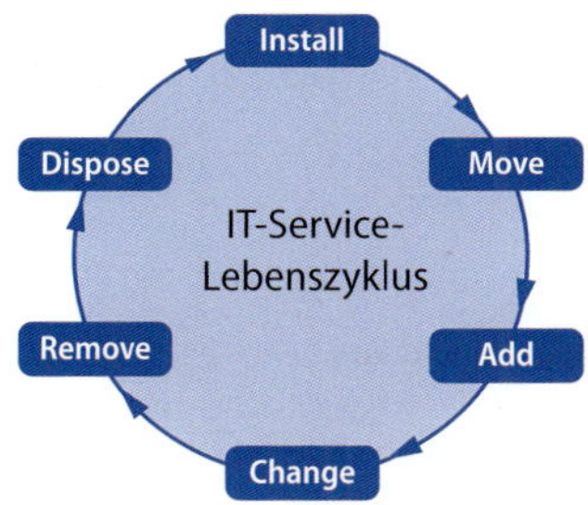


**2. In einem IT-Lexikon ist von „Compliance" und „Gouvernance" die Rede. Erläutern Sie die Begriffe im Zusammenhang mit dem IT-Service.**

**Compliance:** Einhaltung bzw. Erfüllung der geltenden Regeln, z. B. des Verbraucherschutzes im deutschen Zivilrecht

**Gouvernance:** regelbasierte Steuerung der Geschäftsprozesse eines IT-Dienstleisters

**3. Unterscheiden Sie zwischen „Standards" und „Rahmenwerken" im IT-Service.**

**Standards:** Normungsorganisationen wie die ISO (International Organization for Standardization) oder IEC (Internationale Elektrotechnische Kommission) erlassen Standards, um z. B. Maßnahmen zur Qualitätssicherung, Informationssicherheit und Arbeits- und Umweltschutz zu vereinheitlichen und koordiniertes Verhalten von Institutionen zu ermöglichen. Bekannte Standards sind die ISO/IEC 20000, die Qualitätskriterien für das IT-Service-Management definiert, und die ISO/IEC 2700x-Reihe zur Umsetzung eines IT-Sicherheitsmanagementsystems.

**Rahmenwerke:** Rahmenwerke sind dagegen Referenzmodelle zur Steuerung von Unternehmensprozessen (Gouvernance). Sie enthalten Best-Practice-Beispiele, verfolgen ganzheitliche Ansätze und verlangen kontinuierliche Verbesserungsprozesse. Als wichtige Rahmenwerke gelten COBIT (Control Objectives for Information and Related Technology), ITIL (Information Technology Infrastructure Library), FAIR (Factor Analysis of Information Risk), TOGAF (The Open Group Architecture Framework) und, speziell in Deutschland, die IT-Grundschutzkataloge des Bundesamtes für Sicherheit in der Informationstechnik (BSI).

**4. Welche Grundsätze gelten bei der Verarbeitung von personenbezogenen Daten nach Datenschutzgrundverordnung (DSGVO) im IT-Service?**

Die Datenschutzgrundverordnung (DSGVO) bietet grundsätzlich allen natürlichen Personen Schutz bei der automatischen und nichtautomatischen Verarbeitung ihrer Daten mit Ausnahme der Bereiche Justiz und Familie. Dabei sind folgende Prinzipien zu beachten:

- Rechtmäßigkeit
- Zweckbindung
- Datenminimierung
- Richtigkeit
- Speicherbegrenzung
- Integrität und Vertraulichkeit
- Rechenschaftspflicht

**5. Unter welchen Bedingungen ist die Verarbeitung personenbezogener Daten im Rahmen von IT-Dienstleistungsverträgen möglich?**

- Die betroffene Person muss einwilligen.
- Die Verarbeitung muss einen konkreten Dienstvertrag betreffen.
- Der Verantwortliche ist zur Datenverarbeitung verpflichtet.
- Die Verarbeitung ist zum Schutz öffentlicher Interessen notwendig.

**6. Was ist zu beachten, wenn die Verarbeitung von personenbezogenen Daten an Dritte ausgegliedert werden soll?**

Dazu ist der Abschluss eines Auftragsverarbeitungsvertrags nach Art. 28 Abs. 3 Datenschutzgrundverordnung (DSGVO) notwendig. Der Auftragsverarbeiter verpflichtet sich darin, nur den Weisungen des Kunden zu folgen und die Daten rechtmäßig zu verarbeiten.

Folgende Vertragsbestandteile sind vorgesehen:

§ 1 Gegenstand, Dauer und Besonderheiten der Auftragsverarbeitung

§ 2 Anwendungsbereich und Verantwortlichkeit

§ 3 Pflichten des Auftragnehmers

§ 4 Pflichten des Auftraggebers

§ 5 Anfragen betroffener Personen

§ 6 Nachweismöglichkeiten

§ 7 Subunternehmer

§ 8 Informationspflichten, Schriftformklausel, Rechtswahl

§ 9 Haftung und Schadensersatz

**7. Unterscheiden Sie zwischen "Service Level Agreement", "Operational Level Agreement" und "Underpinning Contract".**

**Service Level Agreement:**

(kurz: SLA)

Ein Service Level Agreement ist eine Dienstgütevereinbarung zwischen einem Servicenehmer (Dienstleistungsempfänger) und Servicegeber (Dienstleistungslieferant). Dabei sind qualitative Leistungsabstufungen zu definieren (Service Level) und durch Kennzahlen zu überwachen.

**Operational Level Agreement:**

(kurz: OLA)

Während es sich bei den Service Level Agreements um Vereinbarungen mit externen IT-Dienstleistern handelt, sind Operational Level Agreements interne Vereinbarungen zwischen IT-Anwendern und IT-Dienstleistern, bspw. einer Personalabteilung (Human Resources) und einer IT-Abteilung.

**Underpinning Contract:**

(kurz: UC; Underpinning = Untermauerung)

Wird die IT-Servicedienstleistung an externe Dritte vergeben, spricht mit man von einem Underpinning Contract. Der Underpinning Contract regelt Zuständigkeiten, Schnittstellen und Kommunikation zwischen Auftraggeber, Auftragnehmer und dem externen Dienstleister; er muss daher auf das Service Level Agreement abgestimmt sein.

**8. Was muss in einem Service Level Agreement aufgeführt sein?**

1. Vertragspartner
2. Laufzeit
3. abgestufte IT-Dienstleistungen in genau definierter Qualität (Service Level)
4. Preisvereinbarungen für die einzelnen Service Level
5. Nennung von Ansprechpartnern bei Vertragsstörungen
6. Regelungen für Leistungsstörungen und Vertragsänderungen
7. Maßnahmen zur Qualitätssicherung
8. Glossar

**9. Erklären Sie die Unterschiede folgender Service Level.**

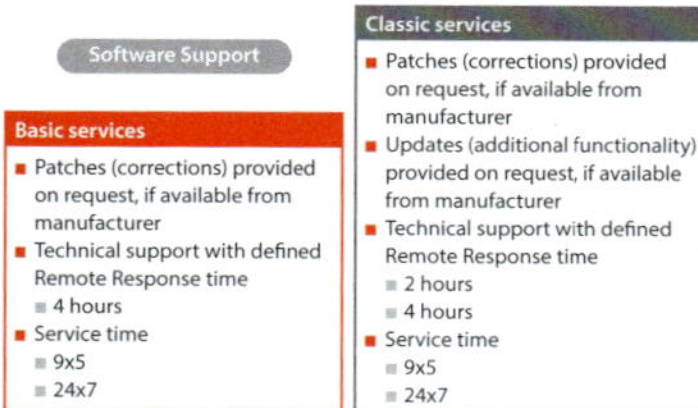


**Basic Service:** Hierbei handelt es sich um ein Basisangebot für Durchschnittsanwender, das eine vierstündige technische Unterstützung innerhalb von vier Stunden rund um die Uhr bietet.

**Classic Service:** Dieses Angebot ergänzt den Basic Service um Software-Aktualisierung und eine zweistündige technische Unterstützung.

| | |
|---|---|
| **10. Ordnen Sie folgende IT-Verträge**<br>**[1] Access-Provider-Vertrag**<br>**[2] Application-Service-Providing**<br>**[3] Web-Hosting-Vertrag**<br>**[4] Webdesign-Vertrag**<br>**[5] Domain-Registrierungsvertrag**<br>**[6] Softwarepflegevertrag**<br>**[7] Internet-System-Vertrag**<br>**den BGB-Vertragstypen zu:**<br>**A) Kaufvertrag**<br>**B) Darlehensvertrag**<br>**C) Schenkungsvertrag**<br>**D) Mietvertrag**<br>**E) Pachtvertrag**<br>**F) Leihvertrag**<br>**G) Dienstvertrag**<br>**H) Werkvertrag**<br>**I) Werklieferungsvertrag**<br>**J) Reisevertrag**<br>**K) Gesellschaftsvertrag** | 1 → G<br>2 → D<br>3 → D, G, H = Mischvertrag<br>4 → I<br>5 → H<br>6 → G<br>7 → H |
| **11. Ein IT-Unternehmen hat für einen Kunden im Rahmen eines Werkvertrags eine Individualsoftware erstellt und auf dessen Rechner installiert. Der Kunde vergisst den vereinbarten Abnahmetermin und zahlt den Werklohn. Hinterher ist er mit der Software unzufrieden und rügt Mängel beim IT-Unternehmen, die er kostenlos behoben haben will. Hat seine Mängelrüge Chancen auf Erfolg?** | Im vorliegenden Fall kann von einer stillschweigenden Abnahmeerklärung ausgegangen werden, weil der Kunde den Werklohn ohne vorherige Mängelrüge erstattet. Der Knackpunkt bei IT-Werkverträgen ist regelmäßig die Abnahmeerklärung. Folgen dieser Abnahmeerklärung sind:<br>• Fälligkeit der Vergütung für die Leistung (§ 641 BGB)<br>• Gefahrenübergang einer zufälligen Verschlechterung auf den Besteller (§ 644 BGB)<br>• Verlust des Gewährleistungsanspruchs für bei der Abnahme bekannte, aber nicht vorbehaltene Mängel (§§ 341, 640 BGB)<br>• Verjährungsfristen für Mängelansprüche beginnen zu laufen (§ 634a BGB) |

**12. In einem Software-Erstellungsvertrag heißt es in § 9 Abnahme u. a.**

**„Wegen unerheblicher Mängel darf die Abnahme nicht verweigert werden. Läuft eine von Auftragnehmer, gesetzte Frist zur Abnahme ergebnislos ab, gilt die Abnahme als erteilt. [...]**

**Liegen erhebliche Mängel vor, verpflichtet sich Auftragnehmer, die Mängel unverzüglich zu beseitigen. Die Abnahme ist innerhalb einer Woche nach Anzeige der Mängelbeseitigung zu wiederholen."**

**Erläutern Sie, was man unter**
**[1] unerheblichen und**
**[2] erheblichen Mängeln**
**versteht; nennen Sie Beispiele.**

[1] unerhebliche Mängel:
Mängel, die die Funktionalität der Software nicht erheblich einschränken, z. B. Handbuch fehlerhaft oder grafische Darstellungsfehler etc.

[2] erhebliche Mängel:
Mängel, die die Funktionalität der Software erheblich einschränken, sodass die im Vertrag vereinbarten Leistungen nicht oder zum Großteil nicht erbracht werden, z. B. eine Buchhaltungssoftware, in der man nicht buchen kann

**13. Welche Vorteile und welche Nachteile bieten Rahmenverträge in der IT-Branche?**

**Vorteile:**
- Planungssicherheit
- Rabatte für größere Bestellmengen oder Leistungserbringungen
- Kundenbindung
- geringerer Verwaltungsaufwand

**Nachteile:**
- Laufzeitbindungen erschweren Reaktion auf Preisänderungen
- lohnen sich für den Auftraggeber in der Regel nur, wenn Preise tendenziell steigen
- Anpassungsschwierigkeiten
- nur für große Geschäftsvolumen geeignet, z. B. IT-Aufträge für staatliche Institutionen etc.

**14. Grenzen Sie Serviceverträge von Wartungsverträgen ab.**

In der IT-Branche dienen Serviceverträge in der Regel der Softwarepflege und -weiterentwicklung, während Wartungsverträge auf die Instandhaltung der EDV-Anlage und Rechentechnik in Gänze abzielen.

Juristisch verbergen sich hinter diesen Verträgen mit vielen IT-Spezifikationen oft Werk- oder Dienstverträge, bei denen der Erfolg (Werk) und die dauerhafte Zurverfügungstellung von externen IT-Dienstleistungen im Mittelpunkt stehen. Die Zuordnung ist abhängig von der Schwerpunktsetzung in der Leistungsbeschreibung.

**15. Welche Vorteile und welche Nachteile bieten Leasingverträge in der IT-Beschaffung?**

**Vorteile:**

- neueste IT-Produkte stehen nach Abschluss des Leasingvertrags zu geringen Monatsraten zur Verfügung
- Umsatzsteuer des Leasingobjekts kann als Vorsteuer geltend gemacht werden
- Versicherungen und Leasingraten sind als Betriebskosten absetzbar und mindern Körperschaft- oder Einkommensteuer
- einige Leasingunternehmen kaufen die eigene IT-Ausstattung im Rahmen eines Sale-and-Lease-Back-Modells auf
- höhere Flexibilität als beim Kauf

**Nachteile:**

- Leasing ist zumeist kurzfristig günstig, aber langfristig teurer als der Ratenkauf (höhere Verzinsung, Sonderzahlungen, Gebühren)
- Leasing schwächt im Vergleich zum Kauf die Eigenkapitalbasis des Unternehmens
- Verträge sind während der Laufzeit unkündbar
- Steuervorteile nur für gewerbliche Nutzer
- oft sind Leasingverträge nicht kostentransparent

**16. In einem Leasingvertrag findet sich folgender Auszug. Welche Pflichten ergeben sich daraus für den Leasingnehmer (hier: LN), welche für den Leasinggeber (hier: LG)? Was droht ihnen jeweils bei Pflichtverletzungen?**

**7. Leasingrate, Zahlungsbedingungen, Zahlungsverzug, Mahn- und Rücklastschriftkosten, Anpassung der Leasingrate**

7.1 Der LN zahlt als Gegenleistung für die Überlassung des Leasingobjekts zur Nutzung die in dem Leasingvertrag vereinbarten Leasingraten.

7.2 Die Leasingraten sind jeweils am ersten Tag der vereinbarten Zahlungsperiode im Voraus fällig. Vorbehaltlich einer anderslautenden Vereinbarung beginnt die erste Zahlungsperiode am Ersten des auf den Beginn der Leasingzeit gem. Ziff. 6.1 folgenden Kalendermonats.

7.3 Soweit nicht anders vereinbart, werden die Leasingraten bei Fälligkeit porto- und spesenfrei im Lastschriftverfahren eingezogen. Wählt der LN eine andere Zahlweise als das Lastschriftverfahren, so sind die gem. Ziff. 7.2 fälligen Leasingraten für den LG gebührenfrei auf eines der angegebenen Konten des LG zu überweisen. In diesem Fall erhöht sich der je vereinbarter Zahlungsperiode fällige Betrag um eine Servicegebühr in Höhe von EUR 7,50 zzgl. gesetzlicher MwSt.

7.4 Bei Zahlungsverzug hat der LN Verzugszinsen in Höhe von 8%-Punkten über Basiszins zu bezahlen. Für nach Verzugseintritt des LN ergehende Mahnungen werden Kosten in Höhe von jeweils EUR 5,00 berechnet. Für vom LN zu vertretende Rückbuchungen vertragsgemäßer Lastschriften werden Kosten in Höhe von jeweils EUR 15,00 berechnet. Der LG ist zum Nachweis höherer, der LN zum Nachweis geringerer Kosten der Mahnungen bzw. Rückbuchungen berechtigt.

| Vertragspartner | LN | LG |
|---|---|---|
| Pflichten | Zahlung der Leasingrate | Überlassung des Leasingobjekts |
| Folgen bei Pflichtverletzung | bei Zahlungsverzug: Strafzinsen und Mahngebühren<br>bei Zahlungsverzug von 2 Monaten und Nachfrist von 14 Tagen: Kündigung des Leasingvertrags | zweimaliger Versuch der Nacherfüllung, dann Rücktritt, Schadenersatz |

**17. Im selben Leasingvertrag wie in Aufgabe 16 heißt es: „Auf Anforderung des LG wird der LN im Zusammenhang mit seinem Leasingantrag sowie während der Laufzeit des Leasingvertrages alle für die Prüfung der Bonität erforderlichen Auskünfte erteilen und Nachweise über seine Einkommens- und Vermögensverhältnisse zur Verfügung stellen." Welchen Zweck erfüllt dieser Passus des Leasingvertrags?**

Der Leasinggeber möchte die Kreditwürdigkeit des Leasingnehmers überprüfen. Dies geschieht in der Regel bei allen Vertragstypen, bei denen der Gläubiger gegenüber dem Schuldner in Vorleistung geht. Ohne Kreditwürdigkeit werden zumeist Risikoaufschläge fällig, mit denen der Leasinggeber eventuellen Zahlungsausfall einpreist. Zudem sehen einige Leasingverträge wie auch Mietverträge Kautionszahlungen vor, die bei Rückgabe des Leasingobjekts zurückgezahlt werden.

**18. Berechnen Sie die Leasingkosten für einen Roboter, wenn die monatliche Leasingrate 5.000 € beträgt, der Vertrag über vier Jahre laufen soll und der Roboter am Ende der Laufzeit mit einem Restwert von 15.000 € gekauft werden soll (Kaufoption).**

| **Leasingkosten für den Roboter** | |
|---|---|
| Leasingrate monatlich | 5.000 € |
| Leasingrate über vier Jahre | 240.000 € |
| Restzahlung | 15.000 € |
| GESAMTKOSTEN | 255.000 € |

**19. Worauf ist bei Abschluss von Darlehensverträgen zur IT-Finanzierung zu achten?**

- Um welche Darlehnsart (z. B. Raten-, Annuitäten- oder Fälligkeitsdarlehen) handelt es sich?
- Welche Konditionen (Zinssätze, Möglichkeiten zur Sondertilgung oder Aussetzung der Rate) werden vereinbart?
- Welche Kosten und Gebühren fallen an?
- Welche Laufzeit wird vereinbart?
- Wie teuer ist die Restschuldversicherung? Wofür tritt sie ein?
- Welche Zinsbindungsfrist wird vereinbart?
- Welche Auszahlungsmodalitäten (Raten- oder Einmalzahlung) werden vereinbart?

**20. Berechnen Sie die Kosten für ein Ratendarlehen über 300.000 € zur Finanzierung einer EDV-gestützten Fertigungsstraße, wenn der Zinssatz 5 % beträgt und die Laufzeit vier Jahre umfasst. Nutzen Sie dazu nachstehende Tabelle:**

| Jahr | Schuld Anfang des Jahres | Zinsen 5 % p. a. | Tilgung Ende des Jahres | Kredit-rate | Restschuld am Ende des Jahres |
|---|---|---|---|---|---|
| 1 | | | | | |
| 2 | | | | | |
| 3 | | | | | |
| 4 | | | | | |
| | gesamt | | | | |

| Jahr | Schuld Anfang des Jahres | Zinsen 5 % p. a. | Tilgung Ende des Jahres | Kredit-rate | Restschuld am Ende des Jahres |
|---|---|---|---|---|---|
| 1 | 300.000 € | 15.000 € | 75.000 € | 90.000 € | 225.000 € |
| 2 | 225.000 € | 11.250 € | 75.000 € | 86.250 € | 150.000 € |
| 3 | 150.000 € | 7.500 € | 75.000 € | 82.500 € | 75.000 € |
| 4 | 75.000 € | 3.750 € | 75.000 € | 78.750 € | 0 |
| | gesamt | 37.500 € | 300.000 € | 337.500 € | |

Rückzahlungsbetrag =
= Zinsanteil + Tilgungsanteil
= 337.500 €.

**21. Die Bank möchte Ihnen für die Finanzierung der Fertigungsstraße aus Aufgabe 20 jedoch kein Ratendarlehen, sondern nur ein**
**[1] Fälligkeitsdarlehen oder ein**
**[2] Annuitätendarlehen gewähren.**

**a) Wie würden sich in diesem Falle die Kreditkosten ändern?**

**b) Vergleichen Sie die Abweichung zwischen den Darlehensarten in Prozent.**

a) [1] Beim **Fälligkeitsdarlehen** geschieht die Tilgung erst am Ende des Kreditvertrags.

| Jahr | Schuld Anfang des Jahres | Zinsen 5 % p. a. | Tilgung Ende des Jahres | Kredit-rate | Restschuld am Ende des Jahres |
|---|---|---|---|---|---|
| 1 | 300.000 € | 15.000 € | 0 | 15.000 € | 300.000 € |
| 2 | 300.000 € | 15.000 € | 0 | 15.000 € | 300.000 € |
| 3 | 300.000 € | 15.000 € | 0 | 15.000 € | 300.000 € |
| 4 | 300.000 € | 15.000 € | 300.000 € | 315.000 € | 0 |
| | gesamt | 60.000 € | 300.000 € | 360.000 € | |

[2] Beim **Annuitätendarlehen** (lat. annus: das Jahr) bleibt die jährliche Belastung (Kreditrate) im Gegensatz zum Ratendarlehen gleich.

| Jahr | Schuld Anfang des Jahres | Zinsen 5 % p. a. | Tilgung Ende des Jahres | Kredit-rate | Restschuld am Ende des Jahres |
|---|---|---|---|---|---|
| 1 | 300.000,00 € | 15.000,00 € | 69.603,55 € | 84.603,55 € | 230.396,45 € |
| 2 | 230.396,45 € | 11.519,82 € | 73.083,73 € | 84.603,55 € | 157.312,72 € |
| 3 | 157.312,72 € | 7.865,64 € | 76.737,91 € | 84.603,55 € | 80.574,81 € |
| 4 | 84.603,55 € | 4.028,74 € | 80.574,81 € | 84.603,55 € | 0 |
| | gesamt | 38.414,20 € | 300.000,00 € | 338.414,20 € | |

b) Das Ratendarlehen ist mit 337.500 € am günstigsten, das Annuitätendarlehen ist mit 338.414,20 € um 0,3 % teurer, das endfällige Darlehen mit 360.000 € sogar um 6,7 %.

## A.2 Analyse von Serviceanfragen

1. **Die im IT-Bereich angebotenen Services sind sehr vielfältig. Nennen Sie fünf Kriterien, nach denen Services unterschieden werden können.**

   - Zielobjekt
   - Ort
   - Prozessphase
   - Dringlichkeit
   - Kundenart
   - Ressourcenbedarf

2. **Nennen Sie drei Methoden für eine schnelle Lösungsentwicklung.**

   - FAQ-Liste nutzen (FAQ: Frequently Asked Questions)
   - in einer Wissensdatenbank informieren (Knowledge Base),
   - immer tiefgründigeres Nachfragen mit Methode der „5 Warum“ (5-Why-Methode; 5-W-Methode)

3. **Aufwendige Problemlösungsprozesse können nach dem DMAIC-Zyklus durchgeführt werden. Welche fünf Phasen werden dabei durchlaufen und was ist ihr jeweiliger Schwerpunkt?**

   D – Define: Definition von Problem und Umfang

   M – Measure: Ist-Zustand ermitteln bzw. messen

   A – Analyse: Ursache-Wirkung-Beziehung darstellen

   I – Improve: Lösungsmöglichkeiten identifizieren, prüfen, bewerten, auswählen und umsetzen

   C – Control: Kontinuierliche Prozessüberwachung und ggf. Einleiten von Korrekturmaßnahmen

4. **Nennen Sie fünf persönliche Anforderungen an einen IT-Servicedesk-Mitarbeiter.**

   - deutliche Team- und Kommunikationsfähigkeit
   - ausgeprägtes analytisches Denken
   - Fähigkeit, fachliche Sachverhalte verständlich darzustellen und zu erfragen
   - hohe Kundenorientierung
   - ständige Zuverlässigkeit

5. **Bei den fachlichen Anforderungen an einen IT-Servicedesk-Mitarbeiter lesen Sie den Begriff „Asset-Tracking“.**

   **Was ist darunter zu verstehen?**

   **Asset-Tracking** ist eine Methode zur genauen Nachverfolgung von bestimmten Informationen (z. B. Position und Status) von Assets (Gesamtheit aller relevanter IT-Daten bzw. IT-Geräte).

| | |
|---|---|
| **6. Störungs- und Problemanfragen müssen effizient und schnell bearbeitet werden. Als eine dafür geeignete Analysemethode soll „FAQ" eingesetzt werden.**<br>**Charakterisieren Sie diese Analysemethode.** | **FAQ** steht für „Frequently Asked Questions". Dabei wird ein Katalog bzw. eine Datenbank angelegt, in der die zur Störung- bzw. Problemlösung häufig gestellten Fragen und zugehörigen Antworten erfasst werden. Damit ist eine schnelle und effiziente Einarbeitung und Lösung der jeweilige Problematik gegeben.<br>Neue Fragen/Lösungen, welche sich während der Servicebearbeitung ergeben, werden fortlaufend hinzugefügt. |
| **7. Begründen Sie die Verbesserung der Kundenbindung durch die Verwendung eines IT-Helpdesk-Ticketing-Systems.** | Ein **IT-Helpdesk-Ticketing-System** ermöglicht eine effiziente, relevante und persönliche Interaktion mit den Kunden. Dabei wird der Kunde während der Ticketbearbeitung auf dem Laufenden gehalten. Weiterhin besteht für den Kunden die Möglichkeit, das Support-Team auf verschiedenen Kanälen zu erreichen. |
| **8. Vergleichen Sie die beiden Ticketsystem-Technologien „cloud-basiert" und „on premise" hinsichtlich der entstehenden Kosten.** | Bei **cloud-basierten Ticketsystemen** sind gegenüber **On-Premise-Modellen** die Gesamtkosten für die Implementierung durch einfachere Einrichtung niedriger.<br>Außerdem wird das Hosting bei cloud-basierten Systemen vom Anbieter des Ticketsystems übernommen, während beim On-Premise-Modell der lokale Server genutzt werden muss, was zusätzliche Kosten für Wartung und Überwachung verursacht. |
| **9. Um die die Serviceaufgaben den Mitarbeitern zuzuordnen und die Verantwortlichkeiten festzulegen, soll eine RACI-Matrix verwendet werden. Beschreiben Sie deren Aufbau.** | In der ersten Spalte der RACI-Matrix stehen die **Serviceaufgaben**; in der oberen Zeile stehen die Mitarbeiternamen bzw. ihre **Rollen** im Serviceprozess.<br>Die Zuordnung der Verantwortlichkeit erfolgt durch Vergabe der Buchstaben R; A; C; I:<br>**R**esponsible: Verantwortlicher für die Durchführung der Aufgabe<br>**A**ccountable: Verantwortlicher für das Ergebnis der Aufgabe<br>**C**onsulted: beratender Experte<br>**I**nformed: Informierter über Status und Ergebnisse |

**10. Dargestellt ist das Schema einer RACI-Matrix. Wo sehen Sie bei der Zuordnung der Verantwortlichkeiten Probleme?**

| | Rolle 1 | Rolle 2 | Rolle 3 | Rolle 4 |
|---|---|---|---|---|
| Aufgabe 1 | R | I | R | C |
| Aufgabe 2 | C | | R/A | I |
| Aufgabe 3 | I | | A | C |

**Aufgabe 1:** Pro Aufgabe sollte es nur einen Verantwortlichen für die Durchführung der Aufgabe geben (R).

**Rolle 3:** Zu viel Verantwortungslast (R und A)

**Rolle 2:** Kaum Zuordnung einer Verantwortung – kann ggf. entfallen

**Aufgabe 2 und Rolle 3:** Die gleichzeitige Vergabe für Verantwortlichkeit bei Durchführung und Ergebnis sollte wegen des bestehenden Konflikts vermieden werden.

**Aufgabe 3:** Kein Verantwortlicher für die Durchführung der Aufgabe (R)

**11. Welche fünf Daten sollte ein Ticket neben**
- **Ticketnummer,**
- **Ticketersteller,**
- **Erstellungszeit und**
- **Kategorie**

**noch enthalten?**

- Anfragesteller
- Problembeschreibung
- Dringlichkeit
- Bearbeitungsstatus
- Bearbeiter

**12. Interpretieren Sie die dargestellte Skizze zum Zeitmanagement.**

Die dargestellte Matrix zeigt, wie anfallende Aufgaben nach Eilbedürftigkeit und Wichtigkeit in vier Stufen eingeteilt werden und somit eine Bearbeitungsreihenfolge abgeleitet werden kann. Bearbeitungsreihenfolge:

| Wichtigkeit | **1.** Aufgabe sofort erledigen | **2.** Aufgabe in das Zeitplanmanagement aufnehmen |
|---|---|---|
| | **3.** Aufgabe delegieren | **4.** Aufgabe ist unwichtig, muss nicht sofort erledigt werden |
| | Dringlichkeit | |

**13. Welcher Faktor bestimmt die Wichtigkeit bzw. Dringlichkeit der Problem- bzw. Störungsbearbeitung?**

Die Wichtigkeit/Dringlichkeit der Problem- bzw. Störungsbearbeitung ist abhängig von den zu erwartenden Risiken und Schäden. Diese Dringlichkeitsstufen und deren zugeordnete Reaktionszeit wird im Service Level Agreement bzw. der Auftragserteilung festgelegt.

## A.3 Service Management System

**1. Welche vier Priorisierungskriterien sind wichtig, um die Kundenzufriedenheit zu steigern?**

- Häufigkeit nachgefragter Services
- Services, die für die Geschäftsfähigkeit des Kunden besonders kritisch sind
- Services, mit welchen der Kunde sehr unzufrieden war
- Kundenforderung nach neuen Services

**2. Die Servicebeschreibung muss u. a. alle Angaben zum Leistungsumfang des Services enthalten. Welche fünf Punkte sind außerdem noch aufzuführen?**

- Angaben zur Serviceverfügbarkeit
- Reaktionszeiten im Störfall
- Kundenreports
- Mitwirkungspflichten des Kunden
- Abgrenzung zu explizit nicht enthaltenen Leistungen

**3. Stellen Sie die aufgeführten Angaben zum Change Management dar.**

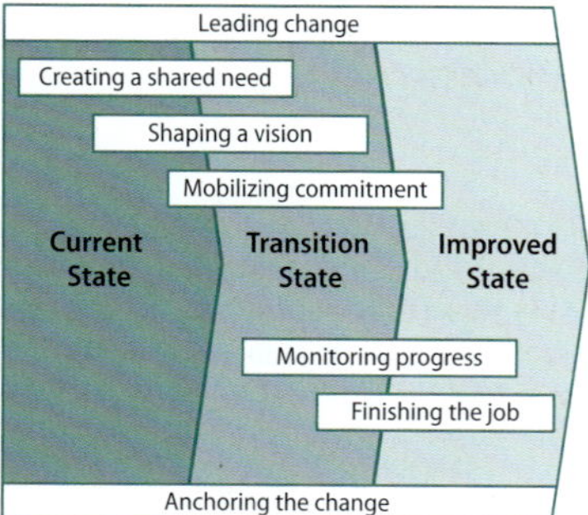


**In the center of the change management model figure, all changes move from the current state, through a transition phase, and into the desired improvement state.**

- **In the beginning, it is important to create, or affirm, a broadly understood need for the change (creating a shared need).**
- **It is equally important to create and share an idea of what the outcome will look like (shaping a vision).**

Die aufgeführten Änderungen bewegen sich vom Ist-Zustand über eine Übergangsphase zum gewünschten Verbesserungszustand.

**Aktueller Zustand:**

- gemeinsames Bedürfnis nach Veränderung schaffen oder bejahen
- Vorstellungen über das Ergebnis entwickeln
- genügend Ressourcen im Veränderungsprozess bereitstellen

**Übergangszustand:**

- Veränderungsbemühungen verfolgen und deren Fortschritt überwachen
- Abschluss der Änderung durch eine Person oder ein Team sicherstellen

- **In allen Zuständen müssen die** Veränderungsbemühungen die Unterstützung des Managements und die Führung durch eine oder mehrere verantwortliche Personen haben.

- **Throughout the change effort, there must always be sufficient resources dedicated to it (mobilizing commitment).**
- **There must be a way to track the change efforts (monitoring progress).**
- **A person or team must ensure that the change reaches completion (finishing the job).**
- **From the very beginning until the end, the change effort must have the backing of management, and leadership from an accountable person or people (leading change).**

**4. Erläutern Sie den Key-Performance-Indicator (KPI).**

Der Key-Performance-Indicator ist eine Messgröße oder Kennzahl (z. B. absoluter Wert, prozentuale Größe oder Zeitvergleich). Er dient zur Angabe einer Zielgröße oder Leistungsstärke eines IT-Services (z. B. Effizienz, Effektivität oder Wirtschaftlichkeit).

Beispiel:

Die Kundenzufriedenheit mit dem IT-Support ist in Form eines Ringdiagramms dargestellt.

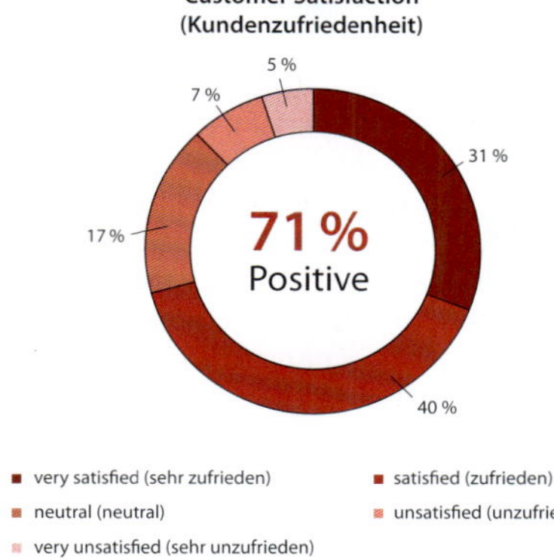


**5. Was wird als Swap-Service bezeichnet?**

Bei dieser Serviceart wird dem Kunden ein identisch installiertes und konfiguriertes Gerät als Ersatz zur Verfügung gestellt.

**6. Die Abbildung zeigt den Service Lifecycle. Beantworten Sie zur Stufe „Service Operation" folgende Fragen:**

**a) Worin besteht die Kernaufgabe dieser Stufe?**

**b) Welche drei Punkte sind vom Dienstinhaber sicherzustellen?**

**The fourth stage of the service lifecycle is Service Operation. When you have transitioned services and processes to a live environment for the use of the customers, management of these services and processes are done in Service Operation lifecycle stage. The service owner is accountable for the performance of the service. He must ensure that customers are satisfied with the services. He must report any major issues when it arises. At this stage, the organization is bound to service level agreements with customers. So the service owner must ensure that the organization complies with the agreement.**

a) Kernaufgabe ist die Verwaltung der Services und Prozesse, welche den Kunden zur Nutzung in einer Live-Umgebung zur Verfügung gestellt wurden.

b) Durch den Dienstinhaber ist sicherzustellen, dass

- die Kunden mit den Dienstleistungen zufrieden sind,
- alle größeren Probleme gemeldet werden,
- die Vereinbarungen mit den Kunden bezüglich des Service Level Agreements eingehalten werden.

**7. Um die Anzahl von Serverausfällen zu minimieren, soll eine APM-Lösung eingesetzt werden. Welche fünf Dimensionen sollten durch eine solche Lösung abgedeckt werden?**

**Laut dem Forschungsunternehmen Gartner sollten APM-Lösungen die folgenden fünf Dimensionen abdecken können:**

**APM five dimensions**

| | |
|---|---|
| 1 | End-user experience monitoring |
| 2 | Runtime Application Architecture Discovery, Modeling and Display |
| 3 | User-defined transaction profiling |
| 4 | Component deep-diving monitoring in application context |
| 5 | Analytics |

**Erklären Sie die fünf Dimensionen.**

1. Tools, die Details zu Reaktionszeiten und Fehlern liefern, um Problemarten zu erkennen.
2. Analyse der Kommunikation unterschiedlicher Anwendungen, um Problembereiche zu identifizieren und Probleme zu beheben.
3. Verfolgung jeder Nutzeraktivität innerhalb einer Anwendung, um die Backend-Prozesse der Nutzer zu erfassen.
4. Erfassung und Messung interner App-Komponenten zur Behebung komplexer Code-Probleme.
5. Durchführung umfassender Analysen zur Ursachenermittlung und Vorbereitung auf mögliche zukünftige Probleme und die zu ergreifenden Gegenmaßnahmen.

**8. Nennen Sie mindestens drei Deeskalationsstrategien.**

- aktives Hinhören
- respektvolle Grundhaltung
- eigene Position erklären bzw. begründen
- Kritik ernst nehmen

**9. Servicefälle werden innerhalb des Bearbeitungsprozesses kategorisiert bzw. klassifiziert.**

**Charakterisieren Sie diesen Vorgang.**

Es erfolgt eine Eingruppierung des Servicefalls in die **Dienstleistungskategorien** nach Serviceportfolio, Servicekatalog bzw. Service Level Agreement (z. B. Systemerweiterung, Peripheriekontrolle, Skalierung).

Eine weitere Eingruppierung erfolgt in die zugehörige **Serviceklasse** (z. B. Problem, Störung, Service).

**10. Kennzeichnen Sie Workarounds.**

Workarounds sind provisorische schnelle Lösungen. Für eine solche Lösung muss Zeitpunkt, Verantwortlichkeit und Lösungsweg der endgültigen Lösungen festgelegt werden.

# B Durch systematisches Fragen ordnen Sie Serviceanfragen unter Berücksichtigung des Support-Levels und fachlicher Standards ein. Sie ermitteln Lösungsmöglichkeiten im Rahmen des Support-Levels auf deren Basis Sie das Problem bearbeiten und den Bearbeitungsstatus dokumentieren. Sie kommunizieren mit den Prozessbeteiligten situationsgerecht, auch in einer Fremdsprache, und passen sich den unterschiedlichen Kommunikationsanforderungen an.

## B.1 Einordnung der Serviceanfragen und fachliche Standards

**1. Beschreiben Sie den im EPK dargestellten Prozess der Klassifizierung von Serviceanfragen und ergänzen Sie dabei drei Klassen von Serviceanfragen in englischer Sprache.**

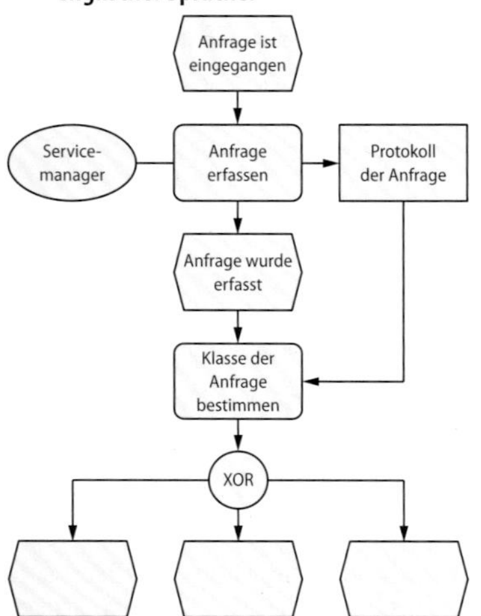


Nach Eingang der Serviceanfrage wird diese vom Servicemanager erfasst und protokolliert. Danach erfolgt auf Basis des Protokolls zur Serviceabfrage die Klassifizierung.

Drei Serviceklassen können sich als abschließende Zustände des EPK ergeben: **Service-Request** (Serviceanfrage) oder **Incident** (Störung oder Problem) oder **Change** (Änderungsanfrage).

**2. Welche zwei Ziele verfolgt das Incident-Management?**

- Wiederherstellung des Normalbetriebs
- Geringhalten der negativen Auswirkungen des Störungs- bzw. Problemfalls auf den Geschäftsbetrieb

**3. Nennen Sie drei Kategorien für Service-Requests.**

- Beschaffung
- Funktionserweiterungen
- Bearbeitung von Änderungswünschen

**4. Stellen Sie den hierarchisch organisierten IT-Support dar.**

Der IT-Support ist in drei Leveln hierarchisch organisiert.

**Ebene 1:** First-Level-Support ist die erste Servicebearbeitungsstelle. Kann der Service durch die IT-Mitarbeiter hier nicht oder nur teilweise bearbeitet werden, folgt die Übergabe an die Ebene 2.

**Ebene 2:** Second-Level-Support – kann der Servicefall auch durch die IT-Spezialisten nicht oder nur teilweise gelöst werden, wird an die höchste Stufe, die Ebene 3 übergeben.

**Ebene 3:** Third-Level-Support ist aktiv. Hier wird der Servicefall durch IT-Experten gelöst.

**5. Welche zwei Aufgaben hat der Demand Manager?**

- Er muss den Kundenbedarf verstehen, vorhersehen, dem richtigen Service zuordnen und Kapazitäten entsprechend planen.
- Er muss sicherstellen, dass der Service-Provider ausreichende Kapazitäten bereitstellt, um den Bedarf des jeweiligen Servicefalls zu erfüllen.

**6. Ergänzen Sie folgenden Satz:**

**Der Standard im Bereich des IT-Servicemanagements ist …, welcher in Form von … umgesetzt wurde.**

Der Standard im Bereich des IT-Servicemanagements ist der sogenannte ITIL (kurz für: Information Technology Infrastructure Library), welcher in Form vordefinierter Prozesse, Funktionen und Rollen umgesetzt wurde.

**7. Ein Grundprinzip von ITIL lautet:**

- **Progress iteratively with feedback: stetige Verbesserung in kleinen Schritten, um in Veränderungsphasen handlungsfähig zu bleiben**

**a) Nennen Sie die deutsche Übersetzung und Erklärung zu diesen beiden Grundprinzipien:**
- **Think and work holistically**
- **Focus on value**

**b) Nennen Sie den englischen Fachbegriff zu diesem Grundprinzip:**
- **sichern der Klarheit und Transparenz bei der Zusammenarbeit im Team und mit Partnern**

a)
- **Think and work holistically:** im gesamten Serviceprozess ganzheitlich denken, arbeiten und Verantwortung übernehmen
- **Focus on value:** Wertorientierung durch direkte oder indirekte Wertschöpfung bei jeder Aktivität

b)
- **Collaborate and promote visibility:** Klarheit und Transparenz bei der Zusammenarbeit im Team und mit Partnern

8. **Ordnen Sie diese Anfragen**
   **[1] Installation einer neuen Software**
   **[2] Anfrage zu Leistungsmerkmalen der eingesetzten Laptops.**
   **[3] Erneuerung einer Lizenz**
   **[4] Meldung über eine nicht gegebene Kompatibilität zwischen Softwarekomponenten**
   **[5] Meldung über zu geringe Speicherkapazität**

   **den Anfrageklassen zu:**

   **A) Beschaffungsservice**
   **B) Informative Anfrage**
   **C) Änderungswunsch**
   **D) Funktionserweiterung**
   **E) Änderungsanfrage**
   **F) Störungsmeldung**
   **G) Problemmeldung**

1 → A

2 → B

3 → A

4 → G wenn keine wirtschaftlich relevante Unterbrechung des laufenden Betriebs vorliegt, sonst:

4 → F

5 → G

9. **„Engage" sowie „Design and Transition" sind zentrale Aktivitäten von ITIL4.**

   **Ergänzen Sie vier weitere in englischer Sprache.**

- Plan
- Improve
- Obtain and Build
- Deliver and Support

10. **Unterscheiden Sie funktionale und hierarchische Eskalierung.**

**Funktionale Eskalierung:**
Die Servicefallbearbeitung wird an einen Mitarbeiter oder ein Team mit mehr Spezialkenntnissen weitergeleitet (z. B. an einen IT-Spezialisten oder ein IT-Expertenteam).

**Hierarchische Eskalierung:**
Bei der Servicefallbearbeitung werden zur Information und Unterstützung höhere Managementstufen einbezogen.

## B.2 Ermittlung von Lösungsmöglichkeiten und Problembearbeitung

**1. Beschreiben Sie den im EPK dargestellten Ablauf zur Analyse von Serviceanfragen.**

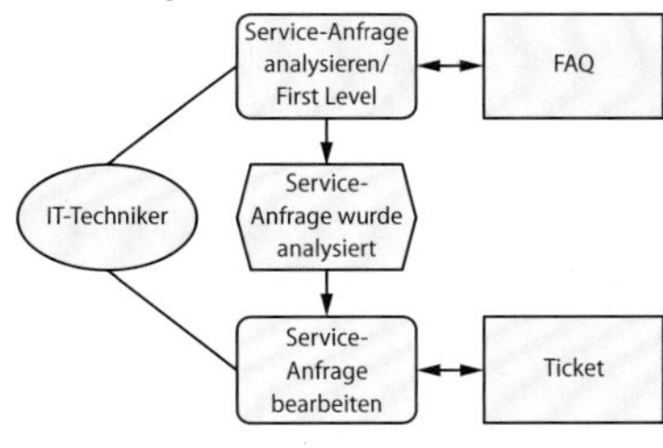


Der IT-Techniker analysiert im Rahmen des Service-Level 1 (First-Level-Support) die Serviceanfrage:

Er nutzt eine Datenbank, in der wichtige Fragestellungen und Probleme der Servicefallbearbeitung gespeichert und als FAQ (Frequently Asked Questions) zur Verfügung gestellt werden, als Informationsquelle. Gegebenenfalls wird er die Datenbank um weitere Fragen ergänzen.

Nach erfolgter Analyse beginnt der IT-Techniker mit der Bearbeitung der Serviceanfrage unter fortlaufender Nutzung des Tickets.

**2. Eine Lösungsdatenbank (Knowledge Base) sollte nach dem Pareto-Prinzip aufgebaut sein.**

**Was ist darunter zu verstehen?**

Das Pareto-Prinzip besagt, dass 80 % der Ergebnisse mit 20 % des Gesamtaufwandes erreicht werden können. Es besagt aber auch, dass 20 % der Ergebnisse mit 80 % des Gesamtaufwandes die quantitativ meiste Arbeit benötigen.

**3. Welche Aufgaben sind bei der Bearbeitung von Serviceanfragen zu erledigen?**

- Bearbeitung des Servicetickets
- Einordnung des Services
- Prüfung der Vertragsbasis
- Ermittlung der Reaktionszeit
- Planung des Mitarbeiter- und Ressourcenbedarfs
- Vorbereitung und Ausführung des Services

**4. Sie sind als IT-Mitarbeiter im First-Level-Support eingesetzt.**

**Nennen Sie mindestens fünf typische Aufgaben, die Sie dabei erfüllen müssen.**

- Klassifizierung von Kundenanfragen
- Supportlevel bestimmen
- First-Level-Support leisten oder Weiterleitung/Eskalation an den Second-Level-Support mit aussagekräftigem Support-Ticket
- Fehleranalyse und Störungsbeseitigung
- Dokumentation in der Kundendatenbank vornehmen
- Sicherstellen und Durchführen der Mitarbeiter- und Kundenkommunikation

**5. Das Infrastruktur-Monitoring im Bereich „Netzwerk" beinhaltet u. a.**

**a) Router-Monitoring,**

**b) VoIP-Monitoring und**

**c) Switch-Monitoring.**

**Was wird dabei jeweils beobachtet, verwaltet oder gesteuert? Nennen Sie für jedes Monitoring drei Beispiele.**

a) Router-Monitoring:

Auslastung messen, Portbelegung erfassen, Round-Trip-Time konfigurieren

b) VoIP Monitoring:

VoIP-Qualität überprüfen, Erreichbarkeit von Standorten überprüfen, Latenzzeit messen

c) Switch-Monitoring:

Auslastung überwachen, Antwortzeiten überwachen, Verfügbarkeiten visualisieren

**6. Nennen Sie drei Beispiele für Remote-Zugriffssoftware.**

- Team-Viewer
- RealVNC
- Radmin

**7. Ein typisches Netzwerkproblem ist das Vorhandensein einer doppelten MAC-Adresse im selben Netzwerk.**

**Nennen Sie weitere drei typische Netzwerkprobleme.**

- nicht funktionierender DHCP
- unterschiedliche Datenkapselung
- doppelte Hostnamen

**8. Bei Maintenance wird zwischen reactive und proactive (periodic, preventive, predictive) unterschieden. Ordnen Sie die Begriffe in ein Schema ein und geben Sie ihre Bedeutung an.**

| reactive (reaktiv) | proactive (proaktiv) | | |
|---|---|---|---|
| | periodic (periodisch) | preventive (präventiv) | predictive (prädiktiv) |
| problem-basiert | zeitbasiert | bedienungs-basiert | datenbasiert |
| nach einem Vorfall (z. B. Störung) handeln | geplant in periodischen Abständen handeln | vorbeugend handeln | nach Vorhersage handeln |

**9. Ordnen Sie folgende Maßnahme der Instandhaltungsvariante zu:**

**Passwort-Audit**

periodisch (geplant, in bestimmten Zeitabständen überwachen)

## B.3 Kommunikation und Dokumentation

**1. Geben Sie ein tabellarisches und grafisches Schema an, in welches Sie Informationen nach Wichtigkeit und Dringlichkeit einordnen (Priorisierung).**

| Informationen | |
|---|---|
| weniger wichtig | Wichtungsfaktor (WF) 2 |
| wichtig | Wichtungsfaktor (WF) 3 |
| nicht dringend notwendig | Dringlichkeitsfaktor (DF) 1 |
| dringend notwendig | Dringlichkeitsfaktor (DF) 2 |
| Gesamtpriorität | WF · DF |

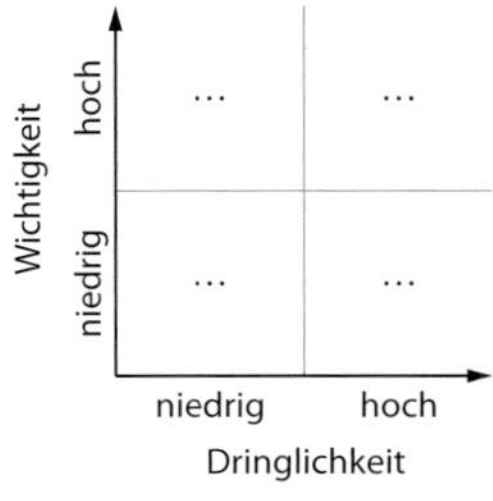


**2. Um auf Daten schnell zugreifen zu können, sind Ordnungssysteme notwendig. Nennen Sie vier Kriterien für eine Datenordnung.**

- alphabetische Ordnung
- numerische Ordnung
- chronologische Ordnung
- mnemotechnische Ordnung

**3. Was bedeutet Benchmarking?**

Informationen über die Konkurrenz sammeln, aufbereiten und mit den Daten der eigenen Produkte und Leistungen vergleichen.

**4. Formulieren Sie fünf Fragen für eine Checkliste zur Informationsbeschaffung.**

1. Welche Informationen werden benötigt?
2. Was soll mit diesen Informationen erreicht werden?
3. Welche Informationsquellen stehen zur Verfügung?
4. Bis wann werden die Informationen benötigt?
5. Wie ist die Vorgehensweise?

**5. Was sollten Sie beachten, um rationell zu lesen?**

1. Lesestoff selektieren
2. Überblick verschaffen (Sind die gesuchten Informationen vorhanden?)
3. Wesentliche Inhalte durch Fragen erschließen
4. Inhalt zusammenfassen und kritisch werten
5. Markieren wichtiger Textstellen; Textauszüge anfertigen

**6. Die Teamarbeit ermöglicht eine Problemlösung durch organisierte und zielgerichtete Zusammenarbeit mehrerer Personen.**

**Welche Schritte folgen nach Klärung der Arbeitsaufgaben?**

- Festlegung des zeitlichen Rahmens
- Vereinbarung über die Arbeitsmethoden
- Verantwortlichkeiten festlegen
- nach Bearbeitung der Aufträge erfolgt die Präsentation der Arbeitsergebnisse

**7. Was ist ein Team?**

Eine Gruppe von Menschen, die an einer gemeinsamen Aufgabe und einem festgelegten gemeinsamen Ziel planmäßig für ein Unternehmen arbeiten (z. B. Service-Team, Projekt-Team, Qualitäts-Team).

**8. Was wird mit dem dargestellten Symbol hinsichtlich der Teamarbeit ausgedrückt?**

Zwischen
- den individuellen Bedürfnissen und Fähigkeiten des Einzelnen **(Ich)**, den
- im Team entwickelten Normen und Vorstellungen **(Wir)** und
- dem gemeinsam zu erfüllenden Arbeitsauftrag **(Aufgabe)**

muss Ausgewogenheit bestehen.

**9. Was wird durch die Teamarbeit erreicht?**

Individuelle Fähigkeiten führen durch die Zusammenarbeit und gegenseitige Ergänzung zu einer erhöhten Gesamtkompetenz des Teams. Dabei werden u. a. folgende Ziele verfolgt:

- Entwicklung kreativer Fähigkeiten
- Verbesserung der Arbeitsqualität und des Betriebsklimas
- Verbesserung der Kommunikation und der Kooperation
- Verbesserung der Flexibilität und Effektivität

**10. Welche Einflussfaktoren bestimmen den Erfolg von Teamarbeit?**

- Gruppendynamik
- Arbeitsmotivation
- Betriebsklima
- Harmonie, Gruppenkonsens
- Gleichberechtigung

**11. Bei der Auswahl der Teammitglieder sind fachliche Kompetenz sowie Sozialverhalten und Teamfähigkeit zu berücksichtigen.**

**Welches Verhalten bzw. welche Fähigkeiten werden für die Teamfähigkeit gefordert?**

- soziales Verhalten und Beachtung der gemeinsam getroffenen Interaktions- und Kommunikationsregeln
- Integrationsfähigkeit
- Kommunikationsfähigkeit
- Kooperationsfähigkeit

**12. Was ist bei der Organisation der Teamarbeit zu beachten?**

**Nennen Sie drei Forderungen.**

- Ziel- und Aufgabenstellungen müssen konkret und nachvollziehbar formuliert sein.
- Ein vom Team akzeptierter Team-/Projektleiter agiert als gleichverantwortliches Mitglied im Team und vertritt es nach außen.
- Die Mitglieder des Teams sind untereinander ersetzbar, verfügen über Toleranz und werden akzeptiert.

**13. Kommunikation findet immer auf zwei Ebenen statt.**

**a) Welche Ebenen sind das?**
**b) Wie sind die beiden Kommunikationsebenen zu nutzen, sodass sie das Miteinander bei der Erfüllung der Arbeitsaufgabe fördern?**

a) • **Sachebene:** sachliche Dinge, Tatsachen, Argumente
• **Beziehungsebene:** Emotionen

b) Ziel muss es sein, die Ebenen miteinander zu verknüpfen (z. B. führt eine Kommunikation, die nur auf der Sachebene geführt wird, zur Blockade bzw. nicht mehr lösbaren Konflikten).

**14. Worin zeigt sich partnerschaftliches Verhalten im Gespräch?**

- sich gegenseitig ausreden lassen
- offene Darlegung von Informationen, Meinungen und Interessen
- Kompromissbereitschaft
- in Äußerungen aufeinander Bezug nehmen
- gegenseitige Achtung

**15. Welche Reaktionen im Kundengespräch sind fördernd und welche hemmend?**

**Beschreiben Sie drei hemmende und drei fördernde Reaktionen/Verhaltensweisen.**

**Fördernde Reaktionen:**

- engagiertes Zuhören, z. B. durch Gefühlsmitteilung Transparenz erzeugen
- Rückmeldungen an den Gesprächspartner, z. B. durch Wiederholen von Aussagen mit eigenen Worten und Überprüfen der eigenen Wahrnehmung
- dem Gesprächspartner nicht ins Wort fallen

**Hemmende Reaktionen:**

- Signalisieren von Desinteresse, z. B. am Thema, am Gesprächspartner
- keinen Blickkontakt aufnehmen oder sich während des Gesprächs mit anderen Dingen beschäftigen
- den Gesprächspartner belehren bzw. überreden

**16. In einer Besprechung soll über den qualifizierten Einsatz von Projektteilnehmern entschieden werden.**

**Nennen Sie fünf wichtige Punkte einer solchen Besprechung.**

1. Begrüßung: Umfeld, Formales darstellen und Teilnehmer vorstellen
2. Thema vorstellen und Bestimmung der Projektteilnehmer vornehmen
3. Thema bearbeiten
   - Vorstellen des Projekts und der dafür geforderten Qualifizierungsanforderungen
   - mögliche Projektteilnehmer vorschlagen, dabei Qualifikationen, Teamfähigkeit und Erfahrungen beachten
     – Vorschläge diskutieren
     – Entscheidungen treffen
4. Feedback einholen, Beurteilung der Besprechung
5. Besprechung beenden, z. B. mit der Festlegung weiterer Termine

**17. Wie kann die eigene Kommunikationsfähigkeit verbessert werden?**

- Fähigkeit des aktiven und passiven Zuhörens ausbauen
- lernen, die Wünsche und Bedürfnisse des Gesprächspartners besser zu erkennen
- Feedback-Technik durch das Stellen von Rückfragen, das Geben von Rückmeldungen und durch Wiederholen der Information mit eigenen Worten anwenden
- dem Gesprächspartner nonverbale Zeichen geben, z. B. durch Kopfnicken, um anzuzeigen, dass seinem Beitrag gefolgt wird

**18. Wie sollten Konfliktsituationen gelöst werden?**

1. **Konflikt analysieren** durch Beschreibung des Konflikts, Erfassung der Beteiligten, Bestimmung der Zeit für die Konfliktlösung, Entwicklung von Lösungsansätzen und Feststellung der Erwartungen der Konfliktparteien
2. **Lösung des Konflikts suchen** in Form eines tragfähigen, für beide Seiten akzeptablen Kompromisses

Eine solche Lösung führt zu einer Kooperation mit entsprechend hoher Arbeitsmotivation

**19. Mithilfe der Metaplantechnik können Ergebnisse in Besprechungen festgehalten werden.**

**Welche Vereinbarungen treffen Sie mit den Teilnehmern hinsichtlich der Beschriftung der Karten?**

- nur eine Aussage stichpunktartig pro Karte notieren
- zuordnen von Formen und Farben zu bestimmten Merkmalen
- Blockschrift verwenden (groß, lesbar)
- besondere Kennzeichnung von Widersprüchen, Konflikten und Gegensätzen, z. B. durch ! oder ?

**20. Wie setzen Sie als Moderator einer Besprechung die von den Teilnehmern ausgefüllten Karten ein?**

1. Alle Karten unsortiert an die Pinnwand heften und die darauf befindlichen Stichpunkte von den Teilnehmern erläutern lassen
2. Schwerpunkte herausarbeiten und Karten entsprechend sortieren; Problemlösungswege durch entsprechendes Umsortieren anzeigen
3. Struktur durch Linien und Pfeile herausstellen
4. Karten für das Protokoll nutzen

**21. Welche drei grundsätzlichen Fragen sollten zur Vorbereitung auf ein Kundengespräch geklärt werden?**

- Worin besteht das Ziel des Kundengesprächs?
- Um was für einen Kunden handelt es sich?
- Welche Gesprächsstrategie wähle ich?

**22. Welche zwei Grundsätze sollten bei der Planung komplexer Serviceanfragen beachtet werden?**

**1. Grundsatz:**
- komplexe Serviceanfragen in Teilaufgaben nach Schwierigkeitsgrad geordnet strukturieren (z. B. Schwierigkeitsgrad gering, mittelschwer, komplex)
- zur Herausarbeitung von Problem- und Lösungsansätzen mit leichten Teilaufgaben beginnen und zum Schluss zu einem Ganzen zusammenfügen

**2. Grundsatz:**
- aufgliedern der Aufgabe in alle Detailaspekte, die dazugehörigen Informationen sammeln und den Teilentwurf dokumentieren
- Gesamtplanung aus den Teilentwürfen erstellen

**23. Nennen Sie je drei wesentliche Punkte**
**a) im Arbeitsplan,**
**b) im Zeitplan.**

a)
- Arbeitsschritte festlegen
- Beauftragter Mitarbeiter für den jeweiligen Arbeitsschritt
- Erledigungsvermerk

b) Arbeitsschritte mit jeweiligem Zwischentermin, Endtermin und den Kriterien für das Erreichen eines Ziels verknüpfen

**A**

## C



## D

## E

## F



## G

## H



## I

## J



## K

## L

## M

## N



## O



## P

## Q



## R

## S

## T



## U

## V



## W